先秦河洛地区
都城文明研究系列丛书

丛书编委会

主　　任：苗长虹

主　　编：李玉洁

成　　员：唐际根　张国硕　侯卫东　魏继印　李麦产

　　　　　宋军令　陈方圆　周保平　黄庭月　武思梦

　　　　　李丽娜　尹松鹏　李玉洁　吴爱琴　李　暖

　　　　　郭　霞　李银良　郑贞富　闫丽环　张晓波

河南大学黄河文明与可持续发展研究中心
黄河文明省部共建协同创新中心　资助出版

夏王朝
都城文明研究

张国硕 等 著

人民出版社

总　序

　　黄河是中华民族的母亲河，夏商周三代都城文明皆在黄河流域兴起、发展和繁荣。不仅如此，中华民族的先祖三皇，即发明火的燧人氏、驯服野兽为家畜的伏羲氏、教民农耕发明医药的神农氏，皆活跃在黄河流域。五帝时期，英雄辈出，出现了炎帝、黄帝、蚩尤、太暤、少暤、颛顼、帝喾、尧、舜等，他们之间相互争斗、成长、发展、壮大，带领华夏先民一步一步在文明的道路上跋涉攀登，创造了辉煌的黄河文明，灿烂绚丽的华夏文明在这里露出曙光。黄河流域有我们民族的"根"和"魂"，是繁育华夏民族的沃土，是哺育华夏文明的摇篮。

　　河洛地区处于黄河流域的中心地带，是我国夏商周三代都城文明的发祥地。都城，《左传·庄公二十八年》云："凡邑，有宗庙先君之主曰都，无曰邑。"我国古代把祖先宗庙所在之处曰"都"。祖先宗庙所在之处，就是帝王所居之处。帝王居处就是政治、经济、文化的中心，象征着这一时期文化的最高水平。河洛三代都城文明自然是代表三代文明的最高水平。

　　河洛文化分布在以黄河、洛水为中心的河洛地区。司马迁《史记·货殖列传》说："昔唐人都河东，殷人都河内，周人都河南。夫三河在天下之中，若鼎足，王者所更居也，建国各数百千岁。""三河"，也就是河南、河东、河内。"唐人"指的是唐尧，"殷人"指的是殷商部族，"周人"指的是周部族。也就是说自尧经夏、商直至西周所建的都城和政治文化的中心皆在河东、河内、河南，即三河地区。三河地区，就是"天下之中"。

夏商周三代都城所在地，无论是古籍文献材料，还是考古材料都指向了河洛地区。河洛三代都城文明研究是黄河文明研究的核心课题。本课题以河洛三代都城文明为切入点，旨在研究夏商周三代的政治、经济、文化，研究其建筑技术水平、城市功能区布局，以及其中凸现出来的礼制文化和人文精神。

本课题共分为 6 个专题。

一是夏代都城文明研究。夏是我国最早开始王位传子制的家天下王朝，为研究我国早期国家形态提供了重要样本，在中国社会发展史上占有重要的地位。学术界经过数十年的探索研究，基本认可河南偃师二里头遗址是夏代都城遗址。二里头文化，对我国的东西南北各地皆有辐射，在新石器时代多元文化中崛起，居于核心地位，具有引领作用，当是夏文化的至高点。夏王朝都城及其周围地区由此成为文明的中心，并强势向华夏各地扩张。

二是商代都城文明研究。商代文明相对夏代文明更是辉煌。迄今为止，考古发现的商代都城主要有郑州商城、偃师商城、小双桥商都、洹北商城、小屯殷墟等，皆显示出商代文明的辉煌与进步。商王朝有了更为复杂的国家机构。商王朝对方国的控制进一步加强。甲骨文与传世文献皆有商王成汤及武丁对殷商周边的方国部族，如鬼方、土方、大彭、荆楚、氐羌、豕韦等进行征伐的记载。《孟子·滕文公下》曰："(汤)十一征而无敌于天下。"《诗·商颂·殷武》云："昔有成汤，自彼氐羌，莫敢不来享，莫敢不来王，曰商是常。"我国考古工作者对安阳小屯殷墟遗址进行了多次发掘，发现 54 座宫殿遗址，有宫殿区、王陵区、平民区、手工作坊区以及大型祭祀场，出土 15 万余片甲骨和大量的陶器、骨器、玉器、青铜器以及龟、贝等遗物，发现并发掘商代

13座王陵和上千个祭祀坑，出土上万件青铜器。殷商都城文明是这个时期文明的集中体现。商王朝时期，进入了青铜时代的繁荣期，青铜文化达到世界的巅峰。

三是西周都城文明研究。西周在我国文明历史上具有非常重要的地位。西周文明在新石器时代文化及夏商文明的基础上有了更大的发展。敬德保民思想使夏商时期残酷的人殉、人祭逐渐趋于消亡。阴阳思想、环保意识的出现，促进了西周时期的万物繁荣。是时，较为系统记载我国历史的史书和大型史诗业已面世。在宫殿建筑方面，砖瓦的出现和使用使建筑水平和技术大大前进一步。目前发现的河洛地区西周城址主要有洛阳成周城址、三门峡李家窑城址、荥阳官庄城址、荥阳娘娘寨城址、郑州祭伯城址、新密郐国城址等，西周都城功能区的布局已经部分地符合周公建立的礼制。从考古材料来看，墓主人随葬的青铜礼器鼎与簋、青铜礼乐器编钟，以及随葬的车马、使用的棺椁、口含的贝玉，皆体现较为严格的等级。由此可见，西周时期的礼制已经形成，天子与诸侯、诸侯与各级贵族的身份地位有了高低贵贱之分。西周王朝在夏商文化的基础上，为我国之后3000多年国家政治官僚机构、刑法制度、礼乐文明、文化艺术开创了雏形、奠定了基础。

四是三代都城文明与国内同期诸侯国与方国的比较研究。三代都城文明对于国内同期诸侯国与方国都城文明具有引领作用，具有居高临下的地位。夏代二里头文化的影响遍及山西、陕西、山东、河北、湖北、湖南、安徽，甚至达到了浙江、江苏、江西、四川、甘肃等地。商代对于所属方国有更严格的控制，如商武丁对于方国的征伐。《诗·商颂·殷武》云："挞彼殷武，奋伐荆楚。采入其阻，裒荆之旅。"郑笺云："殷道衰而楚人叛，高宗挞然奋扬武威，出兵伐之，冒入其险阻，谓逾方城之隘，克其军率而俘虏其士众。"商王朝武丁通过大规模的征伐，使荆楚部落臣服于商，对商王朝纳贡，成为殷商王朝的南土方国。商武丁还对山西北部的"鬼方""土方"等方国征伐。殷商王朝对方国严格控制，方国首领要祭祀殷人的祖先，如周原就发现有周部族祭祀殷人祖先的甲骨文字。西周时期的方国基本是周王室分封的诸侯国。这些诸侯国很多是周王室分封的同姓兄弟、异姓姻亲、军功勋臣，他们与周王室的关系是君臣关系，是同姓兄弟，或是甥舅姻亲的关系，是保卫周王室的屏障。周王室相对夏商，对诸侯国有更严格的控制。周公曾制礼作乐，制定了宗法制度和礼制，即等级制度，诸侯国君身份地位绝不能与周天子等同。诸侯国的城邑、宫殿，以及诸侯国君所使用的各种仪仗、服饰的等级，皆低于周王室和周天子。西周时期所有诸侯国辖地面积皆"地不过同"（方百里为"同"），绝不能与拥有"千里王畿"的周王室相等。

五是对夏商周三代都城文明与世界文明古国都城文明进行比较研究。三代都城文明与西亚两河流域、印度河流域、埃及、希腊的古文明有很大的差别。华夏民族王权的象征最早是"钺"，之后由于中华民族的含蓄性格，便以祭祀祖先的祭器——鼎作为王权的象征；而西亚古国、古埃及、古希腊多以"王杖""兽尾"作为王权的象征。华夏民族是农业民族，虽然也是多神崇拜，如崇拜水神、山神、农神等，但是主要盛行的是祖先崇拜，三代都城的功能区，基本是以祖庙为中心的布局；而两河流域、古埃及、古希腊，地处环地中海地带，经商活动更为频繁，这些古国也有多神崇拜，如埃及有蛇神庙、猫神庙、狗神庙等，两河流域苏美尔人信仰月神，但这些古国信仰的主神皆是城神，他们的都城多是以城神的神庙为中心的功能区布局。商业性质较强的民族更关注经济利益，他们拼命地向大自然索取贸易原料、水源等，严重地破坏了生态平衡。两河流域的苏美尔文明、巴比伦文明、亚述文明，印度河流域的哈拉帕文明，地中海北面的古希腊文明，在绵绵历史长河中，无一不埋在荒丘之下。当然有的古国因为外族的入侵而使文明中断。中华民族是农业民族，靠土地生活和立国，更关注土地和生态。西周时期，阴阳协调天地万物才能生长繁荣的概念已经产生。中华文明是世界唯一没有中断的文明。

六是东周都城文明研究。东周时期，分封制度崩溃，周天子王权下降，诸侯列国因称霸与兼并战争的需要而僭越礼制，大力营造列国都城。列国都城在这个特定时段获得了极大自由地发展与解放，实现了快速进步与嬗变，形成了中国古代城市一次大迈进、大发展。东周时期的城市，在中国城市发展史上占有特定地位，它结束了一个在特定国家组织形式下的城市架构及相应的城邑体系，开创了一个与新的国家组织形态和政治体制相适应的等级城市制度，建立了另外一套城市网络、城市格局，形成了相应的城市传统。

夏商周三代都城文明是我们研究的一个重大课题，我们以"大遗址与河洛三代都城文明研究"作为课题名称申报并获得了国家社科基金重大项目资助。从开始研究、写作至付梓，总共经历了十多年光阴，现在终于有相关成果出版，课题组的专家、学者、同事总算松了一口气。在这里我向课题组的专家、学者、同事表示衷心的感谢，也感谢人民出版社编辑为本套丛书出版的辛苦付出。

李玉洁

写于河南大学闲云书屋

2024 年 5 月

目　录

插图目录

绪　论

河洛地区地处中原，是中国古代文明重要的发祥地。这里优越的自然地理条件，孕育了辉煌灿烂的中国古代文明。经过不断的积累、沉淀，河洛地区最终形成中国历史上第一个王权国家——夏王朝，从而形成当时最发达、最先进的夏文化。作为夏文化最为重要的组成部分，夏代都城文明是夏王朝时期物质文明、精神文明和制度文明的最核心体现，代表着当时最高的生产力发展水平。

第一节　相关概念的阐释与界定

先秦城市研究是整个中国古代城市研究的基础，而三代都城文明研究则是先秦城市研究最重要的内容之一。根植于河洛地区的夏代都城文明，是三代都城文明发展的开创者。长期以来，学界对夏代都城文明研究有着不同的认识，原因之一是对相关概念的解读存在一定的分歧。为便于研究，有必要对本课题研究中涉及的一些主要概念加以阐释与界定。

一、都城、方国都城与都城文明

（一）都城

都城，或称"都邑"，是国家或雏形国家产生之后才出现的。现代汉

1

语中"都城"一词的含义相对简单，一般称之为"首都"，通常是指一个国家的最高行政权力机构所在地，多为国家的政治、经济、文化中心。中国古代的"都城"或称为"都"，其概念具有一定复杂性。关于"都"，《说文解字·邑部》解释："有先君之旧宗庙曰都。"《左传·庄公二十八年》亦云："凡邑，有宗庙先君之主曰都。"《广韵》则曰："天子所宫曰都。"《释名》云："都者，国君所居，人所都会也。"由此可知，"都"是一个国家最高首长施政和生活的地方，这里有国君办公与居住所需的宫殿、祭祀祖先的宗庙建筑，同时也有大量的普通居民。关于"城"，《说文解字·土部》解释："城，以盛民也，从土从成，成亦声。"《墨子·七患》云："城者，所以自守也。"《左传·哀公七年》曰："民保于城，城保于德。"可见"城"之本义应是指围绕在聚落周围保护居民的城垣。后来，"城"的概念延伸为四周围绕城垣的大型聚落，如"割让几城"。故从文献记载可知，都城通常是指国君施政和生活之地，有宫殿和宗庙建筑，并有大量普通居民，是四周围绕有城垣的大型聚落或城市。

在诸多已发现的夏商时代城址或大型遗址中，哪些属于都城，哪些不属于都城，这涉及都的判断标准问题。一般来讲，在保证文献可信度的基础上，若文献确切记载某一王"都"或长期"居"于某地，则基本可以判定该地区发现的大型城址即为其都城所在地，如安阳殷墟遗址为商代殷都。但对于夏代都城来说，由于文献记载的阙如或语焉不详，多数都城的确定则必须依据考古材料。20 世纪 50 年代以来，考古文化遗存的不断丰富为判定都城遗址提供了更准确的物化标准。整体上讲，应以大型城垣、宫殿与宗庙、王陵、高等级的手工业作坊等遗迹的发现为主要物化标准。只要一个遗址具备以上四项遗存，一般可以考虑把这个遗址向都城性质上归类。但由于种种原因，在实际考古工作中，有的大型遗址不具备或尚未发现上述四项物化标准中除了宫殿区、高规格手工业作坊以外的另外一至二项遗存，但这并不影响人们对遗址都城性质的整体判断，如二里头遗址、小屯殷墟没有发现大型城垣遗迹，郑州商城遗址尚不见明确的王陵区，人们并未因此而否定这些遗址的夏商都城性质。此外，在主要物化标准有缺项的情况下，精美的青铜礼器、玉器、绿松石器等"重器"的使用，以及遗址的较大规模、辐射力与影响力等也可作为判断是否为都城的参考标准。①

中国古代都城数量在各时期并不一致，可分为一都制，即只设立一座都城；多都制，即同时设立多座都城，且各都城重要性大体相当；主辅都制，即在设立一座主要都城的同时又设立一座或几座辅助性都城。

（二）方国都城

"方"之本义，徐中舒先生考证应是耒的象形写法。② 甲骨卜辞中的"方"有多种用法，其中作为地名是指方国，也指邑名"方"。"方国"一词最早见于孙诒让《契文举例》，后被学界广泛采纳。因甲骨卜辞中常见"某方"的记载，如土方、羌方等，故"商代方国"首先是指名称中含"方"之国，或将商王朝四境的所有区域性政治实体统称为方国，以便于与商王朝相对应。与商代相似，夏王朝控制区也存在诸多区域性政治实体，可称作"夏代方国"。

这里确定的方国，是指国家或王朝出现以后，在其周边地区存在的诸多政治实体。这些政治实体名义上与某一王朝或国家之间存在一定的附属关系，但因各种原因，该政治实体又具有很强的独立性。随着社会的发展，该政治实体的社会形态步入国家阶段后，其控制区域即可称作某某"方国"。同样，这些方国最高首领长期居住之地也可称作都城或都邑，即"方国都城"或"方国都邑"。

方国都城的判断标准应大体与王朝都城的判断标准一致。首先是依据

---

① 张国硕、缪小荣：《试论夏商都城遗址的认定方法》，《江汉考古》2018年第5期。

② 徐中舒：《耒耜考》，《农业考古》1983年第1期。

较为可靠的文献记载判断出有哪些方国及其都城，如韦、顾、昆吾、土方、鬼方等。其次是依据上述判断都城遗址的物化标准对考古遗存进行分析，判断出哪些遗址具备方国都城性质。由于方国实力远逊于夏王朝国家，因而其物化标准应适当弱化或降低一些。

（三）都城文明

"文明"一词最早见于《尚书》《周易》等文献。《周易·乾》"见龙在田，天下文明"，此"文明"是有生机、光明之意。《尚书·尧典》亦有"濬哲文明"之语，意指舜智慧深远且文德辉耀。现代汉语中，不同学科的工作者对"文明"一词的定义各不相同，即便同为考古学者，各人的理解也不完全一致。夏鼐①、苏秉琦②、张光直③、邹衡④、佟柱臣⑤、安志敏⑥、李伯谦⑦、王巍⑧、王震中⑨及何驽⑩等先生均对"文明"的概念进行了论述。经过一系列论证和研究，学者们基本认可恩格斯在《家庭、私有制和国家的起源》中"国家是文明社会的概括"这一经典表述，认为国家和文明是两个相互联系又不完全相同的概念，国家是文明形成的标志。其中王巍先生有关文明的定义更为全面、准确，即"文明是人类文化和社会发展

---

① 夏鼐：《中国文明的起源》，中华书局 2009 年版，第 80—81 页。

② 白云翔、顾智界：《中国文明起源研讨会纪要》，《考古》1992 年第 6 期。

③ 张光直：《论"中国文明的起源"》，《文物》2004 年第 1 期。

④ 邹衡：《中国文明的诞生》，《文物》1987 年第 12 期。

⑤ 佟柱臣：《中国夏商王国文明与方国文明试论》，载郑杰祥编：《夏文化论集》，文物出版社 2002 年版。

⑥ 安志敏：《中国文明起源始于二里头文化——兼议多源说》，《寻根》1995 年第 6 期。

⑦ 李伯谦：《中国文明的起源与形成》，载李伯谦：《中国青铜文化结构体系研究》，科学出版社 1998 年版。

⑧ 王巍：《关于中华文明起源研究的几个问题》，《中国社会科学院院报》2006 年 2 月 28 日。

⑨ 王震中：《中国文明与国家起源研究中的理论探索》，《中国社会科学院研究生院学报》2011 年第 3 期。

⑩ 何驽：《中国文明起源考古学研究理论与方法的若干问题》，载中国社会科学院考古研究所等编：《古代文明研究》第一辑，文物出版社 2005 年版。

的一个新的阶段，是在物质资料的生产不断发展和精神生活不断丰富的基础上，社会不断复杂化，由社会分工和阶层分化发展成为不同阶级，出现了具有强制性、规范性的公共权力——国家，以及在国家管理下创造出的物质财富和精神财富的总和"①。

对于"都城文明"的概念，学界鲜有人提及。我们认为，都城文明是指在都城区域内产生的与国家密切相关的物质文明、精神文明和制度文明的总和。其中物质文明包括与国家有关的大型宫殿宗庙建筑、统治阶层使用的与其身份等级相匹配的青铜礼器、玉器，制作这些高规格器物所需的相关手工业作坊等。精神文明则包含宗教信仰、伦理道德及文化艺术等方面内容。制度文明是指国家组织形式和结构、管理方式以及相应的政治制度等。

都城是一个国家的最高首长对全国进行统治及其生活的地方，其内有大型宫殿和宗庙建筑，有大量普通居民伴随最高统治者生活，并有高规格遗物和制造作坊，是文明社会最为集中的体现场所。都城是国家产生后才出现的，国家又是文明形成的重要标志，因此，都城文明的形成时间大体与国家和文明的形成时间一致或略晚，一般不会早于文明形成的时间。

二、二里头文化与新砦期遗存

（一）二里头文化

二里头文化因 1959 年河南偃师二里头遗址的发掘而得名。其分布范围以河南西部和山西南部为中心，东至豫东，南至豫南信阳、南阳一带，北达沁河及晋南，西抵关中盆地东部和商洛地区。主要遗址有河南偃师二里头、巩义稍柴、郑州洛达庙、荥阳大师姑、山西夏县东下冯等。年代上

① 王巍：《关于中华文明起源研究的几个问题》，《中国社会科学院院报》2006 年 2 月 28 日。

晚于河南龙山文化晚期①和新砦期，而早于郑州二里岗商文化，绝对年代应属于夏代纪年范围。该文化分为前后发展的一至四期，划分为以豫西为中心的"二里头类型"和分布于晋南的"东下冯类型"两个主要类型，另有豫东的"段岗类型"（牛角岗类型）、豫中南的"杨庄类型"、豫西南的"下王岗类型"等。

二里头文化发现有城市、宫殿基址、房基、手工业作坊、墓葬、祭祀等遗迹，以及诸多陶器、青铜器、骨器、玉器、石器等遗物。其中偃师二里头遗址是一处经过精心规划、布局严整的大型都邑，宫城内已发现数十处宫殿基址。该文化发现的手工业作坊有铸铜、制陶、制骨及绿松石饰品制造等。墓葬已发现400多座，墓圹多为长方竖穴土坑，可分为大、中、小三类，另见有诸多非正常埋葬现象。房基主要有半地穴式、地面中型房基和大型宫殿建筑群。青铜器种类有工具和武器、容器、乐器以及装饰品，其中容器有鼎、爵、斝和盉，还发现多件青铜牌饰。陶器以夹砂灰陶和泥质灰陶为主，纹饰有篮纹、绳纹、方格纹、附加堆纹等，盛行鸡冠耳和花边器口装饰。以夹砂中口罐为主要炊器，圆腹罐、平底盆、瓦足簋、豆、刻槽盆等常见，觚、爵、盉等酒器比较流行。②

从分布地域、年代、文化特征、社会发展阶段上看，二里头文化最有可能是夏文化遗存。③

---

① 关于豫西地区的龙山文化之名称，学界有不同的说法，如河南龙山文化、河南龙山文化王湾类型、王湾三期文化等。为尊重学术史，这里一并使用这些名称，含义相同或接近。同样，豫北地区的龙山文化名称，河南龙山文化、河南龙山文化后岗类型、后岗二期文化等叫法兼用；豫东地区的龙山文化名称，河南龙山文化、河南龙山文化造律台类型（王油坊类型）、造律台文化等叫法兼用。

② 中国社会科学院考古研究所编著：《偃师二里头（1959年—1978年考古发掘报告）》，中国大百科全书出版社1999年版。

③ 邹衡：《试论夏文化》，载邹衡：《夏商周考古学论文集》，文物出版社1980年版；张国硕：《早期夏文化与早期夏都探索》，载北京大学震旦古代文明研究中心等编：《早期夏文化与先商文化研究论文集》，科学出版社2012年版。

（二）新砦期遗存

新砦期遗存因发现于河南新密市刘寨镇新砦村而得名。1979 年，考古工作者对该遗址进行调查和试掘，发现了介于河南龙山文化与二里头文化之间的文化遗存，从而提出了"新砦期二里头文化"的命名。① 之后，学界对新砦期是否存在、如何命名、文化归属等问题展开研讨，一些学者认同新砦期的存在②，有学者不承认或怀疑有"所谓的新砦期"③，或将这类遗存归属为二里头文化第一期的早期阶段④，也有将其命名为独立的"新砦文化"⑤，更有把其与二里头文化第一期合称为"新砦文化"的观点⑥。1999 年以来，考古工作者对新砦遗址又进行了多次发掘，遗存丰富，发现了河南龙山文化王湾类型、新砦期遗存与二里头文化早期遗存的叠压关系，为确认新砦期的存在奠定了坚实基础⑦。考古调查与发掘材料显示，该类遗存主要分布于颍河、汝河流域的新密、禹州、登封、汝州以及郑州、巩义等地，主要遗址有新密新砦、黄寨、禹州瓦店、汝州煤山、平顶山蒲城店、巩义花地嘴、郑州东赵等。伊洛平原地区少见此类文化遗存。

考古发现的遗迹主要有城垣、夯土建筑、壕沟、房屋、灰坑、墓葬和

---

① 赵芝荃：《略论新砦期二里头文化》，载中国考古学会编：《中国考古学会第四次年会论文集》，文物出版社 1985 年版。

② 隋裕仁：《二里头类型早期遗存的文化性质及其来源》，《中原文物》1987 年第 1 期；张国硕：《夏纪年与夏文化遗存刍议》，《中国文物报》2001 年 6 月 20 日；赵春青：《新砦期的确认及其意义》，《中原文物》2002 年第 1 期；方酉生：《略论新砦期二里头文化——兼评〈来自"新砦期"论证的几点困惑〉》，《东南文化》2002 年第 9 期；顾问：《"新砦期"研究》，《殷都学刊》2002 年第 4 期。

③ 李维明：《来自"新砦期"论证的几点困惑》，《中国文物报》2002 年 1 月 11 口。

④ 李维明：《二里头文化一期遗存与夏文化初始》，《中原文物》2002 年第 1 期。

⑤ 赵芝荃：《夏代前期文化综论》，《考古学报》2003 年第 4 期；庞小霞：《试论新砦文化》，郑州大学硕士研究生学位论文，2004 年。

⑥ 杜金鹏：《新砦文化与二里头文化——夏文化再探讨随笔》，载中国社会科学院考古研究所编：《三代考古》（一），科学出版社版 2004 年版。

⑦ 北京大学考古文博院、郑州市文物考古研究所：《河南新密市新砦遗址 1999 年试掘简报》，《华夏考古》2000 年第 4 期。

冲沟。在新密新砦、郑州东赵等遗址发现城址，新砦遗址还发现有大型浅穴式建筑和夯土建筑基址。出土遗物中，生产工具有石质的铲、刀、斧等，骨器有针、锥、簪和匕等，铜器有刀和铜容器的流以及铜渣，玉器有琮和圭。陶器分夹砂和泥质两大类，以灰陶为主，部分泥质黑陶。器类主要有深腹罐、侧扁足鼎、小口高领瓮、折壁器盖、平底盆、折肩罐、折肩瓮、豆、刻槽盆、斜壁碗等。

从文化性质上来看，新砦期遗存虽然直接来源于王湾三期文化，但与其差异也是十分明显的；整体上来说，其与二里头文化关系比较密切。因此，新砦期应归入二里头文化系统。虽然说二里头文化属于夏文化范畴，但该文化可能涵盖不了整个夏文化，应存在更早的夏文化。综合分析，新砦期遗存应为早期夏文化。①

三、夏代与夏文化

（一）夏代

一般认为夏代是商代之前我国历史上第一个进入国家文明阶段的朝代，多与夏王朝相对应。对于其定义，学界基本无太大分歧。然有关夏代的积年起始于何年，学者们众说纷纭，莫衷一是。

文献记载"夏代"积年分歧颇多，主要有 471 年和 431 年两种。"夏商周断代工程"结项成果采用了 471 年说，包括大禹所在的年代和属于羿、浞代夏的"无王"时期（40 年）。如此所确定的夏代，自禹至桀共 471 年，大禹时期也属于"夏代"，夏代始年为公元前 2070 年。②

我们认为，大禹时期属于尧舜禹时代，不应归入夏代，夏王朝应始

---

① 张国硕：《夏纪年与夏文化遗存刍议》，载张国硕：《文明起源与夏商周文明研究》，线装书局 2006 年版；张国硕：《早期夏文化与早期夏都探索》，载北京大学震旦古代文明研究中心等编：《早期夏文化与先商文化研究论文集》，科学出版社 2012 年版。

② 夏商周断代工程专家组：《夏商周断代工程报告》，科学出版社 2022 年版，第 517 页。

于家天下、属于文明社会的夏启。准此，去除大禹时期大约 45 年时间[①]，夏王朝积年只有大约 400 年左右，夏代始年应定为公元前 2000 年左右为宜[②]。

诚然，文献中有较多关于大禹与夏的记载，使得我们在讨论夏代都城文明问题时无法对其回避。若言夏启正式建立了夏王朝，从此进入了王国文明阶段，那么属于尧舜禹时代的大禹时期，社会发展已步入早期国家和邦国文明时代。故研究夏代都城文明，特别是追溯夏代都城的源头，必然要涉及夏启之前的政治中心问题，如"禹都阳城"和其他夏族政治中心。

依据现有的文献及考古材料，将夏代的终年或者说夏、商王朝分界之年定在公元前 1600 年[③] 是有一定说服力的，这也得到了当今学界的基本认可。

此外，"夏代"本身是一个历史文献概念，我们不提倡用考古学上的"二里头时代"一词代替"夏代"。一方面是因为"二里头时代"无法包含整个夏代，二里头文化很可能是夏代中晚期的夏文化遗存，有学者甚至认为二里头文化晚期已进入商代年代的范畴；另一方面则是由于文献有关于"夏代"的明确记载，与商王朝的真实存在相同，夏王朝与夏代也应是确实存在的。

因此，本书所确定之夏代，主要是指夏王朝时期从启至桀这段历史时期，大约距今 4000—3600 年，对应的考古学文化是新砦期遗存和二里头文化。但在涉及夏代都城文明的起源与肇始时，则把时间范围适当延伸至大禹时期，对应的考古学文化就是以王湾三期文化晚期为代表的考古学文

---

① 《太平御览》卷八二引《竹书纪年》记载："禹立四十五年。"
② 张国硕：《夏纪年与夏文化遗存刍议》，载张国硕：《文明起源与夏商周文明研究》，线装书局 2006 年版。
③ 夏商周断代工程专家组：《夏商周断代工程 1996—2000 年阶段成果报告·简本》，世界图书出版公司 2000 年版，第 73 页。

化遗存。

（二）夏文化

一般来讲，夏文化应该是夏王朝时期的物质文化与精神文化的总和。如有学者认为夏文化是夏王朝时期夏人（族）的物质文化和精神文化[1]；或认为夏文化是夏朝夏族创建的文化[2]；夏文化是夏代在其王朝统辖地域内以夏族为主体创造的物质文化和精神文化遗存[3]。

由于文献记载的夏代历史十分简略，文化面貌不详，故研究夏文化应主要依靠考古材料所提供的信息。正因为如此，学界尤其是考古学界通常所说的夏文化大多是指夏代夏族的物质文化遗存。如夏鼐先生认为，夏文化是指夏王朝时期夏民族的文化。[4] 该观点最具代表性，受到了学界多数学者的认可。新出版的《中国考古学大辞典》把夏文化定义为"夏王朝时期夏人活动地域内的物质文化遗存"[5]。

当然，学界部分学者认定的夏文化涵义较为广泛，有的则过于狭窄。如有学者认为所谓"夏文化"，主要是指商汤灭夏以前夏族人在其发展阶段中所创造的文化。[6] 此观点所说的夏文化实为"夏族文化"，文化上限不详，与考古学文化的特征不相符。还有学者认为，由于"夏民族"或"夏族"的概念不确定，除夏后氏之外，其他同姓国族分散各地，其相应的考古学文化并不能相对应，其他异姓国族是否属于"夏族"，这些问题都需要深探，因此可将夏文化定义为夏王朝时期夏后氏（夏王族）的

---

① 李先登：《论夏文化研究的若干问题》，载北京大学震旦古代文明研究中心等编：《早期夏文化与先商文化研究论文集》，科学出版社 2012 年版。

② 陈立柱：《夏文化北播及其与匈奴关系的初步考察》，《历史研究》1997 年第 4 期。

③ 高炜、杨锡璋、王巍、杜金鹏：《偃师商城与夏商文化分界》，《考古》1998 年第 10 期。

④ 夏鼐：《谈谈探讨夏文化的几个问题》，《河南文博通讯》1978 年第 1 期。

⑤ 王巍总主编：《中国考古学大辞典》，上海辞书出版社 2014 年版，第 305 页。

⑥ 王玉哲：《夏文化研究中的几个问题》，载郑杰祥编：《夏文化论集》，文物出版社 2002 年版。

文化。① 此观点把夏文化族群局限于夏后氏，意欲与其他夏族分支文化区别开。但实际情况是，同姓夏族人的文化具有一定的相似性，不同分支的夏族文化很难截然区分开。此外，夏文化若仅限于夏后氏，其文化分布范围偏小，不便于整体研究夏代历史文化。

为便于研究和理解，本书所确定的夏文化，一般是指"夏代的夏族的考古学文化"。夏文化的时间范围应该是夏代或者夏王朝阶段。夏文化的空间范围局限于夏王朝的故地——河南大部和山西南部地区。夏文化的族属是全部夏族，包括夏后氏和其他姒姓分支。

在研究过程中，应把夏文化与"先夏文化""后夏文化""夏族文化"区别开。先夏文化应是夏族建立夏王朝之前的考古学文化；后夏文化（或称"夏遗民文化"）是夏王朝灭亡之后夏族的考古学文化，在年代上已跨入商代早期，二者都不属于"夏文化"的范畴。夏文化、先夏文化、后夏文化可统称为"夏族文化"，但夏文化不包括先夏文化。此外，夏文化与"夏代文化"也应区别开。夏代文化可理解为夏王朝时期各族群的考古学文化，如夏文化、先商文化（下七垣文化）、岳石文化、夏家店下层文化等。

关于何种遗存为夏文化，学界历来争议较大，争议的焦点大多集中在何种考古学文化属于夏文化上。② 当今的主要观点有三：一是河南龙山文化晚期和二里头文化是夏文化；二是二里头文化即是全部的夏文化；三是新砦期遗存和二里头文化属于夏文化。我们持最后一种观点。③

---

① 王震中：《夏商分界、夏文化分期及"夏文化"定义诸题新探》，《华夏考古》2011 年第 4 期。
② 郑杰祥编：《夏文化论集》上、下册，文物出版社 2002 年版。
③ 张国硕：《夏纪年与夏文化遗存刍议》，载张国硕：《文明起源与夏商周文明研究》，线装书局 2006 年版。

四、河洛地区

《史记·封禅书》云："昔三代之居，皆在河洛之间。"此处"河洛"指黄河和洛河，可见"河洛"本指黄河与洛河两条河流，后来逐渐演变为黄河、洛河流经的地域，成为"河洛之间"的简称。

河洛地区作为一个相对模糊的地理空间概念，大体指黄河与洛河共同流经的区域，这一结论得到了学界的普遍认可。然对于河洛地区的确切地域，学界分歧较大。

部分学者认为河洛地区的概念有广义和狭义之分。如有研究者认为广义的河洛是指黄河由河曲、渭河而东，中经砥柱之险，过孟津、洛河，流出大伾，开始散为荥播，这一大段大河之南地，古称河南地，又称河洛地；狭义的河洛就是洛阳一带。① 有学者则认为广义的河洛地区是指黄河中游、洛水流域这一广阔的地域范围；狭义的河洛便是洛阳。② 有人认为广义的河洛地区就是中原文化的分布区域；狭义的河洛地区则是指中原腹地伊、洛、河"三川"平原。③ 中国台湾有学者认为广义的河洛就是中原文化的分布区域；狭义的河洛则是中原腹地，黄河中游伊、洛、河三川平原。④

另一部分学者则认为"河洛地区"是一个相对明确的地理空间，并无广义与狭义之分。如有人认为河洛地区是指黄河中游洛水流域（包括伊、

---

① 陈昌远：《先秦河洛历史地理与河洛文化历史地位考察》，载洛阳市历史学会主编：《河洛文化论丛》第一辑，河南大学出版社1990年版。

② 韩忠厚：《试论河洛文化在中国文化史上的地位》，载洛阳市历史学会主编：《河洛文化论丛》第一辑，河南大学出版社1990年版。

③ 张振犁：《从"河图"、"洛书"及"祭祀河洛"神话的演变看"河洛文化"在华夏文明中的地位和作用》，载河南省社会科学院河洛文化研究所编：《洛汭与河图洛书》，河南科学技术出版社1996年版。

④ 席瑜：《论河洛文化与台湾地区之地缘、史缘与血缘》，《河洛春秋》2002年第4期。

洛、瀍、涧诸河）。① 有学者主张河洛地区是指伊河和洛河流域以及两河汇合后直到流入黄河一带。② 有学者认为河洛地区系指以洛阳为中心的整个豫西地区及其黄河北岸的平原而言。③ 还有学者认为所谓河洛地区是指黄河中游潼关至郑州段的南岸，洛水、伊水及嵩山周围地区，包括颍水上游登封等地。④ 朱绍侯先生认为河洛地区是以洛阳为中心，西至潼关、华阴，东至荥阳、郑州，南至汝颍，北跨黄河而至晋南、济源一带。⑤ 程有为先生认为河洛地区指的是洛河流域和黄河中游地区，以洛水和嵩山为中心，包括汝水、颍水上游地区。它北起中条山，南达伏牛山，东至京广铁路，西至潼关，与今河南省的西部和中部地区大体相当。⑥ 有学者与此观点略有不同，认为河洛地区向东应该还包括开封地区。⑦ 许顺湛先生则把河洛地区划分为以洛汭为中心的三个区域，分别为黄河与洛河的内夹角洲、黄河与洛河交汇的外夹角洲、黄河北岸的晋南诸县以及河南省的济源、沁阳、温县、孟州、武陟等市县。⑧ 有学者认为河洛文化的范围不能只限于现今的洛阳地区或豫西地区，它应该是以豫西为腹区，西起陕西关中的华阴以东，东到豫东平原的郑州、中牟一带，北至山西南部及河南的济源、

① 戴逸：《关于河洛文化的四个问题》，《寻根》1994 年第 1 期。

② 李昌韬：《河洛文化的形成及发展》，载河南省社会科学院河洛文化研究所编：《洛汭与河图洛书》，河南科学技术出版社 1996 年版。

③ 赵芝荃：《史前文化多元论与黄河流域文化摇篮说》，载洛阳市历史学会主编：《河洛文化论丛》第一辑，河南大学出版社 1990 年版。

④ 李先登：《河洛文化与中国古代文明》，载洛阳市历史学会主编：《河洛文化论丛》第一辑，河南大学出版社 1990 年版。

⑤ 朱绍侯：《河洛文化与河洛文化圈》，《寻根》1994 年第 1 期。

⑥ 程有为：《"河洛文化"略论》，载河南省社会科学院河洛文化研究所编：《洛汭与河图洛书》，河南科学技术出版社 1996 年版。

⑦ 朱绍侯先生以及开封的沙旭升先生都曾谈到，由开封禹王台所存康熙所题"功存河洛"匾额可以说明，河洛地区向东应包括郑州、开封在内。引自徐金星：《河洛文化与客家文化》，载崔灿、刘合生主编：《客家与中原文化国际学术研讨会论文集》，中州古籍出版社 2003 年版。

⑧ 许顺湛：《河洛文化与台湾》，《河洛春秋》2002 年第 4 期。

沁阳、温县以南诸县，南达伏牛山北麓及汝州、郏县、禹州以北等地。[①]

尽管有关河洛的定义学界有较大分歧，但至少有三点是大家公认的：一是河洛地区的中心是洛阳；二是河洛地区离不开黄河和洛河及其相交汇区域、沿岸地区；三是河洛地区的范围与今河南境域关系密切。开封地区位于古黄河沿岸，地势平坦，古代文化面貌与郑州、洛阳地区有较多一致性。因古黄河流经今豫北地区的新乡、濮阳等地，豫北地区属于黄河冲积平原，古代文化面貌与郑州、洛阳地区关系密切，很难将其与豫西地区截然分开。河洛文化是地域文化，特色是盆地平原文化，地理范畴不应无限扩大，应局限在今河南境内，晋南诸县以及陕西东部地区属于黄土高原和山地地貌，文化面貌与豫西地区差异明显，故不宜将这些区域纳入河洛地区的范畴。

综合考虑古代黄河与洛河河流走向、地理环境、文化面貌、文化特点、区域文化以及夏商王朝中心分布区等因素，本书确定的河洛地区是指今河南省中部、西部和北部地区，即以洛阳地区为中心，东至开封地区，西抵三门峡一带，南达颍汝河流域，北到安阳、濮阳地带，包括今天的洛阳、郑州、三门峡、开封、许昌、平顶山、漯河、济源、焦作、新乡、鹤壁、安阳、濮阳等地区（图0—1）。

第二节　研究内容与研究意义

城市是先秦考古学研究的重要内容，其中都城研究更是三代城市研究的核心，而夏代都城又是中国古代都城的先驱。开展河洛地区夏代都城文

---

① 王新年：《河洛文化的地域与特点》，载洛阳市历史学会等编：《河洛文化论丛》第二辑，河南大学出版社1991年版。

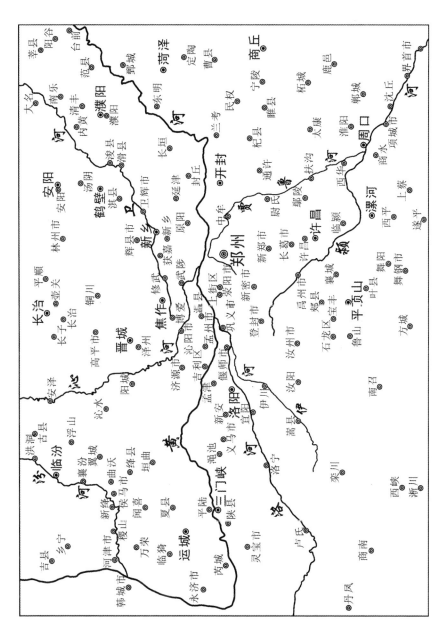

图 0—1 河洛地区地域图

明研究，不仅具有重要的学术价值，而且更有很大的现实意义。

一、研究内容

本书是以夏王朝最主要的活动区域和夏代都城最为集中的地带——河洛地区为空间范围，对这一区域的夏代都城文明进行综合、深入研究，以期在诸多方面有所突破，从而有利于夏代历史与夏文化研究的深化，并对中国古代都城文化的研究有所裨益。主要研究工作和研究内容包括三个方面。

第一，确定河洛地区夏代有何都城以及都城的变迁。通过系统梳理有关夏代都城的文献材料，在对文献材料进行认真分析和考证的前提下，结合考古发现的夏代城址和大型遗址，从而确认哪些城址为夏代都城，又具体是文献所载的哪座都城，并从其中辨别出哪些城址是方国都城和是何方国都城。在此基础上，对夏代都城形成的原因与都城变迁的原因进行分析，并对文献记载的"夏都屡迁说"进行剖析，探究夏代都城设置的实际面貌。

第二，对河洛地区夏代都城文明的发展轨迹和文化内涵进行探索。如河洛地区的都城文明是如何孕育、形成、完善并不断成熟的，这一区域产生都城文明的原因是什么，或者说促使夏代都城文明形成的动力有哪些，夏代都城文明体现在哪些方面，其文化内涵包括哪些内容，等等。

第三，对河洛地区夏代都城文明所体现出的社会变革、在中国古代城市和古代文明形成中的地位进行研究。社会形态、结构方面的抽象内容需要通过具体的物化现象来体现，都城文明则是实现这一目的的最重要切入点。夏代都城文明是如何反映社会结构、形态变革的，夏代都城与中国古代城市形成的关系如何，夏代都城文明在中国古代文明化进程中的重要地位表现在哪些方面，夏代都城文明如何对商代、周代都城文明产生影响，这些问题都是本书要着力解决的。

二、研究意义

夏是我国历史上率先步入国家文明阶段的王朝，创造了光辉灿烂的夏代都城文明。一方面，深入研究夏代都城文明，将有助于我们追溯城市和都城的起源及形成，对厘清古代城市发展演变具有重要参考价值。同时，都城文明是文明研究的重要内容，对夏代都城文明进行深入探讨，其成果可对中国古代文明起源与形成研究这一重大学术课题提供重要的借鉴、启示。另一方面，廓清夏代都城文明的相关问题，对于深入、全面研究语焉不详的夏代历史有诸多裨益，对于改变一小部分人不相信夏代历史为信史的观念、否定国内外"夏王朝杜撰说"等学术思潮也将起到至关重要的作用。此外，研究夏代都城文明，王城岗、新砦、二里头、望京楼等大型遗址是探讨的重点，深入分析这些遗址的相关遗存现象，将有助于深化人们对二里头时代大型中心聚落遗址的认识。同时，对于那些文献有记载但地望上不能指实的夏代都城，迫使人们去认真思考探索，导引考古工作者努力工作，有针对性地加以解决，从而推动夏代都城考古与都城历史研究向前发展。

都城文明与当代文明建设息息相关。有关夏代都城文明的研究成果，对弘扬中国传统文化，增强国人的民族自尊心和自豪感，加强爱国主义教育，发展地方经济，优化当代城市和都城建设，促进文化与文明意识的提高，都有着重要的现实意义和借鉴作用。

第三节　研究历史与现状

夏代史及夏都研究，历来是学界关注的焦点。考古发现的诸多夏代城址，也使得人们对夏都问题展开了深入讨论。河洛地区作为夏代最主要的活动区域，长期受到学者们的重视。近年来，经过学界的不懈努力，一些重要的研究成果得以面世。然而，对夏代都城文明进行全面而深刻的探究，却是夏代历史研究的薄弱点。

一、研究历史

对夏代都城展开研究的历史可追溯至汉代司马迁的《史记》，书中有较多关于夏都的记载。西晋时期出土的《竹书纪年》，保存有相对较多的夏都材料。北魏郦道元的《水经注》，为确定夏都的具体地理位置提供了较多线索。然而受时代局限，这些研究都属于纯粹的历史文献学范畴，更缺少以文明的视野考虑问题，也因缺乏实证材料而显得抽象。

20 世纪 20 年代以来，随着近代考古学传入中国，促进了夏代历史研究的向前发展。尤其是新中国成立后，一大批城址相继被发现，特别是王城岗城址、新砦城址及二里头遗址等重要城址的发掘，为学者深入研究夏代都城文明提供了较为丰富的实物材料，随之一大批学术研究成果先后涌现。梳理诸研究成果可以发现，与夏代都城相关的研究成果大体表现在七个方面。

一是对夏代都城地理位置的考证。如许顺湛在《寻找夏启之居》（《中原文物》2004 年第 4 期）一文，认为文献记载的启居黄台之丘已被考古发掘所证实，新砦城址便是启居黄台之都城。与此不同，周书灿《〈穆天子传〉"启居黄台之丘"考——兼论周穆王东巡的地理问题》（《中国历史地理论丛》2005 年第 2 期），则通过对启的活动地域及《穆天子传》中周穆王东巡路线的综合考察，判定"启居黄台之丘"可能是在河南禹州一带的"钧台"。张国硕《夏都老丘考略》（《中国国家博物馆馆刊》2014 年第 9 期），综合分析夏人的活动区域、夏文化分布范围、地理位置及地貌条件等内容，认为老丘在今豫东地区的开封县（祥符区）境内，陈留镇以北约 20 公里的虎丘岗遗址为老丘故地的可能性很大。张国硕《夏代晚期韦、

顾、昆吾等方国地望研究》(《中国历史地理论丛》2015 年第 2 期),认为
夏代晚期韦、顾、昆吾三方国地望分别位于今郑州市区、荥阳大师姑、新
郑望京楼等地的可能性很大。

二是对与夏都相关城址的个案研究。如赵芝荃《论二里头遗址为夏代
晚期都邑》(《华夏考古》1987 年第 2 期)一文,认为二里头遗址是一座
夏代晚期都邑。方酉生《登封告成王城岗城址与禹居阳城》(《历史教学问
题》1991 年第 3 期),认为王城岗城址就是"禹居阳城"之所在。赵春青
《新密新砦城址与夏启之居》(《中原文物》2004 年第 3 期)一文,依据新
砦城址发现的城垣、护城河、内外双重围壕、城内出土的高规格遗物和城
址西南部的大型建筑等材料,结合城址年代、地望,断定新砦城址可能为
夏启之居。王文华等《河南荥阳大师姑夏代城址的发掘与研究》(《文物》
2004 年第 11 期),将大师姑城址的二里头文化遗存分为前后相连的五段,
推断其始建年代在二里头二、三期之交,废弃年代大致在二里头文化第四
期和二里岗下层偏早阶段之间。方燕明《登封王城岗城址的年代及相关问
题探讨》(《考古》2006 年第 9 期),对王城岗大城与城壕的年代、大城与
小城的关系、王城岗城址的性质等问题进行了探讨,认为其相对年代应在
王城岗龙山文化第二期与第四期之间;大城年代晚于小城,且大城使用期
间小城仍未废弃;王城岗小城有可能为"鲧作城",王城岗大城有可能即
是"禹都阳城"。李久昌《偃师二里头遗址的都城空间结构及其特征》(《中
国历史地理论丛》2007 年第 4 期),在前人的研究基础上,分析了二里头
遗址的都城空间结构及其特征,认为二里头都城空间的演变及其阶段特征
与夏王朝的历史发展密切相关。马世之《登封王城岗城址与禹都阳城》(《中
原文物》2008 年第 2 期),系统梳理王城岗城址的考古发掘情况,认为王
城岗小城为鲧作之城与禹避舜子商均所居的阳城,王城岗大城则是禹都阳
城。张国硕《望京楼夏代城址与昆吾之居》(《苏州大学学报》2012 年第 1
期),对望京楼夏代城址与昆吾之居的关系进行了探讨,认为城址的年代

与夏代昆吾存在的时代接近，城址所处位置与昆吾的地望相符合，文化遗存与昆吾文化面貌一致，因此推断望京楼夏代城址应是夏代中晚期的昆吾之居。袁广阔、朱光华《关于二里头文化城址的几点认识》（《江汉考古》2014 年第 6 期）一文，探讨了当时都城选址、宫殿建制、城郭制度等问题，认为二里头文化阶段是城郭之制的滥觞期，二里头遗址代表了中国早期城市形态发展的崭新阶段。

三是都城制度、军事防御等方面的研究。如李自智《略论中国古代都城的城郭制》（《考古与文物》1998 年第 2 期），阐释了自龙山文化时期到隋唐以后我国古代都城城郭制的演变过程，主张夏、商、西周三代实为城郭制的形成期。张国硕《夏商时代都城制度研究》（河南人民出版社 2001 年版），对夏商时代的都城制度进行了系统全面的分析，综合论述了夏商时代的主辅都制度、离宫别馆制度、都城选址制度、军事防御制度、规划布局制度等内容。张国硕《史前夏商城址城郭之制分析》（《中原文物》2014 年第 6 期），对龙山时代至商代的城郭之制展开讨论，主张夏代为城郭之制的初步发展阶段，新砦城址的布局实质上已具备城郭之制，望京楼城址具备城郭之制的布局特点。张国硕《夏国家军事防御体系研究》（《中原文物》2008 年第 4 期），专门论述了夏代的国家军事防御体系，认为夏代早期注重局部的军事防御；后羿代夏后迫使夏王朝建立可靠的国家军事防御体系；少康、帝宁之后，通过强化都城及其外围地区的防御，建立一系列军事重镇和方国等措施，最终形成了以都城防御为中心，都城外围的自然山河关隘为屏障，周边军事防御为重点，多重防御设施和手段相结合的军事防御体系。张国硕《中原先秦城市防御文化研究》（社会科学文献出版社 2014 年版），对中原地区的先秦城市防御文化相关内容进行了专题研究，系统论述了该区域先秦城市的防御设施、防御体系、防御模式及其与周边地区城市的关系。潘明娟《先秦多都并存制度研究》（中国社会科学出版社 2018 年版），探讨了夏、商、周三代的多都并存制度，侧重商周阶段，指出夏代可能存在着都邑并存现象。许宏《大都无城——中国古都的动态解读》（生活·读书·新知三联书店 2016 年版），运用从晚到早的倒叙方式，对魏晋至夏代的都城制度进行探讨，提出了"大都无城"的观点，认为二里头都邑是"大都无城"的最早典范。

四是都城规划布局研究。如俞伟超《中国古代都城规划的发展阶段性》（《文物》1985 年第 2 期），总结概括了中国古代都城规划的阶段特征，认为二里头遗址呈现出各种活动区分散存在的特点。李令福《中国古代都城的起源与夏商都城的布局》（《太原大学学报》2001 年第 3 期）一文，对夏商都城布局进行分析。李自智《中国古代都城布局的中轴线问题》（《考古与文物》2004 年第 4 期），认为二里头遗址一些局部的宫殿建筑群及个别单体宫殿建筑存在着中轴线布局。刘庆柱《中国古代都城遗址布局形制的考古发现所反映的社会形态变化研究》（《考古学报》2006 年第 3 期），系统梳理了中国古代都城的考古发掘情况，认为二里头遗址可能呈现出"宫城"和"郭城"相结合的"双城制"特征，或已经具备"郭城"的物质文化内涵；宫城内的宫殿和宗庙建筑可能存在"形式上"的不分，但其"功能"应该是不同的；宫庙二元布局结构折射出夏代社会形态的"二元政治"特点。

五是都城考古理论方法探索。如刘庆柱《中国古代都城考古学研究的几个问题》（《考古》2000 年第 7 期）一文，就中国古代都城考古学研究中的大城与小城、城门与道路、礼制建筑、田野考古方法等问题进行了讨论，对二里头遗址相关问题有所涉及。刘庆柱《关于深化中国古代都城考古研究的探索》（《光明日报》2010 年 5 月 11 日），论述古代都城考古研究应深入探索都城所折射出的国家政权在政治、经济、军事、文化礼仪活动等方面的重要历史地位、历史作用及历史变迁等内容。何驽《都城考古的理论与实践探索——从陶寺城址和二里头遗址都城考古分析看中国早期城市化进程》[《三代考古》（三），科学出版社

2009 年版]，提出了中国早期城市或都城的九项指标，分析自陶寺至二里头聚落形态所反映的城市化进程，认为二里头遗址是第一个成熟的城市和都城。

六是与夏代都城文明密切相关的夏代青铜器、宫殿等方面的专题研究。如杜迺松《论夏代青铜器》（《文史知识》1994 年第 2 期），对夏代青铜器的渊源、种类及特征、影响展开了讨论。杜迺松《夏代青铜器》（《中国文物报》2010 年 4 月 7 日），对二里头文化相关遗址出土的青铜器进行了探讨。中国青铜器全集编辑委员会编辑的《中国青铜器全集·夏商》（文物出版社 1996 年版），收录了当时已发现的所有夏代青铜器。朱凤瀚《中国青铜器综论》（上海古籍出版社 2009 年版），对已发现的中国青铜器进行了综合研究，并就二里头文化青铜器的分类、冶铸工艺、器物形制等相关问题展开了讨论。杨鸿勋《宫殿考古通论》（紫禁城出版社 2001 年版），对二里头遗址一号大型建筑进行了复原研究，认为是"夏后氏世室"，二号大型建筑是宗、庙一体建筑。杜金鹏《偃师二里头遗址 4 号宫殿基址研究》（《文物》2005 年第 6 期），对二里头遗址 4 号宫殿基址进行复原研究，认为该宫殿始建于二里头文化第三期，使用期是三、四期，最迟在第四期偏晚废弃；可能是举行某些特殊祭祖典礼的场所。宋江宁《三代大型建筑基址的几点讨论》[载《三代考古》（二），科学出版社 2006 年版]，对三代大型建筑中轴线、总体布局和主体建筑堂室结构的演变过程进行了探索，认为中国传统礼制建筑形式从夏代开始就有了相当的体现，三代大型礼制建筑在形制发展上的继承关系比较明显，尤以夏、商之间的继承关系为甚。雷从云、陈绍棣、林秀贤《中国宫殿史（修订本）》（百花文艺出版社 2008 年版）一书，对二里头遗址宫殿遗迹和夏朝的宫室文化有所论述。李栋《先秦礼制建筑考古学研究》（山东大学 2010 年博士学位论文），认为二里头遗址宫城内发掘的一号、二号、四号建筑属于礼制建筑，一号基址是宫殿建筑，二号、四号为宗庙建筑。

　　七是涉及夏代都城的综合研究。如叶骁军《中国都城发展史》(陕西人民出版社 1988 年版)一书，对中国都城的发展演变进行了梳理，认为"夏都"处于"扑朔迷离"的状态，王城岗遗址和二里头遗址可能为"夏都"。曲英杰《先秦都城复原研究》(黑龙江人民出版社 1991 年版)，对夏都阳城、阳翟、平阳、安邑、原、老王、西河等进行阐释。史念海《中国古都和文化》(中华书局 1998 年版)，综合探讨中国古都学、古都的形成因素、古都建立的地理因素、古都建立期间对自然环境的利用和改造及影响、古都和文化、古都文化与当代文化的融合、古都的衰败等内容。张轸《中华古国古都》(湖南科学技术出版社 1999 年版)，对中国境内的古国古都进行了全面论述，从文献记载中梳理出的夏都有阳城、安邑、阳翟、阳夏、康城、原城、斟寻等，认为禹都阳城很可能是王城岗城址，东下冯遗址与安邑似乎有某种关联，二里头遗址则是夏都斟寻。许宏《先秦城市考古学研究》(北京燕山出版社 2000 年版)，系统阐释了先秦城市的相关问题，认为二里头遗址是一处都城遗址，二里头文化(至少是其中的某一期别)属于夏文化。庄林德、张京祥《中国城市发展与建设史》(东南大学出版社 2002 年版)，认为我国城市经过夏朝中前期 300 年左右的发展，大体至夏朝后期已基本形成，二里头城址是我国古代城市形成的标志。朱士光《中国八大古都》(人民出版社 2007 年版)，以中国八大古代都城为研究对象，认为位于洛阳偃师的二里头遗址是夏代中、晚期的都城。刘庆柱《中国古代都城考古发现与研究》(社会科学文献出版社 2013 年版)，对中国古代都城展开系统全面的研究，将夏代包括在"早期中国"的范畴内，认为属于夏代历史编年的都邑遗址主要有王城岗城址、新砦城址和二里头遗址，其中王城岗城址可能是夏王朝的最早都邑；新砦城址是否为夏代都邑遗址，尚需更多考古新材料支撑；二里头遗址应是一处都邑，但仍有许多学术课题需进一步厘清。20 世纪末进行的"夏商周断代工程"，其结项成果《夏商周断代工程 1996—2000 年阶段成果报告·简本》(世界图书出版公司 2000 年版)、《夏商周断代工程报告》(科学出版社 2022 年版),对夏都的地望以及王城岗、瓦店、新砦、二里头等遗址与夏都的关系加以研判。

二、研究现状

纵览前人的研究成果可以发现,尽管在夏都地望、都城考古、都城防御、规划布局、宫殿建筑等研究方面已取得一定的进展,但仍然存在诸多缺憾和不足之处。具体表现在四个方面。

一是研究时段相对较长、笼统,多为夏商时代、夏商周三代或先秦阶段、中国古代等,基本不见或少见专门对夏代都城文明进行系统研究的论文和专著。

二是研究内容偏重夏都地理位置的考证,重视都城选址、规划布局、军事防御等方面探讨,注重单个城址性质的讨论,乏见对夏代都城文明的形成及其原因、都城文明的内涵,以及都城文明所反映的社会形态、结构等课题的深入分析研讨。

三是中国古代都城研究中的夏都连带性之特点较为突出。一些研究者往往把夏都作为其他研究的一部分而顺便提及,并未作较为深入的探讨;或者因其材料不足和容易引起反驳而避重就轻,选择性忽略;少量的相关研究也经常是简单化、碎片化或理论上的推测,缺乏实证材料和多学科的支持,无法透过其研究成果探视出社会层面的信息。

四是与夏代都城文明直接相关的宫殿、青铜器的研究,大多局限于器物学、建筑学层面,上升到都城文明层面的成果相对缺乏或力度不够,无法窥见其都城历史全貌。

鉴于以上种种缺憾和不足,本书确定以夏代作为主要研究时段,专门以夏代都城文明为研究对象,对河洛地区的夏代都城文明进行系统而深入的探讨,以期对夏代历史研究有新突破。

第四节 研究理论与方法

对夏代都城文明进行全面系统的深入研究，需充分掌握相关的研究理论，运用正确恰当的研究方法，尽量避免研究过程走弯路或步入错误轨道，如此形成的研究成果才会有说服力，经得起反复推敲和时间的检验，得出的结论方能令人信服。夏都研究具有特殊性，相应其研究的理论与方法也必然具有独特性。

一、研究理论

有关夏代都城文明的理论，应首先肯定夏王朝是真实存在的，继而分析辨别文明起源与文明形成的关系，贯彻聚落考古理念，还要确认出有关都城制度的理论。

（一）夏王朝的存在

研究夏代都城文明，应秉持"夏王朝存在说"的理念。商王朝之前存在一个由夏族人建立的夏王朝，这在较为可靠的先秦文献中有充分的述论。多年的考古学实践也为夏的存在提供了坚实依据，而且文献有关夏的一些记载得到了考古上的印证。此外，地下出土夏至东周时期有关夏史的金文、甲骨文、竹简、陶文、骨刻辞等文献材料，为夏的存在提供了实证或旁证。[1] 所谓"夏王朝杜撰说"是不能成立的。这是因为没有任何确切证据表明周代"杜撰"出一个夏王朝，而且周人"杜撰"夏的推断不合情理。出土文献材料表明，周代之前已有夏，故无论是"战国杜撰说""东周杜撰说"或是"西周杜撰说"，都与历史事实不符。[2]"夏王朝否定说"形成

---

[1] 张国硕：《论夏王朝存在的依据》，《中国历史文物》2010 年第 4 期。

[2] 张国硕：《"周代杜撰夏王朝说"考辨》，《中原文物》2010 年第 3 期。

的原因是错综复杂的。如"古史辨"学派"疑古"过度导致对夏的否定；文献有关夏史的记载相对简略，缺乏出土文字准确无疑的实证；国外学者对中国史学特点和研究状况了解深度不够，国内外学者之间缺乏充分的沟通；部分西方学者对中国学术研究存在较为严重的偏见，中国学者不同程度地对国外相关研究成果关注不够等。① 但无论如何，夏王朝和夏都的存在应为史实。

（二）有关文明起源与文明形成的理论

文化与文明是两个不同的概念。文化是人类社会在不同时期所取得成就的总和，包括物质文化和精神文化两个部分。而文明则是文化发展的高级阶段。一般来讲，文明与国家有着密切的联系，"国家是文明的概括"。

应区别文明起源与文明形成两个不同概念，二者既有明显差异，又有一定的联系。其中前者指的是文化向文明发展的过程；后者是指文化发展的一个结果，是文明因素的积累和文化发展的质变。研究文明的形成，主要是探讨文明社会是在哪一地区、什么阶段形成，以及文明社会形成都应具备哪些标志或者因素。而研究文明的起源，则是探讨形成文明社会之诸要素各自的孕育、产生过程。

世界各地在文明起源与形成上既有一定的共性，但各自应具有一定的特殊性。从世界范围来看，早期国家的出现、以青铜冶铸技术为代表的手工业技术的进步及金属生产工具的广泛应用、文字的产生等现象，寓示着文明的最终形成。② 这三方面因素代表了一个社会的社会组织、生产力发展水平、精神生活等方面，应属于文明社会的一般性和普遍性因素。但由于地貌、气候、资源配置、风俗习惯、宗教意识、周边族群关系等方面各地存在着差异性，这就决定了古代各地的文化面貌也必然是多姿多态

---

① 张国硕：《试析"夏王朝否定说"形成的原因》，《华夏考古》2010 年第 4 期。

② 张国硕：《论中国古代文明的形成》，载张国硕：《文明起源与夏商周文明研究》，线装书局 2006 年版。

的，不同的文明社会，其文明的表征并不完全相同。我们不能拿一个统一的标准去机械地衡量世界各地是否进入了文明社会。某一古代文化，若同时具备上述世界文明三要素，那么其属于文明社会无疑。但由于一些特定的原因，某一社会可能自始至终未能具备三要素中的一项或两项，但另一项或两项文明要素显现得尤其鲜明，那么我们则无法否认这个社会的文明性。多年的中国古代文明探源工程研究实践表明，中华文明的形成有自己的特殊规律和特点。符合中华文明特质的判断社会是否进入文明的标准有四个：一是生产力获得发展，出现社会分工；二是社会出现明显的阶级分化，出现王权；三是人口显著增加和集中，出现都邑性城市，并成为政治、经济、文化中心；四是出现王所管辖的区域性政体和凌驾于全社会之上、具有暴力职能的公共权力——国家。①

总体来讲，中国古代文明早期包括尧舜禹时代文明和夏商周三代文明两个阶段。其中尧舜禹时代或曰龙山文化时代为文明肇始阶段或雏形阶段，夏商周三代为文明初步发展阶段；黄帝时代或曰仰韶文化中晚期至庙底沟二期文化阶段是中国古代文明的孕育或起源时期。② 当今，越来越多的学者认同二里头文化是夏王朝时期的文化遗存。偃师二里头遗址是夏王朝时期的都邑所在，这里发现有宏伟壮观的宫殿基址和宗庙基址，形成包括大、中、小三种类型的等级墓葬以及诸多非正常埋葬，出土青铜鼎、爵、斝、铃等礼乐器以及镶嵌绿松石牌饰和戈、钺等武器。从二里头文化的分布范围和影响范围可以看出，夏王朝对广大地区实施着有效统治，夏文化影响广泛而深远，这说明夏代同商代、周代一样进入了文明的初步发展阶段。迄今虽然尚未发现确凿无疑的夏代文字实物，但若分析一下商代文字的进步性和早于夏代的龙山时代的文字发现材料，我们完全有信心断

---

① 王巍：《中华5000多年文明的考古实证》，《求是》2020年第2期。
② 张国硕：《论中国古代文明的起源与形成》，载张国硕：《文明起源与夏商周文明研究》，线装书局2006年版。

言：夏代应有文字，不排除将来考古发现夏代文字实物的可能性。

（三）聚落考古理论

聚落（settlement）是人类各种形式聚居地的总称，一般可分为乡村和城市两大类，其中城市是人类社会发展到一定阶段而产生的一种区别于乡村的高级聚落类型。聚落既是人们居住、生活的地方，也是进行各类生产活动的场所。聚落有一定的形成、发展、衰落或废弃等演变过程，不同时期聚落的形态和文化面貌应是不一样的。一个聚落一般不会单独存在，其与周围地区其他聚落应有一定的联系。

聚落考古理论与方法起源于欧美，20 世纪 80 年代传入中国，受到中国考古界的广泛重视。对于聚落考古的定义，学者们的表述差别较大。其中严文明先生认为"是以聚落为对象，研究其具体形态及其所反映的社会形态，进而研究聚落形态的演变所反映的社会形态的发展轨迹"[1]。总体来讲，聚落考古或聚落考古学是指以聚落遗址为核心，进行田野考古调查、发掘以及室内系列整理研究的一种研究思路和方法。它不仅要重点研究当时的生产力发展、社会关系等基础性课题，更要探讨该聚落与生态环境的关系，研究人与自然、环境、生态、族群或民族、种族、思想意识、文化、宗教等各个方面的问题。既要研究单个聚落形态及其内部结构，还应该研究聚落分布形态和各聚落之间的相互关系，以及探讨聚落形态的历史演变。其中对典型性、代表性的单个聚落形态及其内部结构的研究是聚落考古研究的基础和关键。[2]

考古学研究的最终目的是透物见人，即通过遗迹、遗物研究古代社会，聚落考古便可实现这一目标。本书拟通过对二里头时代大型聚落的探讨，从而厘清其所反映的社会形态、结构的发展轨迹。因此，在研究夏代

---

[1] 严文明：《关于聚落考古的方法问题》，《中原文物》2010 年第 2 期。

[2] 张国硕：《聚落考古研究的典范——读〈二里头（1999—2006）〉考古报告有感》，载张国硕：《先秦历史与考古研究》，科学出版社 2016 年版。

都城文明时，需特别重视聚落考古理论的运用。

（四）主辅都制理论

在中国古代都城设置上，既有单一的一都制形式，也有两都制或多都制形式。其中夏商时期并不存在一都制情形下的都城"屡迁"现象，除了一段时期施行一都制，在夏商时代的较长时段内，施行的是主辅都制的都城设都制度。研究夏代都城文明，应坚持主辅都制理论，摒弃"夏都屡迁"的传统历史观。

所谓主辅都制，是指夏商王朝在设立一个主要都城的同时，相继设立一些辅助性的政治、军事中心，即辅都。其中主都相对稳定，不变迁或较少变迁；辅都则根据需要可屡次变迁。主辅都制萌芽于大禹时期，形成于夏代，商代曾广泛推行。在位置上，主都位于夏商王朝控制区的中心地带，辅都则设在夏商王朝的周边地区。地域辽阔、交通不便是施行主辅都制的客观原因，欲对全国施行有效统治、军事战争的需要等则是主辅都制形成的主观原因。①

二、研究方法

从事三代历史研究，特别是夏代考古学研究，采用文献与考古材料相结合的研究方法是必由之路；同时还需广泛借鉴吸收其他学科的研究成果，注重多学科交叉和多角度支持。

（一）二重证据法

二重证据法即是利用文献材料与考古发现相结合的研究方法。早在1925 年，王国维先生即运用此研究方法对"疑古学派"颇为怀疑的包括禹在内的夏、商二王朝历史进行了考证。② 时至今日，在夏代都城文明研

① 张国硕：《论夏商时代的主辅都制》，载北京大学考古文博学院编：《庆祝邹衡先生七十五寿辰暨从事考古研究五十年论文集》，科学出版社 2003 年版。

② 王国维：《古史新证》，清华大学出版社 1994 年版，第 2 页。

究方面，二重证据法仍然是我们采用的主要研究方法。学界那种摒弃、排斥文献资料而只注重考古材料的学术意识，或者主要依靠文献材料而忽视甚至不用考古材料的研究倾向或习惯，显然都是不可取的。

研究夏代都城文明，必须在现有的文献材料中寻找线索。虽然有关夏代的文献记载相对较少，但相关的史料依然可以为我们勾画出夏代都城文明的轮廓。如有关夏代都城的名称、年代、地域等，文献中都有一定的记载。在夏都文明研究中，这些文献材料不仅为寻找夏代都城指明了方向，更能为解释有关考古现象提供信息，节省研究者不少的时间和精力。如著名的二里头遗址，就是在文献记载豫西为"夏墟"的线索引导下，由徐旭生先生赴豫西展开调查而发现的，并随着考古工作的不断开展，许多重要遗迹遗物不断面世而被人们所熟知。假若没有文献资料提供线索，也许二里头遗址的发现还要推迟若干年，也有可能时至今日依然未被发现，那么当今的夏代历史研究将不会如现在这般逐渐明朗，对夏都的探索有可能仍然停留在理论层面。

诚然，现有的夏商时代相关文献材料多是后人追记的，存在有附会、篡改、转抄错误等弊端，也具有一定的神话色彩，但不能因噎废食，应当相信文献记载的主要方面是有所依据的，基本内容是可靠的。如司马迁《史记·殷本纪》中关于商王世系的记载也伴随有诸多神话色彩，历代难免对其真伪存在怀疑。而出土的殷墟甲骨卜辞表明，除部分商王和先公世系位次颠倒或漏记外，有关商王世系的记载与《殷本纪》基本一致，由此证明司马迁在撰写有关殷商史时是有所本的。据此，我们有理由相信，司马迁关于夏史的记载也不会是空穴来风、随意捏造，也应是有根据的。因此，通过对现有文献材料进行认真、细致的去粗取精、去伪存真、由表及里的"纯化"工作，有关的文献资料完全可以为我们研究夏代都城文明所用。

由于有关夏代的文献材料的确较少，且带有诸多神话色彩，只能勾勒出夏代都城文明的大致轮廓，故夏代都城文明深入研究最终还需考古学提供新的实证材料。自 20 世纪 20 年代考古学传入中国，其在中国古代历史研究中扮演着越来越重要的角色。尤其是 50 年代之后，中国考古学进入黄金时期，一些属于夏代的大型城址相继发现，为夏都文明研究提供了大量的实物材料。考古材料既可以弥补文献记载简略之不足，填充文献记载的空白，又可以验证文献记载的可靠性，纠正文献记载的谬误。如荥阳大师姑方国城址的发现和确认，没有任何文献材料作引导，主要依靠考古材料。从事夏代都城文明研究，若不充分利用考古材料，只注重文献的收集整理、分析考证，得出的结论势必会存在很大缺陷，可信度将会大大降低。

在具体研究过程中，考古材料与文献材料有可能不一致甚至相互抵牾，使人不知所措。产生此类情况，无外乎两种原因：一是文献记载本身不准确或学人解读有误；二是考古发掘工作可能出现失误，或者人们对考古材料的认知出现错判。解决这种"矛盾"，首先要保证考古材料的真实性。考古材料所反映的信息应是经过实践反复检验的，防止那些主观推测、人为定性，甚至是伪造的所谓重大"发现"被应用到具体研究中去，更要避免在考古材料尚不十分充足、对新发现的考古材料未做深入分析研究的情况下与文献记载牵强附会、生搬硬套。其次，在确认考古材料提供的信息准确无误后，若文献记载仍与考古材料相冲突，则需要考虑可能是文献记载本身有问题，这时应以考古材料提供的信息为准绳。如有关阳城、黄台之丘、斟寻、西河等夏都的地望，文献记载有多种说法，应该参照考古发现的实际情况，对相关文献记载进行甄别，最终确认夏代都城的具体位置。之所以如此，是由于考古发现的遗存是当时人类活动的直接遗存，不存在被后世伪造、篡改的可能性，真实再现了当时人们的生活情境，与文献资料相比更具可信性。而文献材料在人们手中流传了几千年，难免存在诸多弊端，甚至存在以研究者个人的喜好取舍等成分。

（二）多重证据法

在科学技术日益发达的今天，仅仅运用文献与考古材料相结合的"二重证据法"已无法满足学术研究的需求，应大力提倡"多重证据法"的应用，重视多学科交叉和多角度支持的研究原则和证据链的建立。

在夏代都城文明研究过程中，要在充分收集传世文献和出土考古材料的前提下，借鉴其他相关学科如古都学、建筑学、地理学、地名学、社会学、人类学等研究方法，吸收或采纳其合理的研究成果。

如今考古学的分支学科不断增多，如建筑考古、科技考古、动物考古、植物考古、实验室考古等。在夏代都城文明研究中，也要充分运用考古学分支学科的研究成果，以进一步提高研究结论的可信度。如在二里头遗址的多学科研究中，曾经有 50 多位科技工作者参与，涉及物理、化学、地理、地质、动物、植物、医学、冶金、采矿、陶瓷等诸多学科，研究内容包括碳 14 测年、地貌环境与遥感、人骨鉴定和病理分析、玉器和石器的原料来源和工艺、陶器的成分和制作技术、青铜器的成分结构与制作技术、植物和动物考古等方面，研究成果涉及二里头遗址的年代、居民食性、农牧业、手工业等多方面，[①] 为全面认识当时社会提供了弥足珍贵的材料。

需要注意的是，其他考古学的分支学科只是作为传统考古学的分支而存在的，传统考古学仍然是考古学研究的主要手段和方法，万不能舍本逐末、本末倒置。如碳 14 测年技术为判断夏代都城的绝对年代提供了重要材料，但由于这项技术还不十分成熟，存在诸多局限性，其研究数据不能成为判断都城年代的唯一标准或圭臬。但多年来，一些学者往往忽视文献记载和传统考古学研究成果，而对碳 14 测年数据崇信有加，部分学者的研究思路常常被碳 14 测年数据"牵着鼻子走"，其学术观点随着测年数据

---

① 中国社会科学院考古研究所编著：《二里头（1999—2006）》，文物出版社 2014 年版。

的变化而变化，出现"碳14引领考古学学术发展"的现象，这些都应是尽量避免的。

此外，其他朝代的都城研究，特别是周代之后的都城文明研究，文献材料更加丰富，其研究方法和研究成果也可以为夏代都城文明研究提供借鉴、参考和启示。随着国际交往和学术交流的逐渐增多，国外先进的研究方法和手段也可以为我们所用，其研究成果和结论也具有一定的参考价值。

第一章 夏代都城文明的孕育、形成与发展

　　都城文明的起源与形成不是一蹴而就的，而是经历了长时间的孕育过程。自新石器时代始，河洛地区便以其独特的地理环境优势，形成光辉灿烂的史前文化，先后经历了裴李岗文化、仰韶文化、河南龙山文化，最终率先进入国家文明阶段——夏代。随着社会复杂化的逐步加剧，早期城市数量持续增多，早期国家逐渐产生，一定区域内的最大城市演变为都城，从而产生都城文明。仰韶文化时期，以郑州双槐树遗址、灵宝西坡遗址为代表，是都城文明的孕育时期。以王城岗城址为代表的一系列龙山文化城市的建立，以及新密新砦遗址为代表的龙山文化晚期至新砦期城市的形成，则预示着都城文明进入形成阶段。至二里头文化阶段，偃师二里头大型都邑聚落的出现，表明都城文明逐渐进入发展繁荣阶段。

第一节　都城文明的孕育

　　河洛地区的郑州西北部发现一系列仰韶文化时期的大型聚落遗址，遗址规模大，建造有夯筑城垣，防御设施较为复杂，寓示着这个时期已形成大型中心聚落。属于仰韶文化时期的灵宝西坡遗址规模大，也发现

有较高规格的文化遗存。郑州、灵宝地区显示出一定的都城文明因素雏形，说明仰韶时期应是河洛地区都城文明的孕育时期。

一、仰韶时期大型聚落遗址的出现

仰韶文化中晚期，河洛地区逐渐形成诸多大型聚落和聚落群，其中尤以郑州地区、三门峡地区最具代表性。

郑州地区北部是仰韶文化遗址分布较为密集的区域。据郑州市文物考古研究院调查发掘材料，仰韶文化遗址至少有 60 多处，大、中、小型各类遗址齐全。其中大中型遗址主要有郑州大河村[①]、西山[②]，荥阳青台[③]、汪沟[④]、点军台[⑤]，巩义双槐树[⑥] 等，其中郑州西山、大河村、荥阳点军台等遗址还发现有仰韶晚期城垣。

西山遗址位于郑州市北郊 23 公里处的古荥镇孙庄村西，北距黄河约4 公里。遗址发现于 1984 年冬，1993—1996 年进行发掘。城址平面近似圆形，直径约 180 米，因枯河冲刷及流水侵蚀，城址南部被破坏，现存面积约 1.9 万平方米（图 1—1），推测城内原有面积约 2.5 万平方米，加上城垣及城壕面积则达 3.45 万平方米。发现有大型城垣、城门、壕沟、大型夯土建筑基址等重要遗迹，城内遗迹主要有道路、房址、灰坑、墓

---

① 郑州市文物考古研究所编著：《郑州大河村》，科学出版社 2001 年版；杨猛：《郑州大河村遗址考古发掘新收获》，河南郑州"2022 年度河南考古工作成果交流会"，2023 年1 月。

② 张玉石等：《新石器时代考古获重大发现——郑州西山仰韶时期晚期遗址面世》，《中国文物报》1995 年 9 月 10 日；国家文物局考古发掘领队培训班：《郑州西山仰韶时代城址的发掘》，《文物》1999 年第 7 期。

③ 方燕明：《2017 年度河南省五大考古新发现》，《华夏考古》2018 年第 3 期。

④ 顾万发：《文明之光——古都郑州探索与研究》，科学出版社 2016 年版，第 16—23 页。

⑤ 顾万发：《文明之光——古都郑州探索与研究》，科学出版社 2016 年版，第 16—23 页。

⑥ 郑州市文物考古研究院：《河南巩义双槐树遗址考古发掘取得阶段性重要成果》，《中国文物报》2021 年 1 月 1 日；郑州市文物考古研究院：《河南巩义市双槐树新石器时代遗址》，《考古》2021 年第 7 期。

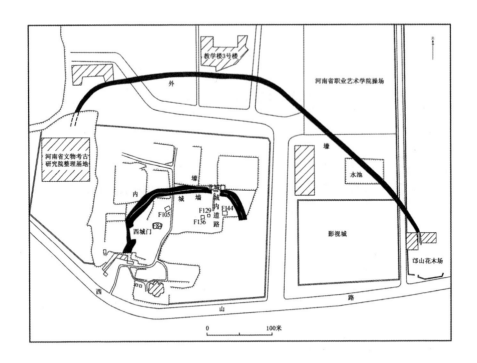

图 1—1 西山城址平面图

葬等。城垣外围北侧、东北侧发现有外壕防御设施。城址年代约在距今5300—4800 年间，属于仰韶文化晚期，是迄今能够确认的河洛地区年代最早的城址之一。

青台遗址位于荥阳市广武镇青台村东北部、唐岗村西南部，南临枯河（唐岗水库），为仰韶文化晚期遗址。遗址面积约 31 万平方米，有三重环壕。中心环壕呈东西长方形，文化层堆积较厚，发现有房基、墓葬、窖穴、灰坑等遗存。在遗址东部内壕外侧，发现有祭祀遗存。墓葬区位于遗址南部内壕外侧，墓葬分布密集。该遗址曾出土丝织物遗存。

汪沟遗址位于荥阳市城关镇汪沟村南约 500 米的高地上。遗址面积约 64 万平方米，有内外三重环壕。遗址南部发现有 2 万平方米的椭圆形大型广场。遗址中部高台地及周围发现有灰坑、房址、瓮棺等遗存。墓葬区分布于遗址西南部，排列有序，多为长方形土坑竖穴墓。

点军台遗址位于荥阳市广武镇南城村东南约 700 米，仰韶文化遗址面积约 6 万平方米。发现有城垣和护城壕。若年代判断不误，此为郑州地区发现的第二处仰韶文化时代城址。

双槐树遗址位于巩义市河洛镇双槐树村南高台上，西北距伊洛河入黄河处 3 公里。遗址现存面积约 117 万平方米。遗址年代分四期，跨越仰韶文化中晚期和龙山文化早期。发现有内、中、外三重环壕。环壕内有大型公共墓地、中心居址、大型夯土建筑基址、版筑连片块状夯土遗迹、祭祀台和大墓、制陶作坊区、道路系统、器物窖藏坑等遗存，出土大批陶器、石器、骨器等遗物。有十分珍贵的家蚕牙雕出土。

大河村遗址位于郑州市东北郊柳林镇大河村西南的土岗上。遗址面积 53 万平方米。文化层厚 4—12 米，文化内涵包括仰韶、龙山、二里头、商代等遗存。遗址中部仰韶文化堆积丰厚，发现有灰坑、房基、墓葬、瓮棺葬、版筑城垣等遗迹，出土陶器、石器、骨器、蚌器等大量遗物。其中房基 4 组一间的 F1—F4 保存较好，为"木骨整塑"房屋，墙壁残存 1 米余。遗物中有罕见的彩陶双连壶，造型优美。彩绘图案 30 多种，特别是太阳纹、月亮纹、星座纹、日晕纹等天文图像，为研究古代天文史提供了重要材料。2020 年以来新发现的城垣平面呈长方形，面积约 3 万平方米，年代为仰韶文化晚期。勘探发现遗址周围有一平面呈近抹角方形的环壕，壕内遗址面积 36 万平方米。大河村仰韶文化时期遗址面积之大，遗物之丰富，延续时间之长，文化内容之广泛，是河洛地区其他遗址少见的。

追溯河洛地区都城文明的源头，必须把目光聚焦在今三门峡地区。这里是仰韶文化繁盛时期——庙底沟文化时期的中心区域，形成诸多大大小小的聚落，如陕县庙底沟遗址①、灵宝铸鼎塬遗址群②等。铸鼎塬遗址群包括北阳平、西坡、东常、轩辕台等50多处仰韶时期的文化遗址，总面积4.36平方公里。其中西坡遗址规模较大，规格较高，是探究都城文明起源不可忽略的遗址。

西坡遗址位于灵宝市阳平镇西坡村西北，地处铸鼎塬中部偏东，北距黄河约6公里。1999年以来，中国社会科学院考古研究所、河南省文物考古研究院等单位组成联合考古队，对西坡遗址进行了多次发掘，发现特大房址、壕沟、墓地、大型墓葬等遗存，受到学界和公众的瞩目。③该遗址规模大、规格高。遗址总面积约40万平方米。遗址中部有中心广场，围绕在中心广场四周建造有两座大型房址。遗址东、西两侧分别为小河流，南、北向分别开挖有壕沟。南壕沟外有大型墓地，共发现墓葬34座，其中特大型墓葬有M8、M27、M29等，随葬有成批玉器和涂有朱砂的陶器，墓室和脚坑之上盖木板并覆盖编织物，个别墓葬整体用草拌泥填封。

北阳平遗址位于灵宝市北阳平村以西阳平河及其支流关子沟之间的狭长的台地上，为一处仰韶文化中晚期遗址。遗址略呈西南—东北走向，现

---

① 中国科学院考古研究所编著：《庙底沟与三里桥》，科学出版社1959年版；樊温泉等：《庙底沟遗址再次发掘又有重要发现》，《中国文物报》2003年2月14日。

② 河南省文物考古研究所等：《河南灵宝铸鼎塬及其周围考古调查报告》，《华夏考古》1999年第3期；河南省文物局编：《河南文物志》，文物出版社2009年版，第28页。

③ 河南省文物考古研究所等：《河南灵宝市西坡遗址2001年春发掘简报》，《华夏考古》2002年第2期；中国社会科学院考古研究所河南一队等：《河南灵宝市西坡遗址发现一座仰韶文化中特大房址》，《考古》2005年第3期；马萧林、李新伟：《灵宝市西坡新石器时代及周代遗址》，载中国考古学会编：《中国考古学年鉴·2006》，文物出版社2007年版；马萧林：《寻找中原文明起源的线索——灵宝西坡遗址考古发掘亲历记》，《寻根》2010年第5期；中国社会科学院考古研究所等：《河南灵宝市西坡遗址庙底沟类型两座大型房址的发掘》，《考古》2015年第5期；中国社会科学院考古研究所等编著：《灵宝西坡墓地》，文物出版社2010年版；中国社会科学院考古研究所河南一队等：《河南灵宝市西坡遗址南壕沟发掘简报》，《考古》2016年第5期。

存面积 72 万平方米。在遗址范围内发现大量灰坑、房址、陶窑等遗迹，有壕沟、墓葬区，出土大量的陶器、石器、骨器等遗物。①

二、仰韶时期都城文明因素的孕育

至少在仰韶文化中晚期，河洛地区与都城文明起源有关的都城文明因素，如大型城垣与壕沟、大型夯土建筑、奠基和祭祀遗存、中心聚落的出现等，已开始显现出来。

（一）城垣与壕沟

仰韶文化中晚期，河洛地区开始建造城垣、壕沟等大型防御设施。

西山城址发现有夯土城垣和壕沟等防御设施。城址外围开挖有大型壕沟。位于遗址中部的城垣残长约 265 米，宽 3—5 米，现存高度 1.75—2.25 米。其中西垣残存 60 余米，北垣西段自西北角向东北方向延伸约 60 米，中段向东延伸约 120 米，东段折而东南，残长约 50 米。城垣建造方法是在拟建城垣处开挖倒梯形基槽，在基槽底部分段分层向上夯筑而成。城门共发现北、西两座城门。北门位于城址东北角，现存宽度约 10 米。门道东、西两侧分别有略呈三角形的城台。城垣内、外侧均有沟壕。外沟规模较大，但不规整。沟宽约 4—7 米，深约 4 米。内侧沟系城垣筑至一定高度而土方运转不易之时，根据内侧筑城所需补充土方的数量就地挖取而形成的，在城筑起后即予封填。西山城址的城垣建造技术充分显示了河洛地区仰韶时代晚期居民的聪明才智。城垣采用小版筑法建造，远领先于大体同时的其他城址。城门设计同

---

① 中国社会科学院考古研究所河南第一工作队等：《河南灵宝市北阳平遗址调查》，《考古》1999 年第 12 期；中国社会科学院考古研究所河南第一工作队：《河南灵宝市北阳平遗址试掘简报》，《考古》2001 年第 7 期；侯俊杰：《河南灵宝铸鼎塬仰韶聚落遗址群考古工作的回顾与思考》，《中国文物报》2005 年 9 月 30 日；魏兴涛等：《河南三门峡市仰韶文化遗址考古勘探取得重要成果》，《中国文物报》2020 年 4 月 3 日。

样表现出很强的先进性。如北门门道东、西两侧分别有略呈三角形的城台，具有增强城门防御和加固城垣的作用。为进一步增强城门的防御，北门外侧还修建有东西向长约 7 米、宽约 1.5 米的护门墙。西门北侧的城垣上保留有南北向 2 排、东西向 3 排的基槽，内有柱洞，相交的基槽将城垣分为若干独立的空间。据此推测，这里原来可能有类似门塾一类的设施。

点军台遗址城垣围成椭圆形，东西长 232 米，南北宽 180 米，面积 3.4 万平方米。环壕南北宽 229 米，东西长 311 米，圈围面积约 5.5 万平方米；壕宽 12—31 米，深 4—5 米不等。城垣南、北各发现城门 1 处，北城门宽 3.3 米，南城门宽 15.7 米。

大河村遗址发现南城垣及其东南角、西南角城垣。西南角墙体依地势而建，无基槽。墙体分两个阶段建造：第一阶段为土坯墙体结构。第二阶段为小版筑墙体结构，位于第一阶段土坯墙外侧，分层、分段、分道、分版逐次筑成成体，部分版与版之间有较为清晰的长方形挡板痕。

西坡遗址虽然没有发现大型城垣，但遗址中心区南、北侧开挖有大型壕沟，与东、西两侧的小河流，共同组成聚落的外围防御屏障。两条壕沟分别位于遗址的南、北两侧，大体呈西北—东南走向。解剖发现，北壕沟口部宽约 19.2 米，口部以下先呈缓坡，后呈陡坡，沟底部宽约 9 米，深约 5.2 米。南壕沟已发掘部分口部宽约 11—12.2 米，壕沟外侧陡直，内侧稍缓，近底部收留出台阶，台阶中间继续下挖，底部呈锅底状，沟深约 5.6—6.4 米。

北阳平遗址偏南部勘探发现 3 条东西向壕沟，其中已解剖的 G1、G2 年代基本一致，很可能在仰韶中期聚落南部有二重或三重环壕，显示该遗址具有较强的防御能力。

双槐树遗址发现有内壕、中壕、外壕。内壕残存周长 1000 米，宽约 6—15 米，深 4.5—6 米；中壕平面呈椭圆形，残存周长 1500 余米，宽

23—32 米，深 9.5—10 米；外壕残存周长 1600 余米，上口宽 13.5—17.2 米，深 8.5—10.5 米。三条环壕有沟渠相连，每条环壕均有对外通道。

（二）大型夯土建筑的建造

大型夯土建筑在西山、西坡、北阳平、双槐树等仰韶文化遗址皆有建造。

西山城址西门内东侧有一大型夯土建筑基址（F84），略呈扇面形状，东西长约 14 米，南北宽约 8 米，其周围还有数座房基环绕。在此建筑基址的北侧是一个面积达数百平方米的广场。

西坡遗址中心区发现的房址 F105，外侧有回廊，占地面积 500 余平方米；房址 F106 室内面积达 240 平方米，为迄今发现的同时期最大的两座单体房屋建筑遗迹。两座房屋建筑技术复杂。F106 居住面下有多层铺垫，地面和墙壁用朱砂涂成红色。

北阳平遗址南部新发现的大型房基规模宏大，结构复杂，居住面加工考究。如 F2 建筑形式为半地穴式，平面略呈弧角方形，含基坑建筑面积约 185.4 平方米，室内面积 120.34 平方米，发现有房基垫土、墙体、火塘、门道、柱洞、室内居住面等遗存。房址内保存大量种类丰富的炭化木构件，有室内中心柱、附壁柱、梁架等，有的类似榫卯结构。另一大型房址 F5 为大型圆角方形半地穴式建筑，现存面积 172 平方米、房内面积约 150 平方米，复原建筑面积近 250 平方米、房内面积约 200 平方米，是该遗址现已发现的最大房址。①

双槐树遗址内壕中部发现有大型夯土建筑基址。整个建筑群的夯土地基面积达 4300 平方米。地基全部采用版筑法夯筑而成，西北部夯土地基保留较好，残高约 1.9 米。主体建筑以道路为界，分为东西两个区域，其

---

① 李晓燕：《北阳平遗址考古新进展》，河南郑州"2022 年度河南考古工作成果交流会"，2023 年 1 月。

上建筑密布。已清理出三处大型院落。一号院落位于夯土基址西半部，平面呈长方形，面积1300余平方米。院墙基槽内填土经过夯打处理，南墙偏东位置发现有主门道，门外东侧有门塾。主体建筑F76平面呈长方形，面积达308平方米。二号院落位于夯土基址东半部，平面呈长方形，面积1500余平方米。发现门道三处，其中一号门在南墙偏东位置，门道为"一门三道"，门外东西两侧各发现有门塾。大型版筑建筑遗迹位于一号院落南部，平面为长方形。最宽的地方南北保留有13版，夯面及夯窝痕迹明显。①

（三）奠基和祭祀遗存

仰韶文化中晚期，河洛地区奠基和祭祀现象较多出现。

西山城址在房基底部的垫层中常见埋有1件或数件罐、鼎等陶器，部分陶器内有婴儿骨骼，仅有头骨或部分肢骨，有的缺失骨盆以下的整个下肢，推测是在房基垫土层上挖坑填埋的。类似的现象在北门西侧的城垣墙基底部、西门门道下灰坑都有发现。这些现象应是建筑过程中具有特殊宗教意义的一种祭祀礼仪，即奠基遗存。此外，在一些废弃窖穴中发现有呈挣扎状的人牲，他们与牛、猪等兽类被同置一穴，应是祭祀活动中所用的牺牲。

双槐树遗址已发现三处夯土祭坛遗迹，应与墓地祭祀相关。其中墓葬一区发现1处，墓葬二区发现2处。位于墓葬二区第四排墓葬分布区域偏中部位置的祭坛平面呈长方形，面积近260平方米。祭坛用纯净土夯筑，坛上发现柱洞4个。祭坛附近分布有较大型墓葬，所有墓葬在祭坛附近不再直线分布，而是有意拐折避让。

朱砂一般被用来作为丧葬或奠基仪式的用品。西坡遗址中发现有生产

---

① 郑州市文物考古研究院：《河南巩义双槐树遗址考古发掘取得阶段性重要成果》，《中国文物报》2021年1月1日。

朱砂的遗迹，在两座房屋中发现了用来磨制朱砂的磨盘，说明此时在聚落中可能已经形成一套具有原始宗教性质的祭祀方式。

（四）中心聚落的形成

郑州地区北部仰韶文化中晚期遗址密集，形成大河村、青台、汪沟、双槐树等多处大型多重环壕聚落和诸多中小型聚落群，建造有西山、点军台、大河村等城邑，构建有复杂完备的城防系统，建造有大型建筑，有一定的祭祀活动，文化发展具有先进性，已具备部分都城文明的因素。对于西山城址的性质，学界尚存在争议。有学者认为西山古城是黄帝时期有熊国的国都，即黄帝所居的"轩辕之丘"①。有学者则认为西山古城是一个统领一方的经济中心、聚落中心，而非政治中心。② 也有人认为西山聚落是本聚落群的经济交换中心，同时也可能是该地区的手工业中心。③ 无论什么性质，其为该地区的中心聚落或中心聚落之一当无异议。双槐树遗址面积超过 100 万平方米，年代跨越时间长。该遗址有一定的规划布局，建造有三重大型环壕防御设施，设置有居住区、墓葬区、祭祀区、作坊区等功能区。遗存丰富，有封闭式排房布局的中心居址、夯土建筑基址、公共墓地、大型墓葬、祭坛和祭祀坑、制陶作坊区、道路系统，发现有家蚕牙雕、可能与天象崇拜有关的"北斗九星"陶罐模拟图案。多年的考古调查与发掘，已在双槐树遗址周边地区发现一些中小型聚落遗址，反映出该聚落具有一定的辐射力与影响力。从这些现象可以看出，该遗址当完全具备大型核心聚落之属性。

形成年代要早于西山城址的三门峡地区的灵宝西坡遗址，规模超过40 万平方米，有大型房址和大型墓葬，设置有大型壕沟与自然河流相结

---

① 许顺湛：《郑州西山发现黄帝时代古城》，《中国文物报》1995 年 11 月 12 日。

② 杨肇清：《再论郑州西山仰韶文化古城的性质》，载中国古都学会编：《中国古都研究》第二十一辑，三秦出版社 2007 年版。

③ 李鑫：《西山古城与中原地区早期城市的起源》，《考古》2008 年第 1 期。

合的防御屏障，出土有高规格的玉器和朱砂陶器，这些都显示出都城文明的某些特质。遗址范围内较大中心广场的存在，以及围绕在四周并面向广场的大型公共性房址，表明社会已经出现了某种向心力。这种向心力或者公共权力在社会生活中应该充当着重要的角色。西坡墓地发现的34座墓葬可分为四个等级[①]，其中第一级墓葬数量最少，规模大，均有脚坑，随葬玉器、陶大口缸等较高等级的遗物；而其他类墓葬数量较多，规模较小，大多则只随葬陶器或无随葬品，说明社会财富已经开始分化。在一座第一级大墓墓主腹部土样中，发现有大量寄生虫卵，对墓主骨骼进行科学检测，均表明该墓主生前的猪肉进食量远高于其他墓主，这些都反映出墓主生前在西坡聚落中的较高地位。

财富分化以及公共权力的出现是河洛地区仰韶文化中晚期社会复杂化的主要特点，其对河洛地区的文明化进程、中国第一个王朝在河洛地区的最先建立以及都城文明的形成都产生了深刻的影响。

第二节　都城文明的形成

进入龙山文化时代，随着社会的发展、文明化进程的深化及筑城技术的进一步提高，我国的黄河流域、长江流域及北方地区几乎同时进入建造城市的高峰期，河洛地区也不例外。至新砦期，筑城技术在河洛地区继续发展，大型城址出现。通过对河洛地区发现的大型遗址的分析可以发现，王湾三期文化至新砦期，以王城岗城址、新砦遗址、瓦店遗址为代表，都城文明因素不断涌现，都城文明已经初步形成。

[①] 中国社会科学院考古研究所、河南省文物考古研究所编著：《灵宝西坡墓地》，文物出版社2010年版，第293—298页。

一、都邑聚落的出现

迄今考古发现公布的河洛地区龙山时代城址至少有 14 座，分别为安阳后岗①与柴库②、濮阳戚城③、辉县孟庄④、温县徐堡⑤、博爱西金城⑥、登封王城岗⑦、新密古城寨⑧、新密新砦⑨、平顶山蒲城店⑩、郾城郝家台⑪、新

① 胡厚宣：《殷墟发掘》，学习生活出版社 1955 年版，第 72 页。
② 安阳市文物考古研究所、安阳师范学院历史与文博学院：《河南安阳柴库遗址发掘简报》，《江汉考古》2017 年第 1 期。
③ 赵新平、李一丕：《濮阳县戚城新石器时代和东周城址》，载《中国考古学年鉴·2009》，文物出版社 2010 年版；李一丕等：《河南濮阳戚城发现龙山时代城址》，《中国文物报》2015 年 3 月 27 日。
④ 河南省文物考古研究所编：《辉县孟庄》，中州古籍出版社 2003 年版。
⑤ 焦作市文物工作队等：《河南焦作温县徐堡龙山文化遗址发掘简报》，载焦作市文物工作队编：《焦作文博考古与研究》，中州古籍出版社 2008 年版。
⑥ 河南省文物管理局南水北调文物保护办公室、山东大学考古系：《河南博爱县西金城龙山文化城址发掘简报》，《考古》2010 年第 6 期。
⑦ 河南省文物研究所、中国历史博物馆考古部：《登封王城岗与阳城》，文物出版社 1992 年版；北京大学考古文博学院、河南省文物考古研究所：《登封王城岗考古发现与研究》，大象出版社 2007 年版。
⑧ 河南省文物考古研究所等：《河南新密市古城寨龙山文化城址发掘简报》，《华夏考古》2002 年第 2 期。
⑨ 北京大学震旦古代文明研究中心、郑州市文物考古研究院：《新密新砦（1999—2000年田野考古发掘报告)》，文物出版社 2008 年版；中国社会科学院考古研究所河南新砦队等：《河南新密市新砦遗址 2002 年发掘简报》，《考古》2009 年第 2 期，中国社会科学院考古研究所河南新砦队等：《河南新密市新砦遗址东城垣发掘简报》，《考古》2009 年第 2 期；中国社会科学院考古研究所河南新砦队等：《河南新密市新砦遗址浅穴式大型建筑基址的发掘》，《考古》2009 年第 2 期。
⑩ 魏兴涛、赵文军等：《河南平顶山蒲城店发现龙山文化与二里头文化城址》，《中国文物报》2006 年 3 月 3 日；河南省文物考古研究所等：《河南平顶山蒲城店遗址发掘简报》，《文物》2008 年第 5 期。
⑪ 河南省文物考古研究所：《郾城郝家台》，大象出版社 2012 年版。

郑人和寨①、孟州禹寺②、禹州瓦店③等。其中新密新砦遗址又发现属于新砦期的城址，新郑人和寨、禹州瓦店延续使用至新砦期。

王城岗遗址位于登封市告成镇西北部的王城岗至八方村一带。20 世纪 70—80 年代的考古发掘，确认遗址由东、西两座小城组成，并发现奠基坑、夯土建筑基址、灰坑等遗迹，出土大量陶器、石器、骨器，发现形似文字的刻划符号及青铜器残片等重要遗存。2004—2005 年进行的考古工作，又在王城岗遗址发现一座面积达 30 余万平方米的龙山文化晚期大型城址（图 1—2）。

新砦遗址位于新密市东南 18.6 公里处的刘寨镇新砦村一带。该遗址是一处设有外壕、城垣与城壕、内壕共三重防御设施，总面积逾 100 万平方米的大型遗址（图 1—3）。由龙山文化时代城垣和新砦期城垣两部分组成。城址平面基本为方形，现存东、北、西三面城垣及贴近城垣下部的护城壕，城内面积约为 70 万平方米。城址中心区域内发现有大型浅穴式建筑和夯土建筑基址，遗址范围内出土青铜器残片、带龙纹的陶器盖残片等重要遗物。

瓦店遗址位于禹州市火龙乡瓦店村东北部和西北部颍河南岸的二级台地上，与王城岗遗址的直线距离约 37.6 公里。遗址西北台地面积约为 50 万平方米，东南台地面积约为 56 万平方米，总面积超过 100 万平方

① 新郑市文物管理局编：《新郑市文物志》，中国文史出版社 2005 年版，第 54 页。
② 张小虎、吴小玲：《孟州禹寺龙山文化及西周遗址》，中国考古学会编：《中国考古学年鉴·2021》，中国社会科学出版社 2022 年版。
③ 河南省文物考古研究所编著：《禹州瓦店》，世界图书出版公司 2004 年版；方燕明：《河南禹州瓦店龙山文化遗址 2007—2010 年考古工作取得重要收获》，《中国文物报》2011 年 1 月 21 日；河南省文物考古研究院、北京大学考古文博学院：《禹州瓦店环壕聚落考古收获》，《华夏考古》2018 年第 1 期；河南省文物考古研究院等：《河南禹州瓦店遗址 WD2F1 建筑发掘简报》，《华夏考古》2021 年第 6 期；张华贞：《2021 年度禹州瓦店遗址考古发掘新收获》，河南南阳"2021 年度河南考古工作成果交流会"，2021 年 12 月。

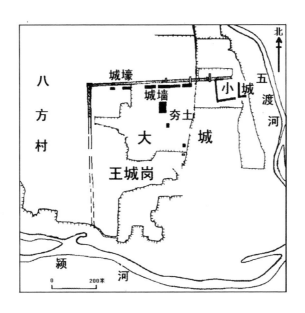

图 1—2 王城岗城址平面图

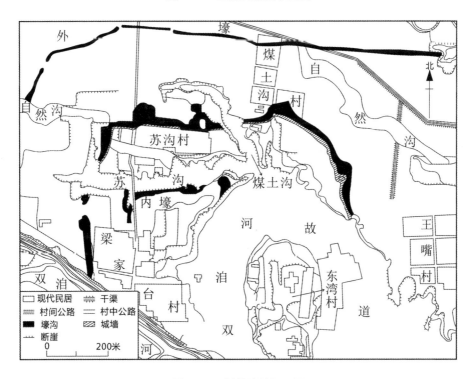

图 1—3 新砦遗址平面图

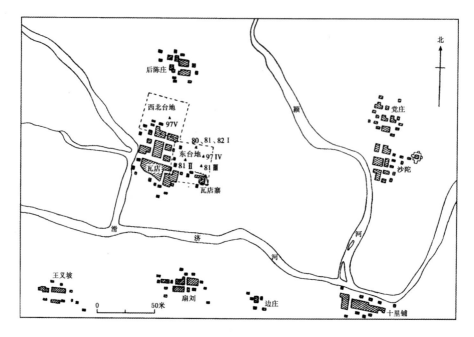

图1—4　瓦店遗址平面图

米（图1—4），是龙山文化晚期至新砦期颍河流域聚落群中的中心聚落。2021年以来，遗址东南部发现有龙山时期城墙、壕沟类大型遗迹，方向呈西北—东南向，其中城墙始建于龙山文化晚期，历经多次修补、修筑。

二、都城文明的显现

河南龙山文化至新砦期，河洛地区考古发现的城址和大型遗址，有诸多大型城垣、大型夯土建筑、奠基和祭祀、高规格的遗物等与都城文明有关的遗存，说明这个时期已步入都城文明时期。

（一）城垣的广泛修筑

龙山时期至新砦期，中原地区大型城垣广泛修筑，并在城垣外侧开挖宽深的护城壕。上述14座城址大都发现有大规模的城垣，尤以河洛地区的登封王城岗、新密古城寨、辉县孟庄、濮阳戚城等城址城垣最具代表性。

王城岗城址发现有小城、大城夯土城垣。小城是由东、西两座并列的小城组成，其中西城的东墙为东城的西墙。东城残存西墙南段及南墙西段相交的西南城角部分，仅残存城垣基槽及基槽内的少量夯土。西城基本呈边长近 90 米的正方形，城内面积约 1 万平方米，除北墙中部及东部被毁外，其他城垣的基槽及槽内夯土均有保留。东、西小城的城垣筑法一致，均是在拟修建的城垣处开挖一条与城垣走向一致、口部宽于底部、两壁斜直、平底或凹形底的基槽，然后在槽内逐层夯土。大城发现有城垣和壕沟。城垣西北部保存较好，东南部被毁较甚。北城垣保存较好，残长约 350 米，复原长度为 600 米；西城垣复原长度为 580 米。对北城垣进行解剖后发现，城垣为平地起建，直接建在生土之上，采用夯筑法修建，夯层之间铺有一层细沙，夯窝清晰。城垣外侧坡度较陡，内侧相对平缓。城垣外侧开挖有护城壕，剖面呈口宽底窄的倒梯形。

古城寨城址保存着南、北、东三面城垣，西墙被溱水冲毁，推测城垣平面应为矩形。其中东城垣地上墙体长 345 米，底宽 36—40 米，高 13.8—15 米。城址发现有南、北两个城门。城外北部和东部有专门的护城壕，宽 34—90 米，深 4.5 米，其与西面的溱水、南面的无名河一起，形成自然河流与人工壕沟相结合的防御屏障。

孟庄城址龙山文化城址平面略作梯形，面积约 16 万平方米。东墙长约 375 米，北墙残长 260 米，西墙复原长度 330 米，城墙宽 13—14 米。东墙的中部发现一座城门。城外有护城河，宽约 20 米，距当时的地表深度为 3.8—4.8 米。

戚城城址龙山时代城垣平面略呈圆角方形，东西长约 420 米，南北宽约 400 米，面积（含城墙）近 17 万平方米。南墙有缺口。城墙顶部宽 13.2 米，底部宽 23.65 米，现存高度 4.8 米。城墙外侧有护城壕沟。

（二）大型夯土建筑的建造

王湾三期文化至新砦期，河洛地区建造有一些大型夯土建筑，奠基、祭祀活动较为普遍。

王城岗城址发现有大型夯土建筑基址和奠基、祭祀遗存。小城西城内中西部较高，发现有多处王城岗龙山文化二期的夯土建筑基址，但由于受到后期的严重破坏，现仅存建筑基址下部填埋有人骨的夯土奠基坑、夯土坑和不辨形状的夯土残片。奠基坑位于夯土建筑基址之下，在夯土层之间或夯土层底部，多发现埋葬有成人和儿童的完整骨架或被肢解的人头骨、肢骨和盆骨。从已发掘的奠基坑观察，这些奠基坑多呈圆形袋状或圆形，深浅不一，夯土坚硬，坑内夯土残存层数也不相同，每座奠基坑埋葬人骨的数量在1—7具之间。如一号奠基坑，已发掘的夯土可分为20层，每层厚度8—24厘米不等，在偏下部的夯土层之间清理出成年、青年和儿童骨架7具。虽然原有的夯土建筑的大小及形状已无从知晓，但经过对奠基坑、夯土坑和夯土残片等的发掘，从其分布区域及相互间距离较近的现象观察，仍可以大体复原出呈方形或长方形、面积为数十平方米至150平方米不等的夯土建筑基址。奠基坑基本都处于勾画出的大型建筑基址范围内，表明西城内的夯土建筑应是当时城内重要的建筑遗存。[1] 此外，大城北部偏东处发现一座祭祀坑，即W5T2372H64。此坑为圆形袋状，已清理部分口径2.55米，深0.6米。坑内填土可分为三层，均经夯打。在坑北部发现一具头南脚北的仰身人骨，头骨面朝下，颅顶朝南，似与颈部脱离，左小腿骨与股骨分离，右腿膝部外折，足朝东南。人骨之下铺有一层陶器碎片，有的地方铺两层。人骨经鉴定为年龄在1—2岁的儿童。此坑年代与大城大体同时，

---

[1] 河南省文物考古研究所、中国历史博物馆考古部：《登封王城岗与阳城》，文物出版社1992年版，第28—42页。

应作为祭祀之用。① 夯土坑内填埋多人祭祀，说明祭祀信仰已经兴起，并成为日常生活的组成部分。其所祭祀的建筑遗存应该是体现某种权力的强制机构之所在，反映出社会权力在这一时期已经正式形成，权力的集中化程度进一步加强，贫富分化加剧，聚落内部人们在社会地位上有着较大的差异。

古城寨城址城内中部略偏东北发现有一组规模较大、分布密集、规格较高的夯土建筑群。其中 F1 为南北长方形高台建筑，南北长 28.4 米，东西宽 13.5 米，面积 383.4 平方米。其南、北、东三面皆有回廊，是迄今中原地区发现的最高规格的史前大型夯土建筑。其建筑方法是：按房基大小挖基础坑，以生土为底，进行夯打。如果地面有坑，则从坑底打夯。然后挖柱洞，填土夯打柱基或礎墩，置中心柱础石，放置各种立柱，出地面形成夯土台基。夯土层一般较薄，厚 2—4 厘米，土质坚硬。夯窝为圆形圜底，直径 3 厘米左右。②

新砦遗址内壕圈围区域位于城址西南部地势较高处，面积在 6 万平方米以上。在中心区中央偏北处，发现一座大型浅穴式夯土基址，平面呈条形，东西长 50 多米，南北宽 14.5 米。南、北两壁及建筑物内部未发现大型柱洞，仅在两壁发现个别小柱洞，但无法确定此柱洞是否与墙壁共时，以此推断这可能是一座无屋顶、不分间的通体式建筑。③ 活动面上保存有千层饼状的砂质土层，说明该建筑被经常使用。这座大型浅穴式建筑位于整个遗址的中心区，规模宏大且建筑考究，显然是一处重要的活动场所。

---

① 北京大学考古文博学院、河南省文物考古研究所：《登封王城岗考古发现与研究》，大象出版社 2007 年版，第 73 页；北京大学考古文博学院、河南省文物考古研究所：《河南登封市王城岗遗址 2002、2004 年发掘简报》，《考古》2006 年第 9 期。

② 河南省文物考古研究所、新密市炎黄历史文化研究会：《河南新密市古城寨龙山文化城址发掘简报》，《华夏考古》2002 年第 2 期。

③ 中国社会科学院考古研究所河南新砦队、郑州市文物考古研究院：《河南新密市新砦遗址浅穴式大型建筑基址的发掘》，《考古》2009 年第 2 期。

此外，在大型浅穴式基址南侧，还发现有大量红烧土和多层垫土层等建筑遗迹，已经清理一处面积较大的地面夯土建筑基址，并发现大量的窖穴遗存。①

瓦店遗址西北台地环壕内中部偏南处发现两处与南壕走向大体一致，并呈东、西相对分布的大型建筑基址，其间距约 300 米，其性质很可能与祭祀有关。东部的 WD2F1 夯土建筑由数条围沟组成，大体呈回字形，面积近千平方米，基址厚约 1.5 米，夯土直接分块夯筑在生土之上，在建筑基址上发现用于奠基或祭祀的身首分离的人骨架、动物骨骼数具。其西的另一座建筑基址也由围沟组成，同样发现有用于奠基或祭祀的人骨和动物骨骼。西部的建筑基址由 WD1TJ1、WD1TJ2、WD1TJ3 组成，其中 WD1TJ1 建筑基址呈长方形，南北长 35 米，东西宽 30 米，面积近千平方米，发现有人头骨，发掘者认为该基址可能为祭祀建筑。②

（三）高规格遗物与文字符号

王城岗城址出土有一批珍贵遗物。在西城内西南部一座平面呈椭圆形袋状灰坑内，发现一块铜器残片。铜片残宽 6.5 厘米，残高 5.7 厘米，壁厚 0.2 厘米。发掘者比对王城岗龙山文化陶鬶的形制，推测可能是铜鬶的腹与袋状足的部分残片。经冶金史专家检测，是含锡、铅的青铜铸器。从铸造工艺看，这件青铜容器残片可能并非用单范或双合范铸造，而应是多合范法铸造的容器，说明这一时期的青铜铸造技术已相对成熟。③该铜器残片属于王城岗龙山文化四期，即新考古报告的王城岗

---

① 赵春青等：《河南新砦遗址发掘再获重要发现》，《中国文物报》2017 年 6 月 2 日。

② 方燕明：《河南禹州瓦店龙山文化遗址 2007—2010 年考古工作取得重要收获》，《中国文物报》2011 年 1 月 21 日；河南省文物考古研究院等：《河南禹州瓦店遗址 WD2F1 建筑发掘简报》，《华夏考古》2021 年第 6 期。

③ 河南省文物考古研究所、中国历史博物馆考古部：《登封王城岗与阳城》，文物出版社 1992 年版，第 99 页；李先登：《王城岗遗址出土的陶器残片及其他》，《文物》1984 年第 11 期。

龙山文化后期第三段，应处于大城的使用与废弃之交，故与大城的年代大体同时。此外，王城岗遗址还出土有玉器、绿松石器及白陶器等高规格的手工业制品。这些遗物因制作技术相对复杂和原料不易获得，其生产、流通和使用一般被社会上层所掌控，这进一步说明王城岗城址的等级之高。

发掘王城岗小城西城时，在一件陶杯的底部发现有文字符号。该陶杯残片出土于灰坑中，泥质黑陶，薄胎磨光，直壁平底，底外部在烧制前刻划了一个文字符号。[①] 经有关学者研究，认为其字体结构与甲骨文相似，应释为"共"字[②]，这一结论也基本得到学界的认同。因该文字属于王城岗龙山文化三期，此时王城岗小城已废弃，王城岗大城正处于使用期，故该文字应是王城岗大城使用期间的产物。文字遗存的发现，表明王城岗大城阶段，文明化程度进一步加深。

（四）中心聚落的出现

龙山文化至新砦期，河洛地区形成了王城岗、瓦店、新砦等中心聚落。

王城岗城址为河洛地区的大型中心聚落。该城址复原面积为 34.8 万平方米，是迄今河洛地区发现的面积最大的龙山文化城址。据早年聚落群调查材料，颍河上游的登封盆地共发现龙山文化晚期聚落 12 处，分别为王城岗、程窑、西范店、游方头、南高马、毕家村、石羊关、北沟、华楼、康村、袁村、杨村，从而形成一个小聚落群。这些遗址可分为两类，即分布于颍河主干道北岸的较大聚落和分布于颍河主干道及其支流、位于较大聚落外围的较小聚落。这些聚落中，除王城岗城址的面积超过 30 万

---

① 河南省文物考古研究所、中国历史博物馆考古部：《登封王城岗与阳城》，文物出版社 1992 年版，第 76 页。

② 李先登：《王城岗遗址出土的陶器残片及其他》，《文物》1984 年第 11 期；李先登：《试论中国文字之起源》，《天津师范大学学报》1985 年第 4 期。

平方米外，超过 10 万平方米的聚落仅袁村和杨村，其他聚落面积大多为几千平方米。①这12处聚落明显可分为大、中、小三级，呈金字塔状分布，王城岗城址因其面积最大，规格最高而处于中心聚落的位置，并对其他次级聚落行使一定的控制权。

王城岗城址所处时期社会复杂化现象较为突出。大型城垣与护城壕结合的防御模式预示着当时社会矛盾已经激化，战争时有发生。小城西城内处置考究的奠基坑、夯土坑以及大城的祭祀坑等祭祀遗存的发现，说明人们的精神世界更加丰富多彩。小城西城内夯土建筑基址的存在，表明此地应是某种权力机构的所在地，社会权力开始高度集中化。出土的可释读的文字符号，暗示着这种符号可能不再单纯是用于装饰或标记，而是具有某种记事功能。采用多合范法铸造的铜器残片的出土，表明铸铜技术有了一定的进步。做工复杂的玉器、绿松石器和高规格的白陶器是社会上层掌控高级手工业技术和稀有资源的体现。这一切都体现了以王城岗城址为代表的龙山文化晚期，都城文明已现雏形，早期国家文明呼之欲出。

禹州地区的龙山文化晚期遗址已发现十多处，可明显分为三个等级。其中规模最大的瓦店遗址显然属于中心聚落，大型环壕与颍河相互结合构成聚落的防御设施，面积近千平方米的建筑基址，制作精美的黑陶、白陶、玉器和大型卜骨以及可能具有度量衡意义的列觚等高规格遗物，均表明瓦店遗址在颍河中游龙山文化晚期聚落群中的统领地位。

新砦期遗存大体分布于环嵩山地区的东半部，中心区域包括郑州、巩义、新密、荥阳、新郑一带。典型遗址除新砦遗址之外，主要有郑州

---

① 北京大学考古文博学院、河南省文物考古研究所：《登封王城岗考古发现与研究》，大象出版社 2007 年版，第 676—678 页。

二七路[1]、牛砦[2]、马庄[3]、东赵[4]、新密黄寨[5]、荥阳竖河[6]、巩义花地嘴[7]等。这些遗址基本可分为四个等级：新砦遗址规模最大、规格最高，应属于中心聚落；花地嘴遗址规模达30万平方米，且发现有环壕、圆形祭祀坑等重要遗迹和精美的玉璋等遗物，级别相对较高，应属于次级聚落；东赵新砦期城址，即小城，面积约2万平方米，虽修建城垣，但遗址规模较小，应是第三级聚落；其他遗址多是其中某些单位或遗物属于新砦期，说明该遗址在新砦期阶段有人类活动，似可归入第四级聚落。从聚落分级情况观察，新砦期社会分化比较严重，中心聚落在聚落规模、防御设施、重要遗迹遗物等方面，远超其他等级聚落，表现出很强的社会控制力。

第三节　都城文明的发展繁荣

二里头文化是在河南龙山文化的基础上，经过"新砦期"的积蓄和沉淀，在吸收融合其他文化先进因素的基础上发展而来的。河洛地区是二里头文化分布的中心区域，考古发现这里有诸多大型聚落遗址，其中一些遗

---

[1] 河南省文物研究所：《郑州北二七路新发现三座商墓》，《文物》1983年第3期。

[2] 河南省文化局文物工作队：《郑州牛砦龙山文化遗址发掘报告》，《考古学报》1958年第4期。

[3] 李昌韬、廖永民：《郑州马庄龙山文化遗址发掘简报》，《中原文物》1982年第4期。

[4] 顾万发、雷兴山、张家强：《夏商周考古的又一重大收获》，《中国文物报》2015年2月27日；顾万发：《河南郑州东赵遗址考古新发现及其重要历史价值初论》，《黄河·黄土·黄种人》2015年第12期。

[5] 河南省文物研究所：《河南密县黄寨遗址的发掘》，《华夏考古》1993年第3期。

[6] 河南省文物研究所：《河南荥阳竖河遗址发掘报告》，载中国社会科学院考古研究所：《考古学集刊》第10辑，地质出版社1996年版。

[7] 郑州市文物考古研究所、北京大学考古文博学院：《河南巩义市花地嘴遗址"新砦期"遗存》，《考古》2005年第6期。

址规模大，规格高，明显具有都城文明性质，显示出二里头文化时期河洛地区已经进入都城文明的发展繁荣阶段。

一、大型都邑的形成

河洛地区属于二里头文化时期的大型遗址主要有偃师二里头[①]、荥阳大师姑[②]、新郑望京楼[③]、辉县孟庄[④]、平顶山蒲城店[⑤]等，其中前三处遗址具有都邑性质。

二里头遗址位于洛阳市偃师区西南约 9 公里处的二里头村一带，遗址面积约 300 万平方米（图 1—5）。遗址中部偏东为宫殿分布区，发现有宫城垣。宫城城垣的始建年代为二里头文化二、三期之交，一直延续使用到二里头文化四期晚段或稍晚。遗址范围内分布有铸铜、制陶、制骨等作坊遗址，发现多座墓葬、灰坑、中小型房基和祭祀等遗迹，还出土了大量陶器和一批精美的青铜器、玉器。此遗址虽然未发现围绕聚落的大型城垣遗存，但其规模大，规格高，文化遗存丰富，绝非一般的夏代遗址，应是一处经缜密规划、布局严谨的夏代都邑。

---

① 中国社会科学院考古研究所编著：《偃师二里头（1959 年—1978 年考古发掘报告）》，中国大百科全书出版社 1999 年版；中国社会科学院考古研究所编著：《二里头（1999—2006）》，文物出版社 2014 年版；中国社会科学院考古研究所编著：《二里头考古六十年》，中国社会科学出版社 2019 年版。

② 王文华等：《郑州大师姑发现二里头文化中晚期城址》，《中国文物报》2004 年 2 月 27 日；郑州市文物考古研究所编著：《郑州大师姑（2002—2003）》，科学出版社 2004 年版。

③ 张松林、吴倩：《新郑望京楼发现二里头文化和二里岗文化城址》，《中国文物报》2011 年 1 月 28 日；郑州市文物考古研究院：《望京楼二里岗文化城址初步勘探和发掘简报》，《中国国家博物馆馆刊》2011 年第 10 期；郑州市文物考古研究院编著：《新郑望京楼（2010—2012 年田野考古发掘报告）》，科学出版社 2016 年版。

④ 河南省文物考古研究所编：《辉县孟庄》，中州古籍出版社 2003 年版。

⑤ 魏兴涛等：《河南平顶山蒲城店发现龙山文化与二里头文化城址》，《中国文物报》2006 年 3 月 3 日；河南省文物考古研究所等：《河南平顶山蒲城店遗址发掘简报》，《文物》2008 年第 5 期。

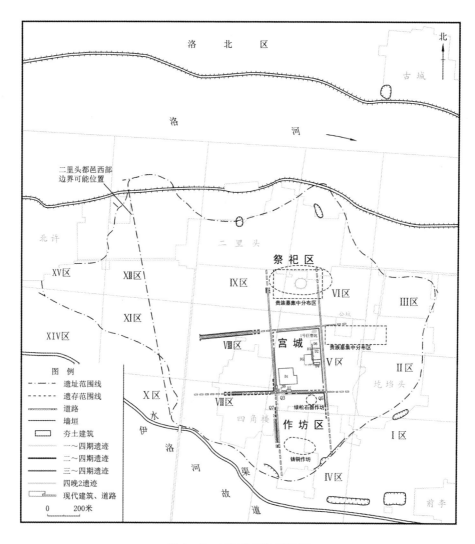

图1—5　二里头遗址平面图

大师姑城址位于荥阳市广武镇大师姑村和杨寨村南地。城址呈东西长、南北窄的扁长方形，护城壕所圈面积约51万平方米。夯土城垣最早建于二里头文化二期偏晚阶段，在二里头文化三期早、晚阶段之间经过较大规模的续建。其废弃年代，推断为二里头文化四期偏晚阶段和二里岗下层之间。

望京楼城址位于新郑市西北 6 公里望京楼水库东。20 世纪 60 年代在此曾发现一批夏商时期的青铜器及玉器。2010 年秋冬，郑州市文物考古研究院对遗址进行勘探与发掘，确认其为夏代、商代的城址。属于商代的二里岗文化城址平面近方形，面积约 37 万平方米。属于夏代的二里头文化城址包括城垣、护城河、房基、灰坑等遗迹。城垣位于二里岗文化城垣外侧，平面近方形，仅保留基槽部分。城垣外侧发现有护城河。二里头文化城址面积当大于二里岗文化城址，城垣圈围面积应超过 40 万平方米。该城址始建于二里头文化第二期，最晚在二里头文化第四期就已经废弃。此外，在城垣东北角外侧约 300 米处发现有外城城垣，城垣外侧有一护城河，东接黄沟水，西连黄水河。如此，则外城垣、护城河与西面、南面、东面的河水一起，形成一面积达 168 万平方米的封闭圈。

二、都城文明的充分体现

二里头文化时期，河洛地区已完全具备各种都城文明因素和都城的物化标志。

（一）大型防御设施

二里头遗址虽然不见围绕整个遗址范围的大型城垣，但遗址中心区域建造有宫城。该宫城平面略呈长方形，城内总面积约 10.8 万平方米。其中东墙残长 330 余米，北墙残长 250 米，南墙残长 120 余米，西墙残长 150 余米。东、西墙的复原长度分别为 378 米、359 米，南、北墙的复原长度分别为 259 米、292 米。此外，该遗址位于洛阳盆地，南面濒临古伊洛河，北面有邙山、黄河等，从而形成聚落周围天然的防御屏障。

大师姑城址发现有大型城垣、护城壕等防御设施。其中城垣南墙西段 480 米，西墙北段 80 米，北墙西段 220 米。城垣顶部现存宽度 7 米，底部宽约 16 米，残存高度 3.75 米。护城壕与城垣平行，除西南角已被今索河河道冲毁外，其余地段均已封闭。其中东壕南北长 620 米，北壕长度 980 米，西壕复原长度 300 米，南壕复原长度 950 米，总周长复原长度达 2850 米。

望京楼二里头城址已发现东城垣以及东南、东北拐角处。其中东城垣长 625 米，残宽 3—3.5 米；南城垣残宽 5.8—6.6 米；北城垣残宽 0.5—1 米。城垣外护城河宽约 11 米，深约 3 米，其中北护城河残长约 110 米。

（二）规模宏大的宫殿区

二里头宫城内已探出数十处大型夯土建筑基址，其中 10 余座宫殿基址被发掘揭露，围绕一号、二号建筑基址形成西、东两组建筑群。一号建筑基址由主殿、门塾、廊庑组成封闭的四合院布局，主殿坐北朝南，院内发现有若干埋葬着人牲和兽牲的祭祀坑。学界一般认为一号建筑基址是统治者进行祭祀、发布政令的礼仪性建筑；以二号建筑基址为中心的东组建筑群一般被认为与宫室、宗庙建筑有关。

望京楼遗址二里头文化城址内西南部发现有夯土台基遗址。勘探结果显示，台基范围南北长 95 米，东西宽 87 米，夯窝清晰，夯层明显。此基址的发现，为寻找二里头文化城址宫城或宫殿区提供了重要线索。①

（三）高规格的手工业作坊

二里头遗址设置有青铜器作坊和绿松石器作坊。宫城之南为围垣作坊区，发现一座二里头文化晚期的绿松石料坑，坑内出土数千块绿松石颗粒，推测绿松石作坊区面积约 1000 平方米。② 绿松石作坊之南为青铜器作坊，面积约 1 万平方米，主要遗迹包括浇铸工场、陶范烘烤工房和陶

---

① 郑州市文物考古研究院编著：《新郑望京楼（2010—2012 年田野考古发掘报告）》，科学出版社 2016 年版，第 81—88 页。

② 中国社会科学院考古研究所编著：《二里头（1999—2006）》，文物出版社 2014 年版，第 37 页。

窖等①，年代为二里头文化二至四期。这是迄今我国所见最早的青铜器作坊。该作坊规模宏大、结构复杂、靠近宫殿区、长期使用等特点，表明青铜器铸造在当时直接受王室垄断。青铜器、绿松石制品在夏代均属于奢侈品，为夏王朝统治阶层所独占，故二里头遗址围垣作坊区内的青铜器和绿松石作坊可谓中国最早的"官营"手工业作坊。

（四）精美的礼器

二里头都邑发现有大规模的礼器群，包括青铜器、玉器、绿松石器、制作精致的白陶器等。青铜器又可分为容器、乐器和兵器三类。玉器主要是大型的有刃玉礼器，兼有装饰品。大型玉刀、玉璋长达50—60厘米，气势恢宏。几十毫米见方的微雕玉兽栩栩如生，更是鬼斧神工。片割技术、研磨切削、勾线、阴刻、阳刻浮雕、钻孔、抛光等技法，均表明夏代的制玉工匠已经具有极高的工艺水平。绿松石器是二里头遗址重要的礼器、装饰用品之一。2002年，在宫殿区三号基址院内M3中发现的大型绿松石龙形器最引人瞩目。② 这件绿松石龙形器用工之多、制作之精、体量之大，在中国早期龙形器物中十分罕见，对研究中华民族的龙图腾具有重要的参考价值。此外还发现有镶嵌绿松石片的铜牌饰，异常神秘。白陶是用高岭土烧制而成，坚硬致密，吸水性弱，制作精细，常见于二里头遗址贵族墓葬中，应作为代表身份和地位的礼器使用。

望京楼遗址也发现有二里头时代的玉器和青铜器。20世纪六七十年代，该遗址发现一件属于二里头文化晚期的青铜爵③，是迄今发现为数不

---

① 郑光：《二里头遗址的发掘——中国考古学上的一个里程碑》，载郑杰祥编：《夏文化研究论集》，中华书局1996年版；中国社会科学院考古研究所编著：《偃师二里头（1959年—1978年考古发掘报告）》，中国大百科全书出版社1999年版，第78、164—165页。

② 中国社会科学院考古研究所编著：《二里头（1999—2006）》，文物出版社2014年版，第1005页。

③ 新郑县文化馆：《河南新郑县望京楼出土的铜器和玉器》，《考古》1981年第6期。

多的二里头时代青铜礼器之一。近年该城址考古发现的长条形援无阑直内玉戈，造型规整，磨制精美，是不可多得的二里头文化玉器。

（五）等级聚落与中心聚落的形成

二里头遗址为河洛地区二里头文化时期最为重要的大型聚落。此聚落规划布局严谨，可分为中心区和一般居住活动区两大部分。中心区位于遗址中部至东南部的微高地上，遗址西部、北部为地势较低的一般居住活动区。其中中心区又由宫殿区、道路网、围垣作坊区、祭祀活动区和若干贵族聚居区组成。①

河洛地区的二里头文化遗址具有明显的聚落等级区分，可分为四级，即中心聚落、次级中心聚落、三级聚落、四级聚落（详见第四章第一节）。严格的聚落分级显示出二里头都邑对其下属的次级聚落有着很强的支配权和控制权。

居于河洛地区的二里头都邑规模巨大，规划严密，布局合理，其都城建造技术明显处于同时期的最高峰，对后世的都城建造产生了深远影响。作为身份和地位的象征物，大量铜器、玉器、绿松石器和白陶器、原始瓷等器物的大量使用，表明礼制在这一时期已经形成，礼作为规范人们生活、区分身份等级的标识物，在社会统治中占有重要地位。发现于贵族墓葬中的铜铃、石磬等乐器，说明乐器已是贵族日常生活的必备品。礼乐器在二里头遗址的出土，反映出礼乐文化在夏代已经兴起，并对规范社会生活起到了重要作用。由此可知，在二里头文化阶段，以二里头遗址为代表的河洛地区的都城文明，无疑应进入都城文明的发展繁荣期，为后代都城文明的进一步发展奠定了坚实基础。

---

① 许宏：《二里头的"中国之最"》，《中国文化遗产》2009 年第 1 期；赵海涛：《二里头都邑聚落形态新识》，《考古》2020 年第 8 期。

第四节　都城文明形成于河洛地区的原因

都城文明形成的前提是早期国家的产生，早期国家的产生是都城文明形成的基础。因此，都城文明的形成原因，某种程度上说也是早期国家产生和形成的动因。都城文明形成于河洛地区的原因是多方面的，既有社会生产力发展的原因，也是自然地理环境的因素使然。

一、生产力的发展

著名美籍华人学者张光直先生在他的《古代世界的商文明》一文中，依照美国学者塞维斯的社会进化四阶段理论，认为中国的旧石器时代和中石器时代为游团阶段，仰韶文化为部落阶段，龙山文化为酋邦阶段，夏商周三代以后为国家阶段。[①] 原始社会时期，在生产力水平较低时，人们过着刀耕火种的生活，当一个区域的土壤肥力消耗殆尽后，人们逐水草而居，开始迁徙到其他地区生活，形成一定的游团。这个时期社会各阶层相互平等，可能有一定的社会分工。随着社会生产力的发展，农耕技术的进步使得粮食产量有所增加，生产工具的改善使得渔猎、采集所获得食物进一步增长，基本可以满足人民的生活需求。于是定居生活取代了逐水草而居的生活方式，从而形成了不同的部落。为了维护本部落的利益和生命财产的安全，不同的部落之间又相互结盟，形成势力较强的部落联盟。随着社会的进一步发展，人们的劳动成果除日常消耗外，有了一定的剩余，伴随剩余产品的积累，私有制便产生了。拥有支配剩余产品权力的人们开始想方设法维持其自身利益，一部分人为了生存，开始依附于这些剩余产品的所有者，随即产生了不平等，富有阶层开始享有支配他人的权力。伴随

---

① 陈星灿译，刊载于《中原文物》1994 年第 4 期。

着社会分化的日益加剧，社会矛盾进一步扩大化，为了维护自身的利益，富有阶层开始建立属于自己的武装，并建造城池以增强本部落的防御能力，社会形态即从部落转向早期国家。此外，当人口增长的速度超过生产力发展的速度，为了获得更多的生存资料以及享受更好的物质条件，部落之间也会相互征伐，攻击或防御方为了增加其获胜的机会，开始联合拥有共同利益的其他部落，形成一个规模更大的社会组织。随着战争的持续发展，个别部落逐渐胜出，实力获得极大的提高，弱小部落开始依附于强大的部落，从而产生早期国家。

　　早期国家是指国家的基本框架已经构成，但仍保留某些原始性。多年考古实践表明，大约距今 5000 年前后，中国各地陆续开始步入文明时代和早期国家阶段。中国的早期国家包括早期、晚期两大阶段，年代大约为公元前 3000 年前后至公元前 11 世纪中叶，涉及仰韶时代晚期、龙山时代和夏商时代。早期国家的早期即"邦国时期"[1] 或称"古国时代"[2]，也曾称作"酋邦"[3]"万国"[4]"雏形国家"[5]，年代大约为距今 5000 年前后至 4000 年左右，考古学年代主要是龙山时代。早期国家的晚期即夏商时期，社会发展进入"王国时期"，或称作"方国时代"[6]，考古学年代主要是二里头、二里岗至殷墟时代。史前至夏代，河洛地区经历了由部落、部落联盟、邦国(酋邦、古国) 到王国的发展演变，为河洛地区都城文明的形成、发展繁荣奠定了基础。

　　在仰韶文化时期，河洛地区形成了大大小小的部落，并出现一定的部

①　王巍：《中国古代国家形成论纲》，载韩国河、张松林主编：《中原地区文明化进程学术研讨会文集》，科学出版社 2006 年版。
②　苏秉琦：《中国文明起源新探》，生活·读书·新知三联书店 1999 年版，第 130 页。
③　张光直：《古代世界的商文明》，《中原文物》1994 年第 4 期。
④　李民：《中国古代文明进程中的"万邦"时期》，《中原文物》2005 年第 1 期。
⑤　张国硕：《论中国古代文明的起源与形成》，《考古与文物》增刊《先秦考古》，2002 年。
⑥　苏秉琦：《中国文明起源新探》，生活·读书·新知三联书店 1999 年版，第 130 页。

落联盟。考古材料显示，河洛地区的仰韶文化可分为不同的类型，如庙底沟类型、大河村类型、阎村类型、后岗类型、大司空类型等①，说明当时已形成不同的部落或部落集团。从文献记载和传说资料可以看出，在与仰韶文化中晚期年代基本对应的黄帝时代，在我国广阔的土地上，分布着许多部落及部落联盟，其中黄河流域有炎帝—黄帝集团。炎帝集团主要有烈山氏部落、共工部落、四岳部落。黄帝集团规模较大。《国语·晋语四》记载"凡黄帝之子，二十五宗，其得姓者十四人，为十二姓"，说明黄帝集团是由多个部落组成的。据《史记·五帝本纪》记载，黄帝与炎帝集团结盟，势力强大，曾与蚩尤集团大战于"涿鹿"，最后黄帝集团获胜，蚩尤战败被杀。黄帝集团也曾与炎帝集团发生战争，双方大战于"阪泉之野"，最后黄帝集团获胜。

龙山文化时期，河洛地区业已进入邦国时代。从考古发现来看，这个时期河洛地区主要是王湾三期文化（或王湾类型）、后岗二期文化（或后岗类型）的分布区。②在文化面貌上，这个时期经济和社会生活有了较大发展，农作物收获量有了提高，家畜饲养业发达，发明了水井，手工业专业化，制陶业普遍采用轮制技术，铜的冶炼和铸造业已经出现，形成登封王城岗、禹州瓦店、汝州煤山③、辉县孟庄、温县徐堡、博爱西金城、濮阳戚城等大型遗址或城址。在废弃窖穴中还经常发现人骨架，人骨散乱不整齐，显系非正常埋葬。在王城岗遗址中还发现有奠基坑，坑内填土经夯打，在夯层之间埋一些成人和儿童，死者的身份可能是俘虏和家奴。再从文献记载可以看出，尧舜禹时代应处于邦国或酋邦社会发展阶段。这个时

---

① 杨育彬、袁广阔主编：《20世纪河南考古发现与研究》，中州古籍出版社1997年版，第156—182页。

② 杨育彬、袁广阔主编：《20世纪河南考古发现与研究》，中州古籍出版社1997年版，第237—258页。

③ 中国社会科学院考古研究所河南二队：《河南临汝煤山遗址发掘报告》，《考古学报》1982年第4期。

期为定居的农业经济，已组织兴建大型工程项目；社会等级形成，统一的决策机构开始建立，最高权威出现，战争接连不断；埋葬等级制度与大规模的宗教仪式形成，生产专门化增加，艺术较为发达。① 从《史记·五帝本纪》《尚书·尧典》等文献中可看出，尧舜禹时代存在着族群联盟，族群成员有禹、皋陶、契、伯夷、夔、龙、倕、益、彭祖、弃（后稷）、朱虎、熊罴、四岳等。联盟的主要职责之一即是共同对付敌对的族群或族群联盟，同时对本联盟内一旦出现某些族群的叛乱实施镇压。在联盟内部，各族群首领参加以尧、舜为首的政治集团，这个集团在人事任用、战争、治水、农事、民事等许多方面政令是统一的。联盟成员已经有了分职，舜时设置了主管民事、农业、水利、手工业等事务的部门。此外，这个集团还制定了各种刑法，设置了监狱。尧、舜在联盟中处于宗主地位，在许多重大事情上，尧、舜具有最后决定权。以此可知，尧、舜联盟已具备了早期国家的某些特征，如军队、分职、刑法、监狱等；但它仍不是家天下，联盟首领不能世袭，仍不具备王国世袭制的特征，当处于邦国或酋邦阶段。

国家的表征是形成大范围区域性的政治中心（都城），设具有政治、军事特权的世袭首长（国王），具备一定的管理机构和镇压机构；在文化面貌上应进入文明社会和青铜时代。分析发现，以河洛地区为分布中心的二里头文化，当已进入文明社会和王国阶段。二里头文化宫殿和宗庙的建立，专门武器的出现，等级墓葬和人祭的出现，出土青铜鼎、爵、斝、铃等礼乐器以及镶嵌绿松石牌饰，都说明当时已步入早期国家社会。一般认为，二里头文化是夏王朝时期的夏文化。从二里头文化的分布范围和影响范围可以看出，夏王朝对广大地区实施着有效统治，夏文化影响广泛而深远。河洛地区形成的早期国家，所辖区域内的物质文明、精神文明和制度

---

① 　李民、张国硕：《夏商周三族源流探索》，河南人民出版社 2008 年版，第 18—22 页。

文明共同造就了都城文明。

二、独特的区位优势

河洛地区具有独特的地理优势，十分有利于农业的发展和城市文明的形成。黄河中游地区地势高低错落，聚落多分布在河流的二级台地上，一般的洪水无法对居民构成威胁，一旦发生大洪水，人们则可转移到高岗之上以保全生命。黄河中游地区的土壤属于黄土，渗水性好，洪水过后可快速恢复生产，且地下水位相对较低。河洛地区属于湿润、半湿润气候，对气候变化的适应能力强。在距今4000年前后，农作物以粟和黍为主，同时种植有水稻，此外还发现小麦、大豆等作物。气候干冷时，可大面积种植耐干旱的粟、黍；气候湿热时，可种植水稻。多元化的作物种类，为先民提供了充足的食物保障。农业的发展为文明的孕育、早期国家的产生以及都城文明的形成提供了丰厚的土壤。

气温、降水、地势等各方面的优势，使得河洛地区的社会生产活动具有很大的灵活性，文化延续发展能力较强。相关研究表明，距今4000年前后，我国的黄河、长江流域气候一度恶化，出现较大范围的洪水灾害。《孟子·滕文公上》有关于这一时期洪水的记载："当尧之时，天下犹未平，洪水横流，泛滥于天下。"考古发现的河南辉县孟庄、登封王城岗等龙山文化时代遗址，都发现遭受洪水袭击的现象。学界一般认为，距今4000年前后的大洪水，可能是导致良渚文化、石家河文化消亡或衰落的原因之一。河洛地区的龙山文化地处中原，对自然环境变化的适应能力较强，且多样的自然地貌，为其提供了更大的回旋余地，以洪水为契机，在周边地区文化相继衰落之时迅速崛起，最终进入早期国家阶段，形成早期的都城文明。

河洛地区是南、北文化和东、西文化交流的必经之地，天下之中的地理位置使得河洛地区不断吸收四周文化的先进因素而不断壮大自己。同时，河洛地区也是北方文化南下、南方文化北扩、东方文化西进的目的地，被四周其他文化所包围，间接促使其不断壮大自身实力，以便在文化的冲突碰撞中得以生存。在文化交流过程中，河洛地区持有兼容并包的务实态度。河洛地区与周边的文化交流始于新石器时代中期的裴李岗文化时期，之后的仰韶文化时期与各文化之间的交流不断加深，龙山时期文明化进程不断加快，逐渐步入早期文明社会和初期都城文明阶段。公元前2000年以后，河洛地区更多吸收了周边其他文化的先进因素，在河南龙山文化的基础上，经新砦期、二里头文化的发展，最终形成国家文明，随之产生光辉灿烂的河洛地区夏代都城文明。

第二章　夏代都城的建立与变迁

河洛地区是夏王朝统治的中心地区，文献所载的夏都多位于这一区域。该地区考古发现了一批重要的夏代遗址，其中部分大型聚落遗址的性质与夏都有关，也有一部分城址属于夏代方国都城遗址。夏王朝早期都城大多位于颍汝河流域，夏代中后期主要都城则位于伊洛河流域，另设立一些辅助性的都城。夏代都城的变迁与自然环境的变化以及夏代的政治军事形势有很大的关系。

第一节　文献所载夏都辨析

据文献记载，夏人曾在多处建立过都邑，具体到河洛地区主要有阳城、阳翟、斟寻、商丘、斟灌、原、老丘、西河等（图2—1）。

一、阳城

较为可靠的先秦文献以及秦汉以后文献中明确记载"禹都阳城"或"禹居阳城"。先秦文献，如古本《竹书纪年》："禹居阳城。"《孟子·万章上》："禹避舜之子于阳城。"《世本·居篇》："禹都阳城，避商均也。"秦汉以后文献，如《史记·夏本纪》："禹辞辟舜之子商均于阳城。"《史记·周本纪·集解》引徐广："夏居河南，初在阳城，后居阳翟。"上述"禹都阳

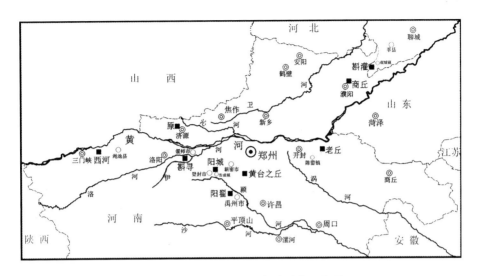

图 2—1　河洛地区夏代都城分布示意图

城"即夏禹以阳城为都，"禹居阳城"之"居"也为"都"之意。这就是说，禹时期夏人的都城是阳城。

禹之都为阳城，自古至今无异议。然而阳城地望何在，古今有不同说法，主要有五种观点。

一是颍川阳城说，在今河南登封市告成镇一带。先秦文献称夏的兴起、夏居阳城与登封境内的嵩山、箕山有关。《国语·周语上》记载："昔夏之兴也，融降于崇山。"韦昭注："崇，高山也。夏居阳城，崇高所近。""崇"为"嵩"的古字，"崇山"即"嵩山"，在今登封境内。《孟子·万章上》云："益避禹之子于箕山之阴。"《史记·夏本纪》曰："益让帝禹之子启，而辟居箕山之阳。"此"箕山"也位于登封境内。此外，《孟子·万章上》赵岐注明言阳城"位在嵩山下"。《史记·夏本纪·集解》引刘熙注阳城："今颍川阳城是也。"《左传·昭公四年》杜预注阳城："在河南阳城县东北。""古阳城县"当在今登封市境内。值得注意的是，《史记·六国年表》记韩文侯二年（前385年）"韩代郑，取阳城"，说明战国时韩国仍存有阳城之邑名，在新郑西北，位于今登封市告成北。记载禹都阳城地望最为详细的是北魏郦道元的《水经注·颍水》："颍水又东，五渡水注之……五渡水东南流入颍水。颍水迳其县故城南，昔舜禅禹，禹避商均，伯益避启，并于此也。亦周公以土圭测日景处……县南对箕山。"这里明确说出禹都阳城在今登封告成一带的颍水附近。

二是陈留浚仪说，在今河南开封市境内。西晋皇甫谧《帝王世纪》有"禹避商均浚仪"的记载。《太平御览》卷一五五引《帝王世纪》："《世本》又言夏后居阳城，于战国大梁魏都，今陈留浚仪是也。"当今学者沈长云先生曾持此观点。[①] 袁广阔先生认为河济地区包括豫东、豫北、冀南、鲁西，"河济地区的后岗二期文化应当是探索早期夏文化的主要对象"；历史文献记载的夏朝都城除桀都斟寻位于豫西的伊洛河流域外，其余都在河济地区。他依据《世本》所载"禹居阳城，在大梁之南"，推测禹都阳城在大梁以南，也即是今天的河南省开封市以南。[②]

三是泽州阳城说，在今山西晋城市阳城县。此说主要是依据《路史·后纪》卷一二罗泌注，认为禹都阳城"乃泽之阳城，尧舜者都河东北，不居河南"。"泽之阳城"是说阳城属泽州（今晋城市），所指是汉朝的濩泽县，自唐以后就改为阳城县，现在仍叫作"阳城"。

四是山西翼城说。此说由丁山先生提出，他从文字学的角度入手，认为"汤"字在金文中作"唐"，进而推论"阳城"乃"唐城"之误称，并指出唐城在今山西翼城县西。[③]

五是濮阳说。沈长云先生力主此观点，他首先放弃以前坚持的禹都阳城陈留浚仪说，转而认为禹都阳城在今河南濮阳一带。其文献依据主要

---

① 沈长云：《论禹治洪水真象兼论夏史研究诸问题》，《学术月刊》1994 年第 6 期。
② 袁广阔：《后岗二期文化与早期夏文化探索》，《光明日报》2016 年 1 月 30 日第 11 版"理论·史学"。
③ 丁山：《由三代都邑论其民族文化》，载郑杰祥编：《夏文化论集》，文物出版社 2002 年版。

是《战国策·齐策四》记苏秦劝齐闵王伐宋之言："夫有宋则卫之阳城危，有淮北则楚之东国危。"此阳城，《史记·田齐世家》作"阳地"。《史记集解》云："阳地，濮阳之地。"他还论证大禹治理洪水的活动发生在古河济地区，与夏族关系密切的崇山也位于该区，以这些观点作为其濮阳说的主要依据。①

上述五种说法虽然都有一定的文献依据，但综合各种因素分析，当以颍川阳城说最为可信，其他四说则有诸多疑窦和难解之处。

颍川阳城说是传统观点，从先秦至魏晋南北朝时期，阳城之地望大都言在今河南登封市境内。此说不仅所依文献成书年代较早，材料充分，且有嵩山、箕山、颍河、五渡河等永久参照物。尤为可贵的是，考古工作者在今登封告城一带进行的考古调查与发掘，发现有属于龙山文化时期的王城岗大型聚落城址，以及年代为东周时期的阳城城址，一些战国陶器上还印有"阳城仓器"的戳记。② 这些发现与《水经注》记载的禹都阳城之地望是完全符合的，证明春秋战国和汉代的"阳城"就在今登封市告城镇东北，故而有理由推断属于夏代的阳城当也在告城镇附近。20 世纪 70 年代登封王城岗城址发现之后，安金槐先生明确提出其与禹都阳城有关③，随即得到诸多学者的赞同。2002 年，在原王城岗小城西侧，又发现一座龙山文化晚期大型城址，面积约 34.8 万平方米④，表明此处绝非一般聚落，应具有都邑性质，这为禹都阳城在登封提供了新的重要实证。

与颍川阳城说不同，其他四说则出现年代较晚，大多是对文献记载的

① 沈长云：《禹都阳城即濮阳说》，《中国史研究》1997 年第 2 期。

② 河南省文物考古研究所、中国历史博物馆考古部：《登封王城岗与阳城》，文物出版社 1992 年版。

③ 安金槐：《豫西夏代文化初探》，《中国历史博物馆馆刊》1979 年第 1 期。

④ 北京大学考古文博学院等：《登封王城岗考古发现与研究》，大象出版社 2007 年版。

发挥和推想，缺乏强有力的证据，尤其是缺乏考古学材料的佐证，很难令人信服。

陈留浚仪说是由西晋皇甫谧《帝王世纪》的说法引起的，文献资料较为单薄，仅限于个别文献中只言片语的记载，无法相互印证。况且对《太平御览》卷一五五所引《帝王世纪》，清人张澍早就论证："此系宋（衷）注"，即可能是由于宋衷注文时，对史实理解偏差所致。何况皇甫谧《帝王世纪》中又有"禹受封为夏伯，在豫州外方之南，今河南阳翟是也"的记载，可见皇甫谧是认为禹都在阳翟（今河南禹州市）的。如此可见，皇甫谧的观点可谓自相矛盾。

泽州阳城说提到的今晋城市阳城县，在唐代以前称"濩泽"，唐代之前并无阳城的名字。何况在今阳城县境内，并未发现有属于龙山文化晚期的大型聚落遗址，故而此说难以成立。

山西翼城说所言的"成唐"为"成汤"，虽在金文中有一定的依据，但这也只能与商史相关联，将其与更远的夏史强加联系，有捕风捉影之嫌。故把"阳城"当作"唐城"之误没有任何确切依据。

濮阳说把战国卫之阳城、阳地与禹都阳城挂钩十分牵强，而且假设大禹治水活动发生在古河济地区也并不意味着阳城即在这一带，崇山位于该区域的说法更是无从谈起。文献中"濮阳"一词最早出现在卫嗣君五年（前320年），之前既无濮阳，当然更无阳城。《战国策·齐策四》中的"阳城"，更多的是濮阳城的简称，与禹都阳城并无关联。从治理洪水的角度认为阳城之地易于遭受洪水侵袭也是经不起推敲的。濮阳所在，不仅当在古河济之间的中心，而且恰是洪水冲击的要害部位。古人选都，一定经过严格的筛选，充分考虑到生存、防御等诸多问题，必然选择适宜居住又易于防御的地方。禹之阳城难道会选择在极易受到洪水威胁的濮阳吗？答案是否定的。在这里，人类的生存都受到极大的威胁，何谈建都。至于濮阳说依据今濮阳南部、西南、东部发现的一些龙山城址就推断出当年鲧所修建的濮阳古城是存在的，这明显属于推测之辞，没有任何说服力。濮阳之外的河洛地区其他区域也发现有诸多龙山晚期城址，难道都能与鲧筑城有联系吗？此外，从考古学文化因素分析上看，豫西地区二里头文化的来源与分布于今豫中地区的新砦期遗存、王湾三期文化，以及山东、晋南甚至甘青、江浙等地区的文化有关联，但与豫北濮阳一带分布的属于龙山文化时期的后岗二期文化很难相联系起来，充分说明濮阳说是很难成立的。

二、阳翟

文献中有关禹或启居(都)阳翟的记载较多，一般认为阳翟在颍川郡，即今禹州市境内。如《左传·昭公四年》："夏启有钧台之享。"杜预注："启，禹子也。河南阳翟县南有钧台陂，盖启享诸侯于此。"《史记·货殖列传》："颍川、南阳，夏人之居也。"《史记·周本纪·集解》引徐广："夏居河南，初在阳城，后居阳翟。"《吴越春秋·越王无余外传》："启遂即天子之位，治国于夏。"此"夏"所在，《史记·夏本纪·正义》引《帝王世纪》："禹受封为夏伯，在《禹贡》豫州外方之南……今河南阳翟是也。"《汉书·地理志》颍川郡阳翟条下班固自注："夏禹国。"颜师古注引应劭："夏禹都也。"《后汉书·郡国志》颍川郡阳翟条："禹所都。"《水经注·颍水》："颍水自竭东迳阳翟县故城北。夏禹始封于此，为夏国。"徐广曰："河南阳城、阳翟，则夏地也。"晚清民国初学者杨守敬的代表作《水经注疏》引《地形志》："阳翟有阳翟城，今禹州治。"

学界大多认同夏都阳翟在今禹州境内，然具体在禹州何地尚难确定。东周时期的阳翟故城位于今禹州城区。此地春秋为郑之栎邑，曾为郑国别都，战国初期曾短期为韩国都城。考古调查的阳翟城址为近方形，北墙东段和东墙北段保留较好，城垣外侧有壕沟，北墙濒临颍河。城内西北部古钧台一带为宫殿区，南北长约 550 米，东西长约 380 米。① 此外，在今禹州市之北的朱阁乡八里营村北侧，也发现有夯筑城垣遗迹，有学者认为此地为东周阳翟城所在。② 从登封阳城的地望变化可知，夏代阳翟并非一定要位于东周阳翟之地，同样东周阳翟也不一定要在夏代阳翟的废墟上建造，在其附近或不太远之地建造的城市都可称作阳翟。近年来，在禹州地区发现较多龙山文化时期、二里头文化时期的大型聚落遗址，尤以瓦店遗址最为重要，遗址规模大，规格较高，不排除其为夏之阳翟的可能性。

三、黄台之丘

文献有启居（都）黄台之丘的记载。《穆天子传》卷五："丙辰，天子南游于黄□室之丘，以观夏后启之所居，乃□于启室。"其中"黄"下□，《文选·雪赋》注引作"黄台之丘"。这里是说周穆王巡游到达夏后启之所居（都）的黄台之丘。有关黄台之丘的地望，主要有三种观点。

一是在嵩山之上。《汉书·武帝纪》载："元封元年，登礼中岳，见夏后启母石。"颜师古注引《淮南子》："涂山氏化为石，石破生启。"晋人郭璞注："疑此言太室之丘嵩高山，启母在此化为石，而子启亦登仙，故其上有启室也。"

二是在今禹州一带。周书灿先生认为黄台之丘就是文献记载的钧台，在今禹州一带。③

三是在今河南新郑、新密（旧称密县）之间。丁山先生首次提出夏后启都邑"黄台之丘"在河南省新郑、密县洧黄之间，具体就是洧水附近的

① 刘东亚：《阳翟故城的调查》，《中原文物》1991 年第 2 期。
② 国家文物局主编：《中国文物地图集·河南分册》，中国地图出版社 1991 年版，第 319 页。
③ 周书灿：《〈穆天子传〉"启居黄台之丘"考——兼论周穆王东巡的地理问题》，《中国历史地理论丛》2005 年第 2 期。

皇台岗。① 郑杰祥先生认为："其地在今密县境内，西距嵩山仅数十里。"②
张维华先生认为："旧说启都阳翟在禹县，现依《穆天子传》所记，启都
在密县与新郑之间的'黄台之丘'。"③ 史念海先生认为："禹之后，启居黄
台之丘，在今河南郑州市和密县之间。"④ 新密新砦遗址发掘后，许顺湛、
赵春青等先生提出新砦城址很可能为"夏启之居"的观点。⑤

对以上三种观点分析比较可知，第一、二种观点所依材料较为单薄，
缺乏充分的证据；而第三种观点，即黄台之丘位于今河南新郑、新密之
间，是在现有材料的基础上最为合理的解释。新砦一带是启居黄台之丘的
可能性很大⑥，这至少有两方面的证据。

证据之一是考古材料表明，在今新密市刘寨镇新砦村一带，发现有规
模宏大的新砦城址。该城址濒临古洧水，遗址规模大，防御设施复杂，有
大型建筑遗迹，出土有高规格的遗物，具有都邑性质。年代包括龙山文化
晚期至新砦期，与夏启时期较为接近。

证据之二是新砦城址所在地与史载黄台之丘的地望较为符合。《穆天
子传》是西晋年间在汲郡（今卫辉市）一座战国墓中发现的竹书之一，详
细记载了周穆王西巡、东游史事。《穆天子传》卷五有诸多周穆王在洧水
（今双洎河）及周围一带活动、黄台之丘在新密洧水附近的记载，如"丁
丑，……祭父自圃郑来谒……见许男于洧上。""夏庚午，天子饮于洧上，

① 丁山：《由三代都邑论其民族文化》，载《中央研究院历史语言研究所集刊》1935 年第
5 期第 1 分册；又载郑杰祥编：《夏文化论集》，文物出版社 2002 年版。
② 郑杰祥：《夏史初探》，中州古籍出版社 1988 年版，第 15 页。
③ 张维华：《黄帝故里与中华第一古都——郑州》，载中华炎黄文化研究会等编：《黄帝故
里——新郑》，河南科学技术出版社 1993 年版。
④ 史念海：《中国古都与文化》，中华书局 1998 年版，第 43 页。
⑤ 许顺湛：《寻找夏启之居》，《中原文物》2004 年第 4 期；赵春青：《新密新砦城址与夏
启之居》，《中原文物》2004 年第 3 期。
⑥ 张国硕：《早期夏文化与早期夏都探索》，载北京大学震旦古代文明研究中心等编：《早
期夏文化与先商文化研究论文集》，科学出版社 2012 年版。

及遣祭父如圃郑，用□诸侯。"此处"圃"即圃田，在郑州附近，故云"圃郑"；"洧上"，即洧水之滨。又云："壬寅，天子东至于雀梁。甲辰，浮于荥水。……仲秋丁巳……还宿于雀梁。"此"雀梁"，即今新郑市黄水河一带，在新密东；荥水，今郑州市北的古荥泽。又云："丙辰，天子南游于黄台之丘，以观夏后启之所居，乃□于启室。"由此可知"启之所居"离"黄台之丘"不远。那么"黄台之丘"又在什么地方呢？北魏郦道元《水经注·洧水》云："洧水又东南，赤涧水注之，水出武定冈，东南流迳皇台冈下，又历岗东，东南流，注于洧。"此记载是说洧水附近有"皇台冈"之地。丁山先生认为古黄、皇相通，"洧、黄之间，即夏后启故居"①。此外，在今新密市刘寨镇台岗村田野之中有高台地名叫"力牧台"，为新密市文物保护单位。《密县志》载："力牧台一曰拜将台，一曰熊台。《通志》：'在大隗镇东，俗传黄帝讲武于此。'又曰：'筑拜风后。土人呼为台子冈，又曰黄台冈。'"今力牧台北有武定冈，东有赤涧水，西有武定河，南有洧河，由此可知力牧台即黄台之丘。今登上力牧台向东南方向可看到 2 公里外的新砦遗址，这与《穆天子传》"天子南游于黄台之丘，以观夏后启之所居"的记载基本相符。

四、斟寻

文献明确记载斟寻是夏都。如古本《竹书纪年》："太康居斟寻，羿亦居之，桀又居之。"这里是说，夏王太康、桀以及后羿代夏期间皆以斟寻为都。有关斟寻的地望，文献记载主要有三种观点。

一是河南洛阳说。《汉书·地理志》北海郡平寿县条下颜师古注引臣瓒："斟寻在河南。"此"河南"即指汉河南县，在今洛阳市一带。

---

① 丁山：《由三代都邑论其民族文化》，载郑杰祥编：《夏文化论集》，文物出版社 2002 年版。

二是河南濮阳说。《史记·夏本纪·正义》引《帝王世纪》："帝相徙于商丘，依同姓诸侯斟寻。"《左传·僖公三十一年》杜预注："相，夏后启之孙，居帝丘。"又曰："帝丘，今东郡濮阳县。故帝颛顼之虚，故曰帝丘。"由这几条文献可知，帝相所居"商丘"乃"帝丘"之误传，相所居帝丘与斟寻比邻，帝丘在今濮阳地区，故斟寻地望当也在濮阳或距濮阳不远。

三是山东潍坊说。《左传·襄公四年》："寒浞使子浇灭斟灌及斟寻氏。"杜预注："北海平寿县东南有斟亭。"《史记·夏本纪·索隐》引张敖《地理志》："济南平寿县，其地即古斟寻国。"《汉书·地理志》北海郡平寿县条下引应劭："斟寻，禹后。今斟城是也。"平寿县，西汉景帝置，故治在今潍坊市潍城区西关街道，属北海郡。此几条文献皆谓斟寻在今山东潍坊一带。

综合分析以上三种观点可知，夏都濮阳说、潍坊说成立的可能性不大，洛阳说更令人信服。

濮阳说认为夏都在今豫东北地区的濮阳一带，而这个区域不是夏王朝尤其是夏代晚期控制的中心地区。濮阳地区基本处于夏朝疆域的边缘，长期为商族和东夷族群所控制。而且考古发现表明，濮阳地区不是属于夏文化的二里头文化的分布区，而是属于先商文化的下七垣文化分布区。因此，夏人在此建都的可能性不大，故而夏都斟寻不可能位于这个区域。

潍坊说的合理性也备受质疑。众所周知，夏代时期的疆域尚未囊括今山东地区，夏王朝控制的区域甚至包括不了今豫东鲁西南地区，何谈遥远的潍坊一带，所以在潍坊一带建都更是无从谈起。此说应是后人附会之说。《汉书·地理志》北海郡平寿县条下颜师古注引臣瓒时便直言："斟寻在河南，不在此也。"

斟寻地望在今洛阳地区的说法较为合理，证据有三：

一是伊洛一带是夏族的故地和夏王朝统治的中心。《逸周书·度邑解》和《史记·周本纪》等文献明确记载"自洛汭延于伊汭，居易毋固"，是"有夏之居"，即伊洛地带是夏王朝的中心地区。《史记·夏本纪》载："帝太康失国，昆弟五人，须于洛汭。"《史记正义》曰："此即太康居之，为近洛也。"据此又知，太康之都距离洛河不远。此外，《国语·周语上》有"伊、洛竭而夏亡"的语句，《史记·封禅书》称"昔三代之居，皆在河洛之间"，《战国策·魏策一》云"夏桀之国……伊、洛出其南"，《史记·孙子吴起列传》曰"夏桀之居，左河济，右泰华，伊阙在其南"，古本《竹书纪年》又说桀"弃其元妃于洛"，这些史料皆认为夏王朝的中心地区位于伊洛地区或河洛地区，则夏都斟寻位于这一区域内便顺理成章。

二是文献多言夏都斟寻位于洛阳盆地之内。《汉书·地理志》北海郡平寿县条下颜师古注引臣瓒明言"斟寻在河南"，即今伊洛一带。斟寻之得名应与斟寻氏故地有关，而斟寻氏之故地位于豫西伊洛一带。《史记·夏本纪》云："禹为姒姓，其后分封，用国为姓，故有夏后氏、有扈氏、有男氏、斟寻氏……"，这说明斟寻氏初为夏代姒姓分支之一。其具体分布区域，《水经注·洛水》列出洛水下游有多个以"寻"命名的地方；《左传·昭公二十三年》记晋师及王师到一个叫"寻"的地方，杜预注称"河南巩县西南有地名寻中"，可见斟寻氏故居地并非囿于一个小地点，其范围应包括洛河下游的广大地区。或言斟寻位于今巩义市西南一带，距离偃师地带很近。唐李泰《括地志》云："温泉水即寻水，源出洛州巩县西南四十里……又有故寻城，在巩县城西南五十八里。"由于夏王太康徙都于伊洛地区原斟寻氏分布区内，故称其都为"斟寻"。

三是伊洛地区发现有属于夏代的大型都邑性遗址，其中偃师二里头遗址是夏都斟寻的可能性最大。在斟寻氏故地范围内，现已发现的夏代遗址中，较为重要的是巩义稍柴遗址和偃师二里头遗址。巩义稍柴遗址发掘后，有学者结合文献资料认为"稍柴一带作为夏都斟寻是比较合适的"①。但由于稍柴遗址规模相对较小，规格较低，不具备大型都邑性质，故其为夏都斟寻的可能性不大。相对而言，偃师二里头遗址规模大，规格高，遗存丰富，延续时间长，完全具备夏代都邑性质，确定其为夏都斟寻更具说服力。②

多地有关斟寻的传说，可能与斟寻氏的迁徙有关。《史记·夏本纪·正义》臣瓒说："斟寻在河南，盖后迁北海也。"李民先生也认为斟寻氏最初活动于今河南洛阳一带，豫北、山东两地斟寻乃后起之地名，是斟寻氏东迁过程中形成的。③河南濮阳有关斟寻的记载，可能与太康占据斟寻氏故地、斟寻氏被迫外迁有关。至于山东潍坊有关斟寻的记载，可能是由于寒浞灭相、斟寻氏与斟灌氏被迫再次东迁所导致的。

此外，部分文献记载有"桀都安邑"而非桀都斟寻。如《书·商书序》："伊尹相汤、伐桀……遂与桀战于鸣条之野。"孔安国传："桀都安邑。"又曰："(鸣条)地在安邑之西。"《史记·秦本纪·正义》引《括地志》："安邑故城在绛州夏县东北十五里，本夏之都。"《太平御览》卷一六三引《帝王世纪》："禹自安邑都晋阳，至桀徙都安邑。"安邑之地望在今山西夏县境内。对于"桀都安邑说"，清金鹗已辨其非。④邹衡先生认为此说"本不见于先秦文献记载，且今在禹王城(古安邑)内又未发现夏文化遗址，所以是无根据的"⑤。夏桀之都是斟寻，在斟寻被攻破后，夏桀族众逃往晋南安邑，与商汤军队进行鸣条之战，最后战败，夏王朝彻底灭亡。虽然安

① 孙华：《夏代都邑考》，《河南大学学报》1985年第1期。

② 张国硕：《论二里头遗址的性质》，载杜金鹏、许宏主编：《二里头遗址与二里头文化研究》，科学出版社2006年版；张国硕：《竹书纪年所载夏都斟寻释论》，《郑州大学学报》2009年第1期。

③ 李民：《释斟寻》，《中原文物》1986年第3期。

④ 金鹗：《桀都安邑辨》，载金鹗：《求古录礼说》，道光三十年木樨香馆刻本。

⑤ 邹衡：《夏商周考古学论文集》，科学出版社2001年版，第221页。

邑不是夏桀之都，但其的确与夏桀以及夏的灭亡有关。

五、商丘

文献记载夏王帝相"都商丘"，此"商丘"并非今豫东之商丘市，当在豫北的濮阳一带。古本《竹书纪年》："帝相即位，处商丘。"宋王应麟《通鉴地理通释》卷四注："'商丘'当作'帝丘'。"清朱右曾《汲家纪年存真》云："'商'当为'帝'。"关于帝丘，《左传·僖公三十一年》载："狄围卫，卫迁于帝丘……卫成公梦康叔曰：'相夺予享。'"杜预注："相，夏后启之孙，居帝丘。"又曰："帝丘，今东郡濮阳县。故帝颛顼之虚，故曰帝丘。"《水经注·瓠子水》："河水旧东决，迳濮阳城东北，故卫也，帝颛顼之墟。昔颛顼自穷桑徙此，号曰商丘，或谓之帝丘。"以此可知，相所居商丘即帝丘，位于今河南濮阳一带。

六、斟灌

文献记载继都商丘之后，夏王帝相又曾都斟灌。古本《竹书纪年》："相居斟灌。"《左传·襄公四年》言浞"使浇用师，灭斟灌及斟寻"。《左传·哀公元年》亦言："昔有过浇，杀斟灌以伐斟寻，灭夏后相。"斟灌氏亦应为夏姒姓分支。《帝王世纪》云帝相"依同姓诸侯斟灌、斟寻氏"。因帝相居于斟灌氏境内，故称其都为斟灌。因与太康失国有关，相居斟灌当不会位于伊洛地区。关于斟灌的地望，传统观点主要有二说。

一说在今山东寿光市境内。《汉书·地理志》北海郡寿光条颜师古注引应劭："古斟（斟）灌，禹后，今灌亭是。"《左传·襄公四年》斟灌条杜预注："乐安寿光县东南有灌亭。"《括地志》："斟灌故城在青州寿光县东五十四里，时相与羿居商丘。羿既见杀，故相出居斟灌也。"《读史方舆纪要》寿光条："府东北七十里，东南至莱州府潍县八十里，古斟灌氏地。"

另一说在今豫东北的豫鲁相邻地区。《水经·巨洋水注》引薛瓒《汉书集注》："相居斟灌，东郡灌是也。"孙华先生认为"灌、观音同可通，斟灌古籍中或作斟观"①。"东郡灌"即东郡（今濮阳市西南）的畔观县、观治县，隋唐以后的观城县，其地在今河南、山东交界处的清丰县东、范县西、莘县西南部的观城镇一带。

综合分析以上两种观点可知，相都斟灌在今山东境内的可能性不大，豫东北之豫鲁相邻地区的观点相对合理一些。由于山东寿光一带是东夷族控制区的腹心地区，后羿代夏之后，帝相不可能一下子迁居到遥远的山东半岛地区，更不能居于东夷之腹地。今河南、山东交界地带是夏族分支斟灌氏的故地，距相都商丘（濮阳）不远，逃难中的帝相以此地为临时居所是合乎常理的。至于山东寿光一带有关斟灌的传说，大概与后来斟灌氏或夏族后裔东徙到这一带有关系。

七、原

史载少康中兴之后，夏王帝宁曾以"原"地为都。如古本《竹书纪年》："帝宁居原，自（原）迁于老丘。"帝宁又称帝杼、后杼、帝予，帝少康之子。这里是说夏王帝宁以"原"为都，后迁都老丘。关于原之地望，学界主要有两种说法。

一是济源说。《史记·赵世家·正义》引《括地志》："故原城在怀州济源县西北二里。"唐代的"怀州济源"亦即今河南济源市。清代康熙时期徐文靖《竹书统笺》卷三引《郡国志》："河内轵县有原乡。"清代乾隆时期《济源县志》："原城在济源县西北四里，今呼为原村，居济渎庙西。"这些记载说明原都在今济源市区西北。

二是沁水说。《左传·隐公十一年》周桓王与郑人苏忿生之田包括"温、原……陉、怀"。杜预注："（原）在沁水县西。"南朝刘宋时期裴骃《史记

---

① 孙华：《夏代都邑考》，《河南大学学报》1985年第1期。

集解》："河内沁水县西北有原城。"按，此"河内沁水县"汉代置，以水为名，北齐废，故城在今河南济源市东北沁河南岸。今山西沁水县是隋代改永宁县为沁水县所致，隋代之前不称沁水县，故原都所在的沁水县不在今山西境内，而应在河南济源市境内。

从上可知，帝宁（后杼、帝予、后杼）之原都位于今济源市境内学界几乎无异议，但在济源市何地有待进一步探明。考古工作者在今济源市西北约2公里处发现的庙街遗址，总面积达75万平方米以上，遗址内有龙山文化、二里头文化和东周文化遗存。发掘者认为其为夏代原城所在[①]，学界对此基本认同。

八、老丘

文献记载夏王帝宁（后杼、帝予、后杼）又都老丘。如《竹书纪年》："帝宁居原，自（原）迁于老丘。"《路史·后纪》卷一三罗平注："（杼）自原迁于老王（丘）。"老丘在后代文献中也有所反映，如《左传·定公十五年》："夏五月，郑罕达败宋师于老丘。"杜预注："老丘，宋地。"此记载是说老丘是郑国与宋国之间的古战场，位于宋国境内。

从文献和考古材料看，把夏都老丘确定在今豫东地区是比较适宜的。夏王朝活动的主要境域多在今河南省所辖范围之内，属于夏文化的二里头文化分布的中心地带也在今河南境内，故寻觅夏都老丘应当把目光放在今河南区域内。老丘为帝宁自原迁徙而来，所以二者之间距离应较远，否则徙都意义不大，故老丘不应在与济源相邻的豫北地区，尤其是不能位于今焦作一带。东方地区是帝宁时期及帝宁之后夏王重点活动区域。今豫东地区是夏文化的分布区，在开封杞县境内的段岗、朱岗、牛角岗等遗址发现

---

① 杨肇清：《原城考》，载河南省文物考古学会编：《河南文物考古论集》，河南人民出版社 1996 年版。

有典型的二里头文化遗存。① 故判断老丘故地位于今豫东某地较为合理。

清代以来，学者多言老丘在开封东南的陈留县境内，即今开封市祥符区（原开封县）东南地带。清江永《春秋地理考实》卷三引《汇纂》："今河南陈留县北四十五里有老丘城。"清高士奇《春秋地名考略》陈留条："县有老丘城，见《陈留风俗传》。"清顾栋高《春秋大事表》卷六上《列国地形犬牙相错表》老丘："陈留县东北四十里有老丘城，为宋老丘地。定公十五年'郑败宋师于老丘'，即此。"清朝官修《大清一统志》开封府古迹引《寰宇记》："（老丘城）在陈留县北四十五里。"今人杨伯峻《春秋左传注》老丘："当在今开封市东南，陈留镇东北四十五里。"以上多认为老丘当在开封市东南、陈留镇东北四十里或四十五里之地，也有人说在陈留镇北四十五里处。当今学界基本认同老丘在今豫东地区开封市范围，然而对于具体位于何处、是何遗址尚有争议。

开封市文史工作者普遍认为祥符区杜良乡"国都里"村及其附近区域为夏都老丘所在地。② 但分析发现，已有材料还不足以支撑此观点。从地貌环境来说，国都里及其以北的刘京寨一带多为黄河泛滥区，黄沙土遍布，地势相对平坦，不符合老丘地貌应为"岗地土丘"的条件，也与开封地区发现的属于夏代的二里头文化遗址（如杞县段岗、朱岗、牛角岗等）多位于堌堆或岗地的现象不一致。从考古发掘来说，这一地区地表文化遗存较少，地下深处仅见有东周、汉代遗存，尚未发现确凿无疑的、属于龙山或夏商时代的文化遗存，指认其为老丘之地尚缺乏实证。从文献记载来说，国都里、刘京寨一带位于开封市东北、陈留镇北，与一些文献所说的老丘在"开封市东南、陈留镇东北四十里"的位置不完全相符，以村名"国

---

① 郑州大学文博学院等编：《豫东杞县发掘报告》，科学出版社 2000 年版。

② 程子良、李清银：《开封城市史》，社会科学文献出版社 1993 年版，第 7 页；刘顺安：《开封》，载朱士光主编：《中国八大古都》，人民出版社 2007 年版；刘春迎：《夏都"老丘"考》，《中原文物》2014 年第 3 期。

都"便附会出夏都也殊为不妥。

在探索老丘地望方面，开封陈留镇东北罗王镇境内的虎丘岗遗址尤其值得关注。从地理位置来看，虎丘岗遗址与文献记载夏都老丘在"开封市东南、陈留镇东北四十里"的位置较为接近。从地貌环境考虑，遗址本身地势较高，属岗地、堌堆遗址，中心区历史上未曾受到黄河泛滥之较大影响，与老丘地貌应为"岗地土丘"之条件相符。从文化面貌分析，遗址范围相对较大，至少达 10 万平方米以上；文化堆积厚，中心区文化层至少达 6 米以上，原有文化层当更厚；遗存丰富，年代早，自龙山至东周汉代延续发展，其性质应非一般的聚落遗址，当具备中心聚落的性质。虽然现有材料尚不足以证明虎丘岗遗址就是老丘故地，但与国都里一带比较而言，其为老丘故地的可能性似乎要更大一些。①

九、西河

《竹书纪年》记载夏王胤甲（帝廑）时期都西河。《通鉴外纪》卷二引《汲冢纪年》："胤甲即位，居西河，十日并出，其年胤甲陟。"《山海经·海外东经》注引《汲郡竹书》："胤甲即位，居西河，有妖孽，十日并出。"此外，《太平御览》卷四天部引《汲冢书》、卷八二皇王部引《纪年》等文献皆有类似的记载。有关西河之地望，历来众说纷纭，主要有五种观点。

一是河南安阳说。如《史记·孔子世家·索隐》："西河在卫地。"《吕氏春秋·音初》："殷整甲徙宅西河。"《太平御览》卷八三皇王部引《纪年》："河亶甲整即位，自嚣迁于相。"高诱注："《竹书纪年》河亶甲名整，元年自嚣迁于相即其事也。"方诗铭、王修龄先生古本《竹书纪年辑证·夏纪》"启征西河"条下说："西河即相，今之河南安阳，与观地（观在卫）相近。"《太平寰宇记》卷五五相州安阳县西河条："按隋《图经》云：'卜

---

① 张国硕：《夏都老丘考略》，《中国国家博物馆馆刊》2014 年第 9 期。

商子夏、田子方、段干木所游之地。'以魏、赵多儒学，齐、鲁及邹皆谓此为西河，非龙门之西河也。"刘起釪先生认为："这是古文献中有关夏代之河的遗存材料，其河西指安阳，则河在安阳东，与后来殷卜辞之河相合。"此外，张光直先生也赞同"胤甲居西河，在今河南安阳地区"的说法。①

二是山西汾阳说。如《史记·仲尼弟子列传》："子夏居西河教授。"《索隐》："在河东郡之西界，盖近龙门。"《正义》："西河郡，今汾州也……《礼记》云：'自东河至于西河。'河东故号龙门河为西河。汉因为西河郡，汾州也。"按，汾州即今汾阳。顾颉刚先生认为西河当在"今山西省的西境"②。

三是龙门至华阴说，大约在今山西西部。如《礼记·檀弓上》："（子夏）退而老于西河之上。"郑玄注："西河，龙门至华阴之地。"《史记·魏世家》："襄王五年，予秦河西之地。"《正义》："自华州北至同州，并魏河西之地。"郭沫若先生认为："西河在黄河之西，与秦接壤。"③

四是晋西南及相邻地区说。徐旭生先生认为："西河所在，有说它在旧蒲州府一带，即今永济、虞乡、安邑一带……有说它在陕西合阳一带。"④李民先生认为："西河地望当在晋西南临猗一带。"⑤史念海先生认为："胤甲的都城疑在今山、陕两省间的黄河南段的东部，也许就在崤山的左近。"⑥

五是河南洛阳至陕西华阴说。范文澜先生认为"河南洛阳至陕西华阴，

① 张光直：《夏商周三代都制与三代文化异同》，载张光直：《中国青铜时代》二集，生活·读书·新知三联书店1990年版。
② 顾颉刚：《禹贡（全文注释）》，载侯仁之主编：《中国古代地理名著选读》第一辑，科学出版社1959年版。
③ 郭沫若：《青铜时代》，科学出版社1959年版，第215页。
④ 徐旭生：《1959年夏豫西调查"夏墟"的初步报告》，《考古》1959年第11期。
⑤ 李民等：《古本竹书纪年译注》，中州古籍出版社1990年版，第13页。
⑥ 史念海：《中国古都和文化》，中华书局1998年版，第45页。

通称西河"①。田昌五先生推测："河南至陕西华阴通称西河。"②

综观以上几种观点可以发现，前四种观点皆疑窦重重，证据不足，而后一种观点"洛阳至华阴说"相对比较合理，可以信从。

安阳说存在较大问题。文献资料表明商代河亶甲所迁之"相"亦称"西河"，但此"西河"与夏启所征之"西河"、夏后胤甲所居"西河"是否为同一地，无从考证。邹衡先生明确指出："河内之西河，乃商王河亶甲所居，与夏无涉。"③从考古材料看，今豫北安阳地区在夏代后期是属于先商文化的下七垣文化分布区，夏族已不能有效控制这一区域，当然不可能在此设立都城。

汾阳说不可信。这是因为汾阳地区因汉魏时期设置西河郡才有西河之称，与夏代西河年代相去甚远。考古资料显示今汾阳一带基本不见属于夏文化的二里头文化遗存，此区域根本不是夏王朝能够控制的区域，基本安全尚不能得到保障，何谈定都于此。

龙门至华阴说更不可靠。山西西部及其相邻的陕西东部地区多为黄土高原和丘陵地貌，生态环境恶劣，显然不是迁都的适宜之地。考古发现这一地区的龙山至二里头时代文化遗存地方性特征较为明显，不属于夏文化范畴，很难有理由把夏代西河地望与这一地带联系起来。

晋西南及相邻地区说可能性也不大。这里多为高原、山岭地貌，交通不便，并非人类宜居之地，且偏离夏王朝的中心区域，也没有任何考古材料支持这里为夏都之地。

河南洛阳以西至陕西华阴之间，虽然有黄河、崤山等自然障碍阻隔，但众多山间盆地、谷地分布其间，生态环境优越。自仰韶文化以来就有人类在这里生活，在灵宝、渑池、三门峡等地形成诸多中心聚落。这里

---

① 范文澜：《中国通史简编》（第一册），人民出版社1955年版，第102页。
② 田昌五：《夏文化探索》，《文物》1981年第5期。
③ 邹衡：《夏商周考古学论文集》，科学出版社2001年版，第191页。

邻近夏王朝的中心分布区——伊洛平原，以北的晋南、以西的陕西东部则是夏王朝重点发展的区域，地理位置十分重要。豫西西部至陕西华阴以东，夏代中后期一直是夏王朝的控制地区。此区域发现有较为丰富的二里头文化遗存，如陕县七里铺①、渑池鹿寺②、渑池郑窑③等。此外，文献记载今渑池县一带还有夏代晚期的夏后皋之陵墓④，说明夏都当在附近。从情理上讲，在没有大规模异族入侵的情况下，为确保都城的安全和便于统治，夏王朝都城应在夏王朝控制的势力范围之内选址，不能远离夏王朝控制的中心区域，也不能位于周边敌对的第一线，更不能位于非夏王朝控制区和非夏文化分布区。洛阳以西至陕西华阴之间某地，尤其是今渑池县至三门峡市一带，无论是地理位置，或是生态环境，具备设立夏都的基本条件，应是夏都选址的适宜之地，故胤甲都西河位于此间某地的可能性最大。

第二节　考古发现的夏代城址性质分析

迄今河洛地区考古发现的夏代城址或大型遗址主要有新密新砦遗址⑤、

① 黄河水库考古工作队河南分队：《河南陕县七里铺商代遗址的发掘》，《考古学报》1960年第1期。
② 河南省文化局文物工作队：《河南渑池鹿寺商代遗址试掘简报》，《考古》1964年第9期。
③ 河南省文物研究所等：《渑池县郑窑遗址发掘报告》，《华夏考古》1987年第2期。
④ 《左传·僖公三十二年》："殽有二陵焉，其南陵，夏后皋之墓也。"杜预注："殽在弘农渑池县西。"
⑤ 中国社会科学院考古研究所河南新砦队等：《河南新密市新砦遗址2002年发掘简报》《河南新密市新砦遗址东城垣发掘简报》《河南新密市新砦遗址浅穴式大型建筑基址的发掘》，《考古》2009年第2期；北京大学震旦古代文明研究中心、郑州市文物考古研究院：《新密新砦（1999年—2000年田野考古发掘报告）》，文物出版社2008年版。

禹州瓦店遗址 ①、偃师二里头遗址 ②、荥阳大师姑遗址 ③、新郑望京楼遗址 ④、郑州东赵遗址 ⑤、平顶山蒲城店遗址 ⑥、辉县孟庄遗址 ⑦ 等(图2—2)。依据确定都邑的物化标准,分析各遗址的考古遗存,可以发现新砦遗址、瓦店遗址、二里头遗址具备夏代王朝都邑性质,而大师姑遗址、望京楼遗址当具备夏代方国都邑性质,其他城址不属于夏代都邑遗址的范畴。

一、新砦遗址

位于新密市东南 18.6 公里处的刘寨镇新砦、煤土沟、苏村等自然村之间的新砦遗址,东北距郑州市区约 30 公里。1979 年,中国社会科学院考古研究所河南二队对该遗址进行调查和试掘,确认遗址南北长约 1000 米,东西宽约 700 米,文化层一般厚 1.5—2 米,最厚处近 3 米。赵芝荃先生分析研究确认新砦期是晚于河南龙山文化晚期、早于二里头一期的一种考古学文化遗存,整体特征更接近二里头文化系统。⑧2002—2003 年,

---

① 河南省文物研究所、郑州大学历史系考古专业:《禹县瓦店遗址发掘简报》,《文物》1983 年第 3 期;河南省文物考古研究所:《河南禹州市瓦店龙山文化遗址 1997 年的发掘》,《考古》2002 年第 2 期;河南省文物考古研究所编著:《禹州瓦店》,世界图书出版公司 2004 年版。

② 中国社会科学院考古研究所编著:《偃师二里头(1959 年—1978 年考古发掘报告)》,中国大百科全书出版社 1999 年版;中国社会科学院考古研究所编著:《二里头(1999—2006)》,文物出版社 2014 年版。

③ 郑州市文物考古研究所编著:《郑州大师姑(2002—2003)》,科学出版社 2004 年版。

④ 郑州市文物考古研究院编著:《新郑望京楼(2010—2012 年田野考古发掘报告)》,科学出版社 2016 年版。

⑤ 顾万发、雷兴山、张家强:《夏商周考古的又一重大收获——河南郑州东赵遗址发现大中小三座城址、二里头祭祀坑和商代大型建筑遗址》,《中国文物报》2015 年 2 月 27 日。

⑥ 魏兴涛、赵文军等:《河南平顶山发现龙山文化与二里头文化城址》,《中国文物报》2006 年 3 月 3 日;河南省文物考古研究所等:《河南平顶山蒲城店遗址发掘简报》,《文物》2008 年第 5 期。

⑦ 河南省文物考古研究所编:《辉县孟庄》,中州古籍出版社 2003 年版。

⑧ 赵芝荃:《略论新砦期二里头文化》,载中国考古学会编:《中国考古学会第四次年会论文集》,文物出版社 1985 年版。

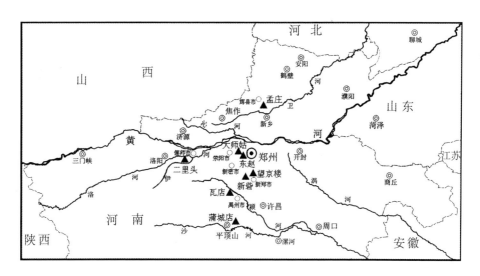

图2—2 河洛地区夏代大型遗址分布图

为了开展"聚落布局与内涵研究"课题，中国社会科学院考古研究所与郑州市文物考古研究所院对新砦遗址进行大规模的考古勘探发掘，最终确定新砦遗址是一处设有外壕、城垣与城壕、内壕共三重防御设施，中心区建有大型浅穴式建筑的大型城址，总面积逾100万平方米的大型遗址（图1—3）。在对城垣区域发掘的5个探沟中，均发现了相同的地层叠压关系：龙山文化晚期城垣打破龙山文化晚期文化层，新砦期城垣叠压龙山文化晚期遗存，又被二里头早期的壕沟所打破。其中龙山文化晚期地层和城垣出土有龙山文化常见的薄胎方唇夹砂深腹罐、唇沿带凹槽的泥质灰陶钵和碗等陶器残片；新砦期城垣及护城河内发现有折壁器盖、厚胎钵等新砦期典型遗物；二里头文化时期的灰沟出土有花边罐口沿残片等。由此可见，新砦城址始建于龙山文化晚期末段，兴盛于新砦期，废弃于二里头文化早期。

新砦城址平面基本为方形，现存东、北、西三面城垣，贴近城垣发现有护城河，南面可能以双泪河（洧水）为自然屏障，城内面积约70万平方米。由龙山文化时代城垣和新砦期城垣两部分组成。其中东墙南北残长

160 米，深 4 米；北墙东西长 924 米，深 5—6 米；西墙南北长 470 米，深 2.5 米。龙山时期城址的东墙和北墙是利用一条东西走向自然冲沟的内壁修整、填土夯筑而成的，东墙南半部大部被双洎河冲毁，护城河紧靠城垣外侧。新砦期城址城垣叠压在废弃的龙山文化晚期城垣之上，二里头文化早期被废弃。

外壕位于城址以北 220 米外，系人工开挖壕沟与自然冲沟相结合形成，东西长 1500 米，南北宽 6—14 米，深 3—4 米。外壕与遗址西边的武定河、南边的双洎河和东边的圣寿溪河共同将整个遗址包围在内，形成遗址的外围防线。

内壕位于城内西南部地势较高处，现存西、北、东三面壕，圈占面积 6 万平方米以上。北内壕东西长约 300 米，东、西内壕的南部均遭破坏，长度不明。在中心区中央偏北处，发现一座东西长 50 多米、南北宽 14.5 米的大型建筑基址，清理出部分夯筑墙体、柱洞、红烧土和活动面等重要遗迹，其东部建有附属建筑，前后两侧均有大路连接。活动面上保存有千层饼状的砂质土层，说明该建筑被经常使用。发掘者认为此大型建筑为多次使用的大型浅穴式露天活动场所，应与礼仪活动有关。[1] 此外，在大型浅穴式基址南侧，还清理一处面积较大的地面夯土建筑基址。[2]

新砦城址内出土遗物较为丰富，做工精美。不仅有制作精美的子母口瓮、簋形豆、双腹豆、猪首形盖钮等陶器，还出土有玉凿、红铜容器、青铜器等高规格遗物以及与二里头遗址铜牌饰纹饰相类似的兽面纹、雕刻精细的夔龙纹等。

从上可知，新砦城址规模大，面积超过百万平方米；建造有大型城垣和护城壕，设置有内壕、城垣与护城壕、外壕等多重防御设施；内壕区域

---

① 中国社会科学院考古研究所河南新砦队、郑州市文物考古研究院：《河南新密市新砦遗址浅穴式大型建筑基址的发掘》，《考古》2009 年第 2 期。

② 赵春青等：《河南新砦遗址发掘再获重要发现》，《中国文物报》2017 年 6 月 2 日。

为最高统治者活动区，建造有大型露天浅穴式礼仪建筑和大型夯土建筑；出土遗物规格较高，有精美的陶器和铜器、玉器；其为新砦期最大的遗址，对周围文化有较大的影响，年代属于夏代早期。总体上看，此遗址具备大型城垣、大型礼仪建筑等物化标志，兼备精美"重器"的使用以及遗址的较大规模、辐射力与影响力等参考标准，故判断其性质应为夏代的都城遗址。

关于新砦城址的性质，尽管学界有一定的分歧，但多数学者赞同其为夏都。有观点认为新砦城址与《穆天子传》所载夏启之居"黄台之丘"相吻合，应当是启都之所在[1]；或认为新砦城址不宜以"黄台之丘"来命名，而是文献记载的启都夏邑[2]；有学者认为新砦遗址龙山文化晚期都城为夏启之都，而新砦期城址应与少康之都有关[3]。需要指出的是，个别学者有关新砦遗址新砦期城址为"夏启的离宫别馆而非夏都"的看法[4]是难以成立的。这是因为在新砦期，新砦遗址是同期最大、规格最高的遗址，并未发现比它级别更高的都城遗址，何谈新砦遗址是离宫别馆？离宫别馆一般规模较小，不可能建造大规模的城垣防御设施，一般不见居民区。而新砦遗址有大型城垣，有普通居民生活遗存，与离宫别馆的特性并不相符，城址规模之大、规格之高的特性是任何离宫别馆所不能及的。

二、瓦店遗址

位于禹州市火龙乡瓦店村东北部和西北部颍河南岸的二级台地上的瓦店遗址，是 1979 年河南省文物研究所进行颍河两岸考古调查时发现的。

---

[1] 赵春青：《新密新砦城址与夏启之居》，《中原文物》2004 年第 3 期；许顺湛：《寻找夏启之居》，《中原文物》2004 年第 4 期；张国硕：《夏王朝都城新探》，《东南文化》2007 年第 3 期。

[2] 马世之：《新砦城址与夏代早期都城》，《中原文物》2004 年第 4 期。

[3] 顾万发：《"启居黄台之丘"及相关问题考证》，《东南文化》2004 年第 6 期。

[4] 程平山：《论新砦古城的性质与启时期的夏文化》，《考古与文物》2007 年第 3 期。

20 世纪 80 年代初,河南省文物考古研究所与郑州大学考古专业对该遗址先后进行了三次考古发掘。1997 年,依托"夏商周断代工程"项目,河南省文物考古研究所对瓦店遗址进行了重点考古发掘,确认遗址主要由西北台地(面积约 50 万平方米)和东南台地(面积约 56 万平方米)组成(图 1—4),总面积达 100 余万平方米,是龙山文化晚期至新砦期颍河流域聚落群中的中心聚落。

瓦店遗址规模大,聚落等级高。2021 年以来,在遗址东南部发现有龙山时期城墙遗迹,方向呈西北—东南向,始建于龙山文化晚期,历经多次修补、修筑。[①] 在遗址西北台地,发现大型壕沟(HG1),由西壕、南壕和东壕构成(图 2—3)。其中西壕残长 210 米,复原长约 400米,口宽约 30 米,残深 2.4 米;南壕长约 1000 米,口宽约 30 米,底宽约 18 米,残深 2—3 米;东壕残长 150 米。西壕南端与南壕西端呈直角相交于西北台地西南部,形成的西南角保存较好。东、西、南三面壕沟与北面的颍河构成封闭的防御圈,大体呈长方形,呈西北—东南走向,面积达 40 余万平方米。在环壕内中部偏南处,发现两处大型夯土建筑基址,方向与南壕一致,东、西相对,相距约 300 米。其中东部建筑基址 WD2F1,平面大体为"回"字形,面积近千平方米,基址厚约 1.5 米,分块夯筑而成。在基址上发现用于奠基或祭祀的人牲和动物遗骸数具。西部基址由三座建筑组成,其中 WD1J1,现存面积近千平方米,用纯净黄土多层铺垫基础,基础厚 2—3 米,铺垫层中发现有人头骨。两处建筑基址东西向对称分布,建筑复杂,基址中有人牲,推测其性质可能与祭祀有关。[②]

瓦店遗址文化遗存丰富,规格高。遗址范围内不仅发现了大型城垣、

---

① 张华贞:《2021 年度禹州瓦店遗址考古发掘新收获》,河南南阳"2021 年度河南考古工作成果交流会",2021 年 12 月。

② 方燕明:《禹州瓦店——龙山聚落的多学科演练》,《探索发现》2012 年第 5 期。

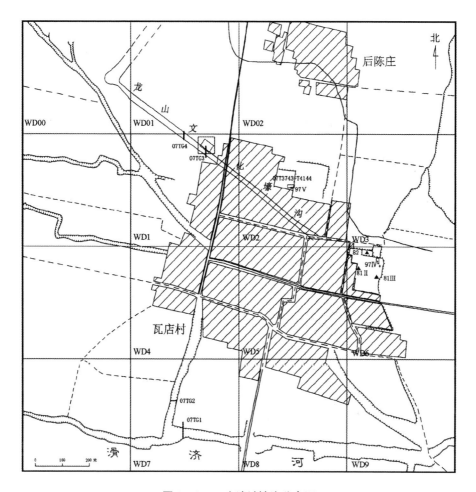

图2—3　瓦店遗址壕沟分布图

壕沟和夯土建筑基址、道路、祭祀坑、灰坑、墓葬、房基等一批重要遗迹，还出土玉鸟、玉铲、残玉璧、鸟形盖陶盉、陶鸟、陶铃、陶列觚、白陶或蛋壳黑陶或灰陶的成套酒器、带刻画符号（鸟纹）的陶片、云雷纹陶片、大卜骨等精美遗物。

　　瓦店遗址为中心聚落。瓦店遗址所在的颍河上游及其支流沿岸，分布着大量龙山至二里头时代的遗址，其中瓦店遗址为大型聚落，其周围分布着沙陀、董庄、龙池、下毋、谷水河、阎寨等诸多小型聚落，凸显其统治中心地位。①

瓦店遗址的繁荣期当包括新砦期。据发掘者研究,登封王城岗小城始建于王城岗一期,使用至王城岗二期废弃,王城岗三期为大城的使用期,王城岗四期、五期为古城废弃后的遗存。②瓦店遗址"龙山文化晚期遗存"分为三期,即瓦店一期、瓦店二期、瓦店三期,其中瓦店三期遗存最为丰富。在年代关系上,瓦店一期、瓦店二期大体与王城岗二期、王城岗三期分别同时,瓦店三期大致与王城岗四期同时或晚至王城岗五期。③这说明瓦店遗址是继王城岗城址废弃之后兴起的大型聚落遗址。据碳14测年结果,王城岗四期的年代数据有公元前2050—1985年、2038—1998年、2041—1994年,王城岗五期两个年代数据皆为公元前2030—1965;瓦店三期的绝对年代是公元前2105—1755年。④关于二里头一期、新砦期的年代学界有争议,但新砦期早于二里头一期、为公元前1900年左右殆是事实。据此可知,瓦店三期的年代是应包括新砦期的年代范畴。从文化面貌上看,一些学者不认同新砦期的存在,把有关遗存皆划入龙山文化晚期末段(或王湾三期文化末期),或归入二里头文化第一期早段,但无论如何,所谓的新砦期遗存是介于王湾三期文化与二里头文化之间的过渡阶段是大家承认的。发掘者虽然把瓦店三期与王城岗四期、五期都归属龙山文化范畴,但这一阶段发现有三足盘、腹底部较平的矮足鼎、扁高足鼎、折壁器盖等明显属于新砦期的器物是不能回避的。因此,瓦店三期,或者至少瓦店三期的一部分应属于新砦期。有学者早就指出包括登封王城岗、禹

---

① 安金槐:《豫西颍河上游在探索夏文化遗存中的重要地位》,《考古与文物》1997年第3期。

② 北京大学考古文博学院等:《登封王城岗考古发现与研究》,大象出版社2007年版,第786页。

③ 河南省文物考古研究所编著:《禹州瓦店》,世界图书出版公司2004年版,第133页。

④ 赵芝荃:《略论新砦期二里头文化》,载中国考古学会编:《中国考古学会第四次年会论文集》,文物出版社1985年版。

州瓦店在内的所谓"龙山文化遗址"皆存在有新砦期遗存①，或把王城岗四期、王城岗五期、瓦店三期归属"新砦文化"的范畴。②

从上可知，瓦店遗址总面积达 100 万平方米，遗址东南有大型城垣与壕沟，遗址西北大型壕沟圈围面积达 40 余万平方米，具备大型中心聚落的性质。发现的大型夯土建筑基址规模大，两处基址面积达千平方米，当为最高统治者居住之所或举办大型祭祀活动之地；精美的陶礼器与酒器、玉礼器的使用，无不说明其拥有者具有较高的社会地位。大型聚落遗址的年代始于龙山文化晚期，延续至新砦期，且这里新砦期文化遗存最为丰富。总体上看，瓦店遗址具备大型壕沟防御设施、宫殿与宗庙等主要物化标志，兼备精美"重器"的使用以及遗址的较大规模、辐射力与影响力等参考标准，故推断其性质当为夏代早期的都邑聚落。

由于文献记载夏启"钧台之享"和"启都阳翟"在今禹州市境内，发掘者推断瓦店遗址与启居阳翟有一定的联系。③ 我们认为瓦店遗址是龙山晚期至新砦期的大型中心聚落，不排除其为夏启时期政治中心的可能性。④

三、二里头遗址

位于洛阳市偃师区西南部约 9 公里处的二里头村一带的二里头遗址，北邻洛河，南距伊河约 4 公里，东距偃师商城约 6 公里。1959 年，著名史学家徐旭生先生进行豫西"夏墟"调查时发现，当年中国科学院（后为中国社会科学院）考古研究所进行考古发掘，至今已陆续工作 60 多年。

---

① 赵芝荃：《略论新砦期二里头文化》，载中国考古学会编：《中国考古学会第四次年会论文集》，文物出版社 1985 年版。

② 庞小霞：《试论新砦文化》，郑州大学 2004 年硕士研究生学位论文，第 13 页。

③ 方燕明：《寻找夏代早期的城址》，《寻根》2010 年第 3 期。

④ 张国硕：《夏王朝都城新探》，《东南文化》2007 年第 3 期。

遗址范围包括二里头、圪垱头、四角楼和北许等村庄之间，形状近似长方形，大致呈西北—东南走向，东西长约2400米，南北宽约1900米，现存面积约300万平方米（图1—5）。在遗址范围内，发现宫城及宫殿基址、道路、手工业作坊、祭祀遗址、墓葬、灰坑等遗迹，出土大量陶器、骨器、石器、蚌器以及精美的青铜器、玉器、绿松石器。

二里头遗址具有规模大、规格高、遗存丰富的特征。该遗址面积达300万平方米，为同期河洛地区乃至当时中国境内最大的遗址，凸显其中心聚落的性质。建造的宫城平面形状呈方形，面积达10.8万平方米，城内发现规模宏伟的宫殿建筑群。其中一号宫殿基址是用夯土筑成台基，平面呈长方形，东西长108米，南北长约100米，高约1米；基址中部偏北处建造有"四阿重屋"式大型殿堂建筑（图2—4）。二号宫殿基址平面为长方形，南北长约72.8米，东西宽约58米；基址上分设围墙、廊庑、大门、庭院、中心殿堂等建筑，东廊庑下有陶质和石板砌成的排水管道。三号宫殿基址是一座长150米、宽约50米的大型多院落建筑基址，其内排列着成组的中型墓葬，出土大量珍贵遗物。二里头遗址文化层堆积丰厚，一般达3—4米，可划分为数个文化层和前后发展的四期。各类文化遗存丰富，有灰坑、窖穴、水井、房屋、手工业作坊、祭祀活动区、道路、墓葬等，寓示着当时这里聚集了大量人口。发现的遗存种类多，既有形制巨大的宫殿建筑群、方正规矩的宫城垣、纵横交错的中心区道路网、集中分布的祭祀遗存和诸多大中型墓葬，又有铸造铜器、制陶、制骨、制造玉器和绿松石器的作坊，还出土了相当数量且制作工艺又较复杂的青铜器、玉器。其中青铜器有爵、斝、盉、鼎等礼器，钺、戈等兵器，铃类乐器，以及兽面纹牌饰；玉器有钺、牙璋、戈、刀、戚、圭、柄形器等。早期贵族墓出土的大型绿松石龙形器，全长逾70厘米，由2000余片形状各异的细小绿松石片粘嵌而成，其用工之巨、制作之精、体量之大，在中国早期龙形象文物中十分罕见。二里头遗址形成的文化——二里头文化辐射力强，

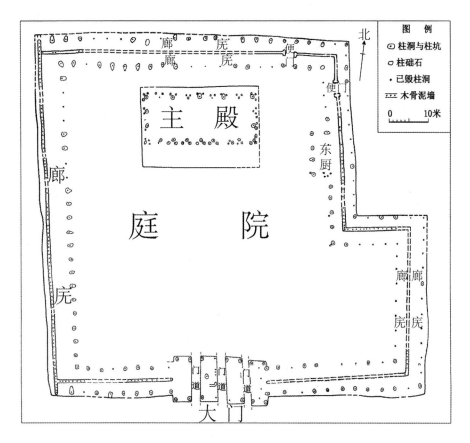

图 2—4　二里头遗址一号宫殿基址平面图

对整个河洛地区乃至周围更为广大的区域形成了深刻影响。

　　总体上看，二里头遗址虽然不见大型城垣，但建造有宫城，具备大型宫殿与宗庙、高规格墓葬、高等级的手工业作坊等物化标志，兼备精美的青铜礼器、玉器、绿松石器等"重器"的使用，以及遗址的较大规模、辐射力与影响力等参考标准，说明其不应是普通的聚落或一般城址，而应属一处经缜密规划、布局严谨的大型都邑。在二里头遗址发现之时，有关学者就敏锐地认识到其为当时的"大都会"①。多年来，尽管有关二里头文化

---

①　徐旭生：《1959 年夏豫西调查"夏墟"的初步报告》，《考古》1959 年第 11 期。

学界存在一定的争议，但一致认为二里头遗址具备都邑性质。

由于二里头遗址位于伊洛盆地之内，向西略偏南约 3 公里为古伊汭①，东北距洛汭约 40 余公里，与文献记载的夏都地望完全相符。该遗址的存在年代与夏王朝中后期的年代相当，其应属于夏都范畴。又由于文献有关早期夏都位于颍水上游地区、太康始都伊洛地区斟寻的记载，结合新砦期遗存中心分布区恰好分布于颍水上游地区、伊洛地区包括二里头一带少见新砦期遗存而多见二里头文化遗存的现象，可以推断二里头遗址理应为夏代太康之后的夏都斟寻。②

四、大师姑遗址

位于荥阳市广武镇大师姑村和杨寨村南地的大师姑遗址，2002—2003 年为郑州市文物考古研究所发现，是一座二里头文化时期的城址。城址平面略呈东西长、南北窄的扁长方形。今索河从城南向东于城址南偏西部位折向北流，将城址分成东西两部分（图 2—5）。

城址由城垣和城壕两部分组成。城垣距今地表深度不一，一般在 1 米左右。现已发现的城垣，南垣西段长 480 米，西垣北段长 80 米，北垣西段长 220 米。城垣残存高度为 3.75 米，顶部宽 7 米，底部宽约 16 米。城垣结构较为复杂，依据土质、土色的差别可分为 7 个堆积层，夯层厚薄不均，夯窝不清晰，直径约 4 厘米，深约 2 厘米。有些堆积层为平夯。城壕位于夯土城垣外侧，距城垣 6 米左右，除西南角被今索河河道冲毁外，其余地段保存较好。城壕形状为斜坡平底或略呈圜底，壕深 2—2.8 米，现存宽度在 5—9 米。

---

① 中国社会科学院考古研究所二里头工作队：《河南伊洛盆地 2002—2003 年考古调查简报》，《考古》2005 年第 5 期。

② 张国硕：《论二里头遗址的性质》，载杜金鹏、许宏主编：《二里头遗址与二里头文化研究》，科学出版社 2006 年版。

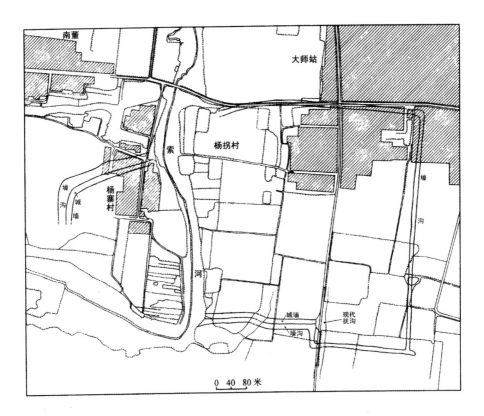

图2—5 大师姑城址平面图

城址范围依据城壕计算，东壕南北长长620米，北壕长980米，西壕已发现长度为80米，复原长度为300米，南壕已发现长度为770米，复原长度为950米。总周长已发现长度为2450米，复原长度为2850米，总面积约51万平方米。

根据叠压城垣内外两侧的地层和城垣中出土陶器判断，该城垣最早建于二里头文化二期偏晚阶段，二里头文化三期早、晚阶段之间经过大规模的续建。城址的废弃年代大约在二里头文化四期偏晚阶段和二里岗下层之间。城址内发现的二里头文化堆积以二里头文化二、三期以及四期早段遗存为主，已发现有灰坑、灰沟、房基、墓葬等遗迹现象。出土遗物以陶器为主，出土有部分石器，另有少量的铜器、玉器、骨器、蚌器、绿松石器，发现有玉琮、卜骨等遗物。

总体上看，大师姑城址具备大型城垣，有夯土建筑遗存，发现有墓底铺撒朱砂的墓葬，出土有多件陶水管道，遗址规模较大，面积达 51 万平方米，为郑州西北郊一带最大的二里头文化时期聚落遗址，其应具备二里头文化时期中心聚落的性质。其文化面貌与二里头遗址为代表的二里头文化基本相同，但与二里头都邑遗址相比明显逊色许多，故其当非整个二里头文化分布区域的中心聚落，为区域性聚落中心的可能性很大。关于大师姑二里头文化城址的性质，除了偶尔有"军事重镇说"[1]外，学界主要还有"方国都城说"[2]"夏都说"[3]，多认同其具备都城性质。

五、望京楼遗址

位于新郑市西北 6 公里望京楼水库东、"南水北调工程"中线干渠北侧的望京楼遗址，是 2010 年秋冬郑州市文物考古研究院调查发现的。该院随即进行的勘探与发掘，确认其为夏商时期的大型城址。该城址由面积约 37 万平方米的二里岗期商城址、圈套于商城外侧的二里头文化城址以及面积达 168 万平方米的外城城址组成（图 2—6）。

二里岗时期城址发现有城垣、护城河、城门、道路、夯土基址、小型房基、灰坑等遗迹。城垣平面近方形，面积约 37 万平方米。

二里头文化城址包括城垣、护城河、房基、灰坑、墓葬（部分墓底

---

[1] 郑州市文物考古研究所编著：《郑州大师姑（2002—2003）》，科学出版社 2004 年版，第 339 页。

[2] 出自马世之《郑州大师姑城址性质试探》（《中原文物》2007 年第 3 期）一文陈昌远先生函。

[3] 王文华、丁兰坡：《夏代考古新突破，郑州大师姑发现二里头文化中晚期城址》，《中国文物报》2004 年 2 月 27 日；郑州市文物考古研究所编著：《郑州大师姑（2002—2003）》，科学出版社 2004 年版，第 339 页。

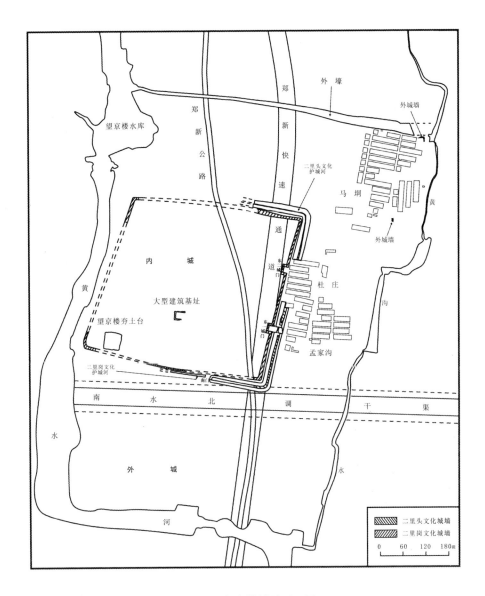

图2—6 望京楼城址平面图

铺撒朱砂）等遗迹。城垣位于二里岗文化城垣外侧，总面积当超过40万平方米。平面近方形，仅保留基槽部分，已发现东城垣以及东南、东北拐角处。其中东城垣长625米，残宽3—3.5米；南城垣残长41米，残宽

5.8—6.6米；北城垣残宽残长32米，残宽0.5—1米。城垣外侧发现有护城河，宽约11米，深约3米，其中北护城河残长110米。城垣始建于二里头文化二期，毁弃于二里岗文化城址始建之时。在城垣东北角外侧约300米处发现一段夯土墙，推测可能为外城城垣。北城垣外侧发现有一东西向的护城河，长1100米，宽6—25米，深3—4米。此护城河与东面的黄沟水、西面和南面的黄水河一起形成一个封闭的防御圈，圈围面积达168万平方米，这在同期的二里头文化遗址中是罕见的，仅次于二里头遗址。

出土遗物丰富，包括铜器、玉器、陶器、石器、蚌器等，陶器尤为丰富。出土遗物规格较高。20世纪六七十年代，望京楼遗址曾发现一批夏商时期的青铜器、玉器等贵重文物。[①]其中一件青铜爵，高14厘米，通长19.5厘米，为狭槽形窄长流，矮三角形柱，尖尾，流、尾较平，扁平錾，束腰，平底，三棱形三足，一足与錾上下对应，整体素面无纹，显然属于二里头文化晚期青铜器的风格。该铜爵是迄今发现为数不多的二里头时代青铜礼器之一，具有很高的历史、艺术和科学价值。近年该城址考古发现的玉戈，为长条形援，无阑，直内，造型规整，磨制精美，是不可多得的二里头文化玉器。

总体上看，望京楼二里头城址具备大型城垣、大型夯土建筑等重要遗迹，有内城、外城布局，兼备精美的青铜礼器、玉器的使用，遗址规模较大，是河洛地区仅次于二里头遗址的二里头时代大型遗址。如此大规模、高规格、军事色彩浓厚的城址，其性质绝非一般的聚落遗址，说明该城池的主人等级应较高，势力强大，具备区域性政治中心的性质，应为夏代某一方国都城遗址。有关望京楼二里头城址的性质，学界主要有昆吾说[②]、

①　新郑县文化馆：《河南新郑望京楼出土的铜器和玉器》，《考古》1981年第6期。
②　张国硕：《望京楼夏代城址与昆吾之居》，《苏州大学学报》2012年第1期。

葛国说①、郑父之丘说②等观点。

六、东赵遗址

东赵城址位于郑州市高新区沟赵乡东赵村南，东距郑州商城遗址约
14 公里，北距大师姑城址约 7 公里。2012 年以来，郑州市文物考古研究
院与北京大学考古文博学院对遗址进行勘探发掘，确认存在大、中、小三
座城址（图 2—7），并发现商代夯土建筑基址和其他重要遗存。其中属于
夏代的新砦期小城和二里头文化中城是最重要的发现。

小城位于遗址东北部，平面基本呈方形，面积 2.2 万平方米。城垣仅
存有基槽部分，墙体破坏殆尽，城壕大多存在。经过解剖可知墙基宽 4 米
左右，保留最深处近 1.5 米。城壕宽 5—6 米，深 3—5 米，壕沟底部均为
淤土堆积。小城始建于新砦期，至二里头文化一期时废弃。此小城是郑州
地区嵩山以北发现的第一座新砦期城址，对解决新砦期文化面貌、性质问
题有极大帮助。

中城基本位于遗址中部，平面呈梯形，面积约 7.2 万平方米，城垣墙
体部分被破坏，仅存基槽部分。墙基宽 4—7 米不等。城壕宽 3—6 米，深
2—3 米，壕内均为淤土堆积。城垣基槽内发现一幼儿骨架，当为祭祀遗
存。城内北部发现有卜骨坑。城内分布有道路、房址、灰坑、祭祀遗存等
遗迹。中城始建于二里头文化第二期，兴盛于二里头文化二期晚段至三期
早段，废弃于二里头文化第四期。

总体上看，东赵夏代城址规模较小，缺乏高规格的遗存。虽然有两
个城址，建造有城垣，但城址面积分别只有 2.2 万平方米和 7.2 万平方米，
与同期的新密新砦、偃师二里头等都城遗址相差甚远，中城的面积也远逊

---

① 秦文生：《新郑望京楼城址性质初探》，《华夏考古》2012 年第 4 期；李德方、吴倩：《夏
末商汤居亳与韦地同城说》，《中国国家博物馆馆刊》2011 年第 1 期。

② 郭玮：《新郑望京楼城址与郑父之丘》，《中原文物》2012 年第 2 期。

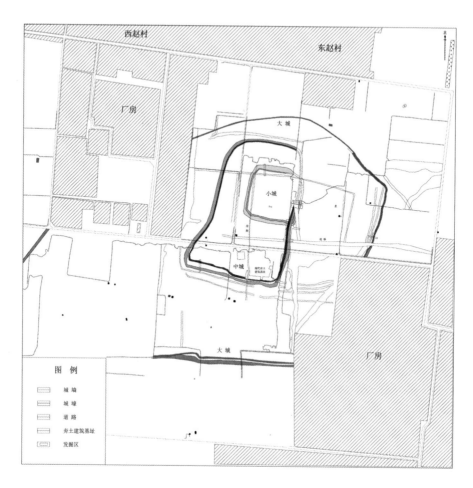

图2—7　东赵城址平面图

色于荥阳大师姑方国都邑城址。迄今尚未见到宫殿与宗庙、王陵、高等级
的手工业作坊等都城的其他主要物化标志，也不见精美的青铜礼器、玉
器、绿松石器等"重器"。因此，从现有材料来看，无论是小城，或是中
城，都不具备夏代都邑或方国都邑的属性。

　　有关东赵夏代城址的性质，有学者认为东赵小城与新砦期的新砦、花
地嘴、瓦店等遗址密切相关、互为网络，应该是"后羿、寒浞代夏"时期
的一处重要军事要地；东赵中城应该是夏王朝繁盛时期在郑州地区的"重

要卫星城市"①。对此观点进行剖析可以发现，东赵小城的年代是否为"后羿、寒浞代夏"期间尚需进一步研讨，但认为小城是新砦期的一处"军事要地"是有道理的；称东赵中城是郑州地区的"重要卫星城市"似乎不确切，因二里头文化时期郑州地区不见大型都邑性质的城市，何谈此地有"卫星城市"？

分析发现，东赵小城应是夏王朝早期势力向北扩展而形成的重要军事基地。新砦期为早期夏文化，新砦遗址具备早期夏都性质。这个时期，夏王朝统治的中心是嵩山南麓的颍水上游地区。随着夏初夏王朝的逐渐稳定，夏势力逐渐向周边地区发展，其中向北到达今郑州市一带，并最终达到今巩义东北的黄河沿岸。东赵小城规模较小，有城垣防御设施，其性质应是军事基地，而不具有政治中心的功能或地位。

东赵中城应是夏王朝中后期在都城二里头遗址之外的一处军事重镇、后勤基地。二里头文化是夏王朝中后期的夏文化。中城的年代为二里头文化二至四期，与夏王朝中后期相对应。二里头文化形成之后，尤其是二里头文化第二期之后，夏文化向周边广大区域扩展，向东达到今郑州地区，并继续向东至少到达今开封地区。与二里头、大师姑等城址相比，此城规模明显偏小，规格偏低，但建造有封闭的城垣和护城壕，军事防御特色和军事重镇功能较为明显。此外，在城内中部偏东的区域内，分布有较为集中的地穴式遗存（灰坑），年代为二里头文化第二期。部分坑内发现有完整的猪骨架、未成年人骨架、龟壳等，可能具有部分祭祀功能，但此类遗存均为袋状坑，其原始功能应该是仓窖。中城南部为一般居民区，发现有小型房址与大量的生活遗存。这些迹象凸显该遗址又具有后勤基地的属性。

---

① 顾万发：《河南郑州东赵遗址考古新发现及其重要历史价值初论》，《黄河·黄土·黄种人》2015 年第 12 期。

七、蒲城店遗址

蒲城店遗址位于平顶山市东约 9 公里的卫东区东高皇乡蒲城店村北,现存面积约 18 万平方米。2004 年至 2005 年,河南省文物考古研究所等单位对该遗址进行了考古发掘,发现龙山文化晚期和二里头文化早期城址各一座(图 2—8)。

二里头文化城址位于遗址西南部,保存较好。平面略呈东西向长方形,城址(含城壕)东西长约 260 米,南北宽 204 米,面积约 5.2 万平方米。城垣地表以上部分采用版筑法筑成。城垣外环绕城壕,宽 9.1 米,残深 3.65 米。城内探查出大面积的夯土遗存,揭示出窖穴、墓葬等遗迹。在城址北部,发现有分布集中、排列有序、多间相连的二里头文化的房屋基址。发掘中发现有二里头文化二期偏早的灰沟打破城垣的层位关系,并结合城垣、城壕出土遗物的性质,推定该城址的年代大致为二里头文化第一期。

总体上看,蒲城店二里头文化城址规模较小,规格较低,不具备大型都邑或方国都邑的性质。这里不见宫殿与宗庙建筑、王陵、高等级的手工业作坊等遗存,也不见精美的青铜礼器、玉器、绿松石器等"重器"。虽然有城垣,但城址面积(含城壕)只有 5.2 万平方米,与其他夏代都邑面积差距明显。

有关蒲城店二里头城址的性质,发掘者认为其为夏王朝为了向南扩张、经略南方而营建的军事重镇 ①,此说可从。

八、孟庄遗址

孟庄遗址位于辉县市孟庄镇东侧的岗地上,总面积 25 万平方米。该

---

① 魏兴涛:《蒲城店二里头文化城址若干问题探讨》,《中原文物》2008 年第 3 期。

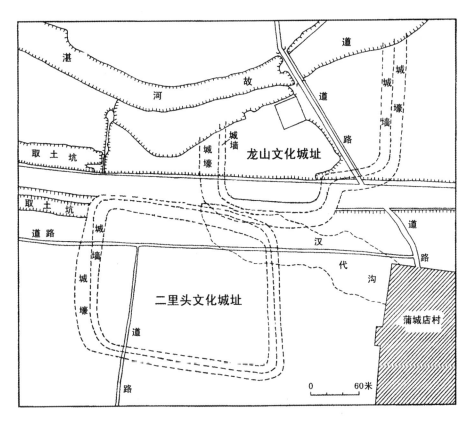

图 2—8　蒲城店城址平面图

遗址存在龙山文化时期、二里头文化时期、商代后期"三叠城"（图 2—9）。

二里头文化城址直接叠压在龙山文化城址之上。平面形状近梯形，面积约 16 万平方米。其中东墙长 375 米，北墙长 340 米，西墙长 330 米，南墙已被毁掉。城垣建造采用先挖基槽再版筑城垣的方式。遗址内发现有二里头文化时期的水井、灰坑、房基、墓葬、祭祀等遗迹，出土有陶器、石器、蚌器等遗物。

总体上看，孟庄二里头文化城址规模较小，规格较低，不具备大型都邑或方国都邑的性质。虽然建造有城垣，但其是在原龙山文化城垣的基础修筑而成，城址面积只有 16 万平方米，与其他夏代都邑面积相比存在较

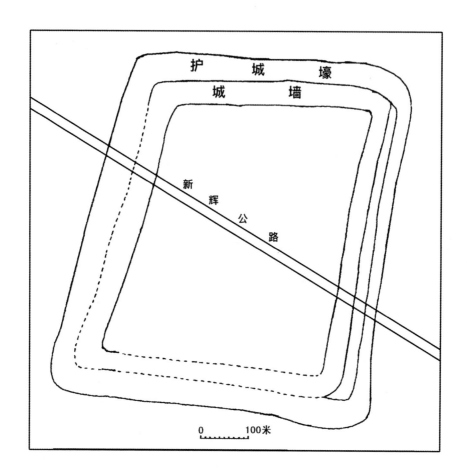

图 2—9　孟庄城址平面图

大的差距。

有关孟庄遗址二里头文化城址的性质，学界无太多认识。总体来看，该遗址应该是一处具有军事重镇性质的聚落。有学者认为该城属于先商文化族群，是商先公营建的用于对抗二里头夏文化的城址。[①] 但从现有材料看，也不排除其为二里头文化族群向北发展而设置的一处军事基地。

①　张应桥、徐昭峰：《试论辉县孟庄二里头文化时期城址的性质》，《中国历史文物》2008年第1期。

第三节　夏都的变迁及其原因

文献记载除了禹都阳城之外，夏代16位夏王曾都于阳翟、斟寻、商丘、斟灌、原、老丘、西河等7地，部分文献还称"启居黄台之丘""桀都安邑"；而考古发现又确认二里头遗址为夏代都城，新砦遗址、瓦店遗址也具备夏代都城性质。在夏王朝大约400年期间，存在如此多的都城令人费解，用"都城屡迁说"解释疑窦重重。分析发现，夏代都城并非皆为单一都城、废旧立新前提下的都城"屡迁"，各都城变迁的背景和原因复杂多样。不同的夏都其性质和功能也不一样，可区分为夏启时期多个政治中心的设立、太康时期统治中心区域的变化所形成的单一都城的变迁、帝相时期因政治动乱与军事失利导致的临时都城的设立与变迁、帝宁（帝杼、帝予、后杼）以后主辅都制都城的设立、桀都斟寻被商汤攻陷之后的逃难之地等五种类型。

一、夏启时期两个政治中心的并存

多个政治中心并存是夏代建立前后特有的现象。据文献记载，早在禹时期，夏族群除了以阳城为都，还曾以平阳、安邑为都。至启时期，至少存在阳翟、黄台之丘两个政治中心。

前已论述，禹之都在阳城，而阳城之地望在登封。考古工作者在登封市告成镇的王城岗发现一座龙山文化时代城址，其应为禹都阳城所在地。

禹时期，居于豫西地区的夏族，曾北上晋南控制当地原属尧、舜等族群的分布地域。[1] 在控占晋南地区的进程中，为便于从事政治、军事活动，夏禹分设一些政治中心。《世本》记载："夏禹都阳城……又都平阳，或在

---

[1]　张国硕：《从夏族北上晋南看夏族的起源》，《郑州大学学报》1998年第6期。

安邑，或在晋阳。"一般认为安邑在今山西夏县境内；平阳，即晋阳，在今山西临汾一带。①

文献中有较多"启居阳翟"的记载，阳翟的地望在今禹州市境内。经考古勘探发掘，在禹州市的颍水两岸发现多处属于河南龙山文化晚期和新砦期的文化遗存，其中瓦店遗址规模较大、规格较高，其为夏启时期政治中心可能性的很大。与此同时，文献又有"启居黄台之丘"的记载，而黄台之丘的地望应在今新密市境内。考古发掘的新密新砦遗址规模较大，发现有大型城垣和护城壕、外壕、内壕等多重防御设施以及大型建筑遗存，存在年代与夏启时代接近，地望与黄台之丘相符，也不能排除其为夏启都城的可能性。据此推断，因早期国家政治、军事的需要，夏启时期可能存在阳翟、黄台之丘两个并存的都城。

二、太康时期夏都从颍河上游地区到伊洛盆地的变迁

禹、启时期，夏族群主要以颍河上游地区为都城所在地，其中禹以颍河上游的阳城（登封王城岗遗址）为其政治中心，之后的启又在颍河中游的阳翟（禹州境内）、颍河支流双洎河附近的黄台之丘（新密新砦遗址）建立政治中心。伴随着夏王朝势力的发展，到太康时期，夏人将都城迁至伊洛盆地的斟寻（偃师二里头遗址）。这就是说，夏代早期的都城经历了从禹、启所都的颍河流域到太康时期的伊洛盆地的迁移。夏都这一变迁的原因是多方面的，既有自然环境的原因，也有政治、军事等方面的原因。

首先是洪水原因。古气候学研究表明，我国在夏代立国前后处于一个洪水多发期。② 有学者认为这可能与全球"降温事件"有关，它导致季

---

① 李民：《夏商史探索》，河南人民出版社1985年版，第9页。

② 夏正楷、杨晓燕：《我国北方4KaB.P.前后异常洪水事件的初步研究》，《第四纪研究》2003年第6期。

风带北撤、降水增加、气候变湿，极大地增加了洪水发生的概率。①《尚书》《史记》《竹书纪年》等多部文献都记载了大禹及其父鲧治水的事迹，民间亦多有大禹治水的传说。登封王城岗遗址、新密新砦遗址以及禹州瓦店遗址的考古发掘也表明，这些遗址都曾遭遇到洪水的破坏。王城岗遗址东、西小城的使用年代均很短，毁弃的原因和当时频发的洪水有关，东小城的东墙、北墙、南墙东段和西墙北段均被五渡河冲毁，东小城被洪水冲毁后又利用其残存的西墙新筑西小城，西小城的北墙东段和东墙北段亦被洪水冲毁过。新砦遗址考古发现有属于"新砦期"的大面积洪水决口扇堆积②，这些也能说明新砦地区在这一时期受到过洪水的威胁。禹州瓦店遗址也遭到过洪水破坏，颍河的洪水泛滥对遗址东部造成了严重破坏。③由此可见，夏代立国前后我国处于洪水多发期殆为事实。频发的洪水对颍河流域的早期夏都构成了严重威胁，可能是夏都迁至伊洛河流域的重要诱因。

其次是人口膨胀的因素。夏初，受到人口的自然增长、迁入，以及夏代立国后都城作为政治中心引发的人口聚集等原因，导致夏代颍河流域人口急剧膨胀。龙山时代是我国史前文化发展的一个高峰期，中原地区的龙山文化遗址十分密集。通过对颍河流域的考古调查④，发现颍河流域的人口在龙山时期尤其是龙山文化晚期增长很快，已经具有了相当大的规模。夏代初年在时间上紧承龙山文化晚期，颍河流域的人口规模亦不会太小。除了自身人口繁衍，人口迁徙也应是导致夏初人口膨胀的重要原因之一。

① 吴文祥、葛全胜：《夏朝前夕洪水发生的可能性及大禹治水真相》，《第四纪研究》2005年第6期。

② 北京大学震旦古代文明研究中心、郑州市文物考古研究院：《新密新砦（1999—2000年田野考古发掘报告)》，文物出版社2008年版，第501—512页。

③ 河南省文物考古研究所编著：《禹州瓦店》，世界图书出版公司2004年版，第8页。

④ 北京大学考古文博学院、河南省文物考古研究所：《登封王城岗考古发现与研究（2002—2005)》，大象出版社2007年版，第665—775页。

相关研究表明，夏代立国前后，中原地区周围的考古学文化由于自然环境恶化、社会矛盾尖锐等原因迅速衰落，有相当一部分人口迁移到了中原地区。[①] 夏王朝建立后，都城作为全国性的政治、经济、文化中心，其所产生的人口聚集效应也不可忽视。此外，夏初对外族的战争比较频繁，文献记载夏启曾与伯益、有扈氏发生战争，这些战争多数情况下都是夏王朝取得了胜利，这样可能会有大量的战俘被带回国都地带，这也算是夏都人口聚集效应的部分体现。

夏代初年的人口膨胀对颍河流域的农业生产造成了较大压力，导致人口与资源、环境之间的矛盾加剧，并最终促使夏都迁至自然环境更加优越的伊洛河流域。从自然条件方面看，颍河流域发展农业的局限性很大。这一地区处于山地和平原的交汇地带，低山、丘陵、山间盆地交错分布，地形、地貌比较复杂，缺乏发展农业生产所必需的大面积平原。先民主要生活在靠近河流的台地上，这些台地面积较小，并且容易被泛滥的河水冲毁，发展农业生产的潜力有限。人口的膨胀，粮食的需求量剧增，颍河流域局促的空间和支离破碎的地形、地貌已难以满足人类发展的需要。另外，从当时的农业发展水平看，生产工具较为落后，耕作技术较为原始，农作物的产量较低。考古发掘表明夏代的农业生产工具仍以石器为主，粮食产量很低。这就是说，农业生产水平的低下加剧了夏初颍河流域人口与资源之间的矛盾。

三是伊洛盆地优越的生态环境是太康时期迁都于此的重要原因。伊洛地区四面环山的盆地地形能够阻挡大规模的洪水侵袭。伊洛盆地周围有群山环绕，只在盆地东、西两端留有几个狭窄的谷口。北部的邙岭将伊洛盆地与肆虐的黄河隔绝开来，确保了盆地不受黄河水的侵犯。而盆地西部狭

---

① 吴文祥、刘东生：《4000aB.P. 前后降温事件与中华文明的诞生》，《第四纪研究》2001年第 5 期。

窄的谷口限制了伊河、洛河进入洛阳盆地时的流量和流速，起到了削减洪峰的作用，从而避免了洪水灾害的发生。伊洛盆地河湖众多，水资源丰富，并且分布有大面积的平原，非常适合于发展农业。伊洛河流域的土壤主要是黄色沙质黏土，土质疏松，易于耕种，且富含有机质，肥力较高，适宜多种农作物的生长。考古工作者曾在洛阳地区发现有二里头文化时期的粟、黍、麦、水稻、大豆遗存①，表明夏代的伊洛河流域农业是相当的发达，已经是五谷俱全。此外，伊洛河流域气候温暖湿润，非常适宜人类的生存和发展。这里属于暖温带大陆性气候区，年降水量在 532.3 毫米—685.4 毫米之间，年平均气温在 14.2℃—14.7℃ 之间，是整个豫西热量资源最丰富的地区。② 温暖湿润的气候为农作物的生长发育创造了良好的条件，也为人类的生存和发展提供了舒适的宜居环境。太康时期迁都自然条件优越的伊洛河流域是适应自然环境做出的正确抉择，从而摆脱了夏初颍河流域由于自然条件的局限性、洪水频发、人口膨胀等所造成的人地关系紧张的困难局面，为夏王朝的发展壮大打下了良好的基础。

四是伊洛盆地优越的军事防御条件是太康设都于此的另一重要原因。夏代初年，东夷与夏王朝时常发生战争，夷、夏关系比较紧张，"益干启位"就是一个典型的例子。古本《竹书纪年》记载："益干启位，启杀之。""益"即"伯益"，为东夷首领，与夏启之间的矛盾较大。紧张的夷、夏关系和强大的东夷势力，对夏王朝的存在和发展构成了严重的威胁。而禹和夏启时期的政治中心位于颍河流域，这一地区紧邻东夷文化分布区，三面环山，东部是平坦开阔的华北平原，这种向东开口的地形造成夏王朝的东部处于无险可守的状态，东夷族群势力可以长驱直入进入夏王朝的腹心地带，极不利于军事防御和夏都的安全。

---

① 洛阳市文物工作队编：《洛阳皂角树》，科学出版社 2002 年版，第 123—135 页。
② 王星光：《生态环境变迁与夏代的兴起探索》，科学出版社 2004 年版，第 97—98 页。

伊洛盆地的地理环境非常有利于军事防御体系的构建，是都城选址的形胜之地。这里四面环山，仅有几个险隘的关口通向外界，盆地东部的出口主要是虎牢关和黑石关，南部有伊阙和轘辕关，西部有函谷关，北部邙岭之外便是黄河天堑，易守难攻。二里头遗址周边的河流也是夏都防御体系的重要组成部分，其北部的黄河、南部和东部的伊洛河在都城三面构筑起一道难以逾越的自然屏障。从较大范围来看，伊洛地区位居天下之中，东出虎牢关可达华北平原，西有崤函古道通往关中盆地，南跨伊阙通过南阳盆地可进入江汉平原，北越太行山可达晋南大地，进可攻、退可守的区位优势十分明显。故夏王太康将夏都迁至具备良好军事防御条件的伊洛河流域乃势所必然。

三、帝相时期设立的夏王朝临时政治中心

史载太康时期，夏王朝被表面上的强大和国家短暂的和平冲昏了头脑，不理朝政，游乐不止，激起人民的强烈不满。此时，来自于东方的后羿—寒浞集团乘机发展军事力量，势力逐渐强大起来，"因夏民以代夏政"，导致"太康失国"和"后羿代夏"，夏王朝被迫流徙在外，夏国家几至陷于灭亡的境地。[①] 后经帝相、靡、少康等人的艰苦奋斗，夏国家才最终得以恢复，此即"少康中兴"。

商丘、斟灌应是"后羿代夏"期间夏王朝的临时性政治中心。文献记载帝相居商丘、斟灌二地。前文已考证，相所居商丘即后代的帝丘，在今濮阳市一带；斟灌在今濮阳东的河南、山东交界处。帝相为太康弟中康之子。据《史记·吴太伯世家》《左传·襄公四年》等文献记载，因"太康失国"、后羿—寒浞集团占据夏都，帝相被迫流落在都邑之外，并时常受

---

① 《左传·襄公四年》杜预注："禹孙太康，淫放失国。"《后汉书·东夷列传》："夏后氏太康失德，夷人始畔。"《史记·殷本纪·集解》引孔安国："（太康）盘于游田，不恤民事，为羿所逐，不得反国。"

到寒浞及其子浇的攻袭，不得不常变换居地，先后居于商丘、斟灌等地。尽管帝相得到同为夏族分支的斟灌氏、斟寻氏的庇护，但仍逃脱不了被夷浇所灭杀的命运。如此境地，帝相及夏王朝疲于奔命，来不及而且也无能力建造新的大规模的都邑。因此商丘、斟灌名为夏都，实为帝相逃难期间的驻跸之地，至多算作夏王朝临时性的政治中心。[①]

四、主辅都格局的形成

前文已考证，位于伊洛地区的偃师二里头遗址应是夏都斟寻所在。古本《竹书纪年》记载："太康居斟寻，羿亦居之，桀又居之。"（《史记·夏本纪·正义》引）从字面看，似乎斟寻只是夏王太康、桀时期和后羿代夏期间的都城，其他夏王另有设都之地。但从文献和考古材料结合来看，二里头遗址应为夏都斟寻，其始建于太康时期，止于夏桀之末，中间未经中断、衰落或废弃。

研究发现，作为夏都斟寻的二里头遗址曾长期作为夏都存在，并不是太康或夏桀等三两个夏王之年代所能涵盖的，其延续年代与属于夏王朝中后期的太康至夏桀时期是一致的。首先，从文化发展来看，二里头遗址一至四期文化因素紧密相连，一脉相承性非常突出，中间没有大的缺环、中断或整体废弃现象。尽管每一期之间确实出现一些变化，但这些变化基本上是处于渐变状态，体现的是文化发展的阶段性，而其共同性和二者的继承关系始终处于主导地位。其次，从遗址范围和出土文化遗存规格来看，二里头遗址一至四期均规模大、规格较高。从多年来的调查和发掘材料可知，二里头遗址各期面积皆为迄今所知二里头文化同期最大者，从早期到晚期皆发现有大型宫殿类建筑遗存。[②] 其中在第一期阶段，二里头遗址已

---

① 张国硕：《夏王朝都城新探》，《东南文化》2007 年第 3 期。
② 许宏等：《二里头遗址聚落形态的初步考察》，《考古》2004 年第 11 期。

是一个规模较大的中心聚落，总面积达 100 万平方米以上，"显现出不同于同时期一般聚落的规模和分布密度"；发现有铜炼渣、青铜工具和武器、象牙器、绿松石器等高规格的遗存。① 近年宫殿区北侧发掘的与建造宫殿区取土有关的"巨型坑"遗存为研究宫殿区的始建年代提供了新的实证。该巨型坑位于宫城内东北部。平面形状近似长方形，东西长约 66 米，南北宽约 33 米，总面积约 2200 平方米，深度一般为 4—4.6 米，最深达 6.7 米。试掘表明，巨型坑内存在从二里头文化第一期晚段到四期晚段的连续堆积，其中二里头文化第二期遗存是坑内的主要堆积，最下层为二里头文化一期晚段的堆积，主要是黄灰色土，有水锈痕迹，包含物很少。② 这些说明，至少在二里头文化第一期晚段，该巨型坑即已开挖形成，因此推断宫殿区始建于二里头文化一期以及存在第一期宫殿的可能性是非常大的。至第二期阶段，二里头遗址进入大发展阶段，文化遗存分布广泛，面积已达数百万平方米。在遗址宫殿区的东、中部，发现有大型夯土建筑群，三号、五号等宫殿建造并投入使用。基址群以外修筑有纵横交错的大路，宫殿区南侧大路车辙的发现表明当时车已出现。宫殿区南侧兴建有铸铜作坊。到第三期阶段，二里头遗址进入繁荣阶段，文化遗存遍布遗址各区。宫殿区、铸铜作坊与道路网的总体布局变化不大，但在宫殿区周围增筑城垣，一号、二号宫殿和四号、七号、八号大型夯土建筑建造使用。延及第四期阶段，文化遗存分布范围仍很普遍，中心区遗存密集，宫殿区仍然存在，范围甚至有所扩大，周围道路仍在使用。宫殿区范围内文化遗存丰富程度远远超过第三期，除一号宫殿、二号宫殿、宫城垣以及四号、七号、

---

① 中国社会科学院考古研究所编著：《偃师二里头（1959 年—1978 年考古发掘报告）》，中国大百科全书出版社 1999 年版，第 40—74 页。

② 赵海涛、许宏、陈国梁：《二里头遗址宫殿区 2010—2011 年度勘探与发掘新收获》，《中国文物报》2011 年 11 月 4 日；中国社会科学院考古研究所二里头工作队：《河南洛阳市偃师区二里头遗址宫殿区 1 号巨型坑的勘探与发掘》，《考古》2015 年第 12 期。

八号基址等建筑继续使用外，还新建有六号基址、宫殿区东部庭院围墙等大型建筑，以及位于宫城之南年代属于第四期偏晚阶段的东西向夯土墙。宫殿区之南的铸铜工场也在继续生产①，该期晚段甚至新开设有绿松石器作坊。② 还存在不少随葬品丰富的朱砂墓，出土大批精美的青铜礼器、玉器、漆器，其数量、质量均超过第三期。尤其是大型青铜兵器首见③，突显其王都风范。这些说明第四期该遗址仍属高规格的大型聚落，直至第四期之末均未见毁灭性破坏的迹象。再从年代来看，二里头遗址作为夏都，早于学界公认的二里岗早商文化下层，晚于被认为是尧舜禹时代文化遗存的河南龙山文化晚期以及与夏启时期关系密切的新砦期遗存。一般认为，二里岗早商文化的肇始年代距今 3600 年左右，河南龙山文化的结束年代为距今 4000 年左右，新砦期遗存的年代应晚于距今 4000 年，那么二里头遗址作为夏都的年代大约在 300 年左右，与夏王朝中后期的延续年代是接近的④。

　　仔细分析不难发现，有关夏都斟寻的记载，表面上理解是太康、夏桀二王都斟寻，实质上却道出了夏王朝长期以斟寻为都的历史事实。太康始定都斟寻之后，发生了后羿—寒浞之乱，导致夏王短期流亡在外，后羿集团占据斟寻。至"少康中兴"，作为夏复国的重要举措，少康必然仍要以斟寻为都，并未迁往他地。这方面，一些文献间接透露出部分信息。如《左传·哀公元年》："（少康）复禹之迹，祀夏配天，不失旧物。""复禹之迹"当为"复夏之迹"，"旧物"当指斟寻之物。《初学记》卷八引《帝王世纪》

---

① 郑光：《二里头遗址的发掘》，载中国先秦史学会等编：《夏文化研究论集》，中华书局1996 年版。

② 许宏等：《二里头遗址发现宫城城垣等重要遗存》，《中国文物报》2004 年 7 月 2 日。

③ 中国社会科学院考古研究所二里头工作队：《河南洛阳市偃师区二里头遗址发现一件青铜钺》，《考古》2002 年第 11 期。

④ 张国硕：《论二里头遗址的性质》，载杜金鹏、许宏主编：《二里头遗址与二里头文化研究》，科学出版社 2006 年版。

云："（禹）曾孙帝相迁帝丘，子少康中兴还乎旧都，复禹之迹也。"此记载提到少康平东夷之乱后又还到"旧都"，此"旧都"不应是禹都阳城或平阳、晋阳，当指太康失国之前所都斟寻。准此，则斟寻不仅仅是太康、夏桀二位夏王之都，至少也应是少康之都。少康之后至夏桀之前，夏王朝仍以斟寻为都的可能性很大。证据之一是少康之后第三位夏王后荒（帝芒、后芒）曾在临近斟寻的黄河举行祭祀活动。《北堂书钞》卷八九引《纪年》云："后荒即位，元年，以玄圭宾于河。"类似记载又见于《初学记》卷一三引《纪年》条文、《太平御览》卷八二所引《纪年》条文。"圭"是古代帝王、诸侯举行祭祀典礼时手持的宝玉，形状为上圆（或剑头形）下方。"河"，即黄河。"玄圭宾于河"，有学者认为是"以玄圭沉祭于河"[1]。此条文意思是说夏王后荒在即位后的第一年，用黑色的玉圭沉于黄河中进行祭祀。以圭（或璧）沉于河以祭河神是先秦时期常见的宗教活动，例如《左传·昭公二十四年》载："冬十月癸酉，王子朝用成周之宝圭（沉）于河。"夏王后荒在斟寻之北不远的黄河举行宗教祭祀活动，说明其都应距离不远。证据之二是夏王朝后期的夏王孔甲也曾在斟寻附近活动。《吕氏春秋·季夏纪·音初篇》记载："夏后氏孔甲，田于东阳萯山。""萯山"即首阳山[2]，其地在今洛阳市偃师区西北，距斟寻（二里头遗址）不足 10 公里。夏王孔甲在斟寻附近田猎，说明其都仍有可能设在斟寻。从情理上讲，"必须孔甲的都城离这里不远，才能演出来这样的传说"[3]。

鉴于二里头遗址曾长期为夏都、其应为太康至夏桀期间夏都斟寻的历史事实，那么《竹书纪年》有关"太康居斟寻，羿亦居之，桀又居之"的记载，可以理解为史家是在简略概述斟寻在夏王朝时期作为都邑的起止年代和经历的变故，也是在特指斟寻所经历的三个代表性阶段，即斟寻的始

---

[1] 雷学淇：《竹书纪年义证》卷九，修绠堂铅印本。

[2] 王国维：《水经注校》，上海人民出版社 1984 年版，第 147 页。

[3] 徐旭生：《1959 年夏豫西调查"夏墟"的初步报告》，《考古》1959 年第 11 期。

都年代是太康时期，废都年代是夏末桀时期，中间作为夏都连续使用，其中"后羿代夏"期间又短期成为夷人之都。[1]

　　准二里头遗址长期为夏都斟寻，那么文献记载夏王朝中后期的原、老丘、西河等都城与斟寻是并存关系，并非为一都制前提下的前废后兴关系，而应是夏王朝因政治、军事需要而在都城斟寻之外设立的其他政治、军事中心。由于夏王朝地域辽阔，当时的交通、通讯手段较为落后，若仅仅设立唯一的政治中心，夏王朝很难对全境进行有效的统治，也不便于战争时期对军事行动的掌控。由于"太康失国"，导致周边方国、部族纷纷脱离夏王朝的统治。"少康中兴"之后的夏王，担负着恢复夏王朝的统治和壮大夏国家势力的重任。夏王朝关注的重点是北方、东方和西方。早在禹时期，夏族已控制了晋南地区。后羿代夏之后，夏王朝势力衰微，晋南地区可能趁机脱离了夏王朝掌控。至帝宁（即帝杼、帝予、后杼）时，已逐渐恢复元气的夏王朝展开了一系列对外讨伐战争，其把矛头首先对准北方，力图重新控制今晋南地区。从考古材料看，属于夏文化的二里头文化有一个自南向北的发展进程，晋南地区的东下冯类型要晚于豫西地区的二里头类型[2]，这应该是夏族北上晋南的真实写照。今济源一带位于豫西北地区，属于二里头文化的分布区域，又邻近晋南，夏王朝在此设立辅助性政治中心，实际上是建立一个掌控豫西北和晋南地区的政治、军事基地。关于原与斟寻的关系，前已述及。自太康之后，夏王朝一直以斟寻为都城，斟寻（二里头遗址）从未被废弃或存在中断现象，帝宁居原时期（大约为二里头文化第二期前后）斟寻夏都正逐渐进入繁荣期，因此二者之间应为并存关系，不是一都制前提下的前废后兴关系。同样，老丘的性质也是夏王朝设立的另一辅都。后羿代夏的惨

---

[1]　张国硕：《〈竹书纪年〉所载夏都斟寻释论》，《郑州大学学报》2009 年第 1 期。

[2]　李伯谦：《东下冯类型的初步分析》，《中原文物》1981 年第 1 期。

痛教训，迫使夏王朝必须认真对待东方夷人问题，在今豫东地区这个既属于夏王朝控制区、又距离夷人分布区不远的地带设立一都邑，目的显然是便于对东夷各部的作战和从事其他政治、军事活动。实践证明，这个目的达到了，夏、夷关系从此进入稳定时期，正如《后汉书·东夷列传》所言："自少康以后，世服王化，遂宾于王门，献其乐舞。"在相继控制住北方和东方地区的局势后，至胤甲时，夏王朝又在今洛阳西至华阴东之间的西河之地（今三门峡地区某地）设立辅都，以此作为镇抚西土的政治中心和军事基地。与帝宁居原、老丘性质一样，西河夏都存在时期（约为二里头文化二、三期）正是斟寻的繁盛期，显然斟寻与西河也是并存关系，而非一都制前提下的前废后兴关系。由于斟寻位于夏王朝版图的中心区域，城址规模大，规格高，存在时间长；而原、老丘、西河等夏都位于夏版图的周边地区，城市规模较小，规格也相对低一些，尤其是存在时间短，故前者应是主要的都城（即主都），后三者皆为辅助性的都城（即辅都）。

五、安邑为桀都斟寻被攻破后的逃难之地

从文献材料和考古材料综合来看，夏王朝中晚期包括夏桀时期的都城是"斟寻"，此都不在今晋南，而是位于豫西的偃师二里头遗址。二里头遗址一至四期文化因素一脉相承，与二里岗商文化紧密衔接；作为都邑遗址中间没有大的缺环、中断或整体废弃现象，直至二里头文化第四期晚段此都仍在建设之中，在被商文化取代前没有被废弃的迹象。因此，称夏桀时期迁都晋南安邑没有任何确凿考古学上的依据。

史载夏都斟寻被商汤军队攻破后，桀率领部分族众逃往今晋南地区，并与商军进行决战。《史记·夏本纪》记载："汤遂率兵以伐夏桀。桀走鸣条，遂放而死。"《史记·殷本纪》又载："桀败于有娀之虚，桀奔于鸣条，夏师败绩。"《正义》："有娀当在蒲州也。"按，蒲州在今晋西南永济市境内。

分析"汤遂率兵以伐夏桀""桀走""桀奔"等词句，结合《吕氏春秋·慎大览》商汤"令师从东方出……未接刃而桀走"以及《墨子·七患》"桀无待汤之备，故亡"等记载，可以看出，商灭夏之役时间较短，商汤并未给逃往晋南的夏桀更多的喘息机会，当即尾随夏桀及夏族军队到晋南地区寻机决战。仓皇逃往晋南地区的夏桀疲于奔命和忙于应付战事，先败于"有娀之虚"，后被歼灭于安邑之西的"鸣条之野"，故夏桀不可能从容地把都邑从豫西斟寻迁往晋南，更无能力也无时间在晋南地区建造新都。因此安邑不应该算作真正意义上的夏都，而只能属于夏桀的逃亡之地和夏国家军队最后的灭亡之地。①

第四节　夏代方国都城的建立

夏代建立有较多的方国。由于文献资料语焉不详，一些方国的地望无法考证。依据现有文献材料和考古材料，河洛地区的夏代主要方国是韦、顾、昆吾等方国，考古发现有荥阳大师姑、新郑望京楼等方国都邑遗址。另外，文献记载河洛地区还有一些方国，但其具体地望大多难以锥指。

一、韦、顾、昆吾

夏代晚期，夏王朝在其东境建立了一系列方国。《诗·商颂·长发》称："韦、顾既伐，昆吾、夏桀。"这里是说商汤灭夏桀之前先期讨伐了韦、顾、昆吾等方国。自古至今，学界对韦、顾、昆吾三方国的地望存在诸多争议，各种观点皆有一定的弊端或疑窦。我们认为，研究三方国地望，应

---

① 张国硕：《夏王朝都城新探》，《东南文化》2007 年第 3 期。

首先遵循用联系的眼光、注重考古材料所反映的信息、在夏文化分布区内寻找较高规格的遗址、顾及商汤兴起之地以及夏方国葛的方位、三方国的方位应是从东往西或西南排列且临近夏王朝中心区、商汤灭夏桀前之亳与商汤灭葛前之亳不应是同一地方等六项研究原则。① 分析发现，郑州地区完全符合探寻三方国地望的六项研究原则，把三方国地望确定在今郑州地区最为适宜。

（一）韦

韦即豕韦，夏代方国之一，可能始建于夏代中期。《路史·后纪》曰："夏之中兴，别封其（彭祖）孙元哲于韦，是为豕韦，迭为夏伯。"

有关韦的地望，传统观点认为韦在今豫北滑县地带。如《左传·襄公二十四年》杜预注："豕韦，国名。东郡白马县东南有韦城。"《水经注·河水》："白马有韦乡，韦城故津，亦有韦津之称。"《水经注·济水》："濮渠又东迳韦城南，即白马县之韦乡也。"陈奂《毛诗传疏》卷三十："今河南卫辉府滑县东南五十里有废韦城。"黄盛璋先生认为韦在今滑县，并通过实地考察，确定其在滑县东南的妹村。② 张立东先生也认为夏商豕韦之国在今滑县妹村附近。③

分析发现，韦地"滑县说"缺陷较多，主要有三：一是包括今豫东北在内的豫北、冀南地区夏代中晚期是属于先商文化的下七垣文化分布区，濮阳及其以南的长垣等地发现有马庄④、宜丘⑤等先商文化遗存，属于夏文化的二里头文化并未分布到豫东北地区，属于夏文化势力范围的韦当然

① 张国硕：《夏代晚期韦、顾、昆吾等方国地望研究》，《中国历史地理论丛》2015 年第 2 期。
② 黄盛璋：《〈孙膑兵法·擒庞涓〉篇释地》，《文物》1977 年第 2 期。
③ 张立东：《论辉卫文化》，载中国社会科学院考古研究所：《考古学集刊》（10），地质出版社 1996 年版。
④ 宋豫秦：《夷夏商三种考古学文化交汇地域浅谈》，《中原文物》1992 年第 1 期。
⑤ 郑州大学历史与考古系等：《河南长垣宜丘遗址发掘简报》，《中原文物》2005 年第 2 期。

也就不能位于今豫东北地区。二是夏末商族人已控制今豫东地区，向西发展可直接面对夏王朝东境和中心区域，没有必要再绕道折往遥远的今豫东北地区攻打当地所谓的夏方国势力。三是豫东北地区不符合三方国地望应临近伊洛盆地的位置条件，这里距离夏王朝的中心区相对遥远，与豫东商汤兴起之地和夏方国葛的地望也相距较远，占据此地与夏王朝的灭亡没有直接的利害关系。

应把寻找韦国故地的目光聚焦在郑州一带。文献有商汤"郭亳"的记载，其应位于今郑州市区一带。《吕氏春秋·具备》："汤尝约于郭薄矣。"高诱注："薄或作亳。"故"郭薄"当即"郭亳"。邹衡先生曾明确指出，郭、亳连称，当指一地，此亳非指偃师，乃指郑州商城。他认为韦在今河南郑州，成汤占据韦之后，筑了今郑州商城，加了"邑"，或叫"郭"，但同时又改称"亳"，因此又叫"郭薄（即亳）"。[①] 此外，《吕氏春秋·慎势》曾谈到郭亳的重要性："汤其无郭，武其无岐，贤虽十全，不能成功。"意思是说"郭"对于商汤来说，犹如"岐邑"对周武王伐纣灭商一样重要，都是伟业"成功"的根本。郭亳是商汤灭夏的重要军事基地和政治中心，商代前期是郑州商城所在。在郑州商代遗址范围内，属于夏代阶段分布着较为丰富的洛达庙类型二里头文化遗存，文化发展可分一、二、三期，年代大约相当于二里头文化二至四期。[②]20世纪90年代末，在对郑州商城内城东北部宫殿区北大街农业队住宅小区基建工地考古发掘中，发现有宫殿基址始建年代早于或接近于二里岗文化第一期年代的现象[③]，说明夏代晚期至商初这里已存在大型夯土建筑，其主人当具有较高的政治地位。因

---

① 邹衡：《夏商周考古学论文集》，科学出版社2001年版，第232页。

② 河南省文物研究所编著：《郑州商城》，文物出版社2001年版，第90、1010页。

③ 宋国定、曾晓敏：《郑州商城宫殿遗址发现夏商界标》，《中国文物报》1999年8月18日；河南省文物考古研究所：《郑州商城北大街商代宫殿遗址的发掘与研究》，《文物》2002年第3期。

此，韦的地望当在今郑州市区老城区地带。

（二）顾

顾也是河洛地区夏方国之一。《世本·氏姓》篇云："顾氏，出自己姓。顾伯，夏商侯国也。"

有关顾的地望，传统观点认为在今豫东北的范县一带。《左传·哀公二十一年》杜预注："顾，齐地。"《元和郡国图志》卷十一濮阳范县条："故顾城，在县东二十八里，夏之顾国也。"仔细分析发现，范县说存在很明显的缺陷。从文献上可知，范县说最早只见于《元和郡国图志》，缺乏更早的文献记载。从地理角度分析，顾地若在范县，与郑州韦地相距太远，这与二者之间有一定军事联系的记载不相符合，也与商族自东向西的伐夏路线相悖。从文化面貌上分析，范县一带也应是属于先商文化的下七垣文化或属于东夷文化的岳石文化分布区，不是属于夏文化的二里头文化分布区，且这一地区也没有重要的夏代文化遗址。因此，顾国当不在今豫东北地区，而应在韦地之西某地。

一些文献材料显示，顾分布于郑州之西北地带。甲骨卜辞提到雇伯、雇地等词汇。如武丁卜辞："贞：乎取雇伯。"（《合集》13925正）"取"即"趣"，"取雇伯"即是前往雇伯国。又如帝乙卜辞："征人方，在雇彝。"（《合集》36487）意思是说商代末年商王帝辛征伐人方，曾在雇地举行祭祀活动。诸多学者考证，甲骨卜辞所见地名之"雇"即"顾"，亦即《左传》地名之"扈"。如王国维认为：雇字古书多作扈，《诗经·小雅·桑扈》《左传》及《尔雅》之"九扈"，皆借雇为扈。[1] 陈梦家和李学勤根据卜辞地名排比，都认为雇是滨于黄河的地名，近于怀庆府的沁水。[2] 邹衡先生认为扈即顾

---

[1] 王国维：《殷墟卜辞中所见地名考》，载《观堂别集》卷一。
[2] 陈梦家：《殷虚卜辞综述》，中华书局 1956 年版，第 305 页；李学勤：《殷代地理简论》，科学出版社 1959 年版，第 43 页。

的说法是可信的。① 文献记载今郑州之西北有"雇"或"扈"地。如《水经注·河水》:"河水又东北迳卷之雇亭北。"《史记·苏秦列传·正义》:"卷在郑州原武县北七里。""原武县"今归属原阳县。"卷"本为战国时魏邑,北临古黄河,为河津要地,西汉置卷县,北齐县废,辖境包括今原阳县西部、郑州北郊和荥阳市东北部一带。又《竹书纪年》:"(晋出公)二十二年,河绝于扈。"《左传·文公七年》:"公会诸侯、晋大夫,盟于扈。"杜预注:"扈,郑地,荥阳卷县西北有扈亭。"这些说明今郑州西北黄河两岸地带(夏、商、周三代时期皆位于当时的黄河之南)古代为顾(雇或扈)地范围。杨升南先生曾对顾国地望进行考证,认为雇在今黄河南、郑州西北,推断"夏末之顾国在郑州西北"②。

荥阳大师姑位于郑州之西偏北 20 多公里处,距离黄河仅 13 公里,黄河对岸正是沁水入黄河处,当属于古代顾地范围之内;且在此发现有规模宏大、军事色彩浓厚、具有区域性中心聚落性质的二里头文化城址,遗址周围同时期文化遗存丰富;存在年代为二里头文化二至四期,与二里头遗址的年代接近,具备夏代方国都城性质,故这一地带为顾国之居的可能性很大。③

关于大师姑城址的性质,有学者认为大师姑城址不是方国都城,而是夏都。如陈昌远先生认为大师姑城址为夏都斟寻故城;斟寻地望不在巩义市西南五十八里,实应在黄河之南的今荥阳广武镇。④ 也有学者推测大师

---

① 邹衡:《夏文化分布区域内有关夏人传说的地望考》,载邹衡:《夏商周考古学论文集》,文物出版社 1980 年版。

② 杨升南:《汤放桀之役的几个地理问题》,载杨升南:《甲骨文商史丛考》,线装书局 2007 年版。

③ 张国硕:《夏代晚期韦、顾、昆吾等方国地望研究》,《中国历史地理论丛》2015 年第 2 期。

④ 出自马世之《郑州大师姑城址性质试探》(《中原文物》2007 年第 3 期)一文陈昌远先生函。

姑二里头文化城址很可能是夏王朝设置在东境的一处军事重镇。[①] 还有学者虽然认同大师姑城址是方国都城，但否定顾国说，认为是汤灭夏前的韦地[②] 或昆吾之城[③]。

上述几种观点，大师姑城址夏都说可信度最小。首先，把斟寻地望定在荥阳广武一带疑问最大。斟寻在伊洛地区，偃师二里头遗址是夏都斟寻遗址，这基本已是学界的共识，没有任何文献证据表明斟寻在郑州大师姑一带。其次，大师姑遗址之聚落规模、等级无法与偃师二里头遗址相比，完全不具备夏王朝都城性质，"大师姑二里头文化城址作为夏都的可能性可以排除"[④]。其他诸说，军事重镇说值得商榷。因大师姑城址规模较大，文化遗存丰富，规格较高，虽然具有军事重镇功能，但并非仅仅是军事重镇，应具备区域性中心聚落的性质。昆吾说缺乏文献依据，一般认为昆吾在今濮阳、许昌、新郑等地，但没有任何文献记载昆吾与郑州西北或荥阳一带有关。夏代韦地曾是商汤灭夏的重要基地，也是商汤都亳之地，这样重要的地位只有郑州市区的夏商文化遗址能够显现，而位于郑州之西的大师姑城址的考古发现显示不出其为商汤灭夏基地和商代前期亳都的性质。

（三）昆吾

据文献记载，昆吾是颛顼、祝融之后，为夏代己姓方国，夏晚期为

---

① 郑州市文物考古研究所编著：《郑州大师姑（2002—2003）》，科学出版社 2004 年版，第 339 页。

② 李德方：《汤居郑亳与郑州商城》，载河南省文物考古研究所编：《安金槐先生纪念文集》，大象出版社 2005 年版；李锋：《郑州大师姑城址商汤韦亳之我见》，《考古与文物》2007 年第 1 期；徐昭峰、杨远：《郑州大师姑发现的早商文化与商汤灭夏》，《考古与文物》2008 年第 5 期；刘富良、李德方：《郑州大师姑古城与夏之韦国》，载北京大学震旦古代文明研究中心等编：《早期夏文化与先商文化研究论文集》，科学出版社 2012 年版。

③ 马世之：《郑州大师姑城址性质试探》，《中原文物》2007 年第 3 期。

④ 郑州市文物考古研究所编著：《郑州大师姑（2002—2003）》，科学出版社 2004 年版，第 338 页。

"方伯"，后为商汤所灭。如《国语·郑语》："祝融……其后八姓……昆吾为夏伯。"韦昭注："昆吾，祝融之后，陆终第一子，名樊，为己姓。"《世本·氏姓》："昆吾，古己姓之国，夏时诸侯，祝融之后。"《史记·殷本纪》："夏桀为虐政淫荒，而诸侯昆吾氏为乱……汤自把钺以伐昆吾。"《正义》："帝喾时，陆终之长子封于昆吾。夏之昆吾，即其后也。"《史记·楚世家》对昆吾的身世记载甚详："楚之先祖出自帝颛顼高阳……高阳生称，称生卷章，卷章生重黎……以其弟吴回为重黎后……吴回生陆终。陆终生子六人……其长一曰昆吾……夏之时尝为侯伯，桀之时汤灭之。"此外，《诗经·商颂·长发》有"韦、顾既伐，昆吾、夏桀"之句，《淮南子·俶真训》有"至于昆吾、夏后之世"的描述，二者都把昆吾与"夏"并提，足见昆吾为夏代重要方国，与夏王朝关系密切。有关昆吾地望的研究，学界有不同意见，主要有三种观点。

一是许昌说，或曰"旧许说"。《国语·郑语》："昆吾为夏伯。"韦昭注："昆吾为夏伯，迁于旧许。"《左传·昭公十二年》楚灵王称其"皇祖伯父昆吾，旧许是宅"。按，许国原位于今许昌市一带，鲁成公十五年（前576年）楚派公子申迁许于叶地（今叶县南）。鲁昭公十二年（前530年）时许国已南迁楚境，其旧地入郑，故楚人称许国故地为"旧许"。此"旧许"之地望，朱右曾《诗地理徵》卷六"昆吾"条认为在今河南许昌县东。

二是濮阳说，或曰"帝丘说"。帝丘是卫国后期都城，位于今濮阳市。《左传·哀公十七年》："卫侯梦于北宫，见人登昆吾之观，被发北面而噪曰：登此昆吾之虚。"杜预注："卫有观在古昆吾之虚，今濮阳城中。"《汉书·地理志》："帝丘，今濮阳是也。本颛顼之虚，故谓之帝丘，夏侯之世昆吾居之。"《括地志》濮阳县："故城在县西三十里，昆吾台在县西百步颛顼城内，周回五十步，高二丈，即昆吾之虚也。"这些记载都言昆吾之居在今河南濮阳一带。

三是安邑说。西晋皇甫谧《帝王世纪》称："今安邑见有鸣条陌昆吾亭。"（《尚书·汤誓·正义》引）此说大概是因为文献有"桀都安邑"之说而形成。

分析发现，上述昆吾之居"许昌说"有诸多缺陷。首先，韦、顾、昆吾三者联系紧密，而文献资料并无许昌地区有关韦、顾之居的记载。加之，许昌地理位置偏南，并未处在商汤自东向西灭夏的必经路线上。昆吾若在此，则商汤完全没必要南灭昆吾，再西灭夏桀。从考古发现来看，许昌地区也未发现较大的夏文化遗址。由此来看，言昆吾之居在许昌地区还是存在较大疑问的。

"濮阳说"也存在较大疑窦。一是今豫北濮阳与夏桀所居伊洛地区相去甚远，这与文献记载的昆吾与夏桀相毗邻的记载不相符合，也与商汤自东向西的伐夏路线不一致。二是濮阳地区为属于先商文化的下七垣文化分布区，不属于夏文化的二里头文化分布区，更未发现较大的夏文化遗址。故濮阳说能够成立的可能性不大。

"安邑说"更是不足为信。夏桀时期，夏都在豫西伊洛盆地的斟寻而非晋南安邑，晋南是桀都斟寻攻破后夏桀等族众的逃难之地，也是商汤与夏桀的最后决战场所，而非桀都所在，故基于并不真实存在的"桀都安邑"之上附会出的安邑为"昆吾之居"自然也就不能成立了。

从现有材料分析，判定望京楼二里头城址为昆吾之居最有说服力。首先，望京楼二里头城址的年代与夏代昆吾存在的时代接近。望京楼城址的延续年代在二里头文化二至四期之间，属于夏代的中晚期，而繁盛期则是二里头文化第三期、第四期，此年代与文献所载昆吾作为一个夏代方国、主要兴盛于夏代后期的史实相符合。其次，望京楼城址与夏代中晚期昆吾的地望相符合。《国语·郑语》《史记·楚世家》皆言昆吾是"祝融之后"，而新郑至新密东北一带曾是昆吾氏先祖祝融氏的分布区域，作为祝融之后的昆吾，夏代后期分布于今新郑一带是合乎情理的。《左传·昭公十二年》

楚灵王称"皇祖伯父昆吾，旧许是宅"。"旧许"一说在今许昌东之地，但邹衡先生研究认为，昆吾所居的"旧许"，当指许迁叶以前的许东鄙，或是迁东鄙以前的许，或是更早的许；把"旧许"断定在今许昌东，这与《左传·襄公十一年》所载"其暮，晋荀䓨至于西郊，东侵旧许"相抵牾，即晋荀䓨不可能在一个晚上从郑都（今新郑）西郊去东侵百里以外的所谓许昌之"旧许"；只有"旧许"在郑都新郑附近，晋军才能在一个晚上到达其地。[1] 三是望京楼城址规模大、规格高、军事色彩浓厚，与文献记载的昆吾是夏王朝的方伯之国、势力强大、且是拱卫夏王朝的东部重要方国的史实相符合。[2] 早在 20 世纪 80 年代，邹衡先生依据新郑附近的孟家沟遗址（即现在的望京楼遗址）发现有铜器墓、出土有二里头文化晚期的铜爵和早商时期的大型铜钺的现象，认定夏商时代这里应该有较大的贵族居住，昆吾之居很有可能就在新郑附近。[3] 望京楼城址的发现，足显邹衡先生的推断是可信的。

有学者认为望京楼城址不是昆吾之居而是葛国遗存。[4] 该观点认为望京楼所处位置与文献记载的葛国地望及与商汤亳都的关系相吻合，即位于郑州商城的亳都与位于望京楼的葛国符合"汤居亳，与葛为邻""汤使亳众往为之耕"的记载。此说乍看似乎有一定的道理，但仔细分析疑窦重重。一般认为，葛位于今豫东的宁陵，商汤灭夏之前曾在今豫东一带活动，文献没有商汤及其族众到达新郑一带的任何蛛丝马迹。商汤灭夏桀前之亳与商汤灭葛前之亳不应是同一地方[5]，前者位于郑州商城一带，后者应在豫

---

[1] 邹衡：《夏商周考古学论文集》，科学出版社 2001 年版，第 214 页。

[2] 张国硕：《望京楼夏代城址与昆吾之居》，《苏州大学学报》2012 年第 1 期。

[3] 邹衡：《夏商周考古学论文集》，科学出版社 2001 年版，第 214 页。

[4] 秦文生：《新郑望京楼城址性质初探》，《华夏考古》2012 年第 4 期；李德方、吴倩：《夏末商汤居亳与韦地同域说》，《中国国家博物馆馆刊》2011 年第 1 期。

[5] 张国硕：《夏代晚期韦、顾、昆吾等方国地望研究》，《中国历史地理论丛》2015 年第 2 期。

东某地，而不应在新郑一带。

也有个别学者认为望京楼城址是夏商时期的"郑父之丘"①，此说更不足凭信。首先作者并不真正了解望京楼城址的考古资料，望京楼城址的年代并非所谓的"跨越两代"，而是由属于二里头文化、二里岗文化的两个城址组成，有不同的城垣和护城壕，后者建造时完全破坏了前者的城垣，绝非夏、商时期同一"方国部族文化"的延续发展。其次，依据商代后期殷墟卜辞有"奠"地，认定奠地、奠族即郑氏之地，这显系主观臆断，没有任何确切依据。何况"郑"地原是在今陕西华县，西周末郑国桓公东迁，今新郑一带始有"郑"和"新郑"之名，怎么就能说新郑一带夏代、商代就是"郑"地？"郑父之丘"是春秋时期新出现的地名，何谈望京楼遗址是"夏商时期的郑父之丘所在"？

二、其他方国

除了上述三个主要方国以及太康失国期间帝相所依附的斟寻氏、斟灌氏等夏族分支外，与河洛地区关系密切、且见于文献记载的夏代方国主要还有葛、缯、杞、温等。

（一）葛

文献记载夏王朝东境有一方国葛，与商族人为邻，对夏王朝忠心耿耿。《孟子·滕文公下》称"汤居亳，与葛为邻"，即葛国与汤居亳地相邻。为了灭夏大计，商汤曾试图争取葛伯的归服，多次馈送粮食和牲畜，并派人前去助耕。但葛伯对汤的恩惠无动于衷，且对汤之族众非礼。"葛伯率其民，要其有酒食黍稻者夺之，不授者杀之。有童子以黍肉饷，杀而夺之。"商汤被迫发动灭葛战争，"汤始征，自葛载。"赵岐注："载，始也。言汤初征自葛始也。"《史记·殷本纪》也说："葛伯不祀，汤始伐之。"

---

① 郭玮：《新郑望京楼城址与郑父之丘》，《中原文物》2012 年第 2 期。

这说明商汤发动灭夏战争，第一个讨伐的方国就是葛，其次才是韦、顾、昆吾。

关于葛之地望，文献记载和学界有不同看法，主要有"宁陵说"①"垣曲说"②"邯郸说"③"内黄说"④"望京楼说"⑤以及"修武说"⑥"长葛说"⑦"郾城说"⑧濮阳附近说⑨等。

夏代末年，商族兴起于今豫东及相邻地区。商汤发动灭夏战争，首伐方国便是葛国，故葛的地望应与商汤族群所居地豫东地区相邻或相距不远。认真分析发现，诸说确定的葛地望范围甚广，其中能够符合葛位置应与东方商族相邻条件的当推"宁陵说"所确定的豫东偏西地带⑩最为接近；而其他各说所确定的地带距离豫东商族兴起之地皆较远甚至相距甚远，不符合二者应相邻的基本条件。加之文献中有较多葛国位于宁陵的记载，且汉魏以后多数学者认同葛在宁陵，现代学者中也多认为葛地在今宁

① 《左传·桓公十五年》杜预注："葛国，在梁国宁陵县东北。"《史记·殷本纪·集解》引《地理志》："葛，今梁国宁陵之葛乡。"

② 俞正燮：《汤从先王居义》，《癸巳类稿》卷一。

③ 陈立柱：《夏末葛国考》，《殷都学刊》2003 年第 3 期。

④ 王震中：《甲骨文亳邑新探》，《历史研究》2004 年第 5 期。

⑤ 李德方、吴倩：《夏末商汤居亳与韦地同域说——议新郑望京楼二里头文化城址性质》，《中国国家博物馆馆刊》2012 年第 10 期；秦文生：《新郑望京楼城址性质初探》，《华夏考古》2012 年第 4 期。

⑥ 《路史》卷 2《国名纪》："葛……在河内修武，有葛伯城、葛伯墓。"

⑦ 《水经注·洧水》："又东迳长社县故城北，郑之长葛邑也。《春秋·隐公五年》'宋人伐郑，围长葛'是也。"邹衡：《夏商周考古学论文集》，科学出版社 2001 年版，第 186 页。

⑧ 《通志·氏族略》："葛氏，伯爵，嬴姓，夏时诸侯。今许州郾城北三十里有葛伯城，即其地也。"

⑨ 孙淼：《夏商史稿》，文物出版社 1994 年版，第 298 页。

⑩ 目前在宁陵县境内尚未发现典型的二里头文化遗存，而宁陵之西的开封杞县境内已发现朱岗、段岗、牛角岗等较为丰富的二里头文化遗址。另据《通志·氏族略》记载，葛为东方嬴姓之国、伯益之后，故也不排除葛之文化遗存具备东夷文化特点的可能性。

陵县。[①]故综合判断，葛之地望在今豫东偏西地带最为适宜。

（二）缯

缯即曾、鄫，为夏代姒姓方国之一。《史记·夏本纪》载："禹为姒姓，其后分封，用国为姓，故有夏后氏……缯氏、辛氏、冥氏、斟戈氏。"《通志·氏族略》卷三引《世本》所记："曾氏，夏少康封其子曲烈于鄫，襄六年莒灭之。"《左传·僖公三十一年》记载："卫成公梦康叔曰：'相夺予享。'公命祀相。宁武子不可，曰：'鬼神非其族类，不歆其祀，杞、鄫何事？相之不享于此久矣，非卫之罪也，不可以间周公、成王之命祀。'"此外，《国语·周语中》及《周语下》亦有"杞、缯由太姒也""有夏虽衰，杞、鄫犹在"的说法。这些说明，夏代的确应有缯国的存在，周代尚分封有姒姓的缯国。有关夏代缯国地望争议较大，主要有两种观点。

一是山东兰陵说。《汉书·地理志》东海郡缯县下："故国，禹后，莽曰缯治。"许慎《说文·邑部》："鄫，姒姓国，在东海。"《春秋·僖公十四年》："夏六月，季姬及鄫子遇于防，使鄫子来朝。"杜预注："鄫国，今琅邪县。"春秋时期鄫国都城遗址位于今山东省兰陵县向城镇鄫城后村与鄫城前村之间，城垣部分尚存，是第七批全国重点文物保护单位之一。

二是河南方城说。《左传·哀公四年》："楚既克夷虎，乃谋北方，左司马眅、申公寿余、叶公诸梁致蔡于负函，致方城之外于缯关。"杜预注："负函、缯关皆楚地。"杨伯峻校注，认为缯关在今河南省方城县境内。[②]1994年方城八里桥遗址考古发掘，出土器物明显具有二里头文化的特征，遗存应属于二里头文化的范畴，[③]有学者推测该遗址与夏代古缯

① 王国维：《观堂集林》卷12，中华书局1959年版，第521页；谭其骧：《中国历史地图集》（第一册），中国地图出版社1982年版，第13—14页。

② 杨伯峻：《春秋左传校注》，中华书局1990年版，第1626页。

③ 北京大学考古系等：《河南方城县八里桥遗址1994年春发掘简报》，《考古》1999年第12期。

国有密切关系①。

　　分析发现，作为夏代姒姓方国的缯，其初封地当距离今河南中西部的夏后氏居地不会太远，其文化面貌当属于夏文化之列。研究表明，夏代早期的活动中心是在嵩山南麓颍河上游地区的登封、新密、禹州一带，新砦期遗存应为夏代早期文化②；夏代中晚期是以今河南中西部为活动中心，二里头文化为这个时期的夏文化。二里头文化至少可划分为二里头、东下冯、杨庄、下王冈、段岗（牛角岗）等5个类型③，说明夏文化可分为诸多分支，与文献所载诸多"禹后"是一致的。据此推断，则少康所封姒姓曾国应分布在今河南中西部或附近，而不能位于非二里头文化或非新砦期遗存分布区。

　　文献记载郑地有鄫国。《左传·襄公元年》："晋韩厥、荀偃率诸侯之师伐郑，入其郭，败其徒兵于洧上，于是东诸侯之师次于鄫，以待晋师。"杜预注："鄫，郑地。"从"伐郑""入其郭""洧上"等来看，此"鄫"当在距离郑都不远的今新郑、新密、荥阳一带，当不会在属于楚境的今方城一带，更不可能在今山东境内。《水经·潧水注》记载"潧水出郑县西北平地……入于洧"，潧与洧在《毛诗》中作"溱与洧"，而溱水在新郑与新密之间。丁山先生认为甲骨文中"曾"字应读为"潧"，曾应在郑地之溱水流域。④

　　夏代或夏代之后，姒姓曾国族众逐渐迁徙流散到今河南南部、湖北、陕西、山东等地。

　　《左传·哀公四年》记载今河南方城一带有缯国。关于郑地、方城二

---

①　李维明：《重访八里桥》，载白振国主编：《中华曾姓祖根地》，海燕出版社2013年版。

②　张国硕：《夏纪年与夏文化遗存刍议》，《中国文物报》2001年6月20日。

③　中国社会科学院考古研究所：《中国考古学·夏商卷》，中国社会科学出版社2003年版，第89页。

④　丁山：《殷商氏族方国制》，载丁山：《甲骨文所见氏族及其制度》，中华书局1988年版。

曾之关系，郑杰祥先生认为："早期曾地或在今河南密县、新郑县间的溱水流域，而后南迁于方城县境内。"[1]

《左传·僖公十四年》记载今山东地区也有一鄫国。清代以来，不少学者认为夏代缯国可能在河南方城一带，后来迁至山东兰陵一带。高士奇《春秋地名考略》卷一四："（《左传》）哀四年致方城之外于缯关，岂得（鄫）故墟乎？其徙于琅邪也，不知在何时，当亦如杞自雍丘徙至东国耳。"雷学淇《竹书纪年义证》卷二七："缯关当是缯之故国，乃国于方城之内，与申接壤者，故《国语》以申、缯连文，迁其峄东，当在春秋之初。迨鲁庄公时，楚灭申而守方城，此时缯已不在南土矣。"徐中舒先生也指出，《正义》引《括地志》"缯县在沂州承县，古侯国"之说是错误的，《左传》哀公四年之缯关在楚方城之外，与申地毗连，当即缯国故地所在；夏族之后的杞、鄫二国的故地"皆当在河南"，"又同由西东迁"[2]。

甲骨卜辞记载商代仍有曾之方国（《合集》5504），可能是商代姒姓继续南迁所建立的。此曾国大约位于今湖北西北部的随州市一带，西周早期分封姬姓诸侯时沿用"曾"之名，建立姬姓的曾国（即随国），直至战国中期灭亡。但商、周这两个曾国并没有前后继承的关系，族属也不相同。[3]

此外，文献材料反映出今陕西境内可能还有一姒姓缯国。《国语·郑语》："申、缯、西戎方强，王室方骚……若伐申，而缯与西戎会以伐周，周不守矣。"韦昭注曰："缯，姒姓，申之与国也。"此"申"当非今南阳境内的"南申"，应即位于今陕西北部的"西申"[4]。据《史记·周本纪》

① 郑杰祥：《夏史初探》，中州古籍出版社 1988 年版，第 77 页。
② 徐中舒：《再论小屯与仰韶》，《安阳发掘报告》1931 年第 3 期。
③ 张国硕、王琼：《试析夏商周时期的曾国》，载罗运环主编：《楚简楚文化与先秦历史文化国际学术研讨会论文集》，湖北教育出版社 2013 年版。
④ 蒙文通：《蒙文通文集》第二卷，巴蜀书社 1993 年版，第 72—73 页。

等文献记载，参与反叛的申国是周幽王太子宜臼的母舅家，在申后、太子被废后，申侯一怒之下与缯国及西戎联合叛而攻周，并改立宜臼为平王。从常理来分析，既然申国能和西戎一起合谋反叛周王朝，二者的分布区应相距不远，申国必定与分布于今陕西境内的西戎邻近，那么作为西申之"与国"的缯国必然也应位于今陕西境内，而不可能远在千里之外的江汉地区。

（三）杞

文献记载杞为夏代姒姓方国之一。《史记·夏本纪》："禹为姒姓，其后分封，用国为姓，故有夏后氏……杞氏、缯氏、辛氏、冥氏、斟戈氏。"史载商代初年商汤为了笼络夏族，"封其后于杞"[1]。甲骨文中有"杞"字，也有"杞侯"。至西周时，有夏族之后东楼公被封到杞地[2]，建立杞国。《国语·周语》称"有夏虽衰，杞、鄫犹在"，是说周代的杞、鄫两国同为夏族之后裔。这些记载说明杞国基本上是延续存在下来的。

与姒姓缯国地望相同，作为夏代姒姓方国的杞，其初封地当距离今河南中西部的夏后氏居地不会太远，只是现有资料尚难断定其具体位于何地。至于西周时期分封的杞国地望，文献较为一致地指向今河南杞县。《史记·索隐》引宋忠曰："杞，今陈留雍丘县。"《汉书·地理志》陈留郡雍丘条："故杞国也。"《路史·国名纪四》："杞，定姒国，商封之，今汴之雍丘，有古杞城，武德初为杞州。"西周懿王前，杞国东迁今山东境内，多次变换居地，并常常受到诸侯的攻伐，公元前445年杞国亡于楚。

（四）温

夏王朝北境也设置有一系列方国，温国即是这些方国之一。文献材料明确记载温国为己姓昆吾之后、夏代方国。如《国语·郑语》："己姓昆

---

① 《史记·留侯世家》。

② 《史记·陈杞世家》："杞东楼公者，夏后禹之后苗裔也。殷时或封或绝。"

吾，苏、顾、温、董。"韦昭注："五国皆昆吾之后别封者。"昆吾是颛顼、祝融之后，历史悠久，夏代为己姓方国，后为商汤所灭。因昆吾在夏代是"方伯"之国，势力强大，分支众多，那么作为己姓昆吾分支的温，其至少在夏代应已立国。今本《竹书纪年》有帝癸（桀）时期"商灭温"的记载，说明其作者是认同夏代温国的存在。

据唐代有关金石材料，温国始祖名"平"，因助夏有功，受封于温，建立温国。如《唐故太常丞赠谏议大夫温府君神道碑并序》："温氏裔颛顼，为己姓。其后有平，佐夏灭穷，厥用祚土。"[1]又如《唐故征君左补阙温先生墓志铭并序》："温先生讳邈，字顺之。本己姓，有平者佐夏灭穷，受封于温，因以命氏。"[2]这里皆言温立国于夏、温氏得姓与夏之"平"有关。

夏代己姓的昆吾、苏、顾等国最初分布于今豫北地区古黄河沿岸地带。昆吾最初应分布于今豫北的濮阳一带。《左传·哀公十七年》："卫侯梦于北宫，见人登昆吾之观。"杜预注："卫有观在昆吾之虚，今濮阳城中。"《汉书·地理志》："濮阳……本颛顼之虚，故谓之帝丘。夏后之世，昆吾氏居之。"这些记载都言"昆吾之居"在今河南濮阳一带。夏代中晚期，受到商族兴起的影响，昆吾被迫南迁，后来南迁至"旧许"（新郑望京楼城址，一说今许昌东）。《国语·郑语》韦昭注："昆吾，祝融之后……封于昆吾，昆吾卫是也。其后夏衰，昆吾为夏伯，迁于旧许。"关于苏国，《新唐书·宰相世系表》称"昆吾之子封于苏"，今本《竹书纪年》称帝芬"封昆吾氏子于有苏"。商代存在有苏，《国语·晋语四》云"殷辛伐有苏，有苏氏以妲己女焉"。夏商苏国当在今豫西北地带，有学者考证认为在今

---

[1] 温府君，名温佶，字辅国，其子温邈。此碑立于河南省济源市坡头镇左山村。清陆耀遹《金石续编》卷11（鸿宝斋石印本）有录文，牛僧孺撰文，裴潾书写。

[2] 温邈，字顺之，其父温佶。温邈墓志于1997年出土于河南省济源市坡头镇左山村，现存河南博物院。墓志共1200多字，介绍了温邈的简历以及家族世系、社会情况，具有较高的史料价值。参见黄林纳、谭淑琴：《唐温邈墓志》，《江汉考古》2014年第5期。

辉县西。① 顾之初封地，文献材料多认为在今豫东北地区。《左传·哀公二十一年》："公及齐侯、邾子盟于顾。"杜预注："顾，齐地。"杨伯峻注："在今河南范县旧治东南五十里。"但可能与昆吾一样，夏代后期顾国也应经历了南迁过程，由今豫东北迁至郑州之西（大师姑城址），邻近古黄河。关于董国，《国语·郑语》韦昭注："董姓，己姓之别受氏为国者也。"其地望不详，但不应距离最初的昆吾、苏、顾等己姓方国太远。西周时期的董国分布于今山西闻喜县东北，地处偪国（今山西绛县）之西，由此推知夏代董国可能分布在今豫西北或与山西相邻地区某地。

由于己姓的昆吾、苏、顾等国最初均分布于今豫北地区古黄河沿岸地带，那么作为昆吾分支的己姓温国理应也分布于今豫北地区某地。温县所在的今豫西北地区是夏王朝的控制区，考古材料显示这里是属于夏文化的二里头文化分布区，具备设立夏方国的基本条件。文献有温国故城在今温县境内的记载。宋罗泌《路史·国名纪三》："温，己姓，子。今孟之温西南三十（里）有古温城，汉温县。"考古调查材料显示，温城遗址位于温县城西约 15 公里的招贤乡上苑村北，为河南省重点文物保护单位。遗址西临济水故道（猪龙河），地势较高。古代遗存丰富，文化层厚 2—4 米，面积超过 10 万平方米。文化遗存延续时间长，包括仰韶文化、龙山文化、二里头文化时代和商、西周、东周和汉代。夯土城垣平面呈长方形，东西长约 400 米，南北宽约 350 米，西南城垣（祭天台）高约 5 米。据早年学者考察，城址年代可能始建于西周，约在汉代重修。②2015 年冬，笔者曾专程到温城遗址考察，发现遗址规模大，遗址东部有诸多属于夏代的二里头文化和商文化遗存，结合相邻的辉县孟庄城址始建于龙山时期、夏商时期重修使用的特点，以及温城周围有西梁所等诸多二里头文化遗址的现

---

①　何光岳：《楚源流史》，湖南人民出版社 1988 年版，第 47 页。

②　张新斌：《温史述论》，《河南师范大学学报》1988 年第 2 期。

象，不排除该城址始建于夏代、商代以后延续使用的可能性①。

夏代温国的建立年代应是在少康中兴之后的帝宁(帝杼、帝予、后杼)时期，是夏王朝控制今豫西北、晋南之后而设立的方国。由于"太康失国"，夏王朝失去了对今豫西北、晋南等北方地区的控制。帝宁时期，夏王朝军事力量已较强大，开始对周边大规模扩展，而豫西北、晋南则为帝宁首选控占之地。古本《竹书纪年》记载"帝宁居原"，实际就是夏王朝经营今豫西北地区的具体反映。前述济源市所见《唐故太常丞赠谏议大夫温府君神道碑并序》《唐故征君左补阙温先生墓志铭并序》等有关温氏先人的材料中，明确提到"温国是在先祖平助夏灭有穷氏有功而封于温"。

作为夏王朝周边地区军事防御体系的重要组成部分，温国是夏王朝东北外围防御的一个重要环节。温县所在地区交通便利，战略位置十分重要。这里位于夏王朝北上经营晋南的必经之地，也是夏王朝与东北方诸异姓方国部族交往的主要通道，夏代后期又是夏王朝与豫北地区新崛起的商族进行军事对峙的前沿地带，在控制豫西北晋南地区局势、维护这一地区的安全与稳定上，温之方国扮演着至关重要的作用。分布于今豫北地区的商族，与位于伊洛盆地的夏王朝中心区相邻，但商汤灭夏路线并没有经过今新乡、焦作地区西南向进入伊洛盆地这个"近道"，而是"绕道"从豫北地区南下豫东地区，再由东往西进入郑州地区，最终进入伊洛盆地灭夏，究其原因，应该与温国的强大以及温国对夏王朝的忠诚有一定的关系。

---

① 张国硕：《夏代温国考略》，载温彦国编纂：《温姓考原》，线装书局 2016 年版。

第三章　夏代都城文明的内涵

都城文明是夏代文明的核心和代表，是中国早期国家发展状况的集中体现。通过对文献记载和考古材料的分析整合可以发现，河洛地区夏代都城文明的内涵主要表现在政治、经济、文化生活以及都城建设、都城防御、礼制生活等方面。

第一节　都城政治生活

夏代都城是夏王朝统治的中心所在，是夏王朝举行政治活动最为集中的地方，也是各项政治制度的施行之地。都城内的政治生活，基本上反映了夏王朝的政治生活的全部。由于夏代相关文献记载较少且语焉不详，考古材料能够反映出的夏代政治生活面貌十分有限，故只能依据现有材料对夏代都城的政治生活做简单梳理，主要涉及夏王朝发生的政治事件、施行的政治制度、组建的职官机构等内容。

一、重大政治事件

文献中有关夏代政治事件的记载，散见于《史记》《竹书纪年》《穆天子传》《帝王本纪》《逸周书》等典籍中。所载的政治事件大体可分为三类：一是关乎夏王朝的兴衰存亡的重大历史事件，例如夏启建国、太康失国、后羿代夏、少康中兴与夏桀亡国等；二是夏王对敌对族群和方国叛乱的讨伐，例如夏启征伐有扈氏、征西河，不降伐九苑等；三是周边族群前来归顺夏王朝，如少康时期的"方夷来宾"，后芬时期的"九夷来御"等。这三类事件中，第一类最为重要，文献记载相对较详细，第二、三类的记载较为简略。

（一）夏启建国

史称夏启为禹之子、黄帝之后。《史记·夏本纪》："禹之父曰鲧，鲧之父曰帝颛顼，颛顼之父曰昌意，昌意之父曰黄帝。禹者，黄帝之玄孙而帝颛顼之孙也。禹之曾大父昌意及父鲧皆不得在帝位，为人臣。"夏启之前，"帝位"的传承实行所谓的"禅让制"，如尧将帝位"禅让"给舜，舜又将帝位"禅让"给禹。古今人对于"禅让制"的理解主要有两种：一种是帝位的禅让真实存在；另一种认为禅让是虚构的，舜、禹的帝位是靠武力获得的。但无论是哪种情形，"帝位"的更替当不是世袭的。

禹之后，益与启成为"帝位"的候选人。益即伯益，一般认为其为东夷人，善于畜牧和狩猎，曾佐禹治水。关于二者的博弈，史料也有两种观点：一种认为，益、启相让，启得到诸侯支持，取得胜利。如《史记·夏本纪》："（禹）以天下授益。三年之丧毕，益让帝禹之子启，而辟居箕山之阳。禹子启贤，天下属意焉。"此外，《孟子·万章上》、《越绝书》卷三等有类似的记载。另一种认为启、益之间发生激烈的斗争，最终启杀益，夺得政权。如古本《竹书纪年》："益干启位，启杀之。"《楚辞·天问》："启代益作后。"《韩非子·外储说右下》对于启、益相争的记载更为详细："禹爱益，而任天下于益，已而以启人为吏。及老，而以启人为不足任天下，故传天下于益，而势重尽在启也。已而启与友党攻益而夺之天下，是禹名传天下于益，而实令启自取之。"此外，《史记·燕召公世家》《战国策·燕策一》有类似的记载。这些记载认为禹表面上"荐益"，维护"禅让"，实际上"以启人为吏"，着力培养启的能力，扩大启的影响力，最终启在与益的争夺中获胜，建立了夏王朝，开启了王位世袭制。

夏启建国时的都城应在嵩山南麓、颍水上游地区的禹州、新密一带。前文已论述，文献记载的夏启都城有阳翟与黄台之丘。阳翟应在今禹州境内，禹州市西北方向颍河西岸的瓦店遗址可能是启居阳翟之所在。关于黄台之丘，有学者认为即《水经·洧水注》中的"皇台岗"，其位在新密市境内的洧水岸边。① 考古发现的新砦城位于新密市东南的刘寨镇，南临双洎河（洧水），城址的位置、年代、规模布局以及城内发现的高等级遗存都表明这座城可能就是夏启所居的黄台之丘。至于阳翟与黄台之丘孰早孰晚，文献没有记载，推断夏启时可能同时存在两个以上的都城或政治中心。②

夏启在建国之初，曾在都城阳翟地区宴飨诸侯，以宣告夏王朝的建立。《左传·昭公四年》载："夏启有钧台之享。"杜预注："启禹子也。河南阳翟县南有钧台陂，盖启享诸侯于此。"夏启通过"钧台之享"，力求团结诸方国族群，震慑敌对势力，以达到稳固自身统治的目的。

（二）太康失国与后羿代夏

虽然益与启的争斗以启取胜结束，但启传其子太康之时，东夷人复又强盛起来，并一度几乎完全取代了夏后氏政权，此即夏代历史上的"太康失国"和"后羿代夏"。

太康统治时期，夏代都城在斟鄩，地处嵩山北麓的伊洛盆地之内，即偃师二里头遗址。文献中对于太康的记载多涉及其无道失国，评价也多是负面的。如《史记·夏本纪》："帝太康失国，昆弟五人，须于洛汭，作五子之歌。"《集解》引孔安国："盘于游田，不恤民事，为羿所逐，不得反

---

① 丁山：《由三代都邑论其民族文化》，载郑杰祥编：《夏文化论集》，文物出版社 2002年版。

② 张国硕：《夏都探寻》，载中国古都学会等编：《中国古都研究》第二十三辑，三秦出版社 2008 年版。

国。"《帝王世纪》:"太康无道,在位二十九年,失政而崩。""自太康以来,夏政凌迟。"《楚辞·离骚》:"启《九辩》与《九歌》兮,夏康娱以自纵。不顾难以图后兮,五子用失乎家巷。"由于太康荒淫无道,导致夏王朝失去民心,军事力量也有所衰弱。此时,来自东夷的后羿集团趁机攻夏,都城斟寻被攻占,夏王朝被迫流落在外,几乎陷于亡国的境地。

关于后羿代夏,文献记载稍详。如《左传·襄公四年》:"昔有夏之方衰也,后羿自鉏迁于穷石,因夏民以代夏政。恃其射也,不修民事而淫于原兽……而用寒浞……浞行媚于内,而施赂于外,愚弄其民,而虞羿于田……羿犹不悛,将归自田,家众杀而亨之,以食其子……浞因羿室,生浇及豷……使浇用师,灭斟灌及斟寻氏。"对于此记载,《左传·哀公元年》又有一些补充:"昔有过浇,杀斟灌以伐斟寻,灭夏后相,后缗方娠,逃出自窦,归于有仍,生少康焉,为仍牧正……浇使椒求之,逃奔有虞。"从这些记载可以看出,夏时东夷有穷氏首领后羿、寒浞,趁夏王太康昏庸、民心尽失之机,"因夏民以代夏政",推翻夏政权,占据夏都斟寻[①],并四处追灭夏王室势力。

（三）少康中兴

文献中关于少康复国、中兴的记载较多。如《左传·襄公四年》《左传·哀公元年》《史记·吴太伯世家》《帝王世纪》等都有涉及,所载内容大致相同。是说后羿因夏民以代夏政,长期占领夏都斟寻和夏王朝中心区域,帝相带领夏之族众先后迁徙至商丘、斟灌等地。后来,寒浞代替后羿,立为帝,派其子浇杀夏后相。相之子少康在有虞氏的庇护和夏遗臣靡的扶持下,重新聚集力量,最终杀死寒浞及子浇,后杼时灭豷。打败有穷氏之后,少康复以斟寻为都,夏王朝复国。《左传·哀公元年》称少康"祀夏配天,不失旧物",《初学记》卷八引《帝王世纪》云"少康中兴,还乎

---

① 古本《竹书纪年》记载:"太康居斟寻,羿亦居之。"

旧都，复禹之迹也"。

后羿代夏除有文献证据外，考古学材料也有一定程度的反映。后羿部落是东夷民族的一支，其活动地主要在今山东省和苏北地区，对应的考古学文化是山东龙山文化。二里头遗址的二里头文化一期遗存中有一批具有明显山东龙山文化风格的陶器，计有贯耳壶、长颈壶、单耳杯、异形鬶、圈足盘、三足盘、子母口盒等器形。这些陶器所占比例较高，应该就是后羿族群代夏居斟寻时期带入的山东龙山文化风格遗物①。

少康重回斟寻之后，加强了对都城的营建，经过帝宁（帝杼、帝予、后杼）等夏王的努力经营，二里头文化第二期之后，都城规模由 100 万平方米增加到 300 万平方米，人口密集，文化遗存丰富，城内设置有宫城、宫殿建筑群、贵族居住区、一般居住区、围垣手工业作坊、祭祀场所、道路网等设施，夏都文化逐渐进入繁盛阶段。

（四）讨伐敌对势力

夏王朝早期和晚期，有一些敌对族群或方国势力，试图挑战夏王朝的权威，先后发动针对夏王朝的叛乱。夏王果断采取措施，逐一平定，维护了夏王朝的统一和社会的安宁。

夏代初年，姒姓夏族内部曾发生争斗，以至于夏启与有扈氏兵戎相见。传统观点认为有扈氏在今陕西西安市鄠邑区（原户县）一带，与夏后氏同为姒姓。②《史记·夏本纪》："（夏启即位），有扈氏不服，启伐之，大战于甘。将战，作《甘誓》。"这里是说夏启继父位建立了夏王朝，遭到夏族分支有扈氏的反对，继而兵戎相见，双方大战于甘地，战前启曾召开动员誓师大会。关于这场战争的起因，《淮南子·齐俗训》称"有扈氏为义而亡，知义而不知宜也"。高诱注："有扈，夏启之庶兄也。以尧、舜举

---

① 王琼：《"后羿代夏"的考古学观察》，郑州大学 2011 年硕士学位论文，第 60 页；张国硕：《太康居斟寻与后羿代夏遗存的确认》，《中原文化研究》2022 年第 5 期。
② 《史记·夏本纪》记载："禹为姒姓，其后分封，用国为姓，故有夏后氏、有扈氏……"

贤，禹独与子，故伐启，启亡之。"《逸周书·史记解》又云"扈氏弱而不恭，身死国亡"。夏启在《甘誓》中称"有扈氏，威侮五行，怠弃三正，天用剿绝其命"。从上可知，发生争斗的直接原因应是"王位之争"，有扈氏对夏启继禹为王是不服的，自恃力量强大，与夏启争战于甘。关于战争的结局，《史记·夏本纪》记载"遂灭有扈氏，天下咸朝"，夏后氏取得了胜利，有扈氏被灭亡。由于有扈氏这个强大族群被征服，其他族群、方国慑于夏后氏的威力，也都称臣纳贡，夏政权逐渐稳定下来。

夏初还曾发生"启征西河"事件。古本《竹书纪年》记载："启征西河。"《路史·后纪》卷一三《注》称征西河在启"二十五年"，《太平御览》卷八二引《帝王世纪》云启"三十五年，征河西"。此"西河"与胤甲时期的"西河"是否同一地点，有待考证。若是同一地点，前已述及，其地望应在今河南洛阳市以西至陕西华阴市一带，最大的可能性是在今三门峡地区某地。关于这次战争的具体情况，文献记载不详。从夏启时期举办"钧台之享"活动所反映出的夏启势力之强大来看，西河地区很有可能最终被夏王朝征服了。到了胤甲时期，西河地区可能又发生了动乱，古本《竹书纪年》记载"胤甲居西河"，应该是夏王胤甲在这里设立一处新的政治、军事基地，以便于镇抚、控制西河地区。

另外，夏启在位期间还发生了"武观之乱"。《国语·楚语上》记载："夫善在太子，太子欲善，善人将至；若不欲善，善则不用。故尧有丹朱，舜有商均，启有五观，汤有太甲，文王有管、蔡。是五王者，皆有元德也，而有奸子。夫岂不欲其善，不能故也。""五观"即"武观"，其与丹朱、商均、太甲、管、蔡同为"奸子"。《逸周书·尝麦解》记载了武观之乱的简单过程："其在殷之五子，忘伯禹之命。假国无正，用胥兴作乱，遂凶厥国。皇天哀禹，赐以彭寿，思正夏略。"文中"殷"应作"夏"或"启"，"五子"应作"五观"或"武观"。这里称武观之乱最终被彭寿平定下去。

夏代后期，曾发生夏王不降伐九苑事件。古本《竹书纪年》记载："不降即位，六年，伐九苑。"九苑地望、事件具体如何不详。

夏代中后期，夏王朝短期与东夷有小规模的争战。古本《竹书纪年》记载夏王柏杼子曾征伐东夷，如"柏杼子征于东海，及王寿，得一狐九尾"。这里是说柏杼子（帝杼、即帝宁）征讨东海之夷。夏末，"后桀伐岷山，进女于桀二人，曰琬、曰琰"。"岷山"即"有缗氏"，一般认为在今山东金乡县东北。这里是说夏桀曾攻伐有缗氏，有缗氏被迫把其族群的琬、琰二美女进献给夏桀。

（五）众夷来宾

经过"后羿代夏"这场动乱，夏王朝在少康时又重新建立起来，政治趋于稳定。这时，夏与东方的关系整体上有所缓和，众夷臣服于夏，纷纷来到夏都朝拜。如《竹书纪年》记载少康时期"方夷来宾"；后芬发"三年，九夷来御"；后荒"元年，命九东狩于海，获大鸟"；后泄"二十一年，命畎夷、白夷、赤夷、玄夷、风夷、阳夷"；后发"元年，诸夷宾于王门，再保庸会于上池，诸夷入舞"。正如《后汉书·东夷列传》所言，东夷诸部"自少康已后，世服王化，遂宾于王门，献其乐舞"。

（六）夏桀亡国

到了孔甲之时，夏王朝开始衰落。《国语·周语》载："孔甲乱夏，四世而陨。"孔甲之后四世，即为夏桀，以斟寻为都。史载夏桀奢侈残暴，"不务德而武伤百姓，百姓弗堪"。如古本《竹书纪年》："夏桀作倾宫、瑶台，殚百姓之财。"《吕氏春秋·先识览》："夏王（桀）无道，暴虐百姓，穷其父兄，耻其功臣，轻其贤良，弃义听谗，众庶咸怨。"《淮南子·览冥训》："逮至夏桀之时，主暗晦而不明，道澜漫而不修，弃捐五帝之恩刑，推蹶三王之法籍。"夏桀的一系列暴行，引来了夏百姓的不满，一些方国族群趁机反叛。《后汉书·东夷列传》记载："桀为暴虐，诸夷内侵。"《左传·昭公四年》记载："夏桀为有仍之会，有缗叛之。"

夏代末年，处于夏王朝东境的商族逐渐强盛，并发动灭夏战争。商族首领汤以"葛伯不祀"为由，首先攻灭夏朝的属国葛国，此后追随夏王朝的韦、顾、昆吾等方国也被汤一一攻灭。此时的夏桀众叛亲离，再无属国为其征战。商汤发动了对夏都斟寻的攻击，少了外围方国的支撑防御，夏桀毫无招架之力，"未接刃而桀走"。最后双方大战于今晋南地区的鸣条，夏桀大败，夏王朝灭亡。

在商灭夏的过程中，夏都斟寻并未作为主战场，但却是夏王朝的覆灭之地。二里头遗址宫殿的建造、废弃情况与文献记载夏桀兴建宫室、亡国事件是一致的。宫城内二里头四期仍在使用的宫殿有一号基址、二号基址、四号基址、七号基址、八号基址，这一时期新兴建的宫殿基址有六号基址、十一号基址、十号基址，在六号基址南、宫城南还新建有围墙Q1、Q3[1]，这与《竹书纪年》有关"夏桀作倾宫、瑶台"的记载是相符的。值得注意的是，宫城内外的宫殿基址与围墙在二里头文化四期晚段突然被毁弃或废弃，这种现象应与汤伐夏、破斟寻、夏桀亡国这一历史事件相关。

在商汤的灭夏行动中，商族联合东夷各部，组成强大的"商夷联盟"[2]。参与商夷联盟的东夷族群主要有有施、有仍、有缗、有莘、薛、卞等。二里头文化第四期晚段，二里头遗址多见岳石文化典型的半月形双孔石刀、凸棱平底盆、篦纹刮痕的夹砂褐陶侈口深腹罐，这些器物应是夏与东夷族群文化交流的产物，可能是部分东夷族群进入夏代都城的物化反映。

二、政治制度

都城是王朝的政治中心，王朝制订的政治制度，一般都在都城内制定实施。夏王朝作为我国第一个王朝国家形态，其颁布实施的政治制度具有

---

① 中国社会科学院考古研究所编著：《二里头（1999—2006）》，文物出版社2014年版，第701页。

② 张国硕：《论夏末早商的商夷联盟》，《郑州大学学报》2002年第2期。

一定的初创性和原始性，在王位世袭制、贡赋制度、刑罚制度等方面特色鲜明。

（一）王位世袭制

夏王朝自启至桀，施行王位世袭制。关于夏王朝的王位继承，《史记·夏本纪》记载甚详："夏后帝启崩，子帝太康立……太康崩，弟中康立，是为帝中康……中康崩，子帝相立。帝相崩，子帝少康立。帝少康崩，子帝予立。帝予崩，子帝槐立。帝槐崩，子帝芒立。帝芒崩，子帝泄立。帝泄崩，子帝不降立。帝不降崩，弟帝扃立。帝扃崩，子帝廑立。帝廑崩，立帝不降之子孔甲，是为帝孔甲……孔甲崩，子帝皋立。帝皋崩，子帝发立。帝发崩，子帝履癸立，是为桀。"这里是说，夏王朝先后经历了启、太康、中康、相、少康、予、槐、芒、泄、不降、扃、廑、孔甲、皋、发、桀等16位夏王，延续年代大约400年左右。

夏代王位世袭制的产生与原始社会末期私有制的产生发展以及邦国的形成密不可分，是历史发展的必然。夏启是夏王朝第一王，其王位是在父禹建立的族群联盟的基础上获得的。在氏族社会后期，随着生产力的发展，产品出现剩余，私有财产随之发展起来，部落首领或部落联盟首领由于职位便利更容易获得大量财产。当私有观念在部落内得到认可后，相应会出现继承父辈财产以及社会地位的需求，首领地位的世袭也就逐渐成为常态。恩格斯曾经指出："掠夺战争加强了最高军事首长以及下级军事首长的权力；习惯地由同一家庭选出他们的后继者的办法，特别是从父权制实行以来，就逐渐转变为世袭制，他们最初是耐心等待，后来是要求，最后便僭取这种世袭制了；世袭王权和世袭贵族的基础奠定下来了。"[1]尧舜禹时代，随着生产力的进一步发展，社会步入邦国阶段，形成尧舜禹等族群联盟，为王位世袭制的产生奠定了基础。世袭起初是各族群内部的首领

---

[1]　恩格斯：《家庭、私有制和国家的起源》，人民出版社1999年版，第171页。

之位传承的世袭。例如夏后氏首领鲧虽因治水失败而被治罪后，鲧之子禹世袭担任夏后氏首领，禹死后其子启成为夏后氏首领。相似情况同样发生在陶唐氏、有虞氏内部。《史记·五帝本纪》记载："尧子丹朱，舜子商均，皆有疆土，以奉先祀。"可见在陶唐氏内部替代尧成为首领的正是其子丹朱，有虞氏内部舜之后的首领正是其子商均。夏启夺得族群联盟的首领之位之后，将首领之位传于子嗣，终结了所谓的"禅让制"，王位世袭成为定制。

夏代王位世袭制在推行之初，也曾遇到阻碍。启即位后，同为夏禹后嗣的有扈氏公开反对启继承王位。《史记·夏本纪》载："有扈氏不服，启伐之，大战于甘。"战争的结果是启灭掉了有扈氏。启与有扈氏争斗的本质应是姒姓族群内部的王位之争。甘之战威慑了企图反抗的其他部族，王位世袭制得以巩固。

夏代王位的世袭，大多属于父死子继的世袭制，偶有兄终弟及的继承现象。从《史记·夏本纪》可以看出，启与太康、中康与帝相、帝相与少康、少康与帝予（杼）、帝予与帝槐、帝槐与帝芒、帝芒与帝泄、帝泄与帝不降、帝扃与帝廑（胤甲）、孔甲与帝皋、帝皋与帝发、帝发与履癸（桀）等12例，王位皆为父死子继。兄终弟及的继承现象只有3例，即太康与中康、不降与帝扃、帝廑（胤甲）与孔甲等。太康在位二十九年，应有子嗣。太康将王位传于其弟中康而不传于子，应与当时发生的太康失国、后羿代夏政治事件相关。由于太康失国，可能太康及子嗣在动乱中被杀死，也可能太康子嗣年幼或能力有限而不堪重用，弟中康成为当时最为合适的王位人选。不降之后，未传于不降之子孔甲，而传位与弟扃。不降、扃文献中记载较为简略，但关于孔甲的记载则稍多，如孔甲御龙、作东音、田于东阳萯山等。世人对孔甲的评论多为负面，《史记·夏本纪》称孔甲"好方鬼神，事淫乱"，导致"夏后氏德衰，诸侯畔之"；《国语·周语》云"孔甲乱夏，四世而陨"，即孔甲好鬼神、事淫乱、德衰、乱夏，导致了夏王朝的衰落和最终灭亡。可能正是由于孔甲自小性情乖僻，"淫德好神"，促使其父不降决定将王位传位于弟扃。帝扃之后其子帝廑（胤甲）继位。到了帝廑之后，才将王位传给理应更早得到王位、属于堂兄弟辈的孔甲。

（二）九州贡赋制与五服制

《尚书·禹贡》是我国古代的一篇重要历史文献，在研究古代经济、地理以及社会性质方面，它所提供的历史资料应该受到足够的重视。虽然该文成书年代较晚，一般认为是战国时期，但其保留了夏代的诸多资料①，十分珍贵。《禹贡》记载夏禹在治水过程中制定了有关疆域划分以及贡赋缴纳的九州贡赋制与五服制。

"九州攸同，四隩既宅。九山刊旅，九川涤源，九泽既陂，四海会同。六府孔修。庶土交正，底慎财赋，咸则三壤，成赋中邦。""九州"一般是指冀州、兖州、青州、徐州、扬州、荆州、豫州、梁州、雍州。这里是说九州的水患已经全部得到治理，适宜人类居住；各地道路开通，交通贡道畅通无阻；掌管税收的六府运转良好，九州的土地勘定了质量等级，根据土壤上、中、下标准确定贡赋纳税。

九州贡赋制规定四方之内的诸侯要根据本地的生产情况缴纳不同等级的贡品赋税。各地不同的贡赋内容有不少已经在二里头、新砦等夏代都城遗址内发掘出土，一定程度上验证了相关记载的可信性。《禹贡》中提到的各地的贡品主要有漆、各类纺织品、盐、海产品、水产品、金属、竹木材、野禽、玉石、朱砂、磬、水果、象牙、兽皮、鸟羽、编织物等。夏代都城内出土的遗物主要是陶器、石器、铜器、玉器、骨角蚌器、纺织物、漆器等。既记载于《禹贡》之中，又在都城遗址发掘出土的器物主要有铜器、玉器、纺织品、朱砂、漆器、磨石、石镞、磬等。有学者研究认为，

① 李民：《禹贡与夏史》，载李民：《〈尚书〉与古史研究》(增订本)，中州书画社1983年版。

夏代的贡赋制度较为宽松，缺乏强制性，夏王朝与方国的关系更像一种互补互利的关系，都城从各地征收贡赋，又将都城内生产的技术性产品或奢侈品赏赐给各方国，类似交换与贸易，统治者也会通过调配物资粮食，调有余补不足，以均诸侯①，而不是一味强制征收。

在《禹贡》的"扬州"和"荆州"条目中，皆提到贡"金三品"，郑玄注曰"铜三色也"。《左传·宣公三年》也有方国向夏王贡奉铜的记载："昔夏之方有德也，远方图物，贡金九牧，铸鼎象物，百物而为之备，使民知神、奸。"二里头等都城遗址内都曾出土有青铜器具，有礼器、乐器，也有工具、武器，器形有鼎、爵、斝、盉、铃、牌饰、钺、戈、镞、锛、凿、鱼钩等。除青铜器具外，二里头遗址还发现有铸铜遗迹，说明这些铜器应是在二里头都城遗址内完成铸造的，而铸铜所用的铜料除一部分来自豫西晋南地区、是夏王朝控制的重要资源外②，也应有部分来自这些南方方国的贡奉。

《禹贡》扬州条目下的"瑶、琨"以及雍州的"球、琳、琅玕"是古人对不同地区不同种类玉石的称呼。二里头等都城遗址出土的大量玉器，器类有璋、钺、戚、圭、戈、柄形饰、铃舌、牌饰、鸟形器、龙形器、琮、铲、凿、镞、环、坠饰、纺轮等，涉及的玉料有闪石玉、蛇纹石玉以及绿松石玉。③这些玉石料绝大多数不是本地所产，应来自周围方国的供给，都城遗址只是玉石器的生产地以及主要消费地。

---

① 李民：《〈尚书〉与古史研究》（增订本），中州书画社 1983 年版，第 56 页；李鑫：《夏王朝时期的城市布局与功能特征》，《华夏考古》2016 年第 1 期。

② 中国社会科学院考古研究所编著：《二里头（1999—2006）》，文物出版社 2014 年版，第 1671 页；刘莉、陈星灿：《城：夏商时期对自然资源的控制问题》，《东南文化》2000 年第 3 期。

③ 中国社会科学院考古研究所编著：《二里头（1999—2006）》，文物出版社 2014 年版，第 1385—1427 页；郝炎峰：《二里头文化玉器的考古学研究》，载中国社会科学院考古研究所编著：《中国早期青铜文化二里头文化专题研究》，科学出版社 2008 年版。

《禹贡》记载的贡品中还有大量纺织品，名目众多，例如兖州之"丝""织文"，青州之"缔""丝枲"，徐州之"玄纤缟"，扬州之"织贝"；豫州的"枲、缔、纩"和"纤纩"等。纺织品在二里头遗址也有发现，包裹于铜铃、铜牌饰、玉圭等器物的表面，有麻布也有丝织品。[①] 这些夏王及贵族所用的纺织品，种类繁多，应当有部分来自贡奉。

《禹贡》"荆州"条下提到贡"丹"，丹指丹砂、朱砂。朱砂的主要化学成分为硫化汞（HgS）。在我国古代，朱砂有着广泛的用途，其既可用作书画之颜料，又可为术士炼丹所用，同时又在丧葬活动中扮演着重要角色。二里头遗址发现有较多墓葬墓底铺有朱砂。[②] 另外，在都城遗址出土的臼杵研磨面有朱砂痕迹，可能是研磨朱砂的工具。朱砂矿料在本地少见，来自外地供奉的可能性非常大。在我国，朱砂的主要产地集中在南方的贵州、湖南、广西、重庆等地。[③]《尚书·禹贡》对朱砂（丹）的输入有明确记载："荆及衡阳惟荆州，江、汉朝宗于海……厥贡羽、毛、齿、革……丹……浮于江、沱、潜、汉，逾于洛，至于南河。"由此可知，朱砂等物品的进贡路线是先从长江流域的水路到汉水，然后由陆路到洛水，最后通达黄河沿岸地带。相关学者明确指出丹水是南方重要资源北上中原的重要通道。[④] 夏都的朱砂来自外地，而将朱砂矿料磨碎的工作以及在墓葬中大量使用应该是在都城内进行的。

《禹贡》豫州条下提到贡"漆"，兖州条下也有"厥贡漆、丝"的记载。漆在二里头遗址已发现数例，有漆制的盒、豆、筒形器、鼓等器形，有的

---

① 郑光：《二里头遗址的发掘——中国考古学上的一个里程碑》，载中国先秦史学会等编：《夏文化研究论集》，中华书局 1996 年版。

② 郑光：《二里头遗址的发掘——中国考古学上的一个里程碑》，载中国先秦史学会等编：《夏文化研究论集》，中华书局 1996 年版。

③ 刘芃、吴家荣：《朱砂现今主要产地的本草考证》，《中国中药杂志》2000 年第 4 期。

④ 刘莉、陈星灿：《城：夏商时期对自然资源的控制问题》，《东南文化》2000 年第 3 期。

棺木表面也涂漆①。这些漆器珍贵稀少，很可能是来自贡奉的奢侈品。

《禹贡》荆州条下提到"砺、砥"，豫州条下提到"锡贡磬错"。"砺""砥"都是磨石，砥的颗粒较细，砺则较粗；"错"指治玉之石，也是磨石。磨石在都城遗址内有大量出土，磨石利用的粗细砂岩在属豫州的嵩山地区较为常见，这些石器本地制作的可能性较大，即来自周边聚落的供应②，但也不能排除有部分是来自更远方国的供奉。

《禹贡》荆州以及梁州条下都提到"砮"。砮即为石镞，石镞在都城内也出土较多。

《禹贡》豫州条下提到"锡贡磬错"，徐州条下有贡"泗滨浮磬"，梁州条下也有贡"磬"的记载。磬在二里头遗址出土有 1 件③。

除以上各地区的特产外，粮食也是夏代贡赋中的重要内容。九州贡赋制规定粮食缴纳数目的多少要看田地的肥瘠程度，粮食种类有铚、秸、粟、米等。《孟子·滕文公上》记载夏代交纳的粮食税为什一税："夏后氏五十而贡，殷人七十而助，周人百亩而彻，其实皆什一也。"二里头等夏代都城规模宏大，常居人口数量也应巨大，而都城内发掘出土的农具数量并不与之匹配，由此可推测农业可能不是都城内居住者所从事的最主要行业，都城内人口所需的大量粮食，有很大一部分应来自周边。

随着九州贡赋制的建立，《禹贡》记载禹分土赐姓，建立诸侯，推行五服制。具体如下：

"五百里甸服。百里赋纳总，二百里纳铚，三百里纳秸服，四百里粟，五百里米。五百里侯服。百里采，二百里男邦，三百里诸侯。五百里绥

---

① 中国社会科学院考古研究所编著：《中国考古学·夏商卷》，中国社会科学出版社 2003 年版，第 117—118 页。

② 中国社会科学院考古研究所编著：《二里头（1999—2006）》，文物出版社 2014 年版，第 1379—1381 页。

③ 中国社会科学院考古研究所编著：《偃师二里头（1959 年—1978 年考古发掘报告）》，中国大百科全书出版社 1999 年版，第 257 页。

服。三百里揆文教。二百里奋武卫。五百里要服。三百里夷。二百里蔡。五百里荒服。三百里蛮。二百里流。"

从这些记载可知，各地诸侯按照距离的远近，分为不等的等级，每等级范围内规定有交纳贡赋的种类、履行的责任和义务以及推行的文教与礼俗等，即"五服制"。五服制规定，以都城为中心，向外五百里为"甸服"，需要缴纳粮食；再外五百里为"侯服"，负责提供劳役，服侍夏王；侯服往外五百里为"绥服"，担负保卫夏王的职责；绥服往外再外五百里为"要服"，要受夏王朝教化约束；再外五百里为"荒服"，为夏王朝戍边，较为自由。以上制度内容应当不仅限于禹时期，禹之后的夏王朝时期也在广泛采用实施。①

五服制虽然有理想化的成分，各"服"距离王都的远近绝非那么严格，但考古发现表明当时应有一定程度的实施。有学者将《禹贡》对于"五服"的记载与龙山时代晚期中原及周边地区的考古学文化联系起来，认为夏文化的前身王湾三期文化大致相当于王畿即甸服；环绕王湾三期文化的中原龙山文化诸类型包括后岗二期文化、造律台文化、三里桥类型、杨庄二期类型、下王岗类型、陶寺文化等当为侯服和绥服；分布在中原龙山文化东边的海岱龙山文化、南边的石家河文化、西边的客省庄文化和齐家文化、北边的老虎山文化当为要服和荒服。②

若依照以上划分方法，同样可将二里头文化时期诸考古学文化纳入"五服"之内。二里头文化分布中心地带在河南省中西部的郑州、洛阳地区，西北方向可达山西西南部的运城、临汾地区，向西突入陕西关中东部、丹江上游的商洛地区，南到豫、鄂交界地带，往东至少分布至豫东开封地区，北抵沁河岸边，可分多个地方类型。二里头类型以洛阳盆地为中

---

① 李民：《〈尚书〉与古史研究》（增订本），中州书画社 1983 年版，第 50 页。
② 赵春青：《〈禹贡〉五服的考古学观察》，《中原文物》2006 年第 5 期。

心，东至郑州地区，北至沁水沿岸，西抵三门峡地区，南至平顶山地区，东西约200多公里，南北300多公里，可认为是夏王朝王畿地区，即甸服。诸如晋东南的东下冯类型、豫东地区的段岗（牛角岗）类型、豫南地区的杨庄类型、豫西南鄂西北的下王岗类型、陕东南地区的东龙山类型以及豫东北方向的下七垣文化应当在侯服以及绥服范围内。再往外的东夷岳石文化、辽河流域的夏家店下层文化、甘青地区的齐家文化、四川盆地的三星堆文化等，可能属于要服和荒服的范畴。

夏王朝虽将其势力范围划分为五服，但直接控制的区域也仅限于甸服的王畿之地，即二里头文化二里头类型的分布区域。另外，东下冯类型所在晋东南地区，属夏王朝重要控制的地区；豫东地区的段岗（牛角岗）类型、豫南地区的杨庄类型、豫西南鄂西北的下王岗类型、陕东南地区的东龙山类型与二里头类型关系密切，也应臣服于夏王朝。其他属于要服、荒服的岳石文化、夏家店下层文化、齐家文化、三星堆文化等，曾受到二里头文化的强烈影响，反映出二者之间应有一定的联系渠道。通过五服制，夏王朝有效控制了大片领地，并建立了以王畿为核心、四周诸方国拱卫王都的防御体系，有效维护了夏王朝的统治。

（三）刑罚制度

夏王朝建立之前的尧舜禹时期已有刑罚。《国语·鲁语上》称"尧能单均刑法以仪民"，是说尧时存在刑法。《尚书·尧典》言帝舜时"象以典刑，流宥五刑，鞭作官刑，扑作教刑，金作赎刑"，说明当时已有各类刑罚。史载皋陶作刑罚。如《左传·昭公十四年》："《夏书》曰：昏、墨、贼，杀，皋陶之刑也。"《尚书·益稷》："（皋陶）方施象刑。"

到了夏王朝时期，史载有《禹刑》。《左传·昭公六年》："夏有乱政，而作《禹刑》。"也有沿用了一些舜时期的刑罚，例如《赎刑》。《书序》："穆王训夏《赎刑》，作《吕刑》。"夏代的《赎刑》应来自《尚书·舜典》所提到的"金作赎刑"，后代周穆王所做《吕刑》则参考夏之《赎刑》。

夏代的刑罚较重。《左传·昭公十四年》晋国大夫叔向引《夏书》:"昏、墨、贼，杀，皋陶之刑也。"叔向解释:"己恶而掠美为昏，贪以败官为墨，杀人不忌为贼。"这里是言死刑包括昏、墨、贼等三种罪名，皋陶所创，夏代沿用。西汉扬雄《法言·先知》称"夏后肉辟三千，不胶者卓矣"，可见作为重刑的肉刑条目之多。

夏代刑罚也有进步的一面。《左传·襄公二十六年》晋声子引《夏书》曰:"与其杀不辜，宁失不经。"即宁可不按常法审案，也不能错杀无罪。

除了刑罚，夏王朝也对民众施行奖励、引导政策。如《左传·文公七年》晋郤缺向赵宣子提到《夏书》之言:"戒之用休，董之用威，劝之以九歌，勿使坏。"

史载夏代不仅制定了刑罚，还在阳翟设置了监狱。《史记·夏本纪》:"(夏桀)乃召汤而囚之夏台，已而释之。"《索隐》:"狱名，夏曰均台。皇甫谧云'地在阳翟'是也。"《淮南子·本经训》:"汤乃以革车三百乘，伐桀于南巢，放之夏台。""夏台"即为监狱名，一般认为在今禹州境内。监狱是强制执行法律的附属物。东汉应劭《风俗通》云:"狱，自三王制肉刑始有狱。夏曰夏台，周曰囹圄，令人思愆改恶。"指出监狱是伴随肉刑的制定而适时出现的，目的是让犯人反省过错，向善改恶。

三、职官机构

职官是建立国家的必要条件，凡建国家者，必有职官，夏王朝也不例外，在都城内设置诸多职官机构。

早在尧舜时期，就已经出现一定的政务官。《尚书·舜典》记载帝舜时，曾任命二十二人以不同职官，如伯禹作司空，主管平治水土；弃作稷，主管农事；契作司徒，负责教化；皋陶作士，主管刑狱；垂共工，掌管百工；益作虞，主管山林川泽；伯夷作秩宗，主持祭祀之礼；夔主典乐，主管音乐；龙作纳言，负责与各地的联络。《史记·五帝本纪》也有类似记载，且讲到其政绩："皋陶为大理，平，民各伏得其实；伯夷主礼，上下咸让；垂主工师，百工致功；益主虞，山泽辟；弃主稷，百谷时茂；契主司徒，百姓亲和；龙主宾客，远人至。"特别提到禹负责"平水土"，"唯禹之功为大"。

夏王朝建立后，设置一定的职官机构。《礼记·明堂位》云"夏后氏官百"，是说夏代职官较多。最高统治者称为"后"，"后"即后代的"王"，是任命王朝职官、向全国发布政令的国君。文献对夏代职官的记载，较为琐碎简单。有学者研究总结有关夏代职官的记载主要分为三类：一类是诸侯国职官的记载，由此可推断夏王朝都城内也有相应设置；另一类是诸侯国国君在都城内所任官职的记载；还有一类是《左传》引《夏书》内关于职官的记载。① 这些职官既有掌管军事、农业、畜牧业、水利、治狱的政务官，也有内廷官员、占卜祭祀官员。其长官有的称为"正"，如牧正、庖正等；有的直接以所掌管的事务相称，如稷。具体职官如下：

负责管理王朝畜牧业的官员——牧正。《左传·哀公元年》记载少康曾"为仍牧正"。由此推断夏王朝都城也应设置有牧正之职。

负责夏王饮食之官——庖正。《左传·哀公元年》记载少康"逃奔有虞，为之庖正"。由此推断夏王朝都城也应设置有庖正之职。

负责管理车事之官——车正。《左传·定公元年》载："薛之皇祖奚仲居薛，以为夏车正。"由此可知夏王朝都城设置有车正之职。

掌管农业的官吏——稷。《史记·周本纪》记载周人不窋曾为夏王朝管理农业的官吏，"不窋末年，夏后氏政衰，去稷不务，不窋以失其官而奔戎狄之间"。由此可知夏王朝都城设置有稷之职。

管理水利工程的官员——水官。《国语·周语上》记载商族祖先"冥

---

① 白钢：《中国政治制度史》，社会科学文献出版社2007年版，第61—63页；詹子庆：《走近夏代文明》，东北师范大学出版社2006年版，第186—189页；李玉洁：《先秦史稿》，新华出版社2002年版，第56—58页。

勤其官而水死"。韦昭注："冥，契后六世孙……为夏水官，勤于其职而死于水也。"《史记·殷本纪·集解》："冥为司空，勤其官事，死于水中。"由此可知夏王朝都城设置有水官之职。

军事长官——六卿、六事之人。《尚书·甘誓》记载启在与有扈氏大战之前召集"六卿"说："嗟！六事之人，予誓告汝。"孔安国注："天子六军，其将皆命卿。""各有军事，故曰六事。"可见孔安国认为"六事"指的是军事。《史记·夏本纪·集解》引孔安国："天子六军，其将皆命卿也。"另外甲骨文"史""事"二字写法相同[1]，商代的"史"是担任国家边防的一种武官[2]。按此说，"六事之人"指的应是六个掌管军事的长官。

治狱之官——大理。《礼记·月令》注："理，治狱官也。有虞氏曰士，夏曰大理。"《史记·夏本纪》记载夏桀把商汤囚禁于夏台。

负责卜筮的官员——官占。《左传·哀公十八年》引《夏书》曰："官占，唯能蔽志，昆命于元龟。"杜预注："官占，卜筮之官。"

宣令之官——遒人。《左传·襄公十四年》引《夏书》曰："遒人以木铎徇于路，官师相规，工执艺事以谏。"遒人，即为宣令之官，手持木铎，巡于道路，宣布政令教化。

王朝史官——太史令。《吕氏春秋·先识览》记载夏太史令终古以谏桀无效而投奔于商。说明夏代设置有太史令之职。

第二节 都城经济生活

夏代已经进入早期国家阶段，社会经济有了较大发展，除维持生计的

---

① 王宇信、杨升南主编：《甲骨学一百年》，社会科学文献出版社 1999 年版，第 460 页。
② 杨升南：《卜辞"立事"说》，《殷都学刊》1984 年第 2 期；胡厚宣：《殷代的史为武官说》，载胡厚宣主编：《全国商史学术讨论会论文集》，《殷都学刊》1985 年增刊。

农业、畜牧业、渔猎外,还具有较为成熟的手工业专业化生产。各地方产品集中出现都城之内,王畿之地的器物也在各地出现,表明当时可能出现了初步的商业贸易或物品交换。从都城布局以及出土遗物看,都城内设置有专门生产奢侈品的围垣作坊区,其内进行青铜器、玉器、绿松石器的制造(图3—1),都城墓葬内出土的青铜器、玉器数量也最多,这些都表明都城在王国领域内处于经济中心的地位。另外,都城也并未完全脱离农牧业生产以及渔猎采集的经济模式,都城区域仍然存在着一定的农业耕地、畜牧围场,城内居民也进行一定形式的渔猎采集活动。由此可见,夏代都城的经济已经明显高于史前时期的高规格聚落,但同秦汉以后的都城形态也不尽相同,呈现出过渡阶段的混杂形态。

一、农业

农业生产是河洛地区各时期、各族群最重视的生产活动。由于河洛地区气候温暖湿润,地貌多为平原、盆地和谷地,土质肥沃,水源丰富,不仅适于发展旱作农业,也适合种植水稻。[①] 裴李岗文化时期,中原地区的农业已较为发达,出现了农作物稻与粟。经历仰韶文化、龙山文化时期农业的发展,夏代农业生产进入了新的阶段,农作物种类增多,产量增加。作为都城的二里头、新砦、大师姑、望京楼等遗址,处于临近河流的平原台地,周边地势平坦,适合发展农业,考古发现有众多有关农业生产的遗存,如农具、农作物种子遗存、粮食存储遗迹、农作物的刻画图像,表明夏代都城范围内进行着一定规模的农业活动。

(一)农具

中原地区史前时期的农具,质地有石、骨、蚌、陶等类。在裴李岗文

---

① 中国社会科学院考古研究所编著:《二里头(1999—2006)》,文物出版社2014年版,第1296—1298、1664—1665页。

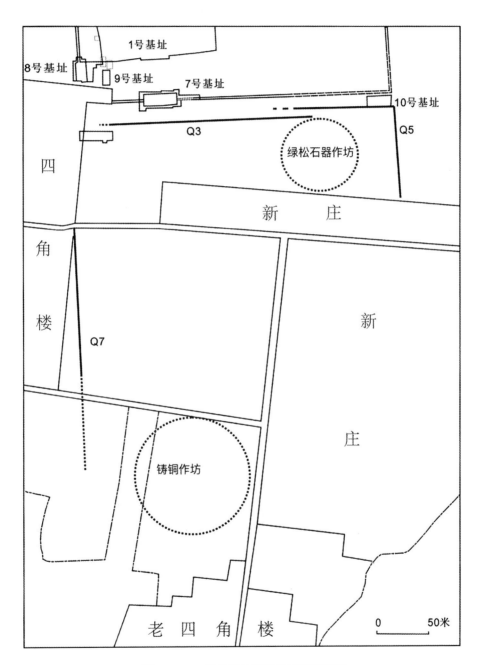

图3—1　二里头遗址围垣作坊区平面图

化时期，耕作农具为石铲，收割工具以锯齿石镰为主，刀极少；另有石磨盘、磨棒，可能是作物去壳工具。仰韶文化时期，农具中刀数量急剧增多，有穿孔石刀与缺口石刀两类，陶刀数量很多；镰以及磨盘、磨棒较少见到。龙山时期的石刀以穿孔石刀为主，陶刀已少见；石镰又开始流行，刃部较平或呈弧形，不再制作锯齿；石铲数量较多。

夏代都城遗址内出土农具的种类与形态，同龙山时期差别不大。质地仍以石质为主，另有少量的骨蚌质农具，暂未发现明确的青铜质农具。农具主要器形有铲、镰、刀。铲为中耕除草的工具，也可用于翻土以及挖掘窖穴。镰、刀为收割工具。

石铲数量多，形态各异。按形态可分为穿孔石铲、窄长形石铲、宽短形石铲、缺口石铲、有肩石铲。铲多装柄，也可手持使用，所装柄与器身相接，与刃缘垂直。石铲的穿孔、缺口以及肩部位于器身偏上部，方便捆绑装柄。

石镰数量较龙山时期明显增多，成为重要的收割工具。形体多呈弯弧状，一端尖，另一端为装柄端，顶部呈弧形，刃缘较平或呈弧形。所装柄与镰身垂直，与现今的镰较为近似。

石刀多为穿孔石刀，单孔，形体方正，呈梯形或长方形，单面刃。另见有缺口石刀，表面光滑，是史前打制缺口石刀的改进形态。此外，都城范围内还出土有半月形双孔石刀，可能来自岳石文化。石刀的钻孔以及缺口，皆为穿绳之用，细绳穿过孔或缺口系好形成绳圈，手指套在绳圈上，这样不易掉落。使用时"将刃部大体水平地贴在直立的穗茎上，用拇指按住穗茎横向地用力压切以割断谷物穗茎"①。

---

① 罗二虎：《中国古代系绳石刀研究》，载中国社会科学院考古研究所：《考古学集刊》(14)，文物出版社 2004 年版。

（二）农作物种类

近些年来，植物考古应用越来越广泛，重大遗址的考古发掘一般会采集大量遗迹单位以及地层的土样，通过浮选工作，以获得炭化植物遗存，复原各区域、各遗址的农业生产特点。植物考古成果表明，夏都区域的农作物种类主要有粟、黍、稻、小麦、大豆等。

二里头遗址 2000—2006 年度发掘过程中采集到的 157 份浮选样品，浮选出的农作物籽粒有粟、黍、稻、小麦、大豆五个品种，总共 18422 粒。其中粟数量最多，占农作物总数的 60.0%；其次是稻，占 30.8%；黍占 8.3%；大豆、小麦发现较少，大豆约占 0.7%，小麦仅发现 8 粒。[1]

新砦遗址 1999—2000 年度发掘的新砦期遗存中，浮选出炭化农作物有粳稻 429 粒，粟 256 粒，黍 98 粒，另外有野大豆 6 粒。新砦期稻的出现频率达到 80%，粟、黍的出现频率也有增加，表明农业以稻作为主，旱作农业居次要地位，采集野大豆比例下降明显。[2]

二里头遗址出土的众多刻画图像中，有两件近似稻穗、麦穗。稻穗有六个带芒的稻粒，茎上有两片叶子。麦穗图像稍残，可见饱满紧凑的麦粒，麦芒较长。[3] 稻穗、麦穗形象生动，显然是参照实物刻画出来的。这两件刻画图像标本的出土，应是二里头都邑农作物的重要写照。

（三）粮食存储

二里头等都邑遗址发现有大量灰坑窖穴，有的形制规整，不排除一部分是当作储存粮食的窖穴。限于材料，都邑范围内的粮食储存情况不详，但参考其他同期遗址的发现推断，竖穴坑或袋状坑应该就是当时储存粮食

---

[1] 中国社会科学院考古研究所编著：《二里头（1999—2006）》，文物出版社 2014 年版，第 1300—1304 页。

[2] 北京大学震旦古代文明研究中心、郑州市文物考古研究院：《新密新砦（1999—2000年田野考古发掘报告）》，文物出版社 2008 年版，第 419、493 页。

[3] 中国社会科学院考古研究所编著：《中国考古学·夏商卷》，中国社会科学出版社 2003年版，第 107 页。

的仓窖。

郑州东赵遗址中城年代属于二里头文化时期。其城内中部偏东的区域内分布有较为集中的地穴式遗存，均为袋状坑，年代为二里头文化二期。在部分地穴式遗存内发现有祭祀遗存（完整的猪骨架、未成年人骨架、龟壳等），此类遗存的性质可能是仓窖，其中一部分有可能后期用于祭祀。①

山西夏县东下冯遗址发现一处二里头文化时期的袋状窖穴（H417）。该坑平面呈鞋底状，竖穴、平底，中部有两个圆形的生土墩。该坑长7.7米，最宽处3.1米，深3.3米。坑壁下部经过火烧加工，底部有铺垫物，坑底发现有大量已炭化的粟②，显然是专门当作储存粮食的窖穴。

二、采集与渔猎

二里头、新砦等夏代都城遗址内除了发现有丰富的农作物遗存外，还出土有少量栎果、菱角等坚果类遗存，酸枣、桃等核果类遗存，山药类植物残块，葡萄属植物的种子，花椒籽粒遗存。③这些遗存在遗址内的出现，显然有大部分是城内居民采集回来的，栎果、酸枣、桃、葡萄等野生果实皆可食用，花椒是古代烹饪中重要的作料，可以使食物更加有味。这些遗存的发现，表明夏都范围内采集经济在经济生活中仍占一定的比重。

二里头、新砦等都城遗址出土有大量贝类、鱼类、爬行类、鸟类、哺乳动物类的残骸。其中贝类主要有中国圆田螺、背瘤丽蚌、洞穴丽蚌、剑状毛蚌、三角帆蚌、文蛤、无齿蚌、拟丽蚌、鱼尾楔蚌、圆顶珠蚌等；鱼

---

① 顾万发、雷兴山、张家强：《夏商周考古的又一重大收获》，《中国文物报》2015年2月27日。

② 中国社会科学院考古研究所等：《夏县东下冯》，文物出版社1988年版，第106—107、225页。

③ 中国社会科学院考古研究所编著：《二里头（1999—2006）》，文物出版社2014年版，第1296—1298、1307—1308页。

类有鲤鱼；爬行类有龟、鳖、鳄；鸟类有雉、雕、鸥、雁、鹳；哺乳动物类有兔、豪猪、熊、虎、豹、貉、黄鼬、犀牛、野猪、梅花鹿、狍子、獐、獾等。① 此外，二里头遗址出土的陶器和骨片上，屡屡发现有刻划鱼的形象②，说明当时的居民对鱼的形象和习性是了解的。在各都城遗址内，出土有鱼叉、鱼钩、鱼镖、网坠以及骨镞、石镞等渔猎工具，说明这些动物应是通过渔猎捕获的。非家畜动物遗骸以及渔猎工具的发现，表明夏代都城内仍存在一定规模的渔猎经济。考古资料表明，二里头遗址先民利用的主要动物资源是家养动物，但野生动物资源也占有较大比重③，显示出狩猎是夏都社会的一项重要活动。

三、家畜饲养

早期人类将野生动物驯养成为家畜，进行畜养控制，是人类历史重要的进步。家畜的肉可作为优质食物，皮毛可用于御寒，骨骼可用于制作工具，牛、狗等家畜还可以为人提供劳役服务，是古代居民赖以生存的重要资源。

古人在食用肉食后，一些不宜用作加工骨器的骨骼，就会被抛弃，这些骨骼是鉴定人们宰食的动物是否是家畜的重要资料。二里头遗址可以确认的家养动物有狗、猪、羊和黄牛，其中羊包括山羊与绵羊。④ 从出土的

---

① 中国社会科学院考古研究所编著：《二里头（1999—2006）》，文物出版社 2014 年版，第 1317—1328 页；北京大学震旦古代文明研究中心、郑州市文物考古研究院：《新密新砦（1999　2000 年田野考古发掘报告）》，文物出版社 2008 年版，第 466—468 页。

② 中国科学院考古研究所洛阳发掘队：《河南偃师二里头遗址发掘简报》，《考古》1965 年第 5 期；中国社会科学院考古研究所二里头队：《1980 年秋河南偃师二里头遗址发掘简报》，《考古》1983 年第 3 期。

③ 李志鹏、江田真毅：《二里头遗址的野生动物资源获取与利用》，《南方文物》2016 年第 3 期。

④ 中国社会科学院考古研究所编著：《二里头（1999—2006）》，文物出版社 2014 年版，第 1328—1337 页。

动物骨骼看，家养动物在全部动物中占据较高的比例，其中牛、羊的数量有逐步增长的趋势。新砦遗址除了常见的猪、牛、羊等家养动物外，还发现较多人工饲养的鹿。①

据有关学者研究，二里头遗址内二里头文化二期的羊多在三岁之前被宰杀，但在二里头文化四期多在三岁以后被宰杀，前者反映的是以肉食资源为主要获取目标的开发策略，后者则主要以产羊毛为主。② 这些变化表明当畜产品需求发生改变时，古人对畜养动物的开发策略也适时进行了调整。

通过对家畜的食性分析，可探讨家畜的饲养方式。二里头遗址猪、狗的食物中包含较多的粟与黍，另外猪、狗食物中的动物蛋白主要来源于人类的肉质食物残余，其中狗的食物中包含更多的动物蛋白。绵羊的饲养方式主要是野外放养，食物主要是野生的草叶。黄牛的主要饲养方式是人工喂养，粟、黍作物的副产品是其主要食物。③ 新砦遗址家畜的饲养方式与二里头遗址较为一致，只是家畜的圈养程度，尤其是羊的圈养程度要高于二里头遗址。④

从上可知，夏代都城内的居民是以狗、猪、牛、羊为主要的家养动物，用人食用的食物残余来喂养狗、猪，重点畜养牛、羊，充分利用了较为充足的作物秸秆以及野生的植物资源来增加牛、羊的数量，彰显当时畜牧业的进步。

---

① 张雪莲、赵春青：《新砦遗址出土部分动物骨的碳氮稳定同位素分析》，《南方文物》2015年第4期。
② 中国社会科学院考古研究所编著：《二里头（1999—2006）》，文物出版社2014年版，第1348页。
③ 中国社会科学院考古研究所编著：《二里头（1999—2006）》，文物出版社2014年版，第1372—1373页。
④ 张雪莲、赵春青：《新砦遗址出土部分动物骨的碳氮稳定同位素分析》，《南方文物》2015年第4期。

四、手工业

二里头等都城遗址内发现有大量各种材质的生产工具以及武器，较为稀有罕见的青铜器、玉器、漆器、白陶，以及日常用的陶器。这些遗物一部分是来自都城内制造，一部分是来自外域。根据都城内发现的与手工业作坊相关的遗存可推断，夏代都城内存在制造青铜器、玉器、陶器、石器、骨蚌角器的手工业，一些手工业作坊已经达到了相当的专业化程度。

（一）青铜熔炼与铸造

夏代发现青铜器的遗址较多，二里头、新砦、望京楼、大师姑等都城遗址都有发现，登封南洼[1]、洛阳东干沟[2]等非都城遗址内也有少量发现，但出土青铜器数量最多的是二里头遗址，有百余件。

夏代青铜器仍以小件的生产工具以及武器为主，种类有刀、凿、锛、锥、镞、锯等，新出现的青铜兵器有钺、戈。除了较为简单的小件铜器外，二里头、望京楼等都城遗址内还出土有爵、斝、鼎、盉等青铜容器（图3—2），乐器有铃。镶嵌有绿松石片的兽面纹牌饰，铸造及镶嵌工艺较为高超，可能是礼器。铜器纹饰有凸弦纹、乳钉纹、方格纹等。

夏代的青铜熔炼与铸造遗存在二里头都城遗址有所发现。该青铜作坊位于遗址东南部，宫城之南，四周建有围墙，似为工城。有关青铜铸造的遗迹有青铜器浇铸场、烘烤预热陶范的房址以及疑似烘范窑。浇铸场为半地穴建筑，工作面上发现有红烧土硬面以及铜液泼洒形成的铜渣层，表明其曾长期使用。场地内发现有分层的墓葬，可能与奠基活动相关。浇铸场北侧的房址内发现中部有土柱的火塘，可能用于烘烤预热陶范。铸铜作坊

---

[1] 郑州大学历史文化遗产保护研究中心编：《登封南洼——2004—2006年田野考古报告》，科学出版社2014年版。

[2] 考古研究所洛阳发掘队：《1958年洛阳东干沟遗址发掘简报》，《考古》1959年第10期。

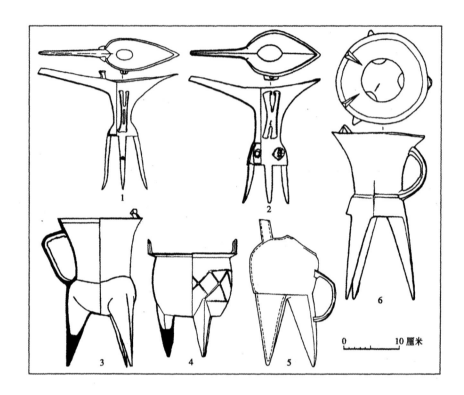

图3—2 二里头遗址出土的青铜容器

1、2.爵 3、6.斝 4.鼎 5.盉

内还发现有一座窑址，根据所处位置，推测是烧制陶范的烘范窑。①

铸铜作坊内除发现有铸铜相关的遗迹，在作坊内的灰坑、房址等遗迹以及地层单位内还发现有陶范、石范、熔炉碎片、熔炼渣、铜矿石、小件铜器等与青铜熔炼铸造相关的遗物。陶范多为外范，有的还有兽面纹，所铸铜器多为圆形，直径最大者可达36厘米以上，少量是方形器。② 这些遗存也说明二里头遗址设置有熔炼、铸造青铜器的作坊。

---

① 中国社会科学院考古研究所：《中国考古学·夏商卷》，中国社会科学出版社2003年版，第112—113页。

② 郑光：《二里头遗址与我国早期青铜文明》，载中国社会科学院考古研究所编著：《中国考古学论丛——中国社会科学院考古研究所建所40年纪念》，科学出版社1993年版。

据相关研究，二里头遗址青铜器的铸造，多采用浑铸法，简单的兵器、工具类多采用双面范浇铸，而容器及铃等器类则用组合范铸造。其中铜铃用 2 块外范、1 块范芯铸造；铜爵主要由 2 块外范、1 块底范、1 件腹芯组合铸造；铜鼎的铸型为 2 块腹范、1 块底范、1 块腹芯的组合；铜斝的铸型是由 3 腹范、1 腹芯和 1 鋬芯组成。[①] 这些表明夏代青铜器的铸造水平已经超越原始的单范铸造，进入复合范铸造容器阶段，专业化水平较高。

夏都内主要从事青铜的熔炼和青铜器的铸造活动，而青铜的采矿、冶炼活动应该在距离都城较远的地方。有学者通过大范围的调查研究，推测豫西晋南地区可能是当时进行采矿以及冶炼的地区之一，采矿在山上，冶炼在河流旁。[②]

（二）玉石器制造

二里头、新砦、大师姑、望京楼等都城遗址内都发现有玉器，其中二里头遗址出土数量最多。这些玉器多出自墓葬，种类主要有璋、璜、钺、戚、圭、戈、柄形饰、铃舌、牌饰、鸟形器、龙形器等。另外在居址内也发现有玉质的琮、铲、凿、镞、环、坠饰、纺轮等。《左传》之《定公四年》《哀公十四年》等文献，都提到"夏后氏之璜"，璜即半璧。"夏后氏之璜"与后代的"和氏之璧"一样都是无价之宝，历代传之。只是玉璜在二里头等都城遗址的考古发掘中还未见到。

二里头等遗址出土玉器所用玉料主要有闪石玉、岫岩玉以及绿松石玉。这些玉器的制作工艺，主要有切割、钻孔、减地、阴刻、打磨等。各都城遗址内均极少发现制作较大型玉器相关的毛坯、废料。二里头遗址出

---

① 陈国梁：《二里头文化铜器制作技术概述》，载中国社会科学院考古研究所编：《三代考古》（二），科学出版社 2006 年版。
② 中国社会科学院考古研究所编著：《二里头（1999—2006）》，文物出版社 2014 年版，第 1671 页。

土的 IV H60：5 是一件有加工痕迹的残器，但并不是加工残器，很可能是改制残器。[1] 都城遗址内是否存在大型制玉作坊，墓葬中出土的闪石玉器是否在遗址内制作，还有待今后考古确定。

二里头遗址虽然未发现有玉器作坊，但发现明确的绿松石器制作作坊，地点位于紧邻宫城区的围垣作坊区东北隅。这里集中清理出大量制作绿松石的石料以及半成品、废品，仅在一灰坑（2004 V H290）内就出土各类绿松石遗物 3000 余件。[2] 这些半成品、残废料与遗址内出土的成品绿松石片、珠、管在用料、形态上极为一致，由此可断定墓葬、居址内出土的绿松石制品是在遗址内部制作完成的。据学者推测，鄂豫陕绿松石矿北矿带的云盖寺矿是二里头遗址出土绿松石的来源之一。[3]

镶嵌有绿松石片的器物有牌饰、龙形器，制作这类器物需要大量较为细小且薄的绿松石片。根据对发现绿松石制品的分类整理，可推测加工完成绿松石片的程序与工艺：首先从绿松石原料上打下较小的片状绿松石，研磨表面，使其平滑，再根据需要研磨边缘使其大小形状适合镶嵌的需要。一些嵌片边缘呈倾斜状，是片切割所遗留痕迹，表明在嵌片成形过程中曾用片切割工艺。嵌片两面加工程度也不一致，外面一半加工较为光滑，内面经常有铁锰层与擦痕。完成的嵌片通过拼合镶嵌于青铜沟槽或其他类物体的表面，再加以其他质地的装饰物，最终完成制作。[4]2002 V M3 龙形器，所用绿松石片共 2000 余件，每片大小约为 0.2—0.9 厘米，厚约

---

[1] 中国社会科学院考古研究所编著：《二里头（1999—2006）》，文物出版社 2014 年版，第 1387—1388 页。

[2] 中国社会科学院考古研究所编著：《二里头（1999—2006）》，文物出版社 2014 年版，第 337—338 页。

[3] 中国社会科学院考古研究所编著：《二里头（1999—2006）》，文物出版社 2014 年版，第 1414—1427 页。

[4] 中国社会科学院考古研究所编著：《二里头（1999—2006）》，文物出版社 2014 年版，第 1388—1394 页。

0.1 厘米，多为长方形、方形，少量为三角形、梯形、圆角长方形、不规则形。龙形器除用绿松石片来作为龙的身体、面部以及鼻头外，还用闪石玉质的竹节管以及半球作为龙的鼻梁以及眼珠。①

绿松石除用于嵌片外，还较多制成珠状、管状饰品，一部分可能用作耳饰。制作这类管珠类饰品同样需要用打击、研磨技术使石料逐渐成形，再用实心钻工艺，直至钻孔完成。

从夏都玉器、绿松石器的发现情况看，夏代玉器的生产与分配应由王权贵族掌控，绿松石制品由二里头遗址生产，大部分分配给都城内的贵族使用。大型的闪石玉、岫岩玉制品，则可能通过交换、收取朝贡等方式，从周边族群获得，再向下分配给各都城大小贵族使用。

夏代虽然整体上属于青铜时代，但石器在社会生活中仍然广泛应用，在夏代各类都城遗址内都有大量石器出土。石器种类较多，既有铲、刀、镰、斧、锛、凿、网坠等生产工具，又有杵、臼等日常生活用具，以及钺、戈、镞等武器。生产工具类数量最多，又可细分为农具类的铲、刀、镰，渔猎工具类的网坠，木作工具类的斧、锛、凿。农具类石器占石器总数的一大半，反映出农业经济的大发展。日常生活类以及武器类石器发现数量较少，多出自规格较高的都城遗址内。

夏代石器制作技术已达到较高水平。工匠熟知各类石料的特性，制作石器所用石料较为集中，各类石器所用石料也较为固定，每种石器的形态较为一致，近似于批量生产。石刀主要用片岩、砂岩制作，石铲用细砂岩或灰岩、白云岩，石斧多用安山岩、辉绿岩等火山岩，石镰多用砂岩或变质砂岩。石器制作大都经过修打成型、琢制、磨制三道工序。一些石器如刀、钺需要钻孔，琢钻法在这一时期较为流行。部分石器在生产过程中采

---

① 许宏、李志鹏、赵海涛：《河南偃师二里头遗址发现大型绿松石龙形器》，《中国文物报》2005 年 1 月 21 日；中国社会科学院考古研究所编著：《二里头（1999—2006）》，文物出版社 2014 年版，第 1005 页。

用切割工艺。另有石器表面非常光滑，可能经过抛光。石器在长久使用后，刃缘变钝或产生凹缺、片疤，影响使用。这时的石器并不会扔弃不用，而是进行刃缘修整磨锋。

夏都遗址发现有一些改制石器。所谓改制石器是指当一类石器残损或功能丧失后，利用石器的残存形态，经过二次加工制成其他类石器的行为。改制而成的石器即"改制石器"。在二里头、新砦、望京楼、大师姑等都城遗址内，都出土有一定数量的石器改制迹象和改制石器，包括利用残的石镰、石铲、石钺、砺石改制的石刀，用残的石刀、石镰改制的小型石锛，用石斧改制的石锤等。[1] 二里头遗址 1959—1978 年考古发掘出土的石器共有 672 件[2]，其中改制石器至少有 21 件，占石器总数的比例不低于 3.1%。新砦遗址辨认出的改制石器 2 件（1999T2H38：1、2000T2H93：7），年代皆为新砦期。[3] 望京楼遗址共出土石器 771 件，其中改制石器至少有 39 件[4]，所占比例为 5.1%。其中二里头文化城址第一期（属二里头文化三期）石器共 70 件，改制石器 3 件，占石器总数的4.3%；第二期（属二里头文化四期）石器共 240 件，改制石器 9 件，占石器总数的 3.8%。改制石器的集中出现可能与农业经济的繁荣发展对石器的需求大量增加相关。改制石器种类众多，改制方法各异，反映出夏代石器生产技术的高超水平。

河洛范围内的夏代都城遗址皆分布在嵩山周围，利用的石料多应产

---

① 张国硕、郑龙龙：《论夏商时期的改制石器》，《文物》2018 年第 5 期。

② 中国社会科学院考古研究所编著：《二里头（1999—2006）》，文物出版社 2014 年版，第 1296—1298、1664—1665 页。

③ 北京大学震旦古代文明研究中心等：《新密新砦（1999—2000 年田野考古发掘报告）》，文物出版社 2008 年版，第 206、208 页。

④ 郑州市文物考古研究院编著：《新郑望京楼（2010—2012 年田野考古发掘报告）》，科学出版社 2016 年版，第 134、140、142、273、276、277、281、297、490、492、574、588、666、667、679、682 页。

自嵩山山系。就都城遗址内已发现的石制品情况看，都城范围内并未设置专门生产石器的手工业作坊。一方面因为都城距离石料产地有一定距离，石料的运输费时费工；另一方面王朝统治者仅热衷于在都城内生产与自身息息相关的玉器、青铜器以及骨器，而对于劳动者所需的石质工具并不特别感兴趣。都城内零散的石器生产多是家庭式的小规模生产，部分属于石器改制，而都城居民使用的大多数石器应来自周边专门生产石器的遗址，这类遗址多邻近石料产地。有学者明确指出，二里头都城遗址成品石铲大多来自周边的偃师灰嘴等几个遗址的供应，遗址内可能不存在广泛的石铲生产行为。[①] 新砦遗址紧邻嵩山东麓，又处于双洎河边，获取石料十分方便，但遗址内缺少石器生产过程中废弃的毛坯以及碎石料。望京楼城址内所用石器一部分可能是自身生产，例如石铲，出土有一定数量的石铲毛坯，但少见到生产石铲过程中产生的废石料，表明运至望京楼遗址的石铲石料已经粗打成形，在城内进行的石铲制造环节可能仅限于磨光表面磨锋、刃缘。出土的石制品中少见生产石镰、石钺、石斧的毛坯以及废料，这些器类的大部分可能不在城内生产，应是直接从外部输入成品。

（三）骨角蚌器制作

骨器、角器、蚌器在夏代都城遗址内也较为常见，大多数为工具，另有少量装饰品。骨器种类主要有簪、笄、铲、锛、凿、锥、刀、镞、鱼钩、鱼叉、鱼镖、针、匕、坠饰等。角器种类多为镞，另有鹤嘴锄。蚌器种类有刀、镰、铲、锯、锥、镞等。二里头、新砦、望京楼等遗址内发现有切割痕迹的动物骨或角，表明骨器、角器是在都城遗址范围内制作的。

---

① 陈星灿：《从灰嘴发掘看中国早期国家的石器工业》，载中国社会科学院考古研究所等编：《中国考古学与瑞典考古学——第一届中瑞考古学论坛文集》，科学出版社2006年版。

　　二里头遗址发现多处与制作骨器有关的遗存，如出土有骨料、废骨料、骨器半成品、成品和磨骨工具的灰坑等，地点集中在北部的祭祀遗存东部与西部、宫城内四号宫殿南、宫城西南隅等地。1985—1986 年，在二里头遗址北部第Ⅳ区，发现一大型灰坑（H5），长约 12 米，宽近 9 米，深约 4 米。该坑上层集中堆积着大批废骨料，以大型动物的肢骨两端的关节骨为最多，上面遗留有锯割的痕迹；同时还出土诸多骨器半成品和产品，如笄、镞、锥、铲、匕、针等产品 100 余件。① 有学者研究认为，二里头文化时期，二里头遗址集中式的作坊与零星的加工点生产并存，出现了统治者控制的"官营"制骨作坊以及依附于"官府"的制骨工匠；作坊区由不同的生产群体（小组）共同组成，可能尚未出现专门制作某一器类的区域（作坊）；产品以簪和镞为主，以满足日常生活、生产为基本目的；骨器成品型式多样，缺乏较高的标准性和统一性，商品性生产的特征不明显。②

　　夏代制作骨角器选用的骨料多为家养动物的骨骼和角，以牛最多，原料丰富且易于获得。利用的骨骼部位主要是大中型哺乳动物的长骨和肋骨，以及牛、羊、猪以及鹿科动物的肩胛骨。其中长骨一般用于制作骨笄等条形器物，肋骨用于制作骨匕、骨板、刮抹器等片状器物。利用的角多为鹿科动物，多作镖、锥、镞等器。

　　制作条形器物首先要用切割法，去除关节部分，再根据制作骨器的长度，截取长短合适的骨料，之后用刀具将骨角管劈裂开，再经刮削成形，最后将成形的骨角条在砺石上打磨，完成制作。制作骨匕、骨钗则稍复杂，除一般的截取磨制外，还有细部的刻划、钻孔等工序。二里头遗址发现的一件骨猴，制作复杂，要经过截料、雕刻、剔挖使其成形，器身的孔

---

① 中国社会科学院考古研究所编著：《中国考古学・夏商卷》，中国社会科学出版社 2003 年版，第 121 页。

② 陈国梁、李志鹏：《二里头遗址制骨遗存的考察》，《考古》2016 年第 5 期。

洞以及眼部轮廓则使用管钻法制作。①

蚌器制作简单，只需将蚌壳多余部分去除，修整边缘，有的穿孔磨刃，即可完工。

制作骨角蚌器所用工具主要有用于切割的薄石片、铜锯，用于劈裂的刀具，用于磨骨的砺石。经过长时间的磨砺，砺石之上会出现多条较窄的凹槽。这种砺石在二里头、望京楼等多个都城遗址都可见到。

夏代都城的工匠对骨角原料的选择较为得当且固定，切割痕迹也有明显的分布规律，由此推测当时对骨角蚌器原料的认识已较为成熟，加工技术也较为进步。

（四）陶瓷器制作

陶器是夏代各都城遗址出土最多的遗物。二里头等都城遗址内除了出土有日常陶器外，还发现有精细陶器、白陶、印纹硬陶以及原始瓷器。主要器形有深腹罐、圆腹罐、捏口罐、器盖、盆、甑、壶、刻槽盆、鼎、鬲、大口尊、三足簋、爵、盉、盍、鬶等。《世本·作篇》《吕氏春秋·审分览·君守》都有"昆吾作陶"的记载。高诱注："昆吾……为夏伯制作陶冶。"由于昆吾擅长制作陶器，"昆吾"一词后来遂成为一些陶器的别称。《说文》云："昆吾，圜器也。"又云："壶，昆吾圜器也。"段玉裁注："古者昆吾作陶。壶者，昆吾始为之。"圜底陶壶在二里头遗址有多发现，望京楼遗址多见夹砂中口罐、盆、大口尊等圜底器，这些与文献的记载是相符的。

夏代各都城遗址内至今尚未发现大规模烧制陶器的陶窑群，但有分散的陶窑。二里头遗址陶窑分散于多个地点，其中Ⅸ区发现2座，Ⅳ区发现4座，Ⅴ区发现1座。仅在Ⅸ区、Ⅳ区各发现有2座相距较近的陶窑，其

---

① 中国社会科学院考古研究所编著：《二里头（1999—2006）》，文物出版社2014年版，第142、1025页、彩版三六六。

余皆单个出现。这些陶窑多保存较差，平面呈圆形，有些仅存火塘部分。其中发现于Ⅴ区一号宫殿废址之上的Y1，保存较好，有火塘、窑柱、窑箅、窑室、火门、烧火坑等组成部分。火塘内有方形窑柱，向上为窑箅，中部较薄，周缘较厚，有利于火焰进入窑室，增加烧制温度。箅上火孔大小不一，可分为三圈，外圈较大，内圈较小，有利于平衡窑室内温度。火门与窑柱相对，外与操作坑相连。①

虽然陶窑发现不多，但按常理，陶器易碎，不利于运输，从外地大量输入的可能性不大。史载"昆吾为夏伯制作陶冶"，可能是指昆吾向夏都输送制陶工匠、技术，输入的陶器应主要是精美的陶器，且数量不会太多，都城内使用的大宗陶器应该还是在遗址内部完成制作的。

夏代制作陶器一般经过原料制备、成型、修整、坯体装饰、烧制等环节。制作日用陶器所用原料为普通黏土。大多数陶器成型用泥条筑成法，少量用模制法、快轮拉坯法以及泥条拉坯法。修整工艺包括拍打、滚压、刮削、湿手抹平以及慢轮修整等。装饰纹样有绳纹、篮纹、方格纹、附加堆纹、花边、弦纹、镂空等。陶器烧造多用还原气氛，烧制的陶器多呈灰色。

对二里头遗址不同区域陶器的元素以及物相的聚类分析，表明各区域陶器矿料来源不同，因而推测二里头遗址可能存在多个制陶活动区域，每个区域都有自身较为固定的制陶作坊以及陶泥来源。②

夏代各都城内除较为常见的日用陶器外，还有一类精细陶器，即泥质黑皮陶，胎质纯净细腻，造型精致规整，主要有盉、爵、盉、鬶等器形，可称为酒礼器。其所用的羼料单一，技术稳定，具备规整固定的烧造模

---

① 中国社会科学院考古研究所编著：《偃师二里头（1959年—1978年考古发掘报告）》，中国大百科全书出版社1999年版，第260—262页。

② 中国社会科学院考古研究所编著：《二里头（1999—2006）》，文物出版社2014年版，第1670页。

式。因而酒礼器的生产可能与铜器、玉器一样，受王权控制，由专门的陶工制作，陶礼器的受用人群也应仅限于较高等级的贵族。[①]

二里头遗址还出土有少量白陶、印纹硬陶以及原始瓷器。白陶造型优雅，有的刻有纹饰，主要器类有鬹、盉、爵、大口尊等。硬陶质地坚硬，器表拍饰几何花纹，主要器类为盉。部分硬陶器表挂有一层釉，应属于原始瓷器的范畴。这些器物大都用瓷土（高岭土）烧造，烧成温度高于一般陶器，其中白陶烧成温度约为 900—1000℃，原始瓷胎烧成温度在 1100℃以上。经有关研究分析，二里头遗址及附近未有大型高岭土矿的存在，推测白陶、印纹硬陶以及原始瓷器皆为外地输入的。[②]

（五）其他手工业

根据夏代都城遗址内出土有酒器、漆器、纺织品等遗物，推测夏代都城还应存在制酒、制漆器、制车、纺织缝纫等手工业作坊。

古代文献有夏代酿酒的记载。《初学记》卷二六引《世本》云："仪狄始作酒醪，辨五味。"《北堂书钞·酒食部》引《世本》云："少康作秫酒。"《说文解字》云："古者仪狄作酒，杜康作秫酒。"夏都遗址虽然未发现有当时的酿酒作坊，但发现较多的酒器，其中墓葬随葬品中最常见的就是酒器，材质包括陶器、铜器、漆器。二里头遗址出土陶酒器包括爵、觚、杯等饮酒器，盉、鬹、斝等温酒或斟酒器，尊、罍等盛酒器；青铜器有爵、盉、斝等；漆器有觚。望京楼遗址也发现有青铜爵和陶觚、陶杯、陶大口尊等饮器。

二里头遗址墓葬中发现一定数量的漆器遗存。可辨器形有觚、匣、豆、盒、钵、匕、勺、瓢形器，另有漆鼓、漆棺等。其中墓中漆觚常与铜

---

① 中国社会科学院考古研究所编著：《二里头（1999—2006）》，文物出版社 2014 年版，第 1500 页。

② 中国社会科学院考古研究所编著：《二里头（1999—2006）》，文物出版社 2014 年版，第 1480—1498 页。

爵、陶盉配套。① 这些漆器种类多，髹红、黑、褐、白等四色漆，花纹繁复美丽，反映出漆器工业已达到较高水平，只是尚未有证据证明这些漆器是在夏都内生产或是外地输入的。

二里头遗址发现一批纺织品遗存。在墓葬随葬品中，一些铜器、玉器残留有纺织品包裹的痕迹，主要是组织纤维较粗的麻布、组织纤维较细的丝织品，绝大部分是平纹织物。如 1960 年在一件铜铃上发现的纺织品，为平纹，每平方厘米经纬线 10 根 × 10 根，判定是麻布② ；1984 年在另一件铜铃上发现的纺织品残片，也为平纹，每厘米经线 42 根，组织纤维较细。③

另外，二里头遗址 1994 年曾在Ⅶ区北部（今洛河滩内）发现一段二里头文化三期的双轮车的辙印④；2000 年以来对宫城及外围道路网的勘察，宫殿区南侧道路清理出车辙痕迹⑤（图3—3）。结合文献夏代奚仲作车、夏王朝设置有车正职官的记载⑥，推断制车业在当时应该已经出现。但由于这些器具易腐朽消失，相关作坊在都城内仍未发现，都城内是否存在生产作坊还无法认定，因而也不排除这些器具在外地制造完成而传入都城的可能。

---

① 中国社会科学院考古研究所编著：《中国考古学·夏商卷》，中国社会科学出版社 2003 年版，第 117 页。
② 中国科学院考古研究所洛阳发掘队：《河南偃师二里头遗址发掘简报》，《考古》1965 年第 5 期。
③ 中国社会科学院考古研究所二里头工作队：《1984 年秋河南偃师二里头遗址发现的几座墓葬》，《考古》1986 年第 4 期。
④ 中国社会科学院考古研究所编著：《中国考古学·夏商卷》，中国社会科学出版社 2003 年版，第 122 页。
⑤ 中国社会科学院考古研究所二里头工作队：《河南洛阳市偃师区二里头遗址宫城及宫殿区外围道路的勘察与发掘》，《考古》2004 年第 11 期。
⑥ 《世本·作篇》："奚仲作车。"《左传·定公元年》："薛之皇祖奚仲居薛，以为夏车正。"

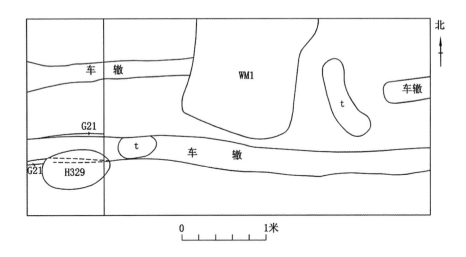

图 3—3　二里头宫殿区南侧道路与车辙平面图

五、贸易与交换

商业是以货币为媒介进行商品交换的经济活动，其最初形态即交换活动。交换活动的起源可追溯至新石器时代。《吕氏春秋·勿躬》《世本》有"祝融作市"的记载，其所处的年代应为新石器时代。部落之间、族群之间通过交换，获得本部落、族群不易生产的物品。最初的交换有相对固定的时间和场所，交换方式是以物易物，《易·系辞下》言神农氏"日中为市，致天下之民，聚天下之货，交易而退，各得其所"。

文献中较为明确记载的早期商品交易、商业活动多与商族人有关。早在先商时期，文献记载商族先祖王亥服牛驯马，用牛车拉着货物，到有易等部落从事交易活动。《山海经·大荒东经》："王亥托于有易，河伯仆牛，有易杀王亥，取仆牛。"到了商汤时期，也存在一定的交易活动。《管子·地数》篇记载："昔者桀霸有天下而用不足，汤有七十里之薄而用有余。天非独为汤雨菽粟，而地非独为汤出财物也。伊尹善通移、轻重、开阖、决塞，通于高下徐疾之策，坐起之费时也。"这里是说汤臣伊尹善于经营交

177

换、精通物价高低之政策。商灭亡后，《尚书·酒诰》记载商遗民"肇牵车牛远服贾"，即从事专业的经商活动。结合殷墟的考古发现，可证明商业活动在商族人的经济中已占据重要地位。

夏代社会发展已具备商业交换的条件。马克思在《资本论》中指出社会分工"是商品生产存在的条件"①，"商业依赖于城市的发展，而城市的发展也要以商业为条件"②。可见社会分工的发生以及城市的兴起是商业的发展的重要条件。夏代都城的主要产业为农业、畜牧业、手工业，城内平民主要从事某一种行业，各行业的从业者已经分离。在手工业内部也已经出现分工，例如二里头遗址内就存在着专门生产青铜器、玉器以及陶礼器的工匠。夏代城市的规模，相比史前已经有了较大的发展。二里头作为夏王朝的都城，面积达到300余万平方米；城市内布局有序，各功能区完备，有宫殿林立的宫城、专门从事奢侈品生产的工城、祭祀场所、一般手工业区、一般居民区等。大师姑、望京楼、新砦等遗址，城市规模较大，有一定规划布局。夏代存在的社会分工以及城市的大发展为商业贸易的出现奠定了重要基础。

关于夏代商业贸易的发展情况，文献较少涉及，但通过对考古材料的梳理，就可发现夏代当具有一定的贸易交换活动。从夏代中心区域各遗址内遗存反映的信息看，偃师灰嘴遗址是专门供给统治中心——二里头遗址的集中作坊式的石器生产遗址③，登封南洼遗址是嵩山地区重要的白陶供应地④。二里头遗址内存在当时独一无二的绿松石器作坊以及大型的铸铜作坊。都城周边遗址根据自身邻近的资源优势，发展相关手工业的专业化

① 《马克思恩格斯全集》第42卷，人民出版社2016年版，第29页。
② 《马克思恩格斯全集》第25卷，人民出版社2003年版，第370页。
③ 中国社会科学院考古研究所河南第一工作队：《2002—2003年河南偃师灰嘴遗址的发掘》，《考古学报》2010年第3期。
④ 郑州大学历史学院考古系等：《登封南洼2004—2006年二里头文化聚落发掘简报》，《中原文物》2011年第6期。

生产；都邑遗址则控制最重要的制铜、制玉手工业作坊，并进行骨器的专业化生产，如此就牵涉到产品的分配以及交换。产品的分配方式之一是供奉与赏赐，多涉及贵重的奢侈品。而日常用品的分配则多通过交换而互通有无，交换的方式主要是以物易物，也有通过货币买卖。《盐铁论·错币》中提到"教与俗改，币与世易。夏后以玄贝，周人以紫石，后世或金钱刀布"，是说夏代用"玄贝"进行交换。《史记·平准书》里曾提到夏朝使用"龟贝"做货币。二里头等众多遗址都出土有海贝、骨贝、石贝、蚌贝。贝在当时稀有珍贵，可能已经初步具有一般等价物的功能，因而夏代存在货币"玄贝"是有可能的。

　　基于以上综合分析，可推断夏代作坊内生产的部分产品很有可能已经属于商品，夏代或许已经存在初级形式的商业贸易。但是由于贝的数量较少，通过贝买卖产品的行为应当并不广泛，以物易物应是夏代主要的贸易方式。

第三节　都城文化生活

　　夏代都城的文化生活较为丰富多彩，在与人们审美、思想、习俗相关的精神文化方面表现较为突出。夏人的审美意识主要体现在美术、雕塑、乐舞等方面。都城发现的刻划符号是文字的原始形态，是夏代文化的重要载体。天文历法体现了夏人对于时令的认识。崇拜鬼神、祖先崇拜等思想观念也是夏代都城文化生活的重要组成部分。

一、美术

　　能够反映夏代都城美术生活的载体主要是陶器上的纹饰。夏代日用陶器的装饰纹样以绳纹为最多，其次有方格纹、篮纹、弦纹、附加堆纹等。

二里头等夏代都城遗址内还发现有陶礼器以及精致陶器，出现一些精美繁缛的特殊纹样。这些纹饰大多通过拍印或刻划方法，在陶器烧制前已经完成。部分精美纹样仅见于都城遗址。

二里头遗址发现的特殊纹样种类繁多，主要有几何纹样、植物纹样以及动物纹样（图3—4）。几何纹样主要有三角纹、卷云纹、云雷纹、回形纹、S形纹、螺旋纹等。植物纹样有花瓣纹、花蔓纹、叶纹等。动物纹样主要有蝉纹、蛇纹、蟾蜍纹、龙纹、兽面纹、羊首纹、蝌蚪纹、蝶纹等。另外，还发现有目纹、爪纹等纹饰。① 其中二里头一、二期发现的几何形纹样较多，三、四期不仅有几何形纹样，还大量出现动物纹样。

图3—4　二里头遗址出土的特殊纹样

1.花瓣纹（Ⅱ·ⅤT117⑤：13）2.耳形纹（ⅧT15⑤B：11）3.龙爪纹（ⅤT212③：1）4.龙纹（ⅤT210④B：3）5.变形兽面纹（采：26）6.龟蛇纹（Ⅴ·ⅡT107③：2）7.羊首纹（ⅡT208⑤：2）8.花蔓纹（采：44）9.蝉纹（ⅡH202：12）10.变形兽面纹（采：43）11.云雷纹（Ⅱ·ⅤT114⑤：19）12.蛇纹（ⅤT212⑤：1）

---

① 中国社会科学院考古研究所编著：《偃师二里头（1959年—1978年考古发掘报告）》，中国大百科全书出版社1999年版，第48、96、199、302页。

新砦遗址发现的特殊纹样主要有兽面纹（T1H24：1）、夔龙纹（T13G2③：1）。兽面纹残损不全，刻于器盖顶部，形象与二里头遗址出土的铜牌饰兽面纹样以及绿松石龙面部特征较为相似（图3—5：1）。夔龙纹饰于器物圈足，陶胎较薄，为泥质黑陶，表面乌黑发亮，纹饰呈带状环绕圈足一周，夔龙回首翘尾，器身弯曲，形象生动（图3—5：2）。

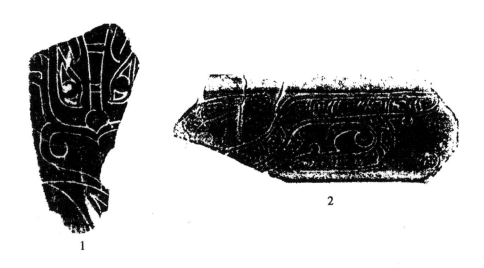

图3—5　新砦遗址出土的特殊纹样

1. 兽面纹（T1H24：1）2. 夔龙纹（T13G2③：1）

大师姑遗址出土的特殊纹样中，有一件是写实的人手之形（H39：17），五手指呈张开之势（图3—6：2）；另外还有一件残缺的图案（G5①b：25），发掘者认为是龙的局部形象[1]（图3—6：1）。

二里头、新砦、大师姑等都城遗址发现的各种特殊纹样多为局部片段，完整图样已不得而知。这些图案多为动物形象，篇幅较大，构图复杂，在同时期的中小型遗址内很少见到，表明其仅为夏代贵族统治者所享

[1]　郑州市文物考古研究所编著：《郑州大师姑（2002—2003）》，科学出版社2004年版，第34页。

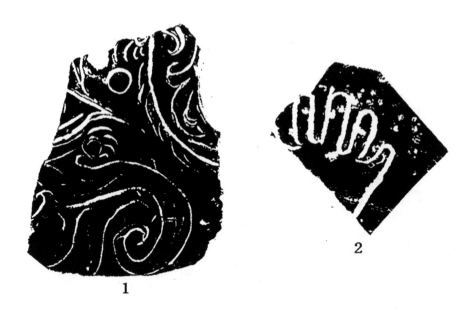

图 3—6　大师姑遗址出土的特殊纹样

1. 龙形纹（G5 ① b：25）2. 手形纹（H39：17）

有。纹样中有龙、蛇、蟾蜍、兽面等形象，可能与原始的神灵崇拜相关。

二、雕塑

二里头、新砦等都城遗址出土不少表现动物形象的雕塑、镶嵌饰，主要有陶塑、骨雕、玉石雕、绿松石牌饰等，表现的动物形象有龙、龟、蟾蜍、鸮、猴、鸟等。

二里头遗址出土的陶塑动物形象有蟾蜍、龟、鸮、龙、羊、鱼、狗、鸟等。① 陶蟾蜍（采：42），一头四足，体型较为肥硕，背部饰泥丁或满布圆圈纹，腹部有穿孔，可能是其他器物上或建筑上的附件（图 3—7：2）。陶龟（Ⅷ T13 ⑥：47），背部鼓起，形似屋脊，有方格形刻纹，腹部较平

---

① 中国社会科学院考古研究所编著：《偃师二里头（1959 年—1978 年考古发掘报告）》，中国大百科全书出版社 1999 年版，第 72、238、283、332 页。

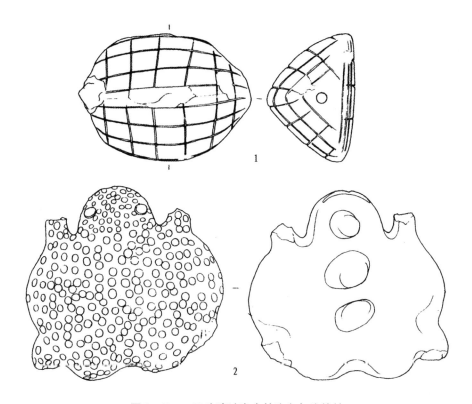

图 3—7　二里头遗址出土的陶龟与陶蟾蜍

1. 陶龟（Ⅷ T13 ⑥：47）2. 陶蟾蜍（采：42）

（图 3—7：1）。除单塑的陶龟外，还发现有作为钮部装饰的陶龟形象，也发现有装饰于陶盆内的小陶龟。陶鱼（Ⅲ H228：8）仅有头部，双目圆凸，张口鼓腮，较为生动形象（图 3—8：4）。陶羊首（Ⅷ T13 ③：1），装饰陶器柄部，羊角向内卷，眼鼻刻画形象入微，口微张，下颌伸出（图 3—8：1）。陶鸟（Ⅴ H65：7），仅存鸟身及尾部，体形较胖，短粗尾饰羽毛纹（图 3—8：2）。陶鸮，仅存眼部残片，推测体型巨大。陶狗（Ⅴ T34 ④ B：8），仅有头部，可能是陶器装饰，张口，竖耳，较为逼真（图 3—8：3）。鸭形陶鼎（Ⅳ M26：1），夹砂灰陶，矮领，鸭形腹，尖尾上翘，三乳钉足，背部有宽带状耳。腹一侧饰划纹，一侧饰篦纹，似羽毛状，耳饰铆钉和人

图 3—8　二里头遗址出土的陶塑

1.陶羊首（Ⅷ T13 ③：1）2.陶鸟（Ⅴ H65：7）3.陶狗（Ⅴ T34 ④ B：8）4.陶鱼（Ⅲ H228：8）

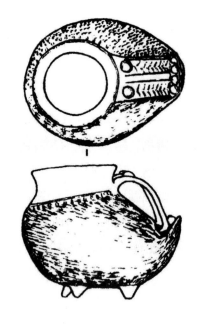

图 3—9　二里头遗址出土的鸭形鼎（Ⅳ M26：1）

字纹，形象生动（图3—9）。

新砦遗址出土的陶塑动物形象有猪、羊、狼（狗）等①。形象最为逼真的是一件器盖上的猪首塑像（T6⑧：782）。这件器盖为泥质浅灰陶，略折壁，盖顶用雕塑以及刻划手法塑造出猪首形象。猪首作上仰长啸状，其鼻、嘴、眼、耳、舌形象入微，惟妙惟肖，头顶及背部的鬃毛相连，作长把手，构思较为奇特（图3—10：1）。出土的羊首塑像（H87：11），作为陶器肩部的装饰部件，低首，嘴微张，羊角作圆形的泥饼状，与二里头发现的陶羊形象不甚相同（图3—10：2）。出土的器钮（T11⑦A：64），为

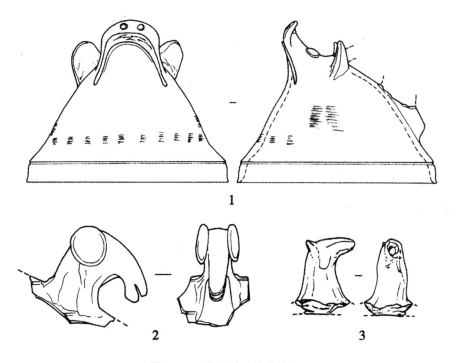

图3—10　新砦遗址出土的陶塑

1.猪首塑像（T6⑧:782）2.羊首塑像（H87:11）3.狗（狼）首塑像（T11⑦A:64）

---

① 北京大学震旦古代文明研究中心、郑州市文物考古研究院：《新密新砦（1999—2000年田野考古发掘报告）》，文物出版社2008年版，第312、353、374页。

动物形首，刻划不精细，略似狗或狼（图3—10：3）。

夏都骨雕发现较少。二里头遗址出土有一件骨猴（2002 Ⅴ M6：1）[1]，高2.2、宽0.75—0.95厘米，形体较小，属微雕作品。猴头人身，坐状，竖耳，深目，鼻部突起下部支于交叉的双臂之上，双膝并拢，双手置于膝上，较为生动形象（图3—11：2）。

夏都玉雕主要有鸟形器（2002 Ⅴ M3：13），出自二里头遗址。[2]整体呈圆柱形，淡青色闪石玉，玉质细腻，长9厘米，顶端雕成一鸟首状，中部以两组交叉的凸起条状纹饰代表双翅，下端收为一短榫，榫中部有一对向钻成的小孔，孔下部分残损（图3—11：1）。相似的鸟形器在瓦店遗址也发现1件（Ⅳ T4W1：4）[3]，形体短粗，钻孔位于鸟身中下部，刻画不精细。另外二里头遗址出土的一件柄形器（Ⅴ KM4：1）[4]，器身分六节，

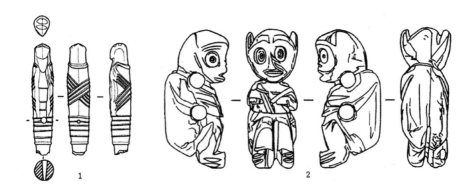

图3—11　二里头遗址出土的玉鸟形器及骨猴

1. 玉鸟形器（2002 Ⅴ M3：13）2. 骨猴（2002 Ⅴ M6：1）

---

[1] 中国社会科学院考古研究所编著：《二里头（1999—2006）》，文物出版社2014年版，第1025页。

[2] 中国社会科学院考古研究所编著：《二里头（1999—2006）》，文物出版社2014年版，第1004页。

[3] 河南省文物考古研究所编著：《禹州瓦店》，世界图书出版公司2004年版，第109页。

[4] 中国社会科学院考古研究所编著：《偃师二里头（1959年—1978年考古发掘报告）》，中国大百科全书出版社1999年版，第257页。

布满纹饰，一端用浅刻及浮雕手法雕刻出兽首，中部四节雕刻出兽面纹以及花瓣纹，造型精致。

夏都石雕仅见羊头形石杵（Ⅴ T12A③：1），出自二里头遗址。[①] 整体近似圆柱状，上部扁圆下部圆形，顶作羊头形，羊角内卷，面部刻画较为简单，但形象逼真，稍束颈，杵面半球形，器表光滑。羊头部分痕迹较新，似乎为后来雕琢，显示了较为高超的雕刻技艺（图3—12）。

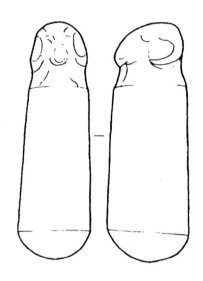

图3—12　二里头遗址出土的羊头形石杵（Ⅴ T12A③：1）

镶嵌绿松石铜牌饰在二里头遗址出土至少3件。[②] 牌饰基底为青铜质，圆角长方形，两侧有四个两两相对的小环，正面青铜线条勾勒图案，之间镶嵌长方形绿松石片。图案多为兽面纹，圆目突出，为龙或虎的形象

① 中国社会科学院考古研究所编著：《偃师二里头（1959年—1978年考古发掘报告）》，中国大百科全书出版社1999年版，第283页。

② 中国社会科学院考古研究所二里头工作队：《1981年河南偃师二里头墓葬发掘简报》，《考古》1984年第1期；中国社会科学院考古研究所二里头工作队：《1984年秋河南偃师二里头遗址发现的几座墓葬》，《考古》1986年第4期；中国社会科学院考古研究所二里头工作队：《1987年河南偃师二里头遗址墓葬发掘简报》，《考古》1992年第4期。

图 3—13 二里头遗址出土的兽面纹铜牌饰

(图 3—13)。

绿松石龙形器仅在二里头遗址出土 1 件①。绿松石原应粘嵌在某种有机物上，绿松石龙形体较长，巨头蜷尾，龙身曲伏有致，色彩绚丽。龙头呈梯形，三节实心半圆形的绿松石以及闪石玉柱组成额面中脊和鼻梁，绿松石质蒜头状鼻端，玉柱和鼻端根部均雕有平行凸弦纹和浅槽装饰。两侧弧切出对称的眼眶轮廓，为梭形眼，眼眶内另嵌绿松石片，以顶面弧凸的圆饼形闪石玉为睛。龙身略呈波状曲伏，中部出脊线，向两侧倾斜，菱形绿松石片象征鳞纹，连续分布于全体，尾尖内蜷。距绿松石龙尾端 3.6 厘米处，有一绿松石条形饰，与龙体近于垂直，应属一体。

夏代都城内发现的这些雕塑或者镶嵌艺术品，既有与宗教观念相关的龙、虎、龟、蟾蜍、鸮等动物形象，常见于贵重的玉石器、青铜器或者宫殿建筑附件之上，是统治者神灵崇拜的反映；又有与日常生活相关的鸟、狗、羊类塑形，多装饰于陶器的钮部、耳部，粗糙但不失神似，充满浓厚的生活气息，体现了夏代民众的一些审美观念。

---

① 许宏、李志鹏、赵海涛：《河南偃师二里头遗址发现大型绿松石龙形器》，《中国文物报》2005 年 1 月 21 日。

三、乐舞

夏代都城遗址内发现一定数量的乐器，主要种类有铜铃、陶铃、陶埙、漆鼓、石磬等。除陶铃、陶埙外，其他乐器皆出自规格较高的墓葬中。

铜铃在二里头遗址出土较多。[①] 铜铃内有管状铃舌，顶部呈椭圆形或枣弧形，有孔及钮，用以系铃舌，铃壁外斜，饰弦纹，一侧有扉棱（图3—14：1）。与山西襄汾陶寺遗址的红铜铃[②] 相比，二里头铜铃材质为青铜，形体更大、更高，造型也更为精致，器身增加了扉棱。铜铃作为较大型墓葬的随葬品，可能适用于身份特殊的人物以及特殊场合，是某种宗教仪式的法器或礼器。二里头遗址也发现有陶铃[③]，铃内同样有铃舌，形制与铜铃相近，但顶部呈弧形，且无扉棱。

陶埙多呈椭圆形或球形，中空，一般有两个穿孔。二里头遗址出土1件（Ⅱ·ⅤT113③灰：34）[④]，黑陶，高7厘米，上部较细，中鼓腹，下内

---

① 中国社会科学院考古研究所洛阳发掘队：《河南偃师二里头遗址发掘简报》，《考古》1965年第5期；中国社会科学院考古研究所二里头工作队：《1981年河南偃师二里头墓葬发掘简报》，《考古》1984年第1期；中国社会科学院考古研究所二里头工作队：《1982年秋河南偃师二里头遗址Ⅸ区发掘简报》，《考古》1985年第12期；中国社会科学院考古研究所二里头工作队：《1984年秋河南偃师二里头遗址发现的几座墓葬》，《考古》1986年第4期；中国社会科学院考古研究所二里头工作队：《1987年河南偃师二里头遗址墓葬发掘简报》，《考古》1992年第4期；中国社会科学院考古研究所编著：《偃师二里头（1959年—1978年考古发掘报告）》，中国大百科全书出版社1999年版，第137页；中国社会科学院考古研究所编著：《二里头（1999—2006）》，文物出版社2014年版，第1004页。

② 中国社会科学院考古研究所山西工作队等：《山西襄汾陶寺遗址首次发现铜器》，《考古》1984年第12期。

③ 中国社会科学院考古研究所洛阳发掘队：《河南偃师二里头遗址发掘简报》，《考古》1965年第5期。

④ 中国社会科学院考古研究所编著：《偃师二里头（1959年—1978年考古发掘报告）》，中国大百科全书出版社1999年版，第238页。

收，中空，一端及一侧有孔，吹之有音。王城岗遗址出土有 2 件陶埙[1]，胎体较薄，形态与二里头遗址的陶埙略异。较完整的 1 件（WT8H33：3）为不规整的圆球体，高 4 厘米，最大径约 3.8 厘米，泥质灰陶，中空，顶端圆孔较大，侧面又有一小圆孔。另有 1 件残陶埙（WT129H305：1），直径 5.2 厘米，泥质灰陶，椭圆形，中空，顶部一端有及接近顶部的侧面各有一小圆孔。

漆鼓出自二里头遗址一座较大型墓葬，为长筒形，束腰，通高 54厘米。[2]该墓除漆鼓外，还随葬有青铜牌饰、玉柄形器、铜铃、陶盉等高规格遗物，推测墓主应是夏王朝的上层人士，漆鼓也应是贵族独享的乐器。

石磬在新砦、二里头遗址都有出土。二里头遗址出土 1 件（Ⅵ KM3：21），出自规格较高的大型墓葬。[3]石磬近曲折形，顶部尖凸，有一双面穿孔，底部微内曲，边缘打制痕迹明显，两面较平滑（图 3—14：2）。二里头时期是石磬的萌芽产生期，这件石磬是后来殷墟遗址虎纹石磬以及周代石编磬的源头和最初形态。

文献中也有关于夏代舞乐的记载。夏启、太康时期曾纵情于歌舞酒色之中。古本《竹书纪年》记载"夏后开（启）舞九韶"，《楚辞·离骚》有"启九辩与九歌兮，夏康娱以自纵"之句，"九韶""九辩""九歌"应为流行于夏代宫室的舞乐。当时歌舞场面宏大。《墨子·非乐上》引《武观》曰："启乃淫溢康乐，野于饮食，将将铭（铭），苋磬以力，湛浊于酒，渝食于野，万舞翼翼，章闻于大（天），天用弗式。"另外，古本《竹

——————————

① 河南省文物考古研究所、中国历史博物馆考古部：《登封王城岗与阳城》，文物出版社1992 年版，第 125、141 页。

② 中国社会科学院考古研究所二里头工作队：《1981 年河南偃师二里头墓葬发掘简报》，《考古》1984 年第 1 期。

③ 中国社会科学院考古研究所编著：《偃师二里头（1959 年—1978 年考古发掘报告）》，中国大百科全书出版社 1999 年版，第 257 页。

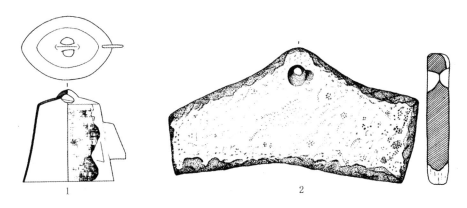

图3—14　二里头遗址出土的乐器

1.铜铃（Ⅴ M22：11）2.石磬（Ⅵ KM3：21）

书纪年》还记载"后发即位，元年，诸夷宾于王门，再保庸会于上池，诸夷入舞"，反映的是各方夷族来夏都朝奉、在王宫内进行舞乐表演的场景。

四、刻划符号与文字

王城岗、二里头等都城遗址发现较多的刻划符号，多刻划于陶器器表，少量刻于骨器表面，多为单个出现。这些符号虽然未成句子篇目，但也并非随意刻划，一些符号已属早期文字，代表一定的含义。

王城岗遗址发现的3件刻划符号遗物，2件刻符呈"×"形，另1件刻符应与文字有关。后一件刻划符号（T195H473：3），刻于泥质黑陶薄胎平底器的外底，烧前刻画，象两手有所执持①（图3—15）。类似符号在甲骨文、金文中也存在。有学者认为其为会意字，可能是"共"，刻于器底或许是代表着器物所有者的族氏。②

① 河南省文物考古研究所、中国历史博物馆考古部：《登封王城岗与阳城》，文物出版社1992年版，第78页。

② 李先登：《试论中国文字之起源》，《天津师范大学学报》1985年第4期。

图 3—15 王城岗遗址出土的刻划符号

二里头遗址发现刻划符号最多，多刻于陶器器表（图 3—16），年代从二里头文化一期延续至四期。这些刻划符号中有一部分与甲骨文相似或相同，应该属于早期文字。例如有表示数字的一、二、三、六、七、八以及山、木、禾、竹、矢、井、皿、来、道、行、墉、射等字[①]，不仅有独体的象形字，而且有复合的会意字，有些文字繁简并存，表明夏代的文字已经经过了一定时间的发展[②]。

除刻于陶器器表的符号外，二里头遗址还曾出土一长条形骨片，上面契刻一个鱼形符号。有学者根据《说文解字》中"鲧，鱼也，从鱼，系声"的记载，认为此骨刻鱼形符号可能就是"鲧"字。[③]

---

① 中国社会科学院考古研究所编著：《中国考古学·夏商卷》，中国社会科学出版社 2003 年版，第 126 页；曹定云：《夏代文字求证——二里头文化陶文考》，《考古》2004 年第 12 期。

② 曹定云：《夏代文字求证——二里头文化陶文考》，《考古》2004 年第 12 期。

③ 王迅：《五帝时代与夏代史迹的考古学观察》，载北京大学考古文博学院编：《庆祝邹衡先生七十五寿辰暨从事考古研究五十年论文集》，科学出版社 2003 年版。

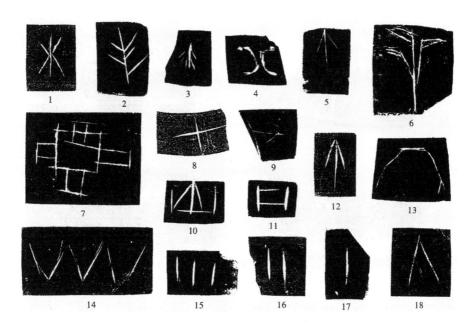

图3—16 二里头遗址出土的刻划符号

1、7、18.二里头队资料 2.Ⅳ T8 ③;7 3.Ⅷ T22 ③;4 4.Ⅷ T14 ④ C;1 5.采:
20 6.采:28 8.Ⅱ H202;14 9.Ⅱ·Ⅴ T103 采;19 10.Ⅷ H72;32 11.采:
27 12.Ⅴ H52;4 13.Ⅷ T13 ⑥;20 14.Ⅱ·Ⅴ T104 ③;31 15.Ⅴ T201 ③;
2 16.Ⅴ T201 ③;30 17.Ⅳ H60;45

新砦遗址新砦期遗存中也发现有一些刻划符号[1]，数量不多（图3—
17）。一些刻划符号同二里头遗址发现的相同，例如"十"字形符号；也
有不同的，如双"十"、草叶形符号等。

除都城遗址外，陕西商洛紫荆遗址[3]、河南渑池郑窑遗址[4]、新密黄寨

[1] 北京大学震旦古代文明研究中心、郑州市文物考古研究院：《新密新砦（1999—2000
年田野考古发掘报告)》，文物出版社2008年版，第239页。

[2] 中国社会科学院考古研究所编著：《中国考古学·夏商卷》，中国社会科学出版社2003
年版，第126页。

[3] 王宜涛：《商县紫荆遗址发现二里头文化陶文》，《考古与文物》1983年第4期。

[4] 河南省文物研究所、渑池县文化馆：《渑池郑窑遗址发掘报告》，《华夏考古》1987年
第2期。

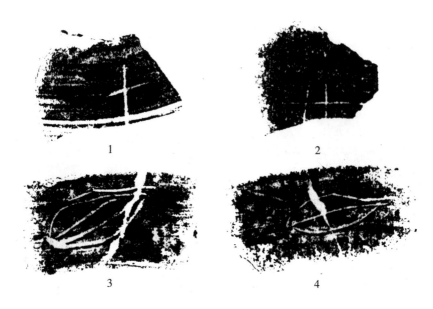

图 3—17　新砦遗址出土的刻划符号

1.2000T9H37：2　　2.1999T2F6②：2　　3.2000T4H53：24　　4.2000T4H53：21

遗址①、洛阳皂角树遗址②、伊川南寨遗址③，都出土有二里头文化时期疑似文字的刻划符号。其中黄寨遗址卜骨上的一个刻划符号，有学者分析认定其可能是"夏"字的初形。④

虽然在夏代都城遗址内发现有大量疑似文字的刻划符号，有些可能已属早期文字，但成篇文字尚未发现。联系到山西襄汾陶寺遗址出土有龙山文化至夏代初期的朱书陶文⑤，可以断定较为成熟的文字在夏

①　河南省文物研究所：《河南密县黄寨遗址的发掘》，《华夏考古》1993 年第 3 期。

②　洛阳市文物工作队编：《洛阳皂角树》，科学出版社 2002 年版，第 74 页。

③　袁广阔、马保春、宋国定：《河南早期刻画符号研究》，科学出版社 2012 年版，第 80 页。

④　李维明：《二里头文化骨刻字符试介》，载沈长云、张翠莲主编：《中国古代文明与国家起源学术研讨会论文集》，科学出版社 2011 年版。

⑤　李健民：《陶寺遗址出土的朱书"文"字扁壶》，《中国社会科学院古代文明研究中心通讯》2001 年第 1 期。

都范围应实际推行，只是有待考古工作者今后努力发现。从《吕氏春秋·先识览》"桀将亡，太史令终古执其图书而奔于商"的记载，推断夏代末年文书档案已经存在，只因刻于易腐朽的竹木之上，很难保存至今。

五、天文历法

夏人在长期的农业生产过程中已经总结出一定的天文历法知识。史载羲、和族群在尧舜禹以及夏代早期世袭担任天地之官，掌管天文历法。《史记·五帝本纪》："（帝尧）乃命羲、和，敬顺昊天，数法日月星辰，敬授民时。"在夏代中康时，由于羲氏、和氏沉迷于饮酒，弄错了时日而被征讨。《史记·夏本纪》："帝中康时，羲、和湎淫，废时乱日，胤往征之。"《集解》引孔安国："羲氏、和氏，掌天地四时之官。太康之后，沉湎于酒，废天时，乱甲乙也。"

文献中也有关于夏代月令历书的记载。《国语·周语》中引《夏令》曰："九月除道，十月成梁。"韦昭注："《夏令》，夏后氏之令，周所因也。"《史记·夏本纪》载："孔子正夏时，学者多传《夏小正》。"《礼记·礼运》载："子曰：'我欲观夏道，是故之杞，而不足征也。吾得《夏时》焉。'"《论语·卫灵公》："子曰：'行夏之时，乘殷之辂，服周之冕。'"《夏时》《夏令》今已不存，后人根据残存的夏代月令历书内容，合编出《夏小正》一书。《夏小正》将一年分十二个月，分别记载每月的物候、天象、气象和农事等内容，一定程度上反映了夏王朝时期的天文历法知识。

六、信仰崇拜

夏代统治者尊奉鬼神，推行巫术。《礼记·表记》称"夏道尊命，事鬼敬神而远之"，是说夏人知道遵从天命的道理，服侍鬼神，但又敬而远之。夏代的巫在王朝中处于很高的地位。夏启曾担任巫师，进行巫术活动，神通广大，能与天帝交通。《山海经·大荒西经》："开（启）上三嫔于天，得九辩与九歌以下。"这里说夏启通过献美女于上天得到了《九辩》与《九歌》乐舞。《山海经·海外西经》："大乐之野，夏后启于此儛九代。乘两龙，云盖三层。左手操翳，右手操环，佩玉璜。"这里描述了夏启举行《九代》乐舞活动的细节。《楚辞·天问》："启棘宾商，九辩九歌。""商"即"上"，即上帝。这里是说夏启宾于天帝，而得《九辩》《九歌》乐舞。这些夏启擅长的歌舞活动可能与巫舞有关。

占卜也是统治者尊奉鬼神的一种反映。通过占卜，预测吉凶，求助于鬼神，祈福消灾。夏代有专门负责卜筮的官员。占卜活动多在都城或区域性的政治中心进行。卜骨散见于灰坑、房址、路土和地层中，数量较多，仅1999—2006年期间二里头遗址发掘就发现160件卜骨[1]，证实了夏代都城内存在较为频繁占卜活动的推断。二里头等都城遗址出土卜骨的骨料多用猪、羊、牛的肩胛骨，少量是鹿科动物的肩胛骨。多数卜骨不整治，只灼不钻。部分肩胛骨对肩甲冈、肩臼、肩甲角进行修整。到了二里头文化四期，出现灼、钻兼施的肩胛骨。灼、钻排列无明显规律，灼痕多呈圆形或椭圆形，钻多为圆形。此外，大师姑遗址发现有2片二里头时期的卜骨。郑州东赵城址中，发现一座二里头文化二期的卜骨坑（H342），有数十块卜骨集中堆放。卜骨骨料系牛的肩胛骨，灼痕明显。[2]多地卜骨的发现，表明夏人在都城进行占卜活动是常态。

祖先崇拜是指对祖先亡灵的崇拜，史前社会常见的石祖、陶祖即是祖先崇拜的重要见证。石祖在夏代都城的二里头遗址第Ⅳ区也有出土，

---

[1] 中国社会科学院考古研究所编著：《二里头（1999—2006）》，文物出版社2014年版，第146页。

[2] 顾万发、雷兴山、张家强：《夏商周考古的又一重大收获——河南郑州东赵遗址发现大中小三座城址、二里头祭祀坑和商代大型建筑遗址》，《中国文物报》2015年2月27日。

制作精良 ①，表明传统的祖先崇拜形式在夏代仍有遗留。夏都建造有宗庙，用于供奉祖先和进行祭祀活动，也是举办重要政治、军事活动的场所。《尚书·甘誓》记载："用命，赏于祖；弗用命戮于社，予则孥戮汝。"文意是说执行命令的将士，将在祖庙得到赏赐，不执行命令的人，将在神社受到惩罚，把你们沦为奴隶，或加以刑杀。"祖"即为祖庙、宗庙，《释名》载："宗，尊也；庙，貌也，先祖形貌所在也。"宗庙是祖先的亡灵寄居之所，也是祖先崇拜的反映。夏王朝已进入早期国家阶段，其重要标志就是体现夏王权力的大规模宫殿建筑的出现。二里头遗址宫城内的部分大型建筑基址可能与宗庙建筑有关。建于二里头文化第三期的二里头遗址一号宫殿基址总面积1万多平方米，方向坐北朝南，现存夯筑台基高出当时地面0.8米。该基址由堂、庑、门、庭等单体建筑组成。基址中庭位置有一些人骨架和兽骨坑，人骨架皆为非正常埋葬，或为躬身屈肢，或为俯身葬，其性质应为祭祀坑，人骨、兽骨应为祭祀时的牺牲。清人戴震根据文献记载作有《考工记图》，其所绘周代宗庙图与二里头遗址一号宫殿基址的布局颇为相似。因此，一号宫殿基址除了宫室功能之外，可能还与夏都宗庙建筑有关。② 有学者研究认为，二号宫殿可能就是"夏人祖先神祇委身之所，即时王供奉其先王神主的地方，也是举行日常祭祖活动的地方，而四号宫殿则专为举行某些特殊祭祖典礼的场所"③。另外，建于二里头文化第二期的东部建筑群的三号、五号宫殿内发现有贵族墓葬，出土有青铜器、玉器，规格较高，这些贵族墓葬是东部建筑群的重要组成部分。因此，与王室贵族墓葬相联系的东部建筑

---

① 中国社会科学院考古研究所编著：《中国考古学·夏商卷》，中国社会科学出版社2003年版，第129页。

② 北京大学历史系考古教研室商周组：《商周考古》，文物出版社1979年版，第27页；邹衡：《夏商周考古学论文集》，文物出版社1980年版，第170页。

③ 杜金鹏：《偃师二里头遗址4号宫殿基址研究》，《文物》2005年第6期。

群中的部分建筑可能是二里头都邑早期的祭祀祖先的宗庙。

第四节 都城建设

都城是一个国家的中心,一定程度上也是国家的象征,故历代王朝对都城建设都非常重视,都城建设代表着时代建筑技术的最高水平。夏代十分重视都城的建设,主要体现在缜密规划、布局严谨和先进的筑造方式等方面。

一、都城规划

规划是一种科学的长远的发展计划。都城规划是指都城建设中比较全面、长远的发展安排,偏重于宏观上的设计,主要是按照都城的性质和建造条件,确定都城的位置、规模,布置各个功能区和城市各要素。河洛地区夏代都城大都经历了一定的规划设计。

(一)都城选址

选址是都城建设的第一步,选址的合理与否很大程度上决定了这个都城以后发展的方向和命运。夏代都城选址在继承新石器时代城邑选址的基础上形成了一套较完善的规制,在地理位置、地理环境等方面遵循一定的选址原则。

1.地理位置

择中观念是中国古代都城选址的指导性思想。《管子·度地》也提到"天子中而处,此谓因天之固,归地之利"。《吕氏春秋·慎势》的"古之王者,择天下之中而立国"更是直接提出了都城择中的观念。

通过对文献和考古材料的梳理可以看出,夏代都城的选址也遵循择中观念。从大的范围来说,夏王朝统治区的中心是河洛地区,夏代诸多都城皆设都于此。《史记·封禅书》："昔三代之居，皆在河洛之间。"此"居"实指夏、商、周三代的都城所在，即包括夏都在内的三代都城皆在黄河、洛水之间。尽管由于夏代早期与中晚期控制范围有所不同，统治的中心区也有所变化，但主要都城皆位于夏王朝统治的中心地区。

夏代早期都城基本位于夏王朝控制的中心区域。新砦期遗存为早期夏文化，其分布区域主要位于河洛地区的郑州、许昌、平顶山、漯河等地，中心区域是颍河上游地区的新密、禹州、登封一带，而新砦、瓦店等具有都邑性质的遗址皆位于这个区域。只是这些都城的位置略偏东，容易受到东方夷族的威胁。

夏代中晚期的主要都城位于豫西洛阳盆地，这里是夏王朝统治区的中心区域，都城斟鄩（二里头遗址）即位于这个区域之内。文献材料多言伊洛一带是夏王朝的中心区域。如《逸周书·度邑》："自洛汭延于伊汭，居阳无固，其有夏之居。"《史记·周本纪》有类似的记载。《国语·周语上》称"伊、洛竭而夏亡"，把伊、洛二水的"竭"与夏王朝灭亡相联系，充分说明伊、洛二水流域是夏王朝统治的中心区域。此外，《战国策·魏策一》《史记·孙子吴起列传》明确指出夏王朝的中心区域是在今伊洛盆地。从考古材料可知，二里头文化分布区的中心是在今豫西洛阳地区，这里发现的属于二里头文化的遗址最为丰富和最具代表性，文化遗存规格最高。二里头文化共分为四期，每期的分布范围有所变化。其中一期的分布范围东至郑州附近，西至三门峡一带，南至豫中西部，北不过黄河；二期的分布范围在一期的基础上向东、南、西、北四面扩张，向东到达开封杞县附近，南边推进到驻马店一带，西南进入南阳盆地，西北越过黄河到达晋南运城盆地和临汾盆地；三期继续扩张，西南地区扩展到淅川一带，豫北到达沁水沿岸；四期豫西南、晋西南等地区收缩，但在晋东南的长治地区却有所扩张。虽然每期的分布范围都在变化，但这种变化皆围绕着伊洛地区的二里头遗址，该遗址始终处于分布范围的中心部位。

需要指出的是，夏代部分都城并非位于夏王朝的中心区域，而是位于夏王朝控制区的外围地带。这样的都城皆属于辅都性质，存在时间短，规模相对较小，与主要都城并存。如帝宁时期的辅都"原"位于今济源市西北一带，是夏王朝控制区的北缘，往东过沁河即为先商文化分布区域。①帝宁时期设立的另一个辅都"老丘"位于今开封市祥符区境内，这里正处于夏王朝统治区的东部。②胤甲时期的辅都西河，尽管其地望学界有争议，但无论是豫北安阳、豫东开封、豫西三门峡、晋南、晋西南等地，都属于夏王朝控制区的外围，而非中心区域。

2. 地理环境

都城的选址必然要有优越的地理环境和良好的生态环境。《管子·度地》云："故圣人之处国者，必于不倾之地，而择地形之肥饶者，乡山，左右经水若泽，内为落渠之写，因大川而注焉。乃以其天材、地之所生，利养其人，以育六畜。天下之人，皆归其德而惠其义。"这里是说圣人建设都城，一定选在平稳可靠的地方，土地肥饶，依山临水，城内修砌完备的沟渠排水，随地形流入大河。这样就可以利用自然资源和农业产品供养国人，德惠天下。此外，《管子·乘马》从另一个角度强调地理环境对于都城的重要性："凡立国都，非于大山之下，必于广川之上，高毋近旱，而水用足；下毋近水，而沟防省。"这里是说营建国都，其地势应高低适宜，既能保证充足的水源，又不能位于易涝的低地。

土地的承载能力是都城选址需要考虑的重要因素。土地的承载能力包括土地的物产能力和容载能力。中国古代以农立国，都城选址自古就重视土地的承载能力。《礼记·王制》曰："凡居民，量地以制邑，度地以居民。地邑民居，必参相得也。"这里提出应依据土地情况建造城邑，根据土地

① 刘绪：《论卫怀地区的夏商文化》，载北京大学考古系编：《纪念北京大学考古专业三十周年论文集》，文物出版社1990年版。
② 宋豫秦：《夷夏商三种考古学文化汇交地域浅谈》，《中原文物》1992年第1期。

的承载能力确定居住人口的数量。《管子》指出了城市密度、规模与土地物产的关系,其《乘马》篇云:"上地方八十里,万室之国一,千室之都四。中地方百里,万室之国一,千室之都四。下地方百二十里,万室之国一,千室之都四。"《八观》篇曰:"夫国城大而田野浅狭者,其野不足以养其民;城域大而人民寡者,其民不足以守其城。"这些记载明确道出了土地承载能力与设置都城的密切关系。

夏代都城的选址显然考虑到了生态环境、周围的土地承载能力。二里头遗址位于洛阳盆地。从大的地理环境来说,这里地处黄土高原的东南边缘,是中国地势第二阶梯和第三阶梯的过渡地带,山地、平原的交界地区。这个地带是矿产资源的集中分布区,有充足的热量资源、丰富的水资源和生物多样性资源。从小的地势来看,盆地四面环山,自西向东分别为崤山、熊耳山、伏牛山、箕山、嵩山所环绕,北边被黄河边的邙山所隔。盆地东西狭长,地势由西向东倾斜。境内伊、洛、瀍、涧四条主要河流流经,土壤肥沃,气候适宜,物产丰富,交通便利,地域广,土地承载能力强,是理想的建都之地。

夏代方国都城也具备优越的地理环境。荥阳大师姑城址位于山地、丘陵过渡地带,西部为嵩山余脉,北靠邙山,索河贯穿城址西部,水源充足,资源丰富。新郑望京楼城址位于豫西山地向豫东平原的过渡地带,山地和丘陵分布于遗址的西部和西南部,黄沟水和黄水河流经遗址附近。依山傍水的地理位置使大师姑城址和望京楼城址皆具备良好的生态环境。

(二)城垣和护城壕的设置

城垣、护城壕是城市和都城的基本标志。城垣保护了居民的生命财产安全,满足了人们生存的基本需求;护城壕和城垣相辅相成,两者共同加强了城市的防御功能。城垣和护城壕的规划是城市建造的重点,决定了城市的平面形态和功能布局。由于一些特殊原因,一些都城并未规划设置大型城垣。限于文献材料,一些文献记载的夏代都城城垣规划设置情况不详。考古发现的夏代都城，其城垣和护城壕的规划和建造依据城市的性质、地理环境和社会环境而定。

夏都城垣平面形态以矩形或接近矩形为主。除二里头城址无大型城垣外，其他都城城垣形状皆为长方形或近长方形。如大师姑二里头文化城址呈东西长、南北窄的横长方形；王城岗小城西城近方形，大城也应呈矩形；新砦城址平面基本为方形；二里头遗址宫城的形状也是呈南北纵长方形。

夏都城垣与护城壕的规划，可区分为单一城垣和护城壕、双重城垣和护城壕、无大型城垣但有宫城等不同配置。

1. 单垣与壕

据现有考古资料，夏代都城以单一城垣为主。可以确定的有新密新砦、荥阳大师姑等两座都城遗址。新砦城址新砦期城垣叠压在龙山文化晚期城垣之上，层层分段夯筑而成。城址平面基本为方形，现存东、北、西三面城垣及贴近城垣下部的护城河，城内面积约 70 万平方米。除了城垣与护城壕，该城还设有外壕、内壕另外两重防御设施。大师姑城址设置有大型城垣和护城壕，所圈面积约 51 万平方米。护城壕与城垣平行，除西南角已被今索河河道冲毁外，其余地段均已封闭。

2. 双垣与双壕

双垣与双壕是指都城同一时期内具有两道城垣和护城壕。两道城垣的修筑时间可以有先有后，但必须共存才能称为双重城垣。已有材料显示，中原地区发现的二里头文化城址可能拥有双重城垣的城址是新郑望京楼城址。双重城垣见于史前时期的陶寺、石峁、良渚、宝墩等遗址，以及商代的郑州商城、偃师商城、洹北商城等城址 ①，夏代似乎不多见。望京楼二里头文化城址平面近方形，已发现东城垣以及东南、东北城垣拐角处，城

①　张国硕、王琼：《史前夏商城址城郭之制分析》，《中原文物》2014 年第 6 期。

垣外侧开挖有护城河。在城垣东北角外侧约 300 米处发现一段夯土墙。发掘者依据外墙与二里头文化城垣之间分布有丰富的二里头文化二、三期遗存，认为存在二里头时期修建外城垣的可能性。[①] 城垣外侧发现有一东西向的护城河。此护城河东接黄沟水，西连黄水河，形成一封闭的大型防御圈。

3. 无城垣但有宫城

二里头遗址作为夏代中晚期的都城遗址没有发现大型夯土城垣，但宫殿区三期以后设置有宫城城垣。宫城位于遗址中部，平面呈长方形，围起的面积约 10.8 万平方米。宫城垣外不见护城壕，四周均有宽达 10—20 米左右的大路。此外，作坊区、祭祀区等功能区可能都有围垣。

（三）城市功能区安排

依据都城功能和城市生活需要，夏代都城规划的基本区域一般包括宫室宗庙区、居住区、手工业作坊区、祭祀区和墓葬区等功能区。

1. 宫室宗庙区

在夏代都城规划中，宫室区是必备的功能区。此区域是最高统治者举行政治活动、祭祀礼仪和日常生活居住的场所，是王权的象征，直接为王室成员服务，是城市规划的重点。在都城建造过程中，宫室区也是最早建造的都城基础设施。

现今发现的夏代都城遗址，以二里头遗址为代表，大都发现有专门的宫室区或大型建筑基址区，建造有规模宏大复杂的宫室建筑。文献有夏代建造宫室的记载。《世本》："禹作宫室。"说明禹时期建造有宫室建筑。《孟子·万章上》引《伊训》曰："天诛造攻自牧宫，朕载自亳。"赵岐注："牧宫，桀宫。"可见夏代有宫室建筑。考古发现证明，二里头遗址发现有宫

---

① 吴倩、张松林：《望京楼夏商城址考古新发现》，载郑州市城市科学研究会编：《华夏都城之源》，河南人民出版社 2012 年版。

城，平面略呈长方形，面积约 10.8 万平方米，已探明发掘的大型建筑基址达到了 11 座，面积 400—10000 平方米不等。其中一、二号宫殿发掘最早，分别位于宫城的西南和东部。后又在二号基址下发现三号基址，在其以西发现了五号基址。随后在二号基址以南和以北又分别发现了四、六号基址。在宫城的西南角发现了七、八、九号基址，其中七号基址位于宫城南墙之上、一号基址南大门正前方；八号基址建于宫城西墙之上，一号基址的西南；九号基址位于一号基址西南角以南。新砦城址内壕区域发现有大型浅穴式建筑基址、大型夯土建筑基址和高规格遗存，其当为最高统治者居住生活之地。瓦店遗址西北台地环壕内中部偏南处发现有东、西相对分布的大型建筑基址。

文献记载了一些有关宫室区规划的规则制度，如宫室居中。《管子·度地》："天子择中而处。"《周礼·考工记》："王宫居中。"《吕氏春秋·慎势》："古之王者，择天下之中而立国，择国之中而立宫。"这就是说，选择都城的中心区为宫室区所在。这些文献虽然成书于东周时期，但一定程度上也反映了夏代宫室规划的理念。二里头遗址宫室区（宫城）位于遗址中部略偏东，其周围分布着手工业作坊区、祭祀区以及墓葬、中小型居址。新砦城址内壕区域位于整个遗址中部略偏西南，外围有大型城垣与护城壕、外壕拱卫。

宗庙是国君祭祀其祖先的专用屋宇，是都城内必有的基本设施。《左传·庄公二十八年》云："凡邑，有宗庙先君之主曰都，无曰邑。"显然，有无宗庙成为区别都城和普通城邑的标志。此外，宗庙还是重要的行政、礼仪场所，诸如祭祀、册命典礼、出征仪式、献捷及献俘仪式、盟会等皆在宗庙里举行。因此，宗庙成为古代政权的象征。宗庙的营建要优先于其他宫室。《礼记·曲礼下》云："君子将营宫室，宗庙为先，厩库为次，居室为后。"宗庙往往又位居宫殿区的中心位置。《吕氏春秋·审分览·慎势》云："古之王者……择宫之中而立庙。"

夏代都城设置有宗庙。《墨子·明鬼》云："昔者虞、夏、商、周，三代之圣王，其始建国营都，必择国之正坛，置以为宗庙。"这是说包括夏代在内的三代国王在营建都城时必置宗庙。《尚书·甘誓》云"用命，赏于祖；不用命，戮于社"，可见夏代都城内设有祖庙。作为夏都的二里头遗址应该有宗庙建筑基址。二里头遗址一号宫殿基址总面积1万多平方米，由基址由堂、庑、门、庭等单体建筑组成，中庭位置有祭祀遗存，除了宫室功能之外，可能还与夏都宗庙建筑有关。[①] 早年的考古资料显示，在该遗址的中部发现的二号宫殿建筑基址，其北部有一主体宫殿，宫殿北面有同一时期的"大墓"，在北墙中段南侧偏西处有一段依北墙而建的短廊式建筑，其东南角压在墓葬的西北角。有先生认为这座短廊即是墓葬的"宗"，墓前的大型宫殿建筑基址即为"庙"。[②] 2002年考古工作者对二号基址"大墓"进行二次发掘，有学者认为该遗存并非墓葬，而是"带有夯土井坑的水井"[③]。虽然不能断定殿堂北面的遗存是大墓，但二号宫殿的布局与一号宫殿相异，仍不排除其为宗庙遗存的可能性。

2.居住区

居住区也是夏代都城必备的功能区，包括贵族居住区和一般居住区。其中贵族居住区一般位于宫室区周边附近，一般居住区位于都城的外围区域。

夏代都城贵族居住区主要发现于二里头遗址。历年发掘表明，二里头遗址贵族居住区分布于宫城周围，其中宫城区以东区域分布最多，应是贵族主要聚居区。二里头遗址历年发掘中所发现的许多中小型夯土建筑基

---

① 北京大学历史系考古教研室商周组：《商周考古》，文物出版社1979年版，第27页；邹衡：《夏商周考古学论文集》，文物出版社1980年版，第170页。

② 杨鸿勋：《宫殿考古通论》，紫禁城出版社2001年版，第37页。

③ 许宏：《二里头遗址"1号大墓"学案综理》，《中原文物》2017年第4期。

址皆围绕宫城分布。如20世纪70年代发现的30余处夯土基址的绝大部分分布于宫城以东和东北一带，其面积一般在20—40平方米之间。①20世纪80年代在此区域又发现了10余处中小型夯土基址，宫城以南、以西也发现有夯土遗存，在宫城西北发现有面积逾200平方米的夯土建筑基址。②2000—2006年期间年的发掘中在宫城以东区域又发现了中型房址。③2019年以来又在宫城外西北部、祭祀区以西发现贵族居住区、墓葬区以及非正常墓葬，呈现出"居葬合一"布局结构。

普通居住区一般位于内（宫）城靠近城垣或外郭城之内，无固定分布区域。河洛地区夏代都城遗址范围内都发现有小型居址。二里头遗址的普通居住区主要位于遗址的西北部和北部，常见小型房基和半地穴式房子。普通居民区与居中的宫室区截然分开，有利于保证贵族和王室的安全。

3.手工业作坊区

夏代都城遗址一般都设置有手工业作坊，大多位于宫室区之外，少量位于宫城内边缘区域。手工业生产存在着大规模作坊和小型加工地点两种形式。手工业作坊种类主要有铸铜、制造绿松石制品以及骨器、陶器、漆器制造等。一些手工业作坊区有围墙环绕，防卫严密，形成独立的工城。

新砦遗址在中心区以外今梁家台村南端濒临双洎河的台地上，曾发现多只鹿角叠放在一起的灰坑，表明可能这里是加工骨器的场所。

---

① 中国科学院考古研究所二里头工作队：《河南偃师二里头遗址三、八区发掘简报》，《考古》1975年第5期；中国社会科学院考古研究所编著：《偃师二里头（1959年—1978年考古发掘报告)》，中国大百科全书出版社1999年版，第18页。

② 中国社会科学院考古研究所二里头工作队：《1982年秋偃师二里头遗址九区发掘简报》，《考古》1985年第12期。

③ 中国社会科学院考古研究所编著：《二里头（1999—2006)》，文物出版社2014年版，第1662页。

二里头遗址的手工业作坊区集中在宫城之南。紧邻宫城南侧为一绿松石加工作坊区，面积不小于1000平方米。铸铜作坊位于遗址南部偏东、绿松石作坊区南边，北距宫殿区200米，面积超过1万平方米。这两处手工业作坊区四周有围垣设施，已发现了5号墙和3号墙两段围垣。5号墙已经发现东墙北段、东北角和北墙大部分。尽管该墙的其余部分情况尚不知晓，但该墙对绿松石作坊和铸铜作坊遗存呈合围之势，应是作坊区围垣的一部分。①3号墙位于5号墙南侧约7米处，与之平行，推测为围垣设施北墙的加固增筑部分。②这两处手工业作坊区有围墙环绕，守卫严密，贴近宫城，应是受统治者直接控制的官营手工业作坊区。

二里头遗址宫城之北设置有制陶、制骨、制造漆器作坊③。二里头遗址的制陶作坊区分散于一般居民区中。2020—2021年，在祭祀区以西约300米处，发现面积较大、较丰富的制陶遗存，包括存泥坑、泥坯、陶垫、修整工具、陶窑、烧土、炉渣、变形陶器和大量碎陶片等。2021年在遗址北缘西部发掘区中部发掘出一座二里头文化陶窑，陶窑近旁的废弃堆积中发现较多红烧土、灰烧土块，并发现多件陶垫、多块深腹罐泥坯。据此，推测祭祀区以西和遗址北缘西段可能各存在一处制陶作坊。历来在宫城东部和北部发现较多的废弃骨料和半成品，曾认定出两处加工骨器、角器的作坊。④2020—2021年的发掘，在宫城西南角发现一处面积约百平方米、深近3米的灰土堆积，见有较多带切割痕迹的骨、角料，散落大量存在砸击、切割和磨制痕迹的骨、角质遗物，还有动物肢骨、肋骨、牛角

---

① 中国社会科学院考古研究所编著：《二里头（1999—2006）》，文物出版社2014年版，第332页。

② 中国社会科学院考古研究所编著：《二里头（1999—2006）》，文物出版社2014年版，第324页。

③ 赵海涛：《二里头都邑布局和手工业考古的新收获》，《华夏考古》2022年第6期。

④ 陈国梁、李志鹏：《二里头遗址制骨遗存的考察》，《考古》2016年第5期。

和鹿角等。这里有成组出现的原料、半成品和废料，包括了骨、角器加工过程中多个环节，应是一处加工骨器、角器的作坊。此外，2021 年，二里头都邑北缘西部出土 800 多片外表带有红漆的陶片，仅其中一个灰坑即出土了近 200 片。这些带漆陶片多为陶盆残片，一些残片内外壁、断茬多见红漆，可能为盛装漆液的容器，提示遗址北缘西段可能存在制漆作坊，或许是制漆作坊的重要区域。

4. 祭祀区

夏代都城遗址规划设置有专门的祭祀区域。

二里头遗址祭祀区位于遗址中、东部，宫城以北二三百米处。[1] 这一带发现多处与祭祀有关的建筑基址和遗迹。祭祀区里的建筑主要为圆形的地面建筑和方形的半地穴式建筑及附属于这些建筑的墓葬。

新砦城址中心区中央偏北处发现的一座东西向大型浅穴式露天建筑基址，清理出夯筑墙体、柱洞、红烧土和活动面等重要遗迹，应与祭祀活动有关。2013—2014 年，考古工作者在新砦遗址梁家台东北台地，发现祭祀坑 4 处，其中 H341 坑内发现整猪骨架，长 1.4 米，宽 1.2 米。猪侧卧，头向西北，四肢朝北，前后肢被绑，推测被活埋用于祭祀。[2] 瓦店遗址西北台地环壕范围内也发现有奠基祭祀遗存。

5. 墓葬区

居住区是生者的世界，墓地则是死后的天堂。古人事死如事生，十分注重对墓地的规划设置。夏都范围内可能设置有一定的墓葬区，但大多墓葬与居住区杂处，"居葬合一"特点鲜明。

二里头遗址经过多年的考古发掘和钻探工作，大型墓葬仍然较少。早

---

① 中国社会科学院考古研究所编著：《中国考古学·夏商卷》，中国社会科学出版社 2003 年版，第 129 页。

② 中国社会科学院考古研究所等：《河南新砦遗址发掘再获重要发现》，《中国文物报》2017 年 6 月 2 日。

年发掘材料显示，二号宫殿基址北部有一座所谓"大墓"，为长方形土坑竖穴，坑口东西长 5.2—5.35 米，南北宽 4.25 米，填土经夯打，曾经被扰动，残留物有漆皮、蚌片、陶龙头和一具装入漆木匣内的狗骨架等。[①] 但近年对其进行第二次发掘，依据发掘材料和相关分析，有学者推断其不是大墓，而是带有夯土井坑的水井[②]，故不能确定其为大型墓葬。确凿无疑的较大的墓葬是 2002 年在清理三号宫殿基址时发现的墓葬 2002 Ⅴ M3。该墓长 2.24 米，宽 1.1 米。随葬器物有铜器、玉器、绿松石器、白陶、漆器、陶器等，其中大型绿松石器最引人注目。[③] 这座墓虽然墓室面积不够大，但墓主人级别应较高。另外，在宫殿区五号基址范围内，发现 5 座贵族墓葬，随葬品丰富，规格高。[④] 2019—2022 年，在祭祀区以西发现有与贵族居住区并存的墓葬区以及非正常墓葬，墓葬的时代从二里头文化二期至四期均有。在一座中型夯土基址的范围内发现多座同时期的墓葬，其中一座墓葬宽 1.30 米，出土铜盉、铜爵和玉器等较高规格遗物。夯土基址南侧 80 余米处，发现 2 座墓主骨骼不全但随葬陶器的墓葬，还有 1 座多人乱葬的合葬墓。二里头遗址未发现较为集中的小型墓葬，分布分散。虽然二里头遗址仍未发现集中的王陵区，但从历史发展的角度来看，较二里头遗址年代更早的陶寺遗址即发现有王墓，晚于二里头文化的殷墟遗址亦有专门的王陵区，那么二里头遗址作为都城遗址当也有王墓和王陵区。至于其分布在哪里，规划如何，墓葬特征如何，这些皆有待于今后更多的考古发掘工作发现确认。

---

① 中国科学院考古研究所二里头工作队：《河南偃师二里头二号宫殿遗址》，《考古》1983 年第 3 期。

② 许宏：《二里头遗址"1 号大墓"学案综理》，《中原文物》2017 年第 4 期。

③ 中国社会科学院考古研究所二里头工作队：《河南洛阳市偃师区二里头遗址中心区的考古新发现》，《考古》2005 年第 7 期。

④ 中国社会科学院考古研究所二里头工作队：《河南偃师市二里头遗址宫殿区 5 号基址发掘简报》，《考古》2020 年第 1 期。

二、都城布局

都城布局是在城市规划理念指导下，对都城各项设施建造的总体安排。主要表现在都城各功能区的设计、内部结构以及道路系统、排水系统的结构和形态上。河洛地区夏代都城布局较为严谨，各个功能区的布局合理，使得宫殿区、手工业作坊区、水利设施及道路和城门有序共存。

（一）宫殿区

古本《竹书纪年》记载夏桀"作倾宫、瑶台，殚百姓之财"，是说夏代末年耗费天下的财物建造了高大的宫殿和美玉装饰的台榭。夏代宫殿建筑数量多，规模大，结构复杂，在宫殿组合、朝向、对称、左右及前后分布等宫殿布局上形成一定的规制。

1. 组合建筑

宫殿建筑基址不是单体建筑，而是诸单体建筑组合形成的建筑群。这种组合群建筑可以追溯到新石器时代的甘肃秦安大地湾遗址。该遗址的仰韶文化晚期大房子（F901）由主室、东侧室、西侧室、后室和门前附属建筑等部分组成。[1] 新密古城寨城址城内发现有大型高台建筑房址（F1）和廊庑建筑基址（F4）。[2] 夏代宫殿建筑基址的建筑群布局应是承袭新石器时代的简易建筑群而来，并在此基础上扩展形成了规模宏大、布局复杂、错落有致的宫殿建筑群。

二里头遗址建筑群的形式可以分为早晚两期。早期的三号、五号建筑群由三到四重庭院组成，为一体化多重院落布局。晚期的一号、二号、四号宫殿建筑为单体建筑纵向排列。各建筑基址包括堂、室、廊庑、门塾、庭院等若干单体建筑，形成四周有院墙、自成一体的院落式建筑群。一号

---

① 甘肃省文物工作队：《甘肃秦安大地湾 901 号房址发掘简报》，《文物》1986 年第 2 期。
② 蔡全法等：《河南省新密市发现龙山时代重要城址》，《中原文物》2000 年第 5 期。

宫殿基址中部偏北为殿堂，周围是完整的廊庑建筑，中间为庭，南边设门，布局严谨，主次分明。二号宫殿基址北有殿堂，四面有廊庑及围墙，南设置大门，中间为庭。

2. 坐北朝南

在北半球，坐北朝南的房子是最舒适的。冬天时，太阳从偏南方向斜射过来，朝南的房屋自然比其他方向暖和；冬季又盛行西北风，朝南的房屋更容易躲避西北风的侵袭。夏天高温炎热，盛行东南风，朝南能让人们享受到凉爽的东南风。这一规律早已为古人所发现。新石器时代的甘肃秦安大地湾遗址仰韶文化晚期大房子（F901）的方向为北偏东30度，面向西南方向，大体为坐北朝南方向。后世的建筑，无论是宫殿建筑还是普通民居大多沿袭这种坐北朝南的规划。

夏代都城宫殿建筑的主体建筑（殿堂）大多为坐北朝南。如二里头一号宫殿基址的主体殿堂即为坐北朝南布局，为北偏西，方向352°，门向朝南；二号、三号等宫殿基址的殿堂也皆为坐北朝南。

3. 中轴线

轴线与对称是中国古代都城规划中的主要原则之一。所谓中轴线布局，是指在都城或宫殿区设立一条或数条轴线，各类建筑沿轴线左右对称排列。此外，有的单体建筑本身也设立中轴线。中轴对称布局由来已久，早在新石器时代仰韶文化时期的西安半坡遗址F1[①]、甘肃秦安大地湾遗址的大房子F901，就已经呈现出明显的中轴线。夏都宫殿遗址继承了新石器时代以来的中轴对称布局。

二里头遗址一号宫殿建筑基址由主体殿堂、四周廊庑、围墙、庭院、正门、门塾等单元组成，可见中轴线布局之端倪。殿堂位于台基中

---

① 中国科学院考古研究所、陕西省西安半坡博物馆编：《西安半坡》，文物出版社1963年版，第13页。

部偏北，台基南缘中部为大门，二者基本上在一条南北直线上。此中轴线两侧有东、西庑分布。二号宫殿基址由主体殿堂、四周廊庑、围墙、庭院、南门、门塾等单元组成，以主殿、南门为轴线，各类建筑左右对称分布。

在宫殿区整体布局上，二里头遗址诸宫殿也有对称分布的现象。其中早期的三号、五号基址为东西向左右对称布局，晚期的二号和四号基址、一号和七号基址为南北纵向对称布局。

瓦店遗址西北台地环壕内中部偏南处发现的两处大型建筑基址，呈东、西向相对分布，二者相距约 300 米。

4. 前堂后室

据文献记载，周代统治者处理朝政或举行婚丧、祭祀等典礼的场所称作"朝"（《仪礼·聘礼》）或"堂"（《仪礼·士昏礼》），而贵族及其妃嫔居住的地方称作"寝"（《仪礼·燕礼》）或"室"（《仪礼·士昏礼》），二者是南北前后的关系。《周礼·考工记·匠人》："内有九室，九嫔居之；外有九室，九卿朝焉。"此宫殿布局即"前堂后室"或"前朝后寝"。这种布局已为陕西岐山凤雏西周宫殿建筑基址的发现所证实。①

从考古材料可知，前堂后室布局模式的源头可以追溯至新石器时代。据杨鸿勋先生的研究，新石器时代晚期的西安半坡遗址 F1 是迄今所知最早的一个"前堂后室"的实例②；同为新石器时代晚期的甘肃秦安大地湾遗址 F901 更是构成了明确的"前堂后室"布局，前有堂（主室），后有室。

《周礼·考工记·匠人》有"夏后氏世室"的记载，"世室"即"太室""大室"，也就是大房子、大殿堂。夏代宫殿可能存在前朝后寝的宫室布局。

---

① 陕西周原考古队：《陕西岐山凤雏村西周建筑基址发掘简报》，《文物》1979 年第 10 期。
② 杨鸿勋：《宫殿考古通论》，紫禁城出版社 2001 年版，第 5 页。

二里头遗址一号宫殿基址主体殿堂东西长 30.4 米，南北宽 11.4 米，残存直径 40 厘米的大柱洞，形成面阔八间、进深三间的大殿堂。有关专家将殿堂内平面复原为一堂、五室、四旁、两夹的前堂后室格局[1]，认为与《考工记·匠人》所言"夏后氏世室，堂修二七，广四修一，五室三四步四三尺，九阶，四旁两夹窗，白盛，门堂三之二，室三之一"相合。不过，这样的前堂后室，前堂与后室连在一起，二者不是独立的单体建筑，与后世堂、室分离的布局并不完全一致。

此外，有学者认为，二里头遗址的"前朝后寝"也可能是通过一组建筑来实现的。二号基址一般认为是宗庙建筑，之南的四号基址可能是举行祭祀典礼的场所，二者共用一条中轴线，属同一组建筑。二号基址是夏王供奉其先王神主，是已故先王平日居住的地方，为"寝"；四号基址是已故夏王接受重要朝拜或发布重要指示的地方，为"朝"[2]。这种推测是否成立，有待今后继续探讨。

5. 祖社布局

《周礼·考工记》对都城宫殿布局有记述："匠人营国……左祖右社。"《周礼·小宗伯》："右社稷，左宗庙。"即面向南方，左边设置祭祀祖先的宗庙，右侧设置祭祀大地神祇的社。夏代不但有宗庙，也有神社。《尚书·甘誓》记载夏启警告众将士"用命，赏于祖；不用命，戮于社"，是说将士不奋勇杀敌将在神社被惩罚杀死。古本《竹书纪年》称"夏桀末年，社坼裂，其年为汤所放"，是说夏代末年社坛破裂。《史记·殷本纪》称商汤灭夏之后"欲迁其社，不可，作《夏社》"，是说商汤灭夏后想要变置夏社不可而止。这些记载都明确提到夏代有"社"。

二里头遗址宫殿基址的发现为探讨夏代都城祖社布局提供了实物材

---

[1]　杨鸿勋：《宫殿考古通论》，紫禁城出版社 2001 年版，第 27、33 页。

[2]　戴良燕：《夏商西周宫殿建筑文化研究》，广西师范大学 2006 年硕士学位论文。

料。有学者认为二里头遗址的一号、二号宫殿基址皆有祭祀遗存，但二者存在着显著的差异，主要在于一号宫殿庭院中甚至院落附近，发现若干掩埋着人、兽肢体的祭祀坑，而二号宫殿院落中则没有这种遗迹现象，这或许反映着二者在建筑物的性质、功用方面存在着不同。一号宫殿位于宫殿区的西部，其性质与祭祀有关，推测其可能与夏代供奉土地神祇的"社"类建筑有关。① 二号宫殿基址较为规整，中间不见祭祀坑。有学者认为二号宫殿为王室宗庙，有庙祭的功能。② 有学者明确指出，二里头遗址二号宫殿基址是宗、庙一体建筑，其中北墙下五间房基即祭祀用"享堂"——宗，主体殿堂即为庙。③ 还有学者指出，二号宫殿基址北部有"大墓"，正殿之中室可能是"庙"，用于供奉墓主及先王神主、举行墓祭之所；东西两侧似为"寝"，大概是放置祖先衣冠、生活用具和供物之所，即"一庙二寝制"。④ 若依照这些学者的推断，即二号宫殿建筑基址与宗庙有关，则其位于宫殿区东侧，与"左祖"的位置相吻合，与位于西侧（右方）、性质属于社的一号宫殿，组成了"左祖右社"的宫殿布局。但由于二里头遗址二号宫殿基址所谓的"大墓"可能并不存在，有学者明确指出其为"带有夯土井坑的水井"⑤，故推断二号宫殿基址为宗庙性质就失去了主要支撑点。故目前还不能明确断定二里头夏都存在面向南方的"左祖右社"格局。

值得注意的是，二里头遗址一号宫殿由堂、庑、门、庭等单体建筑组成，布局严谨，庭院中发现若干掩埋着人、兽肢体的祭祀坑。有学者曾推

---

① 杜金鹏：《二里头遗址宫殿建筑基址初步研究》，载中国社会科学院考古研究所：《考古学集刊》(16)，科学出版社 2006 年版。

② 李德方、叶万松：《偃师二里头二号宫殿夏都宗庙论》，载洛阳市第二文物工作队编：《夏商文明研究》，中州古籍出版社 1995 年版。

③ 杨鸿勋：《宫殿考古通论》，紫禁城出版社 2001 年版，第 35 页。

④ 宋镇豪：《夏商社会生活史》，中国社会科学出版社 1994 年版，第 38—39 页。

⑤ 许宏：《二里头遗址"1 号大墓"学案综理》，《中原文物》2017 年第 4 期。

测一号宫殿基址或为夏都的宗庙建筑遗存①，而位于宫殿区北侧的祭祀区有大量圆形的地面建筑（坛）、长方形的半地穴建筑（墠）等祭祀遗存，可能包含有社类祭祀场所，准此，则形成了面向西方的"左祖右社"格局。

（二）给排水系统

夏代城市较新石器时期有了较大的发展。城市除了保障人们生命、财产的安全，为社会交往提供良好契机，更重要的是还为居民提供了便利的生活，其中城市的给水、排水设施就是便利生活的重要组成部分。夏代都城已经具备一套完备的给排水系统，布局合理、有效，居民的生产与生活用水能够得到保障。

1. 给水设施

夏代都城给水主要包括利用河水、穿渠引水、凿井取水等途径。

夏代都城普遍濒临河流，为都城居民生活用水提供了便利条件。河流既可以用于城市交通、军事防御，也是城市重要的景观，还可以作为居民饮水、城市环境改善之水源地，夏季又是良好的沐浴场所。二里头遗址西南、南面紧邻古伊洛河，为城市用水、穿渠引水提供了重要的水源地。其他夏都遗址皆靠近河流，水源有保障，如王城岗遗址位于五渡河西岸，南部濒临颍河；新砦遗址南部是双泊河，北部有小河流；瓦店遗址北临颍河。方国都城荥阳大师姑遗址位于索河附近；新郑望京楼遗址西、南靠近黄水河，东侧接近黄沟水。

开挖沟渠的技术在我国出现较早，至少在龙山文化晚期即已出现水渠。河南洛阳矬李遗址②、河北磁县下潘旺遗址③皆发现有水渠遗存。夏代开渠引水的技术当更加成熟。夏王朝的奠基者大禹在治水过程中主要采

---

① 北京大学历史系考古教研室商周组编著：《商周考古》，文物出版社 1979 年版，第27 页。

② 洛阳博物馆：《洛阳矬李遗址试掘简报》，《考古》1978 年第 1 期。

③ 河北省文物管理处：《磁县下潘旺遗址发掘报告》，《考古学报》1975 年第 1 期。

用沟渠疏导的方法。夏都遗址濒临河流的基本条件，为穿渠引水提供了基本条件。二里头遗址虽然尚未发现明确的水渠遗迹，但城区西高东低的地势完全可以开挖沟渠引西侧的伊洛河水进入宫殿区域，宫殿区的池苑也应有充足的水源来维持，因此该都城遗址通过开渠引水的可能性是很大的。瓦店遗址颍河从北面、东面转向流过，西面、南面是壕沟，具备引河流进入大型夯土建筑区外围的条件。王城岗大城、新砦、大师姑、望京楼都有护城河，与附近的河流可能皆有一定的连通关系。

凿井取水是古代都城取水的重要方法之一。众所周知，井水水质稳定、清洁，自古至今，都是主要的饮用水源。凿井技术在新石器时代即已发明。史载尧舜禹时期的伯益是井的发明者。如《吕氏春秋·勿耕》："伯益作井。"《世本》："化益作井。""化益"应即"伯益"。从考古发现来看，龙山时期也确实发现了多处水井遗存，如河南汤阴白营遗址 [1]、洛阳矬李遗址、河北邯郸涧沟遗址 [2] 等皆发现有水井。夏代水井的开凿和利用已较普遍，如山西夏县东下冯遗址早年发掘发现二里头文化水井 2 口 [3]，河南驻马店杨庄遗址发现二里头文化水井 4 口 [4]。夏代都城区域用水主要通过设置、开凿诸多水井解决。各都城遗址大都发现有多处水井遗存。如二里头遗址一号宫殿基址外侧发现有 2 口水井，口部呈长方形，两侧有脚窝，开凿于二里头文化三期，使用至二里头文化四期 [5]；三号宫殿基址中院西北部、中院中部和靠近西庑处各发现一水井 [6]。望京楼城址也发现二里头

---

① 安阳地区文物管理委员会：《河南汤阴白营龙山文化遗址》，《考古》1980 年第 3 期。

② 河北省文化局文物工作队：《河北邯郸涧沟村古遗址发掘简报》，《考古》1961 年第 4 期。

③ 中国社会科学院考古研究所等：《夏县东下冯》，文物出版社 1988 年版，第 61 页。

④ 北京大学考古学系、驻马店市文物保护管理所编著：《驻马店杨庄》，科学出版社 1998 年版，第 96 页。

⑤ 中国社会科学院考古研究所编著：《偃师二里头（1959 年—1978 年考古发掘报告）》，中国大百科全书出版社 1999 年版，第 147 页。

⑥ 中国社会科学院考古研究所编著：《二里头（1999—2006）》，文物出版社 2014 年版，第 642 页。

时代水井 2 口。①

2.排水设施

夏代都城的排水系统，主要包括设置散水、沟渠、管道和暗渠、开挖池苑、排水进入护城壕和河流等环节。

宫殿基址及单体宫殿一般都建造有散水设施。二里头遗址一号宫殿基址台基边缘和折棱处呈缓坡状，有的铺一层料礓石，利于排水。二号宫殿附近发现有专门的散水，在宫殿基址主体殿堂西阶之南有五块东西向排列的石板，主体殿堂台阶的西侧也发现两块石板。这些石板有的被路土覆盖，有的裸露在地面，发掘人员推测是房屋的散水设施。②

沟渠是常见的排水设施。偃师二里头遗址三号基址西侧与五号基址之间南北向路土下面，发现有贯彻南北的排水暗渠（2001ⅤG1）。在三号基址的北院与中院之间有一"灰沟"（2001ⅤG2），在南院南庑与西庑相接处也有一"灰沟"（2001ⅤG9，原文错误为 2001ⅤG8），二者应为沟通西侧排水暗渠的排水明沟。此外，北院的西庑附近、南院内均发现有灰坑遗存，可能属于与三号基址有关的排水设施。③

除了明渠排水，地下管道或暗渠是夏代都城尤其是宫殿区排水设施的主要形式。因其深埋地下，不影响市容，也不妨碍交通，而被夏都广泛采用。考古发现的夏都地下排水管道可以分为三种：一是陶水管道，是在地下预先挖一沟渠，然后铺设陶管形成圆形管道。其形状为圆筒形，子母口。这种形制的陶水管道能够适应流量变化，不易堵塞，其耐压、省料，便于制作和运输。子母口的设置保证了管道之间的衔接，防止了污水

---

① 吴倩、张松林:《望京楼夏商城址考古新发现》，载郑州市城市科学研究会编:《华夏都城之源》，河南人民出版社 2012 年版。

② 中国社会科学院考古研究所编著:《偃师二里头（1959 年—1978 年考古发掘报告）》，中国大百科全书出版社 1999 年版，第 153 页。

③ 中国社会科学院考古研究所编著:《二里头（1999—2006）》，文物出版社 2014 年版，第 644 页。

外漏和泥土渗入导致的淤塞。二是石砌管道，是在沟渠里用石块、石板砌成方形管道。这种管道相较于陶管道更加坚硬，耐腐蚀，材料也丰富。三是木构管道，用木板、木桩制成。二里头遗址即发现了这三种管道。如一号宫殿基址北侧的灰坑 H53 内发现有陶水管道，呈圆筒形，一端稍粗，一端稍细，表面饰粗绳纹，长 42 厘米，大端口径长 14.4 厘米，小端口径长 13.5 厘米。[①] 二号宫殿基址庭院内发现两处地下排水管道。其中庭院东北部的一条即由陶水管连接而成，残长 6 米，保存完整的陶水管有 11 节，每节直径 16.5—22 厘米，长 52—58 厘米，一端大，一端小，中间稍粗（图 3—18）；另一处位于庭院东南部，为石板砌成的地下排水沟，从院内穿越东廊下通到院外，南北向残长 1.16 米，东西向存有 7.8 米。南北向排水沟较窄，石板较小，石槽内宽 12—20 厘米，高 7—10 厘米；东西向排水沟渐次变宽，石板较大，槽东端内宽 40 厘米，高 26 厘米，槽外宽 50 厘米。[②] 部分排水设施暗渠为木质结构。二里头遗址的 3 号基址和 5 号基址通道的下面发现有长逾百米的木质暗渠（2001 V G2），在淤土的

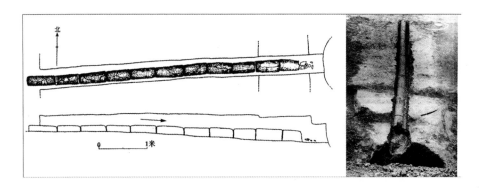

图 3—18　二里头遗址二号宫殿基址东廊北部陶水管

---

① 中国社会科学院考古研究所编著：《偃师二里头（1959 年—1978 年考古发掘报告）》，中国大百科全书出版社 1999 年版，第 146 页。

② 中国社会科学院考古研究所编著：《偃师二里头（1959 年—1978 年考古发掘报告）》，中国大百科全书出版社 1999 年版，第 147 页。

表面发现有板灰痕迹。[1] 值得注意的是，大师姑城址发现有 9 件二里头时期带口的陶水管，残片更多，器表素面或饰稀疏绳纹，分直体和弯管两种类型[2]，说明夏都陶水管排水设施具有普遍性。

池苑是为王室贵族人员服务的娱乐游玩设施。文献记载夏代已有池苑。《逸周书·史记解》："昔者有洛氏宫室无常，池囿广大……成商伐之，有洛以亡。"是说夏桀时期有洛氏都城有广大的池囿。考古已发现夏代都城池苑的端倪，二里头夏都遗址 3 号基址北院内发现一大型遗迹Ⅴ D2HC，平面呈圆角长方形，斜壁，底不甚平整，南北长 47.7 米，东西残宽 34.6 米，深 2.65 米。[3] 该遗迹应为与 3 号基址曾经共存的体量较大的池状遗迹。在方国都城新郑望京楼城址也发现了二里头文化池苑遗迹。该遗迹 H291 位于城址西南夯土基址的北部，发掘部分平面形状推测为方形，长 13.5 米，发掘宽度为 11.05—11.2 米，深 2.85—3.65 米，内填淤积土。另在 H291 之西有一灰沟，发掘长 6.5 米、宽 1.2—2 米，残存深 0.5—1.64 米，沟内填土为淤积黄沙土。发掘者推测其可能为水池注水或排水的通道。[4]

夏代都城中心区域地势一般较高，宫殿区外围的护城壕、河流是天然的城市排水地。

（三）道路及城门设置

道路既是都城居民交通的基础设施，也是战时士兵调动、武器装备运输和后勤保障的生命通道，是都城必备的基础设施。《周礼·考工记·匠人》云："匠人营国……国中九经九纬……经涂九轨，环涂七轨，野涂五

---

①　中国社会科学院考古研究所编著：《二里头（1999—2006）》（伍），文物出版社 2014 年版，第 151 页附表 7。

②　郑州市文物考古研究所编著：《郑州大师姑》，科学出版社 2004 年版，第 95、96 页。

③　中国社会科学院考古研究所编著：《二里头（1999—2006）》，文物出版社 2014 年版，第 1659 页。

④　郑州市文物考古研究院编著：《新郑望京楼（2010—2012 年田野考古发掘报告）》，科学出版社 2016 年版，第 88—91 页。

轨。"这里"环涂"应是环城之道，"经涂"是南北向（纵向）道路，"野涂"应是城外道路。

夏代都城设置有纵横交错的道路网，设置有不同类型的道路。二里头夏都中心区构建有"井"字形城市主干道路网络，形成"九宫格"式宏大格局。宫殿区及宫城外围建造有宽阔的"井"字形大道。据考古新发现材料，宫殿区南、北两侧的东西向主干道路向东、向西延伸，形成"宫南路""宫北路"。其中"井"字形大道西南路口处的南北向和东西向主干道路宽约18米；宫殿区东、西两侧的南北向主干道路向北、向南延伸，形成"宫西路""宫东路"，宫南路、宫北路自宫西路向西延伸的长度，已分别达470余米、440余米，均超过宫城的东西宽度，且继续向西延伸。宫西路向北延伸至祭祀区西侧民房处，长度至少200米，且继续向北延伸，道路东西宽17余米。①

从考古发现材料来看，夏都道路大体可分为三类：第一类是贯穿城内外的大道，一般是通过城门穿城而过；第二类是沿城垣或墙垣内外修建的道路，包括城垣或墙垣外侧的顺城大道或环城道路，以及沿城垣或墙垣内侧的顺城路（图3—19）；第三类城内道路，是通向各功能区或建筑群的道路。

贯穿城内外的大道早在仰韶文化晚期的郑州西山城址即有发现。该城址城内发现有一条道路贯穿城址东北部，直通北门，残长25米，宽约1.75米。因受城门护门墙阻隔，道路分走两侧，并与城外的郊野相连。②二里头遗址宫城外四周有道路网，通过城门可以贯穿宫城内外。新郑望京楼城址二里岗文化城址内发现道路4条，呈"井"字形。南北向道路已断续钻探长度约为500米，宽约5—7米，应是贯通南、北城门的大道。东

---

① 赵海涛：《二里头都邑布局和手工业考古的新收获》，《华夏考古》2022年第6期。
② 国家文物局考古领队培训班：《郑州西山仰韶时代城址的发掘》，《文物》1999年第7期。

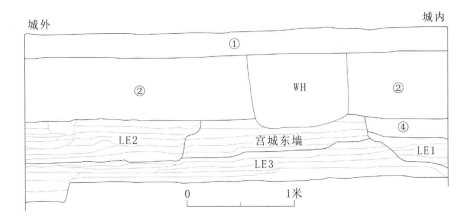

图 3—19　二里头遗址宫城东墙与道路结构示意图

一城门处发现的路土，长 60 米，宽为 3—7 米[①]。虽然望京楼城址尚未发现二里头文化城址的道路系统，但商代二里岗文化城址是建立在夏代二里头文化城址的基础上，商城的存在为寻找夏代道路提供了借鉴和启示。

城垣或墙垣内外侧道路发现于二里头遗址。二里头遗址宫殿区宫城垣外四侧均有宽 10—20 米的道路。东侧大道已探明长度 666 米。其中南侧道路发现有车辙痕迹。在二里头遗址 1 号巨型坑以东的宫城城墙之外、之内均发现有铺垫红烧土和料礓石的道路[②]，说明二里头宫城的确存在环绕城垣内侧的道路。此外，2013 年在二里头遗址围垣作坊区西侧发现垣墙（Q7）和东、西两侧 2 条道路遗迹。[③]其中西侧道路大部分宽度在 2 米以下，最宽处 5.5 米。该垣墙（Q7）应为另一功能区围垣的东墙垣，墙垣西侧发

---

① 吴倩、张松林：《望京楼夏商城址考古新发现》，载郑州市城市科学研究会编：《华夏都城之源》，河南人民出版社 2012 年版；郑州市文物考古研究院编著：《新郑望京楼（2010—2012 年田野考古发掘报告）》，科学出版社 2016 年版，第 419—421 页。

② 中国社会科学院考古研究所二里头工作队：《河南偃师市二里头遗址宫殿区 1 号巨型坑的勘探与发掘》，《考古》2015 年第 12 期。

③ 中国社会科学院考古研究所编著：《二里头（1999—2006）》，文物出版社 2014 年版，第 38 页。

现的道路遗存应为该功能区墙垣的内侧道路。

通向各主体建筑和建筑群的道路，在二里头宫殿区发现多处。如宫殿区东部早期建筑三号、五号基址之间，晚期建筑二号、四号、六号和十一号基址之间，宫城西墙与一号基址之间以及宫城中部一带，都发现了道路遗迹。

2013年二里头遗址围垣作坊区西侧发现的墙垣（Q7），其东侧道路宽大部分在2米以下，较宽处5.9米，最宽处24米。[1]Q7东侧道路较宽，方向与"宫西路"一致，应为"宫西路"的向南延伸部分。这些说明该都邑有道路通向作坊区。

城门既是城内居民出入的必经之地，又是城市的重要防御设施之一。其建筑规模、数量常依照城市的大小、形制、方位、用途等因素来决定。城门一般由大门、门道、城门楼、门卫房（塾）等部分组成。从考古材料分析，夏代都城城门数量当较多，城垣四面当都设置有城门，每面设1—3个城门。新砦城址外壕自西向东有三处缺口，可能是供行人出入的通道。二里头遗址宫城共发现5座城门。其中南墙2座，建于南墙上的七号、八号基址扮有城门的作用；东墙建造有专门的城门3座，分别位于东墙北段、中段、南段，时代不一。东一城门为二里头文化四期晚段，东二城门的时代不早于二里头文化四期，东三城门的时代为二里头文化三期至四期。[2]换言之，东墙3座城门是累加的，其中二里头文化三期是一座城门（东三城门），四期早段增加为二座城门（东二、东三城门），四期晚段三座城门并存。望京楼遗址二里岗城址四面城垣应皆有2座城门，共设城

---

① 中国社会科学院考古研究所二里头工作队：《河南洛阳市偃师区二里头遗址墙垣和道路2012—2013年发掘简报》，《考古》2015年第1期。

② 中国社会科学院考古研究所编著：《二里头（1999—2006）》，文物出版社2014年版，第574—581页。

门8座，其中东城垣发现东一、东二两座城门，南城垣已发现南门。^①因该城城垣是在二里头文化城垣、护城壕沟基础上建造，故夏代城垣具有多座城门的可能性很大。

夏代都城的门道以一门一道为主，个别一门多道。二里头遗址宫城东墙的三座城门皆为单一门道（图3—20）。但从二里头遗址宫殿基址门道的发掘来看，夏代都城设置三个门道的可能性是存在的。一号宫殿建筑基

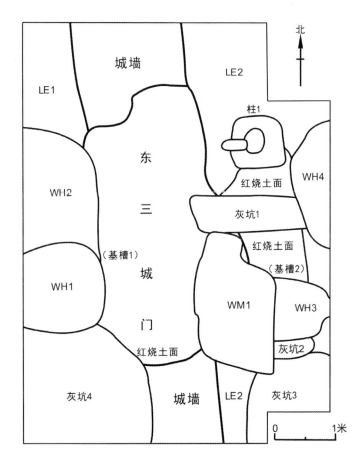

图3—20　二里头遗址宫城东三城门平面图

①　郑州市文物考古研究院编著：《新郑望京楼（2010—2012年田野考古发掘报告）》，科学出版社2016年版，第408页。

址南大门保存较好，基址东西长 28 米，南北宽 13 米。两道隔墙把南门分为一门三道，隔墙宽 4 米，进深 11 米，中门道宽 3 米，西门道宽 2.7—2.9 米，东门道宽 2.6 米。根据专家推测，正门是一座高大的、带有门塾的穿堂式大门。①

三、都城建造

都城建造是一庞大复杂的过程，涉及都城防御设施和各功能区的建造程序、建造技术等方面。夏代都城建造一般是先建造宫室区和一般居民区，然后建造大型城垣、手工业作坊以及其他设施。其中城垣、宫殿区、普通房屋、手工业作坊的建造是都城建造的重点。

（一）城垣

夏代都城城垣的建造方法以夯筑为主，还有堆筑、版筑。部分城市城垣的不同地段，因地形条件所限，对墙体的建造兼有这三种或两种建造方法。夯筑是指城垣经过严密的夯打筑成，即利用一定的夯具，在地面之上或挖掘专门的墙基槽堆土层层平面夯打，然后切削墙体两侧形成城垣。所谓堆筑，是指平地之上多次堆土逐层向上筑成城垣。版筑是指用木板做模具夯筑城垣。新砦城址流行夯筑和堆筑相结合及斜行堆筑或夯筑墙体的建造方法。② 如新砦期晚段东城垣 QIA 第 4 层"可分出近于平行的若干夯土层，系平夯"③；QIB 第 1 层是新砦期东城垣"夯筑质量最好的夯土层，夯土呈深褐色，土质密度最大，夯层明显，近水平状层层叠压，夯窝清

---

① 中国社会科学院考古研究所编著：《偃师二里头（1959 年—1978 年考古发掘报告）》，中国大百科全书出版社 1999 年版，第 142 页。

② 中国社会科学院考古研究所河南新砦队、郑州市文物考古研究院：《河南新密市新砦遗址东城垣发掘简报》，《考古》2009 年第 2 期。

③ 中国社会科学院考古研究所河南新砦队、郑州市文物考古研究院：《河南新密市新砦遗址东城垣发掘简报》，《考古》2009 年第 2 期。

晰"。^① 大师姑城址的城垣也为夯筑而成,城垣经过多次续建和修补,部分地段为堆筑。^② 新郑望京楼二里头城址的城垣也为夯筑而成,水平夯打,夯层清晰,厚5—8厘米,夯窝稀疏。^③ 二里头遗址宫城东墙、北墙、南墙皆为夯筑而成,夯层较明显,厚薄不均匀;宫城西墙夯筑质量好,夯窝明显。^④ 此外,二里头遗址宫城发现有版筑现象,东墙和北墙的部分地段墙体两侧有平行的竖槽(图3—21),竖槽上或外侧发现有柱洞,应是夯筑城垣时所用夹板和固定木板的木柱痕迹。^⑤ 同时代的平顶山蒲城店二里头文化城址^⑥、辉县孟庄二里头文化城址^⑦ 等也发现有版筑现象。

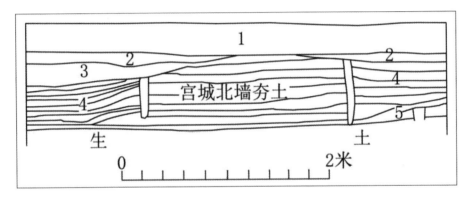

图3—21　二里头遗址宫城北城垣剖面图

① 中国社会科学院考古研究所河南新砦队、郑州市文物考古研究院:《河南新密市新砦遗址东城垣发掘简报》,《考古》2009年第2期。

② 郑州市文物考古研究所、荥阳市文物保护管理所:《河南荥阳大师姑遗址2002年度发掘简报》,《文物》2004年第1期。

③ 吴倩、张松林:《望京楼夏商城址考古新发现》,载郑州市城市科学研究会编:《华夏都城之源》,河南人民出版社2012年版。

④ 中国社会科学院考古研究所编著:《二里头(1999—2006)》,文物出版社2014年版,第326页。

⑤ 中国社会科学院考古研究所编著:《二里头(1999—2006)》,文物出版社2014年版,第574页。

⑥ 河南省文物考古研究所等:《河南平顶山蒲城店遗址发掘简报》,《文物》2008年第5期

⑦ 河南省文物考古研究所编:《辉县孟庄》,中州古籍出版社2003年版,第180页。

城垣上下结构主要可分为"基槽型"和"地面起建型"两类，有的城垣兼有两类。基槽型城垣由基槽和墙体两部分组成。地面起建型城垣直接建造在地面之上，不开挖基础槽。如二里头遗址宫城西墙为基槽型城垣，开挖有较浅的基槽；但东、北、南三面城垣皆无基槽，系平地起建（图3—21）。① 不设基槽的原因可能是三面城垣皆建于路土上，质地坚硬，所以不设基槽。王城岗城址小城城垣皆有地下基槽，基槽口宽4.4米，底宽2.56米左右，深2.4米（图3—22）②；但大城未开挖基槽，而是平地起建，大部分地段建于生土之上，存在文化层地段则是先把文化层清理干净，平整地基，然后夯打城垣。③ 大师姑城址城垣建造多先挖基槽，然后水平层

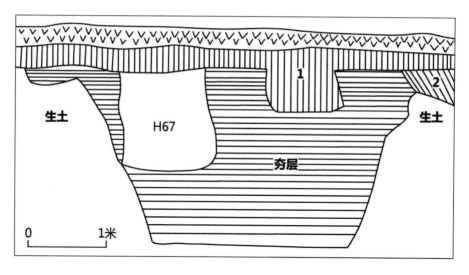

图3—22　王城岗城址小城城垣基槽剖面图（WT23南壁）

① 中国社会科学院考古研究所编著：《二里头（1999—2006）》，文物出版社2014年版，第574页。

② 河南省文物研究所、中国历史博物馆考古部：《登封王城岗与阳城》，文物出版社1992年版，第35页。

③ 北京大学考古文博学院、河南省文物考古研究所：《登封王城岗考古发现与研究》，大象出版社2007年版，第64页。

层夯打至地面，再建造地面墙体；有的阶段建造城垣是平地起建。① 望京楼城址城垣皆开挖有基槽。此外，新砦城址城垣依附早期壕沟而建，城垣结构属于"壕沟型"。② 据发掘者分析，新砦期城垣直接建在龙山文化晚期城垣的外坡之上，先是将护城壕内上部的淤土铺垫为新砦期城垣底层之垫土，然后再倾斜堆积数层黄灰土作为下部垫土，之后再水平夯筑。③

（二）宫殿

宫殿建筑是供统治者居住、处理政务的场所，其建筑质量要求高，技术复杂。夏代宫殿建筑包括建造夯土台基、置础立柱、建造墙体、构筑屋顶等环节。其中二里头遗址宫殿建筑基址的夯筑技术是夏代夯筑技术的代表。

夏都宫殿建筑多为高台建筑，即建造在高台之上。在建造宫殿之前，先在拟建宫殿地带建一夯土台基，再在台基上建造宫室。二里头遗址一号宫殿夯土台基平面近似方形（缺东北一角），东西长108米，南北宽100米（图2—4）。其建造顺序是先清理灰土，夯筑填补灰坑、窖穴等不平之处，进而夯筑加高建筑基址，形成一个高出当时地面约0.8米以上、边缘呈缓坡状的夯土台基。夯土质地较硬，夯窝清晰。④ 二号宫殿基址的建造程序是先平整土地，然后夯打出高于地面的台基，台基南北长72.8米、东西宽58米。中心殿堂又建造在高出庭院地面20厘米的台基上，夯土比一般地方厚，最厚达3米。⑤ 四号宫殿基址的夯筑方法与一号、二号宫殿

---

① 郑州市文物考古研究所编著：《郑州大师姑》，科学出版社2004年版，第336页。
② 张国硕、张婷、缪小荣：《中国早期城址城墙结构研究》，《考古学报》2021年第1期。
③ 赵春青等：《河南新密新砦遗址发现城垣和大型建筑》，《中国文物报》2004年3月3日；中国社会科学院考古研究所河南新砦队等：《河南新密市新砦遗址2002年发掘简报》《河南新密市新砦遗址东城垣发掘简报》，《考古》2009年第2期。
④ 中国社会科学院考古研究所编著：《偃师二里头（1959年—1978年考古发掘报告）》，中国大百科全书出版社1999年版，第144页。
⑤ 中国社会科学院考古研究所二里头队：《河南堰师二里头二号宫殿遗址》，《考古》1983年第3期。

基址相似。瓦店遗址东部的夯土建筑 WD2F1 大体呈回字形，面积近千平方米，基址厚约 1.5 米，夯土直接分块夯筑在生土之上。大师姑城址的建筑基址也为夯土筑成，如 2002 年考古工作者在大师姑城址清理了一座面积近百平方米的房址，房址的基础部分用红褐色花土夯打而成。[①]

木柱是我国古代土木建筑的一个重要特点之一。由于土木结构建筑的墙体不是主要的承重结构，承重功能由木柱来承担，故木柱的建造对房屋的重要性不言而喻。一般来看，整个木柱的建造主要由三个部分构成，即柱础穴、柱础、柱洞。柱础穴也叫柱基槽，是为竖立木柱而挖的洞穴。柱础是埋在柱子底部用以承起木柱的硬物，多为石质，上面较平。柱洞是木柱埋在地下部分腐朽后形成的遗迹。夏代的宫殿建筑遗存中，多见有柱础穴、柱础和柱洞等遗迹。

二里头遗址柱基槽的形状多种多样，有方形、圆形、长圆形、鞋形等几种。方形和圆形的口径约 1 米，长圆形和鞋底形长约 2 米，宽约 1 米。基槽壁皆倾斜，口大底小。一般深 0.5—0.7 米，最深的达 1 米以上。值得一提的是，并不是所有建筑都有柱基槽，如二里头一号宫殿的主体殿堂墙基都无柱基槽，因为开挖的墙基槽已经充当了柱基槽的功能。

二里头遗址的柱础根据规模可分为大、小两种。大型柱础主要用于主体殿堂。主体殿堂檐柱柱洞的柱础最大的一块长 90 厘米，宽 58 厘米，厚 25 厘米。一般的长 50 厘米，宽约 40 厘米，厚约 20 厘米。柱础有的一洞一块，有的一洞数块。小型柱础主要用于主体殿堂墙基和小挑檐柱，长、宽皆为 20—30 厘米，厚 20 厘米左右。以材质来看，柱础可分为石质和木质两类。石质柱础主要用于一号宫殿基址，一般为未经加工的天然石板，形状也不规则。[②] 木质柱础发现于二号宫殿基址，其主体殿堂

① 郑州市文物考古研究所编著：《郑州大师姑》，科学出版社 2004 年版，第 24 页。
② 中国社会科学院考古研究所编著：《偃师二里头（1959 年—1978 年考古发掘报告）》，中国大百科全书出版社 1999 年版，第 146 页。

的墙基槽内的础柱为方形横木。① 由于木质材料容易腐蚀，所以木质柱础非常罕见。

二里头遗址的柱洞分为大型和小型两种。大型柱洞为主体殿堂和宫殿四周的回廊柱。如一号宫殿建筑基址的基座四周围绕着一周大型柱洞，柱洞排列整齐。西围墙内侧有一排南北向的大柱洞，与围墙基相距约6米。在北、东、南三面围墙内、外侧各有一排与之相平行的大柱洞。柱洞间距多为3.7—3.8米，直径为0.25—0.3米。② 小型柱洞为回廊的挑檐柱和木骨夯土墙的木柱。如在一号宫殿基址的每个回廊柱外侧0.6—0.7米处，还附有2个相距约1.5米的小柱洞或柱础石，转角的廊柱则有3个小柱洞。③一号宫殿四周围墙的墙基槽中间保留有一排小柱洞。

夏代都城宫殿常使用木骨夯土墙。所谓木骨夯土墙即在夯土墙中竖立木柱。这种墙体集合了木骨泥墙和单纯的夯土墙的优点，更加坚固耐用。偃师二里头遗址宫殿建筑基址的墙体皆采用木骨夯土墙，根据木柱的排数可以分为单排墙和双排墙。大部分宫殿基址皆采用单排墙，如一号、二号、三号宫殿基址墙基槽中间皆有一排小柱洞。除单排木柱墙外，现有材料显示只有四号建筑基址部分墙体采用双排木柱墙。"四号宫殿基址的南北两侧边缘应各有柱洞13个，其中南缘一排为单柱，北缘一排在同一柱坑内埋设南北列的双柱，双柱中南柱为主柱，柱洞直径稍大，北柱为辅柱，双柱间距在0.4米左右。"④ 新砦遗址中部的一条灰沟内发现成片坍塌

---

① 中国社会科学院考古研究所编著：《偃师二里头（1959年 1978年考古发掘报告)》，中国大百科全书出版社1999年版，第153页。

② 中国社会科学院考古研究所编著：《偃师二里头（1959年—1978年考古发掘报告)》，中国大百科全书出版社1999年版，第143页。

③ 中国社会科学院考古研究所编著：《偃师二里头（1959年—1978年考古发掘报告)》，中国大百科全书出版社1999年版，第141页。

④ 中国社会科学院考古研究所河南二队：《1984年春偃师尸乡沟商城宫殿遗址发掘简报》，《考古》1985年第4期。

的可能为规格较高的建筑基址的墙体，系夯筑而成。①

由于宫殿基址屋顶部分皆已被毁弃，为了解房屋结构增加了难度，只能根据少量文献记载和柱础分布情况加以推测。《考工记·匠人》记载"殷人重屋，堂修七寻，堂崇三尺，四阿重屋"，说明商代宫殿基址屋顶建筑为"四阿重屋"。"四阿"，即四面坡；"重屋"，是指每面坡有双重屋顶和屋檐。二里头一号宫殿基址大柱洞外侧往往发现有两个小柱洞。大柱洞是殿堂的檐柱洞，而小柱洞可能是支撑殿堂出檐的挑檐柱洞。② 如是，则夏代宫殿基址屋顶结构也可能是"四阿重屋"式。

（三）普通房屋

除了宫殿区，普通居民居住的房屋建造相对简单。夏代都城发现的普通房屋，依据形制结构可以分为半地穴式和地面建筑两类。

半地穴式房子新石器时代流行，夏都仍有一定的存在，但差别不大。平面形状有圆形、椭圆形、方形。一般是先开挖坑穴，然后加工地面和坑壁。坑穴周围有柱洞用于立柱、修建屋顶，屋顶多数是用茅草、苇秆之类的东西搭建。往往修建有台阶状的门道用于出入屋内。这类房子由于面积较小，在地面建筑流行的夏代属于最低级别的居住建筑。二里头遗址房子Ⅷ F1 为长方形半地穴式建筑，东西长 3.76 米，南北宽 2.65 米，深 1.3 米。口大底小，四壁外斜。门道位于南壁偏西处，有三级以上土台阶供上下出入。居住面中间有 2 个大柱洞，南边和东边有较小柱洞。③

地面建筑在建造技术上要比半地穴式居址考究一些。这类房子平面形

① 赵春青：《新密新砦城址与夏启之居》，《中原文物》2004 年第 3 期。
② 中国社会科学院考古研究所二里头队：《河南堰师二里头早商宫殿遗址发掘简报》，《考古》1974 年第 4 期。
③ 中国社会科学院考古研究所编著：《偃师二里头（1959 年—1978 年考古发掘报告)》，中国大百科全书出版社 1999 年版，第 75、76 页。

状多为长方形，单间和多间并见。一般是先挖墙基槽，填土夯打，再筑墙体。墙体多是木骨泥墙，有的有柱子洞和础石痕迹。地面和墙体一般都涂抹白灰或草拌泥，地面经夯打，或铺有料姜石。门道多开于房屋的正面。屋顶可能为两面坡或一面坡。这类房屋面积大于半地穴式而小于大型宫殿，当属于一般居民或贵族的居住之所。二里头遗址Ⅲ区房基 F1 是一座夯土台基建筑基址。台基复原东西长应超过 28.5 米，南北宽约 7.8—8 米。台基上建造木骨泥墙结构、东西走向的三室排屋。三间房屋从东向西面积依次减小，南北两面均有宽约 0.9 米的檐下廊。北廊外有一排挑檐柱洞，与墙的距离约 1.4 米。立柱方法应是先在廊外斜坡上挖直径约 0.3 米的柱坑，坑内放置鹅卵石作柱础，再立柱（图 3—23）。[①] 二里头遗址Ⅲ区 F2 是一长方形房址，分东、西二室。西室居住面用草拌泥抹成，平整坚

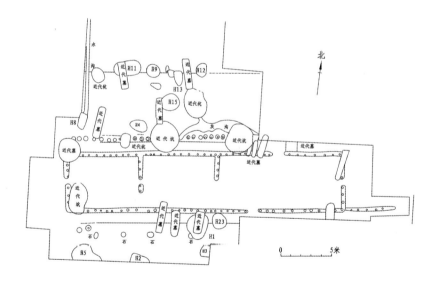

图 3—23　二里头遗址房基 80—81 Ⅲ区 F1 平面图

①　中国社会科学院考古研究所二里头队：《偃师二里头遗址 1980—1981 年Ⅲ区发掘简报》，《考古》1984 年第 7 期。

实。居室四面残留墙基，东、西墙相距 9.7 米，南、北墙相距 4.1 米。北墙表面抹有草拌泥。在北墙里侧 40—45 厘米处有一排东西向的 4 个柱基槽，槽为圆角长方形，槽内有础石。[1]

（四）手工业作坊

手工业作坊建造一般包括作业区、工匠栖息地和围护设施等。高规格的手工业作坊，如铸铜、绿松石器制造等，在作坊区周围建造有围垣。普通的制陶、制骨等作坊，由于相对分散，一般不建造围护设施。

二里头遗址宫城垣南侧手工业作坊区发现有围垣遗迹。[2]Q3 为东西向长条形墙，与宫城南墙基本平行，已发掘部分长 212 米。Q5 位于作坊区东北角，北距宫城南墙 10.8—11 米，由垂直相交的东墙北段和北墙东段组成。这些墙体大多直接建于生土上，系夯筑而成，夯层清晰，夯筑质量较好。围墙建造有的有基槽，如 Q3 为基槽型；有的无基槽，如 Q5 为无基槽型，直接建于生土之上。围垣内外侧多有道路遗存。

二里头遗址铸铜作坊遗存位于作坊区的南部，面积近万平方米。该处作坊遗址以几座浇铸场为主体。F9 是一座建于二里头文化二期的半地穴式场地，东部已遭破坏，现存部分长 11 米，宽 6 米，深 0.8 米，西南部有一缓坡状门道，场内地面平整。该场地在二期时经先后两次整修、改建，三期时又经第三次改建，每次都垫土形成新的工作面。第二次改建时沿顺向两侧穴壁挖槽建木骨泥墙；第三次改建时又废墙，改在场内埋设木柱。由墙到柱的设置可推测原有非封闭性的顶棚。场地北缘埋儿童

---

[1]　中国社会科学院考古研究所编著：《偃师二里头（1959 年—1978 年考古发掘报告）》，中国大百科全书出版社 1999 年版，第 160、161 页。

[2]　中国社会科学院考古研究所编著：《二里头（1999—2006）》，文物出版社 2014 年版，第 324、332 页；中国社会科学院考古研究所二里头工作队：《河南洛阳市偃师区二里头遗址墙垣和道路 2012—2013 年发掘简报》，《考古》2015 年第 1 期。

墓 5 座，应与奠基仪式有关。另外在 F9 南侧还发现有两处浇铸场（Z1 和 Z2），两者均为浅穴式建筑。在 F9 北侧发现有建筑 F2，发掘者推测其与烘烤和预热陶范有关。①

四、离宫别馆的设置

所谓离宫别馆，是指中国古代在都城主体宫殿区之外建立的宫室建筑。作为都城的附属部分，离宫别馆在当时的政治、社会生活中扮演着重要角色。它不仅可以为最高统治者游玩、田猎提供方便，同时也是在都城之外举行政治活动的场所。离宫别馆一般出现在政治相对稳定、统治者享乐思想盛行时期。在位置上，离宫别馆设置在那些自然风光优美的河旁台地、湖畔或山坡之上，距离都城不能太远，周围有大片的森林或湖泽，有成群的野兽出没，便于田猎。内部基础设施较都城要简略，一般不设宗庙建筑，没有伴存的手工业作坊和普通居民区。从对文献材料分析可知，夏代应为离宫别馆的滥觞时期，夏王朝在洛汭与嶓山可能建置有离宫别馆。②

史料所载夏王朝"太康失国"多与太康"失德"和在都城之外"盘于游田"有关。如《楚辞·离骚》："启九辩与九歌兮，夏康娱以自纵。不顾难以图后兮，五子用失乎家巷。"王逸注："言太康不尊夏启之乐而更作淫声，放纵情欲以自娱乐，不顾患难，不谋后世，卒以失国，兄弟五人家居闾巷，失尊位也。"《史记·夏本纪·集解》引孔安国："盘于游田，不恤民事，为羿所逐，不得反国。"这些记载是说太康不理政事，多日不返夏都，沉湎于游乐之中，因此激起人民的强烈不满，同时又招致东夷的入侵

---

① 中国社会科学院考古研究所编著：《中国考古学·夏商卷》，大百科全书出版社 2003 年版，第 112 页。

② 张国硕：《论夏商时代的离宫别馆》，载宋镇豪等主编：《纪念三星堆遗址发现 70 周年暨殷商文明国际学术研讨会论文集》，社会科学文献出版社 2003 年版。

而失国。从太康"盘于游田"推知，其游田之处应有一定的房屋建筑，供其居住与享乐。由于这些房屋建筑是夏王太康使用，故其已具有某些离宫别馆之特性。

太康"盘于游田"之处是在洛汭或洛水附近。《史记·夏本纪》记载："帝太康失国，昆弟五人，须于洛汭。"《书序·虞夏书》也有类似的记载。《潜夫论·五德志》云："（禹）传嗣子启，启子太康、仲康更立，兄弟五人皆有昏德，不堪帝事，降须洛汭。"《史记·夏本纪·集解》引孔安国称"太康五弟与其母待太康于洛水之北"，并"怨其不反"。《帝王世纪》记载更明确："夏太康五弟须于洛汭，在（巩）县东北三十里。"《水经·河水注》记载："洛水又东北流入于河……谓之洛汭……昔夏太康失政，为羿所逐，其昆弟五人，须于洛汭，作《五子之歌》于是地矣。"洛汭即洛河入黄河处，在今河南巩义市东北。此地距夏王朝都城斟寻（二里头遗址）直线距离约45公里，环境优美，是设立离宫别馆的理想之地。因此，洛汭可能是文献有记载的最早的建有离宫别馆之地。

蓲山可能是夏王朝后期另一离宫别馆之地。孔甲是夏王朝的一位昏庸国王。《史记·夏本纪》云孔甲"好方鬼神，事淫乱"，《国语·周语下》称"孔甲乱夏，四世而陨"。文献记载孔甲曾在"蓲山"田猎。《吕氏春秋·音初篇》："夏后氏孔甲，田于东阳蓲山。天大风晦盲，孔甲迷惑，入于民室。"蓲山见于《山海经·中山经》，其相邻诸山如青要山皆在伊洛地区；《水经·河水注》引皇甫谧《帝王世纪》认为"即东首阳山"。首阳山在今洛阳市偃师区西北约4公里处。清乾隆《偃师县志》卷三："首阳山，一曰首山，一曰蓲山，在县西北二十八里。"此山南距夏都斟寻不足10公里，位置适中，《山海经·中山经》称这里出美玉，有茂密的森林和异兽，正是建造离宫别馆之佳处。孔甲在此打猎盘桓，这里应有房屋建筑供其居住，其性质应属于离宫别馆。

第五节　都城防御体系

都城防御主要是指都城军事上的防守抵御。与都城防御相关的思想意识、事物和活动构成的整体即"城市防御体系",一般包括武装力量和其他人员的分布与指挥、各防御设施的设立以及相互之间的联系等。[①]一般来说,一个国家之都城,尤其是军事力量较弱和社会动荡时期的国家之都城,积极、主动的军事防御是必不可少的,构建有效、可行的军事防御体系是一个国家政权和都城稳定和存在下去的基石。在长期的政治斗争、军事战争过程中,夏代都城逐渐构建起一定的军事防御体系。考古发现的早夏都城新砦遗址和夏代中晚期都城二里头遗址,两者的都城防御模式不尽相同。前者以都城区域防御为主,属于"城郭之制"防御模式;后者以都城外围防御为主,属于"守在四边之制"的防御模式。而夏代方国都城大多建造有大规模的城垣与护城壕等防御设施,其本身就是夏王朝都城防御体系的重要组成部分。

一、夏代早期

文献记载夏王朝建立之前,夏族就掌握了较成熟的筑城技术,并形成了内城外郭的防御思想。《世本·作篇》:"鲧作城郭。"《初学记》卷二四引《吴越春秋》:"鲧筑城以卫君,造郭以守民,此城郭之始也。"这里是说至少在夏鲧时期就已经开始建造城郭,其中"城"的功能是"卫君",郭的功能是"守民"。夏代早期,政治斗争不断,军事战争频仍,都城地区的军事防御尤为统治阶层所关注。

从新砦遗址考古发现可知,早期夏都突出显示出重视军事防御的特

---

① 张国硕:《中原先秦城市防御文化研究》,社会科学文献出版社 2014 年版,第 122 页。

色，建造有较为复杂的军事防御设施，形成了自然河流、壕沟、城垣与护城河相结合、较为完备的都城防御体系。新砦遗址充分利用了地势、河流等自然环境构筑防御设施。新砦遗址的地势高于四周，较高的地势便于观察周边的动向，对敌情作出准确的判断，作战时可以居高临下，取得地利优势。同时较高的地势还可以避免水患的威胁。该遗址南以双洎河为自然屏障，西临武定河，东有圣寿溪河，只有北边与陆地相通，其位置和周围环境易守难攻，十分利于军事防御。城市建造者充分利用三面河流的屏蔽作用，并在北城垣外220米处设置一条人工与自然冲沟相结合而构成的外壕，共同构成该城址外围的第一重防御圈。外壕东西长1500米，南北宽6—14米，宽3—4米左右，有显著的军事防御功能。第一重防御圈之内又重点建造城垣与城壕相配置的第二重防御圈。城垣规模宏大，夯筑而成，平面基本为方形，现存东、北、西三面城垣及贴近城垣下部的护城河，南面为宽而深的双洎河，城内面积约为70万平方米。其中东墙南半部大部被双洎河河曲冲毁，现存南北残长160米，深4米；北墙东西长924米，深5—6米。护城河紧靠城垣外侧，河底现宽1—3.65米，河底上距地表6.95米，其宽度推测均在11米以上。城内西南部区域地势较高，虽然未发现大型城垣，但开挖有内壕，现存西、北、东三面壕。其中北内壕东西长约300米，东、西内壕因遭受破坏长度不明。圈围面积在6万平方米以上，圈围区域实际上为内城的范畴，一定程度上可以保障最高统治者的安全。

禹都阳城和禹州瓦店遗址皆构建有一定的军事防御系统。王城岗遗址所在地的自然屏障便于城市区域的军事防御。城址一带属于颍河谷地，东临五渡河，南面隔颍河与箕山相望，北倚中岳嵩山王岭尖。早期建造有面积约1万平方米的小城，后期又建造有面积大约30万平方米的大城，大城内可能还有内城。瓦店遗址西北台地发现有大型壕沟（HG1），由西壕、南壕和东壕构成，三面壕沟与北面的颍河构成封闭的、大体呈长方形的防御圈，面积达 40 余万平方米。

二、夏代中晚期

后羿代夏和夏都短时间内被夷人攻破的惨痛教训，迫使少康复国后的夏王朝统治者反思都城的安全问题，除了发展经济、加强军事力量之外，建立可靠的军事防御体系势所必然。通过少康、帝宁（杼）等夏王的努力，逐渐构建起以都城防御为中心，都城外围自然山河关隘为屏蔽，周边地区军事防御为重点，多重防御设施和手段相互结合的夏都城军事防御体系。①

首先是选择形胜之地作为都城址，尤其是都城外围具备可资利用的自然防御屏障。为了夏王朝发展的需要和都城地区的安全，早在太康时，夏王朝就把政治中心从颍河上游地区迁到伊洛地区的斟寻，即偃师二里头遗址。直至夏桀亡国，夏王朝主要以斟寻为都。② 二里头夏都周围有着优越的可以利用的自然防御屏障。这里为盆地地貌，四面环山（邙山、龙门山、嵩岳、周山）、中部低平、易守难攻。群山之中有一系列关隘，如黑石关、虎牢关、伊阙、轘辕关、函谷关等，均有"一夫当关、万夫莫开"之势。此外，二里头遗址之南夏代有伊洛河东西穿过，北有黄河阻隔，这些河流至少在一定程度上可以成为夏都南、北两个方向的天堑。从文献材料可知，夏王朝中后期曾充分利用都城周围的天然屏障进行军事防御。《史记·封禅书》称"三代之居，皆在河、洛之间"，《逸周书·度邑解》记载"自洛汭延于伊汭"是"有夏之居"，这些说明夏都与周围的天然河流关系密切。《史记·周本纪》记载了周武王在伊洛一带"有夏之居"建立东都洛邑的愿望，其中在谈到"有夏之居"周围有利地貌条件时，提到"南望三

---

① 张国硕：《夏国家军事防御体系研究》，《中原文物》2008 年第 4 期。
② 张国硕：《文明起源与夏商周文明研究》，线装书局 2006 年版，第 156 页。

涂，北望岳鄙，顾詹有河，粤詹洛、伊"，是说夏国家都邑周围遍布天然
屏障，远望南有三涂山、北有太行山等山脉，近视有黄河、洛河、伊河等
大河，是理想的建都之地。此外，《战国策·魏策一》记载魏武侯与吴起
谈起"河山之险"与霸王之业的关系时，指出"夏桀之居"有"左天门之
阴，而右天谿之阳，庐、睪在其北，伊、洛出其南"等天然防御屏障。《史
记·孙子吴起列传》用汉代之名指出"夏桀之居"的"山河之固"，其为"左
河济，右泰华，伊阙在其南，羊肠在其北"。以此可知，大河、高山、关
隘等自然屏障构成了夏都周围的自然防御体系。这些自然屏障在夏都防御
中具有重要地位和作用。《国语·周语上》有"昔伊洛竭而夏亡"的记载，
是说伊洛河与夏王朝的灭亡有着直接关系。

　　其次是在都城区域建造必要的军事防御设施。二里头遗址南部有古
伊洛河东西横亘，北部和东北部地势逐渐降低，东部、东南部和南部地
势低洼，有湖泊分布，中部地势高亢，只有西部和西北部与古洛河北岸
的条状微高地相连①，如此地势易守难攻，十分利于军事防御。夏都防御
的重点应该是加强西部和西北部的军事防御和逐步完善都邑内部的防御
设施。考古发掘表明，二里头遗址宫殿区发现的宫殿大都有一定的防御
设施，且夏代后期宫殿区的军事防御能力有逐渐加强之势。如始建于二
里头文化第二期的三号基址，系一座大型多院落式建筑，周围有围墙；
始建于二里头文化第三期的一号、二号基址皆为自成一体的封闭式宫殿
建筑。在二里头文化二、三期之交，都城建造者在宫殿区周围增筑宫城
垣，一直延续使用至第四期晚段或稍晚。此外，宫城之南的手工业作坊
区也建造有围垣设施，其他功能区也大多建有围垣。围绕宫城四周的井
字形大道也具有一定的防卫作用。大道宽12—15米，路土致密，系长期

① 中国社会科学院考古研究所二里头工作队：《河南伊洛盆地2002—2003年考古调查简
　报》，《考古》2005年第5期。

频繁踩踏所致，宫城南侧大道上还发现有车辙遗迹。^① 有学者研究认为，二里头宫殿区的井字形大道"实际有可能是宫庙区卫戍人员日夜频繁巡逻、驱逐闲杂人等的快速通道"^②，卫戍人员在大道上的日夜巡逻对宫城起到了警戒保卫的作用。

再就是在周边地区建立一系列军事据点、重镇和方国，构建起夏都的外围防线。二里头遗址除了晚期修筑规模较小的宫城垣之外，自始至终未能修建围绕整个都城地带的大规模城垣防御设施。此现象与夏代早期加强都城地区的军事防御、修筑多种多类军事防御设施的特征明显不同，说明夏代中后期夏都城军事防御体系的重点不在都城地区而在外围地带。从文献材料可以得知，夏王朝在都城之外分封或建立一系列同姓或异姓方国，利用这些方国部族保障国家中心地带的安全。诸多方国部族具有军事重镇功能，为夏国家戍守四边。《国语·周语上》《史记·夏本纪》等文献都有大禹时期"五服制"的记载，虽然未必完全准确可靠，但却部分反映了夏都地带与各地方、周边的军事关系，不同的方国部族是夏都军事防御体系中的重要环节。夏代设立诸多同姓诸侯方国。《史记·夏本纪》记载："禹为姒姓，其后分封，用国为姓，故有夏后氏、有扈氏、有男氏、斟寻氏、彤城氏、褒氏、费氏、杞氏、缯氏、辛氏、冥氏、斟戈氏。"据郑杰祥先生考证，这些夏族同姓方国的分布，除了早期的斟寻氏、费氏在今河南洛阳市偃师区境内以外，其他方国部族大都位于以伊洛盆地为中心的周边地区。^③ 夏王朝后期，夏国家在东方设立了一系列具有军事重镇功能的方国，如葛、韦、顾、昆吾等，成为夏东境安全的重要支柱。《诗·商颂·长

---

① 中国社会科学院考古研究所编著：《二里头（1999—2006）》，文物出版社2014年版，第582页。

② 何驽：《都城考古的理论与实践探索——从陶寺城址和二里头遗址都城考古分析看中国早期城市化进程》，载中国社会科学院考古研究所：《三代考古》（三），科学出版社2009年版。

③ 郑杰祥：《夏史初探》，中州古籍出版社1988年版，第73—78页。

发》记载："苞有三蘖,莫遂莫达。九有九截,韦、顾既伐,昆吾、夏桀。"
这里是说商汤灭夏之前先讨伐韦、顾、昆吾等方国。把三方国比作"苞有
三蘖",即一棵树木被砍后旁生的三个分支,不仅显示出商人对三个方国
的痛恨,而且充分说明三个方国在夏国家军事防御体系中居于举足轻重的
地位。从考古发现来看,夏王朝的确在周边地区建立一些具有军事重镇功
能的方国。已知的夏代方国城址或大型遗址,以河南荥阳大师姑、新郑望
京楼、山西夏县东下冯等遗址为代表。这些城址或遗址多位于夏国家周边
重要地带,交通便利,大都建造有城垣或壕沟等大型防御设施。其年代,
多始建于二里头文化第二期,毁弃于二里头文化第四期,大约与夏王朝中
后期相当。

根据二里头文化的分布范围,可推知夏王朝极盛时期外围四境防御第
一线的基本情况。大致路线区域如下:

北方防线:二里头文化东下冯类型主要分布于晋南汾水下游的临汾
盆地和运城盆地,如夏县东下冯①、翼城感军②、襄汾大柴③、垣曲古城
东关④、垣曲小赵⑤等。晚期向晋东南有所发展,如长治小神遗址。⑥因此
临汾盆地和长治盆地是二里头文化分布的北限。在此区域以北的太原盆地
分布有光社文化或称东太堡文化。⑦在东太堡文化中发现一部分与二里头

---

① 中国社会科学院考古研究所等:《夏县东下冯》,文物出版社 1988 年版。
② 中国科学院考古研究所山西工作队:《晋南二里头文化遗址的调查与试掘》,《考古》
  1980 年第 3 期。
③ 中国科学院考古研究所山西工作队:《山西襄汾县大柴遗址发掘简报》,《考古》1987
  年第 7 期。
④ 中国历史博物馆考古部等编著:《垣曲商城(1985—1986 年度勘察报告)》,科学出版
  社 1996 年版。
⑤ 中国科学院考古研究所山西工作队:《山西垣曲古文化遗址的调查》,《考古》1985 年
  第 10 期。
⑥ 山西省考古研究所晋东南工作站:《山西长治小神遗址》,《考古》1988 年第 7 期。
⑦ 宋建忠:《晋中地区夏时期考古遗存研究》,载山西省考古学会等编:《山西省考古学会
  论文集》(二),山西人民出版社 1994 年版。

文化因素相似的陶爵、鼎、豆、杯等，在属于二里头文化东下冯类型的长治小神遗址发现一些东太堡文化因素的器物，说明二者之间存在着交流。自古以来人类的交流就有许多种，但战争一定是人类交流中最频繁的特殊形式之一。二里头文化和东太堡文化之间自然也存在着战争冲突的危险，在二里头文化分布边缘的临汾盆地应设置若干军事据点以抵御来自北部太原盆地的东太堡文化族群的威胁。因此临汾盆地应是夏王朝北方对外防御的第一线。

东方防线：夏王朝的东方主要防御来自下七垣文化和岳石文化族群的威胁。在二里头文化三、四期时期，属于先商文化的下七垣文化发展迅速，其辉卫型势力范围向南直达黄河和二里头文化隔河相望，向西至沁水与二里头文化隔河相对峙；漳河型渡黄河南下到达豫东惠济河流域发展成鹿台岗类型，在这里与二里头夏文化和岳石文化交汇。在二里头文化末期，先商文化自豫东地区西进，前锋到达今郑州地区，形成南关外类型。夏族分别在沁水、黄河、惠济河流域形成防御商族势力的第一线。在二里头文化后期，属于东夷文化的岳石文化也得到了迅速发展，其势力范围达到了今豫东的商丘、周口和开封杞县地区。这些地区自然成为二里头文化族群抵御岳石文化族群威胁的第一线。

南方防线：二里头文化向南分布范围到达今豫西南乃至长江沿岸。在南阳地区，发现有淅川下王冈[①]、邓州穰东[②]等遗址，形成二里头文化的下王冈类型。二里头文化在这一带同汉江流域的荆州荆南寺夏商时期文化[③]交流频繁，军事对峙与冲突自然也不可避免。因此，今豫西南的南阳地区成为抵御以荆南寺夏商文化族群威胁的第一线。此外，在河南信阳

---

① 河南省文物研究所等：《淅川下王冈》，文物出版社1989年版。
② 河南省文物考古研究所：《河南邓州市穰东遗址的发掘》，《华夏考古》1999年第2期。
③ 荆州博物馆编著：《荆州荆南寺》，文物出版社2009年版。

三里店遗址发现有二里头文化遗存。① 以此可见信阳一带也应为夏王朝南方防御的第一线。

西方防线：二里头文化向西发展进入陕西境内，在西安老牛坡②、华县南沙村③、商州东龙山④ 等遗址，都发现有属于二里头文化的遗存。故陕西东部和商洛地区可能是夏族群抵御西方族群军事威胁的第一线。

当然上述所谓军事防御的第一线只是就夏国家能直接控制的地区而言。在一些夏人势力不能直接到达的地方，夏人通过控制一些异姓方国部族来间接达到保护都城地区安全的效果。这些异姓方国构成了夏王朝军事防御的最前沿。由于东方部族一直对夏王朝的威胁最严重，因此这些异姓方国主要分布在东方地区。早在夏代前期，夏国家东方就建立有鬲氏、有仍氏、有虞氏等方国。这些方国与夏王朝关系密切，少康中兴主要依赖这些方国之力。如《左传·襄公四年》记载后羿代夏事件时称夏王朝重臣靡"奔有鬲氏"，后辅佐少康中兴；《左传·哀公元年》又记载后缗逃归有仍，生少康；少康又逃奔有虞，在有虞氏的帮助下逐渐强大起来。一般认为有鬲氏在今山东省平原县境内，有仍氏在今山东省济宁市境内，有虞氏在今河南省虞城县境内。⑤ 此外，薛、有缗氏也是与夏王朝联系密切的异姓方国，其中薛之故地位于今山东省滕州市张旺镇古薛河之西岸⑥，有缗氏在

---

① 河南省文化局文物工作队：《河南信阳三里店遗址发掘报告》，《考古学报》1959年第1期。

② 张天恩：《试论关中东部夏代文化遗存》，《文博》2000年第3期；刘士莪：《老牛坡》，陕西人民出版社2002年版，第328页。

③ 北京大学考古教研室华县报告编写组：《华县、渭南古代遗址调查与试掘》，《考古学报》1980年第3期。

④ 陕西省考古研究院等编著：《商洛东龙山》，科学出版社2011年版。

⑤ 谭其骧主编：《简明中国历史地图集》，中国地图出版社1991年版，第5页。

⑥ 山东省文物考古研究所：《薛故城勘探试掘获重大成果》，《中国文物报》1994年6月26日。

今山东金乡县东北。这些地区皆在属于东夷族群的岳石文化分布区内，夏人通过与其结盟可以从内部分化瓦解东夷族群的势力，使其为夏王朝的稳定作出一定贡献。

夏王朝除了在外围四面边境地区设置第一道防线外，在进入夏控制区域之内的纵深地区还设置了第二道防线。大致路线区域如下：

北部：第二道防线应在今山西夏县至豫西北一线。考古工作者在晋南运城盆地发现有夏县东下冯遗址等大型聚落。该遗址规模大，文化遗存丰富，设置有里、外两重壕沟等防御设施，邻近豫西夏王朝中心地区，这一地理位置决定了它具有保卫王都地区安全的重任。孟州禹寺龙山时代城址建造有两个小城，面积分别为2万平方米和6万平方米，有城垣和宽深的护壕沟，军事防御能力强。其城墙夯土中发现有二里头文化时期的陶片，说明二里头文化时期该城墙曾经修补使用①，其性质应是夏都二里头之北重要的军事重镇。此外，位于豫西北的夏方国，如温国，也扮演着维护豫西地区夏都安全的角色。帝宁时期，夏王朝曾短期在今济源市境内建立辅都"原"，除了政治目的，实际也具有构筑豫西夏都之北方军事重镇的功能。

东部：以荥阳大师姑城址、新郑望京楼城址为主，承担夏都外围的第二道防线。大师姑、望京楼等二里头文化时期城址，规模大，遗存丰富，建造有复杂的城垣军事防御设施，规格高，具有方国都城的性质，应该是保障夏都之东方安全的重要依托。帝宁时期曾短期在今开封市祥符区境内设置"老丘"辅都，除了政治目的，也应具有一定的军事重镇功能。

西部：在今三门峡地区，发现有较为丰富的二里头文化遗存，如渑池

---

① 张小虎、吴小玲：《孟州禹寺龙山文化及西周遗址》，中国考古学会编：《中国考古学年鉴2021》，中国社会科学出版社2022年版。

鹿寺①、郑窑②、陕县七里铺③等，这一地区应该是夏都外围的第二道防线。文献记载夏王胤甲都"西河"，西河地望当在今三门峡地区某地为宜。"胤甲都西河"并非胤甲舍弃伊洛地区的夏都斟寻而迁都于西河，而是在保持主要都城斟寻地位的前提下，在西河地区设立一处具有政治、军事中心功能的辅都，在夏都外围西部防御上扮演重要角色。

南部：这一区域的第二道防线不是十分明了。夏代早期，分布于今平顶山蒲城店一带的二里头文化城址④，具有夏王朝南方军事据点或重镇的性质。登封王城岗、汝州煤山⑤以及郾城郝家台⑥、驻马店杨庄⑦等重要遗址，都发现有丰富的二里头时代文化遗存，说明夏代中后期这里有较多的夏族群成员居住生活，应承担着保卫夏都南方安全的重任。《史记·夏本纪》记载的夏同姓方国曾（鄫）位于今河南中南部，应担负部分夏都南线纵深防御的职责。

第六节　都城礼制

礼在中国传统文化中占有很重要的地位，对中国文化产生了广泛而又深远的影响。中国自五帝时代就已建构起一定的礼仪，到夏代礼仪得到了进一步的完善和发展。文献记载夏王朝有"夏礼"（《论语·为政》《论语·八

---

① 河南省文化局文物工作队：《河南渑池鹿寺遗址试掘简报》，《考古》1964 年第 9 期。

② 河南省文物研究所等：《渑池县郑窑遗址发掘报告》，《华夏考古》1987 年第 2 期。

③ 黄河水库考古队河南分队：《河南陕县七里铺商代遗址的发掘》，《考古学报》1960 年第 1 期。

④ 河南省文物考古研究所等：《河南平顶山蒲城店遗址发掘简报》，《文物》2008 年第 5 期。

⑤ 中国社会科学院考古研究所河南二队：《河南临汝煤山遗址发掘报告》，《考古学报》1982 年第 4 期。

⑥ 河南省文物考古研究所：《郾城郝家台》，大象出版社 2012 年版。

⑦ 北京大学考古系等编著：《驻马店杨庄》，科学出版社 1998 年版。

俗》）、"夏道"（《礼记·礼运》），但至少在春秋孔子时期就已经因"文献不足"而语焉不详。考古发现为我们提供了部分夏代礼制的信息。从现有材料来看，都城是夏礼推行最为集中的地方，主要体现在礼制建筑和墓葬制度上。

一、礼制建筑

夏代都城的礼制建筑主要发现于夏代早期的新砦城址和中晚期的二里头遗址。新砦城址发现了一处与祭祀有关的建筑基址。二里头遗址的礼制建筑主要位于宫殿宗庙区和祭祀活动区，宫城发现的一些大型夯土建筑基址应与礼制有关，祭祀活动区发现了若干祭祀建筑遗存。这些礼制建筑遗存种类多，按性质可划分为神社建筑、宗庙建筑、坛祭建筑和坎祭建筑四类。其中神社、宗庙类建筑一般位于宫城或宫殿区，坛祭和坎祭建筑大多设置在宫城外或宫殿区外围。

神社是夏王朝祭祀大地和举行各类重要活动的重要场所。《尚书·甘誓》记载夏启警告众将士若不奋勇杀敌，将受到惩罚，在神社被刑杀。社祭建筑发现于二里头遗址宫殿区。一号宫殿基址位于二里头遗址宫城内西部，建于一座大型夯土台基之上。台基中部偏北有一座主体殿堂建筑，四周有回廊，南面有大门，中间庭处有多处祭祀坑，整体布局紧凑，主次分明，其性质可能属于神社遗存或包含神社的功用。

宗庙是祭祀祖先和举办各类礼仪活动之地。《尚书·甘誓》记载夏启激励将士要奋勇杀敌，有战功者将在宗庙得到赏赐。二里头遗址发现有宗庙建筑。一号宫殿基址总面积1万多平方米，由堂、庑、门、庭等单体建筑组成，有祭祀坑，应为礼制建筑。二号宫殿遗址西南距一号建筑基址约150米，包括主体殿堂、围墙、庭院、门道，组成一座完整的大型院落式建筑。两个宫殿建筑基址的性质可能为宗庙遗存或兼有宗庙的功用。

坛祭建筑遗存发现于二里头遗址。1985 年，二里头遗址Ⅵ区发现一处祭祀遗迹。该遗存由 9 个直径约 70—80 厘米的红黏土圆墩或约 30—40 厘米的圆坑围绕成一个圆圈。①1987 年，在二里头遗址又发现一处类似遗迹，平面有 18 个黏土圆墩，中心一个，里圈 6 个，外圈 11 个，呈现出有规律的分布。在其西侧约 1 米处有一座中型墓，随葬有铜器、漆器、陶礼器等。② 土墩附近的场地被平整干净，表明这一地区经过特殊处理。圆形土墩和墩下都发现了路土，显示这一区域活动频繁。有学者研究认为这类遗迹系"坛"一类祭祀建筑③，这一见解应是很恰当的。《说文》云："坛，祭场也，从土。"《礼记·祭法》郑玄注："封土为坛。"孔颖达疏："起土为坛。"由此可见，坛是以土营建的用于祭祀的高台。二里头遗址发现这类祭祀遗迹应符合祭坛的性质。

坎祭（墠）建筑遗存在新砦遗址、瓦店遗址、二里头遗址皆有发现，凸显其在夏代礼仪活动中的普遍性。1994 年秋至 1995 年，在二里头遗址Ⅸ区普遍发现一种半地穴式的祭祀遗迹。④ 此遗迹系在地上挖一长方大坑，坑深六七十厘米左右，没有发现柱洞，也不见日常生活废弃物，当不是用于居住。坑内由下而上铺垫一层层路土，每层路土之间发现排列整齐的墓葬及精美的随葬品，显然这里频繁举行过某种特殊的祭祀活动。类似的祭祀建筑基址在夏代早期的新砦城址也有所发现。2002 年，考古

---

① 郑光、杨国忠、张国柱、杜金鹏：《偃师县二里头遗址》，载《中国考古学年鉴(1986)》，文物出版社 1988 年版。

② 杜金鹏：《偃师县二里头遗址》，载中国考古学会编：《中国考古学年鉴（1988）》，文物出版社 1989 年版。

③ 中国社会科学院考古研究所编著：《中国考古学·夏商卷》，中国社会科学出版社 2003 年版，第 129—130 页。

④ 郑光：《偃师二里头遗址》，载中国考古学会编：《中国考古学年鉴·1996》，文物出版社 1998 年版。

工作者在新砦遗址发掘了一浅穴式大型建筑基址。[①] 该建筑基址位置重要，规模宏大，建造讲究，可能是一座露天的浅穴式建筑。《礼记·祭法》曰："天下有王，分地建国，置都立邑，设庙、祧、坛、墠而祭之，乃为亲疏多少之数，是故王立七庙，一坛一墠。"郑玄注："封土曰坛，除地曰墠。"即人工建造的高出地面的土台称为坛，人工建造的低于地面的半地穴式或浅穴式场地为墠。二里头、新砦遗址发现的浅穴式建筑基址的性质可能为文献记载中的"坎祭"，即"墠"。此外，瓦店遗址发掘者认为西北台地围壕内夯土建筑之西部基址 WD1J1 呈长方形，南北长 35 米，东西宽 30 米，面积近千平方米，发现有人头骨，可能为古文献中的祭祀设施"墠"[②]。

《礼记·祭法》曰："祭日于坛，祭月于坎，以别幽明，以制上下。祭日于东，祭月于西，以别内外，以端其位。"这里是说，在方位上，祭日之坛位于东，祭月之坎位于西。《礼记》虽然为东周的文献，但从二里头遗址坛（Ⅵ区）、坎（Ⅸ区）的位置也为一东一西、东西并列来看，这种坛祭日、坎祭月的现象也许能追溯至夏代。

二、墓葬礼制

墓葬是研究古代礼制的一个重要方面。有学者指出，墓葬是二里头文化最好的物质文化资料，也是推知社会结构的主要命脉[③]；而墓葬礼制也是推测国家发展的重要指标[④]。自二里头文化发现至今，已发现 500 多座墓葬，为研究夏代墓葬制度和礼制提供了重要的第一手材料。夏代都城遗

[①] 中国社会科学院考古研究所河南新砦队、郑州市文物考古研究院：《河南新密市新砦遗址浅穴式大型建筑基址的发掘》，《考古》2009 年第 2 期。

[②] 方燕明：《禹州瓦店——龙山聚落的多学科演练》，《探索发现》2012 年第 5 期。

[③] [美] 罗伯特·L.杜朴著，张良仁译：《二里头遗址与夏文化探索》，载郑杰祥编：《夏文化论集》，文物出版社 2002 年版。

[④] 杜正胜：《考古学与中国古代史研究——一个方法学的探讨》，《考古》1992 年第 4 期。

址发现有诸多墓葬，其中以二里头遗址最具代表性，其他夏都发现墓葬较少。

（一）墓葬等级

二里头遗址没有发现固定的墓葬区，一般与灰坑、房址杂处，分布较为分散。墓葬皆为长方形竖穴土坑墓。墓葬方向以北向为主，其次是南向，其中距离较近的墓葬方向一致。绝大部分墓葬为仰身直肢葬，极个别为俯身葬，基本不见合葬。墓葬等级森严。二里头遗址历年发现的墓有400多座，其中发表有详细材料的墓葬至少有126座，另有若干乱葬墓。依据墓葬规模、葬具、随葬品等情况不同，可将这些墓葬分为大型墓、中型墓、小型墓（见附表：二里头遗址主要墓葬统计表）、乱葬墓等四个等级。其中，中型墓可以细分为较大、较小两个等级。大型墓应有较大、较小两个等级，但迄今不见较大大型墓。

1. 较小大型墓

6座。[①] 面积大约4—6平方米左右。随葬品丰富，有陶器、铜器、玉器、漆器、绿松石等。二里头Ⅲ KM2，该墓口大底小，墓口南北长2.9米，东西宽2.07米；墓底长2.77米，宽1.77米。墓葬底部中部铺有一大片朱砂。随葬品丰富但多数被盗掘，仅余陶盉1件、圆陶片5件、玉柄形器1件、小绿松石26块、蚌镞1件。[②] 贵族墓葬2017VM11发现陶器、

---

① 早年发掘材料认为，二里头遗址二号宫殿基址北部发现一座所谓"大墓"（VD2M1），规模较大，坑口长5.2—5.35米，宽4.25米，深6.1米（见《河南偃师二里头二号宫殿遗址》，《考古》1983年第3期）。但其坑内面积小，长1.85米，宽1.3米；方向并非通常的南北向，而是东西向；坑内底部出土少量烧过的骨头渣，显然并非一般墓葬的特征，有学者否定其为墓葬［见杜金鹏《二里头遗址宫殿建筑基址初步研究》，载《考古学集刊》(16)，科学出版社2006年版］。又有学者根据近年新发掘资料和综合分析，认为其并非大墓，而是带有夯土井坑的水井遗存（见许宏：《二里头遗址"1号大墓"学案综理》，《中原文物》2017年第4期）。这里未把其列入大型墓序列。

② 中国社会科学院考古研究所编著：《偃师二里头（1959年—1978年考古发掘报告）》，中国大百科全书出版社1999年版，第240页。

漆器、玉器（蝉形）、绿松石等，是历年二里头发现随葬品最为丰富的墓葬。

2. 中型墓

共 56 座。可细分为较大的中型墓和较小的中型墓。

（1）较大中型墓。24 座。面积在 2—3.2 平方米之间，个别小于 2 平方米。随葬品较多，有陶器、玉器、漆器、绿松石、石器等，部分有铜器。墓内大多有朱砂。如二里头文化三期墓葬Ⅵ KM3，墓室南北长 2.3 米，东西宽 1.26 米。墓底东、西、北三面有二层台。墓底铺朱砂。随葬品丰富，分上、下两层放置，有盉 1 件，圆陶片 6 件，铜爵、戚、戈、圆泡各 1 件，镶嵌绿松石圆形铜器 2 件，玉柄形器、戈、铲形器、璧戚各 1 件，石磬 1 件，绿松石石片若干、三角形饰 2 件，骨串珠 1 件、海贝 3 枚。[①]

（2）较小中型墓。32 座。面积在 1—2 平方米之间，个别小于 1 平方米。随葬品种类较少，多随葬陶器，有的随葬绿松石器，个别随葬玉器、漆器、骨器。多有朱砂。如二期墓葬 VM22，墓室长 2.05 米，宽 0.6 米。随葬 8 件陶器，1 件铜铃，1 件绿松石器。墓底铺有朱砂。[②]

3. 小型墓

64 座。墓室面积在 1 平方米以下。随葬品较少，以日用陶器为主，个别随葬漆器、绿松石器。如二里头Ⅸ M10，墓室长 1.92 米，宽 0.3—0.36 米，墓圹狭窄。随葬 8 件陶器、1 件石圭、1 件骨镞。

4. 乱葬墓

数量不详。死者没有正常的墓穴，弃置于灰坑中或地层中。有的单人

---

① 中国社会科学院考古研究所编著：《偃师二里头（1959 年—1978 年考古发掘报告）》，中国大百科全书出版社 1999 年版，第 241 页。

② 中国社会科学院考古研究所编著：《偃师二里头（1959 年—1978 年考古发掘报告）》，中国大百科全书出版社 1999 年版，附录 1。

独葬，有的多人丛葬；有的尸骨较完整，有的凌乱不全或身首异处。

由上可知，二里头遗址的二里头文化墓葬的等级与数量呈金字塔形结构，等级越高数量越少。在这四个等级中，大型墓可能为大贵族之墓；较大中型墓、较小中型墓可能为中、小贵族之墓；小型墓应为一般平民墓葬；而乱葬者的身份应为战俘或奴隶。因所谓的"大型墓"墓室面积只有4—6平方米，与商代商王墓葬墓室面积动辄几十、上百平方米的面积相差较大，故只能属于较小的大型墓，还应存在较大的王级墓葬，有待以后考古发现。在二里头文化中，不同的墓葬等级在墓葬规模大小、葬具、随葬品的有无和多寡及随葬品的材质上皆有所不同。高等级贵族墓葬规模大，有木棺作为葬具，有的甚至用漆棺，随葬品丰富，各种材质皆有；低等级贵族使用陶礼器，少数身份略高的使用玉器、漆器等；平民墓大多使用日用陶器；乱葬墓多身首异处，无任何随葬品，处于社会最底层。很明显，二里头文化不同等级墓葬的死者身份尊卑有别，随葬器物也受到严格的限制，可见当时社会存在着严格的等级制度。

（二）器用制度

器用制度是对墓葬随葬品能否使用随葬品以及随葬物品种类、数量上的规定。二里头遗址墓葬随葬品的种类有陶器、铜器、玉器、绿松石器、骨器、漆器、动物骨骼等，数量上随墓主地位的高低依次递减。在器物摆放位置上，头部、耳边、胸部、腿部皆有不同材质、不同种类的器物分布。其中属于精细的器物如玉柄形器放在棺内，其他如兵器、酒器、石磬、涂朱圆形陶片和较大器物放在木棺和二层台上面。

二里头文化墓葬中多发现碎物葬葬俗，即用破碎的器物随葬，常见于较小中型墓和小型墓之中。①

---

① 中国社会科学院考古研究所编著：《偃师二里头（1959 年—1978 年考古发掘报告）》，中国大百科全书出版社 1999 年版，第 123 页。

二里头文化墓葬中有相当一部分流行朱砂葬。这种现象始于二期，延续到三、四期，包括人骨涂朱、器物涂朱、墓底铺朱等。[1] 朱砂葬主要见于大型墓和较大中型墓中，较小中型墓铺朱砂者较少，小型墓墓底基本不见朱砂。

陶器是二里头遗址墓葬中最主要的随葬品，分布于各期、各个等级的墓葬中。随葬品数量不一，随葬品没有固定的组合形式，主要是食器、酒器、水器等，具体器型有鼎、罐、豆、碗、钵、三足盘、盉、爵、盉、鬶、尊、壶等。

二里头文化三期随葬圆陶片的现象常见，且较大中型墓的圆陶片数量较多，较小中型墓圆陶片数量较少，小型墓没有圆陶片。因此，圆陶片的有无在二里头三、四期不仅起着划分中小型墓葬标杆的作用，其数量上的多寡还可以成为进一步区分中型墓葬等级的标志。

盉是最具代表性的夏代礼器，其造型与传世文献中关于夏代礼器"鸡彝"[2]的记载十分吻合，对此邹衡先生曾加以考证[3]。盉、爵也为夏代典型的陶礼器，二里头晚期出现的青铜礼器盉、爵即为仿陶盉、爵而来。在二里头文化一期，礼器制度可能还不太成熟，盉、爵、盉这类陶礼器在各等级墓葬中皆有发现，还不能作为区分墓葬等级的标志。二里头二期出现的盉、爵组合成为区分中小型墓葬界限的标志。到二里头三、四期时，盉的数量较少，爵、盉、圆陶片及爵、盉组合成为夏代晚期标志墓葬等级的陶礼器及陶礼器组合。

铜器墓在二里头遗址发现较少，在纳入统计的 126 座墓葬中，只有

---

[1] 中国社会科学院考古研究所编著：《偃师二里头（1959 年—1978 年考古发掘报告）》，中国大百科全书出版社 1999 年版，第 123、124 页。

[2] 《礼记·明堂位》："灌尊，夏后氏以鸡夷，殷以斝，周以黄目。"郑玄注："夷读为彝。"鸡夷，即鸡彝。

[3] 邹衡：《夏商周考古学论文集》，科学出版社 2001 年版，第 137—145 页。

19座墓出土有铜器。铜器墓多为大、中型墓，小型墓没有铜器，说明铜器是区分中小型墓葬的标志之一，能够随葬铜器的墓主地位当较高。其中一期没有发现铜器墓；二期发现4座铜器墓，铜器数量和种类少，皆为装饰品，以铜铃为主，个别铜牌饰；三期发现3座铜器墓，铜器数量增加，种类较为丰富，有酒器、兵器、乐器、装饰品等四类，包括爵、戚、戈、刀、铃、圆泡、镶嵌绿松石圆形铜器等；四期发现12座铜器墓，铜器数量较多，种类有食器、酒器、乐器、兵器、装饰品等五类，包括鼎、斝、爵、斝、盉、铃、刀、铜牌饰等。各期随葬铜器中，以礼器和兵器最多，充分体现了夏代贵族对祭祀和战争的重视。铜礼器组合较为简单，以铜爵为主，19座墓中至少9座墓出有铜爵，除一座墓为爵、斝组合外，其余皆有爵无斝。另外，也有铜鼎、斝、斝组合1例。铜礼器器壁极薄，明显仿陶礼器所致。铜器大部分皆素面，只有部分铜器有简单的纹饰，如鼎的网格纹，爵腹的乳丁纹，斝腹的圆饼纹、圆圈纹、凸弦纹等。

二里头遗址发现的126座墓葬中至少有23座为玉器墓，多为大、中型墓，年代为二里头文化二期至四期。玉器器类有钺、斧、镯、七孔玉刀、柄形器、铲形器、璋、璧钺、璧戚、圭、管、戈、半月形器、铃舌、小玉饰等。玉器墓中尚未发现完全一致的玉器组合。玉柄形器是发现最多的器类。在二里头出土的众多玉器中有一部分是作为礼器来使用的，这类礼器包括圭、刀、戈、牙璋、钺、璧戚等。

绿松石器是一种能够体现二里头文化墓葬等级的器物，不同等级墓葬随葬绿松石器的比例和数量差异极大。二里头遗址随葬有绿松石器的墓葬多为大型墓和大部分中型墓，小型墓中只有极个别墓葬随葬绿松石器。在数量上，大型墓和部分较大中型墓的数量远多于较小中型墓和小型墓的数量。如较大中型墓二里头2002Ⅴ M3随葬一件龙形器，该器物由2000

余片绿松石镶嵌而成 ① ；较小中型墓一般只随葬几件绿松石器，如二里头Ⅲ KM10 只随葬 4 件绿松石器 ②。

　　漆器遗存主要发现于二里头遗址大、中型墓中，个别小型墓也有随葬。已发现漆器数十件，这些漆器有很大一部分以礼器觚的形式随葬，常与铜爵、铜盉配合。其他漆器还包括匣、豆、盒、钵、匕、勺、瓢状器、鼓、棺等。③ 由此可见漆器也是二里头墓葬等级差别的表示物之一。

①　中国社会科学院考古研究所编著：《二里头（1999—2006）》，文物出版社 2014 年版，第 1005 页。

②　中国社会科学院考古研究所编著：《偃师二里头（1959 年—1978 年考古发掘报告）》，中国大百科全书出版社 1999 年版，第 241 页。

③　中国社会科学院考古研究所编著：《中国考古学·夏商卷》，中国社会科学出版社 2003 年版，第 117 页。

第四章　夏代都城文明所体现的
　　　　　社会变革

　　都城在中国古代社会发展过程中扮演着极为重要的角色，其作为古代国家或王朝的政治中心，肩负着国家经济、文化、军事中心等重要职能，是国家这一社会形态最为集中的物化表现。正因为如此，中国古代许多重大的社会变革都是以都城为载体而实现的，诸如王朝的兴替更迭、社会结构的变化、社会形态的演进、社会生产的专业化等都会在都城文明中有所反映。对于夏王朝或夏国家而言，它的建立是中国古代历史上一个极为关键的节点，故夏代都城文明所体现的社会变革要比此前其他都城文明体现出来的社会变革更具深刻性、复杂性以及独特性。夏王朝的建立，是前国家阶段或早期国家社会复杂化质变的结果。它结束了龙山时代"万邦林立"的局面，开创了中国历史上第一个拥有广袤地域的王权国家，标志着中国王朝国家的最终形成。所有这些具有深刻意义的社会变革都是建立在灿烂辉煌的夏都文明的基础之上。

第一节　社会复杂化的逐步加强

　　"社会复杂化"（social complexity）是国外学界在早期人类社会研究中经常使用的一个基本概念和术语，近年来频繁地出现于中国考古学研究之中。该术语作为一个舶来品，在具体概念的理解及如何运用于中国考古学研究之中，不同学者之间存在一定的偏差乃至分歧。因此，有必要对其加以界定，并在此基础上，从聚落考古学、传世文献视野下来探讨夏代都城文明所体现的社会复杂化。

一、社会复杂化的基本认知

（一）社会复杂化

"social complexity"在我国考古学文献中通常被译为"社会复杂化"，国内外学者对其多有阐释。有学者认为，"社会复杂化"是指一个多村落社会中经济、管理和宗教相互依存关系所发生的一种量变和质变过程。这种依存关系的核心是不同社会成员作用的分异（segregation）和集中（centralization）。在此，分异是指分工和专门化程度，而集中是指社会各亚系统和最高控制中心之间的关联程度。① 另有学者指出，社会复杂化的过程是群体的规模不断扩大、生产不断强化、社会地位更加等级分化、对外交换越加频繁的过程。② 实际上，"社会复杂化"与国内学界常用的"文明化进程"这一术语类似。③ 人类社会作为一个极为复杂的系统，该系统主要由人地关系和人人关系两个子系统组成。对于早期人类而言，个体、社群乃至更大范围的人们共同体都自觉或不自觉地处理着这两种关系。当人们处理这种关系的能力增强到一定程度时，社会就呈现出复杂化的倾向，而人们处理这类关系的能力愈强，社会复杂化的程度就愈深。因此，"社会

---

① Rothman，"M.S.Studying the development of complex society: Mesopotamia in the late fifth and fourth millennia"，B.C. *Journal of Archaeological Research*，2004，12（3）．

② 郑建明：《史前社会复杂化进程的理论探索》，《华夏考古》2011 年第 2 期。

③ 对于"社会复杂化"与"文明化进程"二者的关系，我国学界有着不同的看法。陈淳先生认为二者可以等同，参见《"第六届中国社会科学院考古学论坛"纪要》，《考古》2007 年第 7 期；王巍先生认为二者应有所区别，不能等同，参见王巍：《对中华文明起源研究有关概念的理解》，《史学月刊》2008 年第 1 期。

复杂化"是指社会从简单状态向复杂状态不断演化的一个动态过程，从狩猎采集到定居农业，再到工业化以及后工业化的历史阶段，人类社会一直处在持续的复杂化进程当中。而处于演化链条两端的"复杂社会"（complex social）和"简单社会"（simple social）是两个相对的概念，只有在进行对比研究的基础上才能加以确认。

社会复杂化的研究应包含哪些方面的内容？国内不同学者在具体研究中同样存在一定差异。如戴向明先生认为，早期复杂社会主要包含两个方面的内容：其一，是指人类社会群体内部出现了制度化的不平等；其二，社会复杂化还体现在社会群体之间的等级分化、主从关系。[1] 另有学者指出，社会复杂化就主要内容来讲包含两个方面，即专业化与等级化。[2] 从理论上讲，社会复杂化应该是一个全方位、多层次的演进过程，其研究内容理应包含人类社会的方方面面。但在具体的研究中，由于研究材料、方法及理论上的局限性，使得我们很难对早期人类社会复杂化的各个层面进行全面的研究。因此，综合不同学者意见且考虑到具体研究中的可操作性，我们认同社会结构领域的等级化与社会生产领域的专业化应当被作为判断某一社会复杂化程度的两项重要指标。

（二）社会复杂化认知的途径

由于涉及文明起源与形成这一考古学研究中的重大课题，使得对早期社会复杂化的研究在全球历史学界、考古学界备受关注。因此，采用行之有效的方法来探讨早期社会复杂化进程就显得至关重要。就我国而言，传世文献、考古学与早期社会复杂化的研究密切相关，是不可分割的。

---

[1] 戴向明：《中原地区早期复杂社会的形成与初步发展》，载北京大学考古文博学院等编：《考古学研究》（九），文物出版社 2012 年版。

[2] 苏家寅：《史前社会复杂化理论与陶寺文化研究》（上册），花木兰文化出版社 2016 年版，第 12 页。

　　我国古代有着优秀的史学传统，为我们留下了卷帙浩繁的文献材料，但是有关夏、商乃至更早阶段的记载却相对较少，难怪2000多年前孔子就感叹"夏礼吾能言之，杞不足征也；殷礼吾能言之，宋不足征也。文献不足故也"①。同时，我国上古史中杂糅着各种神话传说，真假难辨。从这一角度来看，从传世文献的角度来探讨我国早期社会复杂化进程，略显苍白无力。但这并不意味着少量的有关上古社会的文献记载或古史传说在复原早期社会复杂化方面毫无用处，它们实际上也能为我们提供早期社会复杂化的某些蛛丝马迹。

　　除了少量的传世文献可资利用，考古学是探讨早期社会复杂化最为有效的途径和手段。20世纪初期是我国传统史学发生巨大变革的时代。这一时期以顾颉刚先生为代表的一批学者发起的"古史辨"运动，摧毁了儒学体制下以三皇五帝为核心的古史系统，把史学从经学的桎梏下解脱出来；但"古史辨"运动同样存在弊端。正如有学者所言："传统的古代世界也被顾颉刚著名的'层累造成说'真空化。古代长达数百千年，中国人在这漫长时间里所建立的社会，形成的国家，创作的文化，都落入朦胧的虚无之中。历史学家可以用四个字来评论此一运动，那就是破而不立。"②恰逢其时，考古学在我国的出现为解决古史问题注入了新的活力，当时的有识之士已经指出"解决古史的唯一方法就是考古学"③，随后考古学发展也证明了这一点。新中国成立以后，为配合基础设施建设，考古调查与发掘在中国的大江南北开展起来，时至今日，已经积累了一大批材料并取得了辉煌的学术成果。特别是20世纪80年代以来，聚落考古及其理念被介绍到中国，其在早期社会复杂化等问题的研究中的重要作用愈发凸显。在聚落考古理念的指导下，利用试掘、重点发掘及区域系统调查等方法，可

---

① 　《论语·八佾》。
② 　杜正胜：《考古学与中国古代史研究——一个方法学上的探讨》，《考古》1992年第4期。
③ 　李玄伯：《古史问题的唯一解决方法》，《现代评论》1924年第1卷第3期。

以了解某一地区或某一文化的遗址分布的各种因素。聚落形态本身,即通过不同类型遗址的数量、面积和分布模式,为我们提供了某文化社会组织复杂程度的重要信息。[1] 在这一宏观视野下,依据遗址面积的统计划分聚落等级,在此基础上确定管理层次,与相关理论相结合可以最终判断社会复杂化程度。正如有学者所言:"聚落等级的数目是衡量与社会复杂程度相对应的决策等级数目的一种手段。由中心聚落和村落区别标识的聚落等级通过聚落大小和象征性的特征得以体现。"[2]若在一个长时段下某一地区聚落层级发生变化,即可以认为该地区在社会复杂化进程中发生了某些变革。与此同时,通过对构成聚落的相关要素,诸如墓葬、居址、生产性遗迹的具体分析,可以了解当时阶级分层、家庭形态、生产专业化程度等多方面的信息。综合宏观和微观聚落形态研究,从而有益于深化对社会结构、社会组织的认识,最终呈现给我们面前的应该是一幅清晰翔实的关于早期社会复杂化进程的画面。

单就夏代历史而言,由于其有着自身独特的特点,故考察夏代都城文明所体现的社会复杂化的加强,必须走一条以考古学(聚落考古学)为主、传世文献为辅的道路。同时,夏代都城文明是在史前聚落文化基础上发展演变而来,考察夏代都城文明所体现的社会复杂化这一大的社会变革,必须将其纳入中原地区龙山时代到夏代这一长时段的时间维度下去作对比研究。

二、聚落考古视野下的河洛地区龙山至二里头时代的社会复杂化

(一)宏观聚落形态的考察

史前人类在相当长的时期内都处在小规模的、非定居性的"游团"状

---

[1] 陈星灿、刘莉等:《中国文明腹地的社会复杂化进程——伊洛河地区的聚落形态研究》,《考古学报》2003 年第 2 期。

[2] 刘莉:《龙山文化的酋邦和聚落形态》,《华夏考古》1998 年第 1 期。

态，过着狩猎采集的生活。旧石器时代晚期，已有迹象表明人类社会逐渐改变原来的生活状态，出现了最早的聚落雏形。例如，1978 年甘肃刘家岔遗址在发掘面积仅有 150 平方米的情况下，就获得石器 1000 余件以及大量哺乳动物化石[①]；哈尔滨的阎家岗遗址发现了人类用动物骨骼垒成的椭圆形、半圆形遗迹，推测为阎家岗人在野外搭建的住所[②]。这些遗址表明，由于环境变化及生产力的发展，人类开始比较多地聚集在一起生活，栖居方式也发生某些改变。若是从世界范围来看，诸如墓葬、房屋、窖穴等聚落的构成要素更是在旧石器时代晚期普遍出现。正是如此，学者们普遍认为旧石器时代晚期是聚落的萌芽或者发生时期，为新石器时代聚落文化的发展与繁荣奠定了基础。[③]

新石器时代以来，人类聚落文化发展进入了一个新的时期。目前我国发现的新石器时代早期的人类遗存较少，主要有东胡林遗址[④]、转年遗址[⑤]、于家沟遗址[⑥]、南庄头遗址[⑦]、玉蟾岩遗址[⑧]、仙人洞与吊桶环

---

① 甘肃省博物馆：《甘肃环县刘家岔旧石器时代遗址》，《考古学报》1982 年第 1 期。

② 黑龙江省文管会等编著：《阎家岗——旧石器时代晚期古营地遗址》，文物出版社 1990 年版。

③ 任式楠：《我国新石器时代聚落的形成与发展》，《考古》2000 年第 7 期；钱耀鹏：《略论史前聚落的萌芽与发生》，《中原文物》2003 年第 5 期。

④ 赵朝洪等：《北京东胡林新石器时代早期遗址获重要发现》，《中国文物报》2003 年 5 月 9 日；北京大学考古文博学院等：《北京市门头沟区东胡林史前遗址》，《考古》2006 年第 7 期。

⑤ 郁金城：《北京市新石器时代考古发现与研究》，载于炳文主编：《跋涉集——北京大学历史系考古专业七五届毕业生论文集》，北京图书馆出版社 1998 年版。

⑥ 泥河湾联合考古队：《泥河湾盆地考古发掘获重大成果》，《中国文物报》1998 年 11 月 15 日。

⑦ 保定地区文物管理所等：《河北徐水县南庄头遗址试掘简报》，《考古》1992 年第 11 期；李珺：《徐水南庄头遗址又有重要发现》，《中国文物报》1998 年 2 月 11 日。

⑧ 蒋迎春：《九五年、"八五"期间十大考古新发现分别揭晓》，《中国文物报》1996 年 3 月 3 日。

遗址①、李家沟遗址②、四台遗址和赵家徐姚遗址③等。它们分布零散，文化内涵也不甚丰富，看不到明显的聚落布局。自新石器时代中期到晚期，聚落发展进入了繁荣时期。比如兴隆洼文化的兴隆洼聚落④、彭头山文化的八十垱遗址⑤、裴李岗文化的贾湖遗址⑥、仰韶文化的半遗址⑦、姜寨遗址⑧、杨官寨遗址⑨、西坡遗址⑩、北阳平遗址⑪、双槐树遗址⑫、南

---

① 江西省文物管理委员会：《江西万年大源仙人洞洞穴遗址试掘》，《考古学报》1963 年第 1 期。

② 北京大学考古文博学院、郑州市文物考古研究院：《河南新密李家沟遗址南区 2010 年发掘简报》，《中原文物》2018 年第 6 期；王幼平、夏正楷、汪松枝编著：《李家沟遗址与旧新石器时代过渡——嵩山东麓农业起源研究》，科学出版社 2018 年版。

③ 《2022 年全国十大考古新发现》，《中国文物报》2023 年 4 月 7 日。

④ 中国社会科学院考古研究所内蒙古工作队：《内蒙古敖汉旗兴隆洼遗址发掘简报》，《考古》1985 年第 10 期；中国社会科学院考古研究所内蒙古工作队：《内蒙古敖汉旗兴隆洼聚落遗址 1992 年发掘简报》，《考古》1997 年第 1 期。

⑤ 湖南省文物考古研究所：《湖南澧县梦溪八十垱新石器时代早期遗址发掘简报》，《文物》1996 年第 12 期。

⑥ 河南省文物考古研究所编著：《舞阳贾湖》，科学出版社 1999 年版。

⑦ 中国科学院考古研究所、陕西省西安半坡博物馆编：《西安半坡》，科学出版社 1963 年版。

⑧ 半坡博物馆等：《姜寨——新石器时代遗址发掘报告》，文物出版社 1988 年版。

⑨ 陕西省考古研究院：《陕西高陵杨官寨遗址发掘简报》，《考古与文物》2011 年第 6 期。

⑩ 中国社会科学院考古研究所河南一队等：《河南灵宝市西坡遗址发现一座仰韶文化中期特大房址》，《考古》2005 年第 3 期；中国社会科学院考古研究所等：《河南灵宝市西坡遗址庙底沟类型两座大型房址的发掘》，《考古》2015 年第 5 期；中国社会科学院考古研究所等编著：《灵宝西坡墓地》，文物出版社 2010 年版；中国社会科学院考古研究所河南一队等：《河南灵宝市西坡遗址南壕沟发掘简报》，《考古》2016 年第 5 期。

⑪ 中国社会科学院考古研究所河南第一工作队等：《河南灵宝市北阳平遗址试掘简报》，《考古》2001 年第 7 期；魏兴涛等：《河南三门峡市仰韶文化遗址考古勘探取得重要成果》，《中国文物报》2020 年 4 月 3 日。

⑫ 郑州市文物考古研究院：《河南巩义双槐树遗址考古发掘取得阶段性重要成果》，《中国文物报》2021 年 1 月 1 日；郑州市文物考古研究院：《河南巩义市双槐树新石器时代遗址》，《考古》2021 年第 7 期。

佐遗址 [①] 等，这些聚落遗址明显经过一定的规划布局，居住区、墓葬区、生产区一般构成聚落的核心，功能区划明显。但聚落之间看不出明显的等级差别，表明这一时期尚未出现聚落社会之间的分层，各聚落之间尚不存在制度化的不平等，处在"大道之行，天下为公" [②] 的社会状态。

进入属于新石器时代末期的龙山时代后期（BC2500—BC2000），上述情况发生了根本性的变化。单就河洛地区而言，经初步统计，河洛地区龙山文化遗址的数量大约 750 处 [③]，这为我们研究这一时期的社会复杂化提供了充足的材料。在对河洛地区进行宏观聚落形态研究之前，确定不同地点遗址在年代上的共时性极为关键。众所周知，龙山时代后期的河洛地区，主要分布着王湾三期文化和后岗二期文化这两支考古学文化，其中前者的绝对年代一般认为处在公元前 2500—公元前 2000 年之间，后者的绝对年代一般推定在公元前 2600—公元前 2000 年之间。栾丰实先生指出："研究一些时间变化不那么敏感的课题和内容，如社会结构和社会组织、经济形态的变化等，尺度可以相对宽一些。同时，不同历史时期的时间尺度也不相同，就一般情况而言，时间越早，社会发展比较缓慢，时间尺度在掌握上可以较宽。" [④] 因此，上述河洛地区的 750 处龙山遗址可以视为在公元前 2500—公元前 2000 年之间基本共存的聚落。这是我们进行此项

---

① 李瑞：《"考古中国"发布 5 项重要考古成果聚焦新石器时代重要考古发现和研究》，《中国文物报》2021 年 12 月 3 日；韩建业：《位于黄土高原的南佐都邑性遗址》，《人民日报》2022 年 12 月 24 日。

② 《礼记·礼运篇》。

③ 河洛地区龙山遗址数据的统计主要参阅国家文物局主编：《中国文物地图集·河南分册》（中国地图出版社 1991 年版）和 1992—2011 年历年的中国考古学会编：《中国考古学年鉴》。750 处龙山遗址主要分布在郑州、开封、平顶山、洛阳、焦作、鹤壁、新乡、安阳、濮阳、许昌、三门峡等 11 个地市。有些遗址为单纯的龙山文化遗址，而有的遗址则包含了多个不同时期的文化遗存。

④ 栾丰实：《关于聚落考古学研究中的共时性问题》，《考古》2002 年第 5 期。

研究的基础与前提。

尽管以聚落面积来划分聚落等级以及在此基础上确定聚落的社会属性的做法在理论与操作上存在一定缺陷，例如受考古调查方法的局限性、不同时期文化遗存共存于一个遗址等主客观因素的影响，使得难以准确获得某一文化聚落的准确面积；但是在标准相对统一的情况下，对于聚落面积的统计分析还是能够在一定程度上反映某一区域的宏观聚落形态。通过对河洛地区龙山聚落遗址面积的统计①，表明至少存在五个等级（图4—1）。

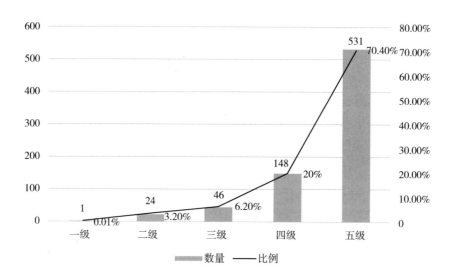

图4—1　河洛地区龙山时代各级遗址数量及占总数比例

第一等级聚落面积在100万平方米以上。这类聚落考古仅发现一处，即三门峡小交口遗址，面积达240万平方米，为一处大型龙山遗址。② 但是遗憾的是，该遗址未经大规模的考古发掘，更多的信息有待补充。

第二等级聚落面积在45—100万平方米，共计16处。它们分别是

①　此处对750处龙山遗址面积的统计，资料来源于国家文物局主编的《中国文物地图集·河南分册》、1992以来历年考古学年鉴以及相关的调查发掘报告。

②　国家文物局主编：《中国文物地图集·河南分册》，中国地图出版社1991年版，第342页。

新密新砦遗址（100 万平方米）①、灵宝三圣遗址（70 万平方米）②、濮阳
高城遗址（100 万平方米）③、武陟赵庄遗址（75 万平方米）④、洛宁禄地
遗址（48 万平方米）⑤、宜阳水兑遗址（52 万平方米）⑥、伊川白元遗址
（80 万平方米）⑦、嵩县老樊店遗址（50 万平方米）⑧、济源庙街遗址（75
万平方米）⑨、郏县太仆遗址（70 万平方米）⑩、孟津菠萝窑遗址（75 万平
方米）⑪、新安高平寨遗址（45 万平方米）⑫、孟州义井遗址（45.5 万平方
米）⑬、新乡鲁堡遗址（48 万平方米）⑭、沁阳杨香遗址（75 万平方米）⑮、
禹州瓦店遗址（100 万平方米）⑯ 等。在上述二级聚落中，新密新砦遗址

① 中国社会科学院考古研究所等：《新密新砦（1999—2000 年田野考古发掘报告）》，文
物出版社 2008 年版，第 14 页。
② 国家文物局主编：《中国文物地图集·河南分册》，中国地图出版社 1991 年版，第 351 页。
③ 国家文物局主编：《中国文物地图集·河南分册》，中国地图出版社 1991 年版，第 301 页。
④ 国家文物局主编：《中国文物地图集·河南分册》，中国地图出版社 1991 年版，第 191 页。
⑤ 国家文物局主编：《中国文物地图集·河南分册》，中国地图出版社 1991 年版，第 132 页。
⑥ 国家文物局主编：《中国文物地图集·河南分册》，中国地图出版社 1991 年版，第 136 页。
⑦ 国家文物局主编：《中国文物地图集·河南分册》，中国地图出版社 1991 年版，第 142
页；洛阳地区文物处：《伊川白元遗址发掘简报》，《中原文物》1982 年第 3 期。
⑧ 国家文物局主编：《中国文物地图集·河南分册》，中国地图出版社 1991 年版，第 146 页。
⑨ 杨贵金、齐文举：《关于原城的新发现及研究》，《焦作工学院学报》2001 年第 3 期。
⑩ 国家文物局主编：《中国文物地图集·河南分册》，中国地图出版社 1991 年版，第 78 页。
⑪ 国家文物局主编：《中国文物地图集·河南分册》，中国地图出版社 1991 年版，第 117
页；方孝廉：《洛阳市一九八四年古文化遗址调查简报》，《中原文物》1987 年第 3 期。
⑫ 国家文物局主编：《中国文物地图集·河南分册》，中国地图出版社 1991 年版，第 109 页。
⑬ 国家文物局主编：《中国文物地图集·河南分册》，中国地图出版社 1991 年版，第 184
页；焦作市文物处等：《河南省孟州市义井遗址调查简报》，《华夏考古》1998 年第 2 期。
⑭ 国家文物局主编：《中国文物地图集·河南分册》，中国地图出版社 1991 年版，第 236 页。
⑮ 国家文物局主编：《中国文物地图集·河南分册》，中国地图出版社 1991 年版，第
201—202 页。
⑯ 河南省文物考古研究所：《河南禹州市瓦店龙山文化遗址 1997 年的发掘》，《考古》
2000 年第 2 期；河南省文物考古研究所编著：《禹州瓦店》，世界图书出版社 2004 年版；
河南省文物考古研究院、北京大学考古文博学院：《禹州瓦店环境聚落考古收获》，《华
夏考古》2018 年第 1 期。

经过多次发掘，已发现了城垣与护城壕、内壕、外壕等遗存。濮阳高城遗址同样也经过发掘，发现一处面积为 916 万平方米的东周城，并发现有大量的龙山时代陶片。① 禹州瓦店历经多次发掘，遗址面积较大，发现了龙山时期的大型壕沟和大型祭祀遗址以及一批高规格的器物，比如陶酒器（磨光黑陶觚形器、带鸟形盖的泥质红陶盉）、玉器（玉璧、玉鸟）、大卜骨等，表明其应为颍水流域的一个中心聚落。其余二级聚落往往未经发掘或者发掘面积较少，出土遗物较普通，只能依靠遗址面积来推断其聚落性质。

需要指出的是，有些遗址尽管在面积上未达到二级聚落的标准，但从其存在大型公共建筑（例如城垣等）的情况来看，与一般的聚落区别较大，应划入第二等级聚落的范畴中去。这类遗址主要有 8 处，即安阳后岗城址（10 万平方米）②、登封王城岗遗址（35—40 万平方米）③、辉县孟庄龙山城址（16 万平方米）④、新密古城寨龙山古城（17 万平方米）⑤、平顶山蒲城店龙山城⑥（现存城址包含城壕面积为 4.1 万平方米）、濮阳戚城遗址（17 万平方米）⑦、焦作

① 河南省文物考古研究所等：《河南濮阳县高城遗址发掘简报》，《考古》2008 年第 3 期。

② 胡厚宣：《殷墟发掘》，学习生活出版社 1955 年版，第 72 页；中国社会科学院考古研究所安阳工作队：《1979 年安阳后岗遗址发掘报告》，《考古学报》1985 年第 1 期。

③ 方燕明：《登封王城岗遗址聚落形态再考察》，《中原文物》2007 年第 5 期。

④ 袁广阔：《辉县孟庄发现龙山文化古城》，《中国文物报》1992 年 12 月 6 日；河南省文物考古研究所编：《辉县孟庄》，中州古籍出版社 2003 年版。

⑤ 蔡全法：《河南新密市发现龙山时代重要城址》，《中原文物》2000 年第 5 期；河南省文物考古研究所等：《河南新密市古城寨龙山文化城址发掘简报》，《华夏考古》2002 年第 2 期。

⑥ 魏兴涛等：《河南平顶山蒲城店发现龙山与二里头文化城址》，《中国文物报》2006 年 3 月 3 日；河南省文物考古研究所等：《河南平顶山蒲城店遗址发掘简报》，《文物》2008 年第 5 期。

⑦ 赵新平、李一丕：《濮阳县戚城新时期时代和东周城址》，载中国考古学会编：《中国考古学年鉴·2009》，文物出版社 2010 年版。

徐堡城址(20 万平方米)①、博爱西金城城址(25.8 万平方米)②。安阳后岗
遗址面积仅为 10 万平方米，但是发现了龙山文化时期的夯土围墙，而且
从整个遗址的龙山文化遗存分布来看，中期以后聚落规模不断扩大，晚期
则扩展到整个遗址，围墙的使用时间当为该遗址的中晚期，距今 4500—
4100 年。在当时的社会背景下，城垣作为一个耗费大量人力、物力的大
型防御设施，它的修建绝非一个或数个聚落的居民单独能够完成的，而是
在利用某种强制手段、整合某一区域资源的情况下诸多龙山先民共同劳动
的结晶。因此，这类发现有城垣的龙山遗址当是其所在地区的中心聚落或
者次级中心聚落，级别相对较高。

　　整合上述聚落面积在 45—100 万平方米之间的 16 处遗址，加上存在
有大型公共建筑（城垣等）聚落遗址 8 处，故二级聚落共有 24 处，约占
龙山时代河洛地区聚落总数的 3.2%。

　　第三等级聚落遗址的面积在 15—45 万平方米之间，这类遗址的数量
有 46 处，约占龙山时代河洛地区聚落总数的 6.2%。此类聚落遗址中，经
过发掘的主要有三门峡庙底沟遗址（24 万平方米）与三里桥遗址（18 万
平方米)③、安阳大寒南岗遗址(25 万平方米)④、汤阴白营遗址(20 万平方
米) ⑤ 等。这类遗址出土的遗物与四级、五级聚落没有太大的差别，仅仅

①　毋建庄等:《河南焦作徐堡发现龙山文化城址》,《中国文物报》2007 年 2 月 2 日；焦作
市文物工作队等:《河南焦作温县徐堡龙山文化遗址发掘简报》,载焦作市文物工作队
编:《焦作文博考古与研究》,中州古籍出版社 2008 年版。

②　王青、王良智:《河南博爱西金城遗址发掘取得重要成果》,《中国文物报》2008 年 1
月 23 日；河南省文物管理局南水北调文物保护办公室、山东大学考古系:《河南博爱
县西金城龙山文化城址发掘简报》,《考古》2010 年第 6 期。

③　中国社会科学院考古研究所编著:《庙底沟与三里桥》,文物出版社 2011 年版,第 3、
42 页。

④　中国社会科学院考古研究所安阳队:《安阳大寒村南岗遗址》,《考古学报》1990 年第
1 期。

⑤　国家文物局主编:《中国文物地图集·河南分册》,中国地图出版社 1991 年版,第 288 页。

是面积稍大，应属于中级聚落。

第四等级聚落遗址面积在 5—15 万平方米之间，共计 148 个，约占龙山时代河洛地区聚落总数的 20%。

第五等级聚落面积在 0—5 万平方米之间，遗址数量最多，共计 531 处，约占龙山时代河洛地区聚落总数的 70.4%。

若从聚落面积与内涵来看，一级、二级聚落当是河洛地区的中心聚落或次级中心聚落，在当时的社会中处于支配地位，三级聚落次之，四级、五级聚落则处于聚落体系的最底层，处于被支配的地位。因此，可以将河洛地区龙山时代的聚落分为三个大的层级：一、二级聚落为第 I 层级，三级聚落为第 II 层级，四、五级聚落为第 III 层级。如果我们将第 I 层级聚落当作控制某一地区大量人口的政治实体的话，那么至少存在 2 层决策等级。[①] 对比塞维斯的"酋邦理论"[②]，可知河洛地区龙山时代已步入复杂酋邦社会[③]。

与龙山时代相比，新砦期包括二里头时代最为突出的特点是文化遗址在数量上的锐减。根据考古调查、发掘的情况来看，二里头文化的遗址总数约有 250 处。[④] 有学者指出二里头遗址的数量可能要远远超于统计数

---

① "决策等级"这一概念是从信息论和系统论中发展而来的。诸多学者认为"决策等级"的有无、变化是判断社会复杂程度的重要标准，与聚落等级之间存在一定的对应关系。参见刘莉等：《龙山文化的酋邦和聚落形态》（《华夏考古》1998 年第 1 期）。

② "酋邦理论"是 20 世纪 60 年代西方学者塞维斯所提出来的，是一种关于早期人类社会演进模式的假说；其中"酋邦"是这一理论的核心概念，故名。在该理论中，"酋邦"社会被认为是前国家阶段最为复杂的社会形态，它是一种存在一个协调中心对社会物质进行再分配的社会。

③ "复杂酋邦社会"与"简单酋邦"相对应，区分二者的主要标准主要是决策等级的多少。一般认为简单酋邦存在一级决策机构，复杂酋邦存在二到三级决策机构。只有复杂酋邦才能演化为国家。参见刘莉等《龙山文化的酋邦和聚落形态》（《华夏考古》1998 年第 1 期）一文。

④ 中国社会科学院考古研究所编著：《中国考古学·夏商卷》，中国社会科学出版社 2003 年版，第 86 页。

据，导致二里头文化遗址发现少的原因主要包括以下三个方面：一是年代久远，遗址早被黄沙掩埋，地表调查无法发现；二是受到遗址自然暴露陶片的限制；三是受到调查者识别陶片能力的限制。[1] 实际上，在对史前夏商时期遗址的调查中，不同程度上都会受到上述主客观因素的制约，故该时期二里头文化遗址数量较少在一定程度上反映了客观事实。经笔者依据有关材料 [2] 统计，河洛地区新砦期至二里头时期的遗址数量有 124 处，撤去面积不详的 20 余处，有详细面积信息的遗址共计 101 处。按照前文对龙山时代聚落等级的划分标准，可将这一时期的聚落划分为四个等级（图 4—2）。

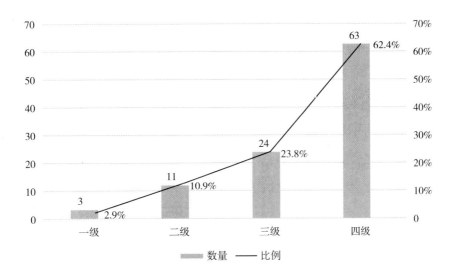

图 4—2　河洛地区新砦期至二里头时期各级遗址数量及占总数比例

第一等级面积在 100 万平方米以上，有 3 处，即偃师二里头遗址（至

---

① 袁广阔：《略论二里头文化的聚落特征》，《华夏考古》2009 年第 2 期。

② 中国社会科学院考古研究所编著：《中国考古学·夏商卷》，中国社会科学出版社 2003 年版，第 82—85 页；国家文物局主编：《中国文物地图集·河南分册》，中国地图出版社 1991 年版。遗址面积信息的统计主要参考相关遗址的发掘报告、调查报告。

少 300 万平方米)、新密新砦新砦期遗址（遗址总面积超过 100 万平方米，城址 70 万平方米)、禹州瓦店遗址（106 万平方米)，约占新砦期至二里头文化阶段河洛地区聚落总数的 2.9%。二里头遗址发现了宫城、铸铜等手工业遗址、墓葬、道路等遗迹，出土了大量陶器以及青铜器、玉器、绿松石等遗物，其内涵之丰、规格之高，使其在同时期的中国乃至东亚地区的聚落中都应当位居榜首。新砦遗址发现有大型城垣与护城壕、外壕和内壕，有大型浅穴式建筑基址。瓦店遗址发现有大型环壕和大型夯土建筑基址，出土有高规格的遗物。

第二等级聚落面积在 45 万平方米到 100 万平方米之间，共有 5 处，包括巩义稍柴遗址（接近 100 万平方米）[1]、禹州阎寨遗址（50 万平方米)[2]、孟津菠萝窑遗址(75 万平方米)[3]、武陟赵庄遗址(75 万平方米)[4]、荥阳大师姑遗址(51 万平方米)[5]。这 5 处遗址大多经过发掘，获得重大发现。比如大师姑城址发现有大型城垣与护城壕，复原护城壕总周长达 2850 米。

此外，登封王城岗遗址（约 35—40 万平方米）[6]、辉县孟庄二里头城址（12.7 万平方米)[7]、平顶山蒲城店二里头文化城址（5.2 万平方

---

[1]　河南省文物研究所:《河南巩义稍柴遗址发掘报告》,《华夏考古》1993 年第 2 期。

[2]　中国社会科学院考古研究所洛阳工作队:《1975 年豫西考古调查》,《考古》1978 年第 1 期。

[3]　方孝廉:《洛阳市 1984 年古文化遗址调查简报》,《中原文物》1987 年第 3 期。

[4]　国家文物局主编:《中国文物地图集·河南分册》,中国地图出版社 1991 年版,第 191 页。

[5]　郑州市文物考古研究所编著:《郑州大师姑》,科学出版社 2004 年版,第 338 页。

[6]　登封王城岗遗址二里头文化遗存的分布与龙山文化遗存相似,遗存较为丰富。王城岗龙山文化遗存的面积约 35—40 万平方米。因此,王城岗二里头文化遗存的面积也大概在 35—40 万平方米。参见方燕明:《登封王城岗遗址聚落形态再考察》,《中原文物》2007 年第 5 期。

[7]　河南省文物考古研究所编:《辉县孟庄》,中州古籍出版社 2003 年版,第 87 页。

米)①、新郑望京楼二里头文化城址②、郑州东赵遗址(包括一座面积为2
万平方米的新砦期小城及面积为7万平方米的二里头文化中城)③、登封南
洼遗址(30万平方米)④ 等6处聚落，虽然在面积上不到45万平方米，但
是从它们的文化内涵来看，聚落级别较高，应该归入第二等级。比如东赵
中城的面积虽仅有7万平方米，但是在城内发现了大量排列有序、精心设
计的窖穴遗迹以及祭祀遗存，出土有卜骨、玉柄形器等高级别的遗物。再
如登封南洼遗址面积为30万平方米，但是由于遗址被河道及现代水库破
坏，原来面积可能要更大一些，再加上发现了壕沟以及大量白陶(包括日
用器及酒礼器)，发掘者认为其应该是一处区域性的中心聚落遗址。望京
楼二里头文化城址虽然面积大约40万平方米，但遗址总面积当远大于这
个数字。

综合5处面积在45万平方米到100万平方米之间的聚落、6处面积
较小但文化内涵丰富且级别较高的聚落，第二等级聚落遗址共计11处，
约占新砦期至二里头文化阶段河洛地区聚落总数的10.9%。

第三等级聚落面积在15万—45万平方米之间，共计有24处，约占

---

① 蒲城店遗址面积约18万平方米，发现有龙山文化和二里头文化的城址。其中二里头
文化时期城址位于遗址西南部，城址(含城壕) 面积约5.2万平方米。参见魏兴涛等：
《河南平顶山蒲城店发现龙山文化与二里头文化城址》，《中国文物报》2006年3月3
日；河南省文物考古研究所等：《河南平顶山蒲城店遗址发掘简报》，《文物》2008年
第5期。

② 新郑望京楼遗址面积有168万平方米，包含了二里头和二里岗时期两座城址，二里岗
城址面积约37万平方米；二里头城址位于二里岗城址外侧，面积当大于二里岗城址。
参见吴倩等：《望京楼二里岗文化城址初步勘探和发掘简报》，《中国国家博物馆馆刊》
2011年第10期。

③ 顾万发、雷兴山、张家强：《夏商周考古的又一重大收获——河南郑州东赵遗址发现大
中小三座城址、二里头祭祀坑和商代大型建筑遗址》，《中国文物报》2015年2月27日；
张家强、郝红星：《沧海遗珠　郑州东赵城发现记》，《大众考古》2015年第8期。

④ 郑州大学历史学院考古系、郑州市文物考古研究院：《登封南洼2004—2006年二里头
文化聚落发掘简报》，《中原文物》2011年第6期。

新砦期至二里头文化阶段河洛地区聚落总数的 23.8%。

第四级聚落面积在 15 万平方米以下，共计 63 处，约占新砦期至二里头文化阶段河洛地区聚落总数的 62.4%。

若从聚落面积与内涵上来看，一级聚落当时是中心聚落，二级聚落次之，是次级中心聚落，三级聚落再次之，而四级聚落则处于社会的最底层。因此，可以将新砦期至二里头文化阶段河洛地区的聚落分为四个层级：二里头遗址处在二里头时代聚落金字塔体系的最顶端，新砦、瓦店等遗址聚落规格也应较高，三者当属当时社会的第 I 层级；望京楼等 11 处遗址为第 II 层级，为当时的次中心聚落，多与文献记载中的古方国有着密切联系；24 处三级聚落为第 III 层级；63 处四级聚落为第 IV 层级。如果我们将第 I 层级聚落当作控制某一地区大量人口的政治实体的话，那么新砦期至二里头时代河洛地区至少存在 3 层决策等级。

若将河洛地区龙山时代与新砦期至二里头时期的宏观聚落形态对比来看，可以发现二者之间的巨大差异。主要有以下三点。

第一，新砦期至二里头时期聚落层级要高于龙山时代，在聚落结构体系上较龙山时代更加完善，聚落之间的不平等性要更强。从图 4—3 可知，

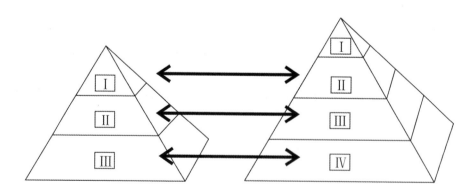

图 4—3　龙山时代与新砦期至二里头时期聚落层级比照

(左为龙山时代，右为新砦期至二里头时期)

龙山时代的 I、II、III 层级聚落分别与新砦期至二里头时期的 II、III、IV 层级聚落相对应，它们在聚落规模、内涵、布局及性质等方面基本相当。龙山时代不存在像二里头遗址这样的超地域的特大型中心聚落。尽管属于龙山时期的三门峡小交口遗址的面积达 240 万平方米，但未经大面积系统的发掘，对其聚落内涵知之甚少，其聚落面积也有待核实。除此之外，龙山时代河洛地区存在多个区域性的政治中心，它们之间有的可能是互不统属，甚至是相互对立的关系，而有的则是控制与被控制的关系。例如，分布于后岗二期文化范围内的孟庄聚落与分布于王湾三期文化范围内的新砦聚落之间的关系应属于前者。徐堡聚落与西金城聚落之间的关系则属于后者。有学者基于泰森多边形及遗址资源域的分析，认为徐堡遗址控制着西金城遗址，二者之间具有主从关系。[1] 但反观新砦期至二里头时期，二里头遗址是河洛地区最高政治中心，控制着其他次中心聚落，对整个河洛地区都能施加强有力的影响。

第二，与龙山时代相比，新砦期至二里头时期的遗址在数量上锐减。遗址数量发现很少不排除与田野调查中的主客观因素有部分关系，但更大程度上则可能反映了人口在数量、分布模式、流动与迁徙等方面的变化，而这类变化往往与政治实体力量的强弱有关。一方面，由于新砦、二里头聚落的强盛，其本身可以容纳更多的人口，这就导致其他等级聚落人口数量相对减少，并有可能进一步影响聚落数量。另一方面，二里头文化形成之后不久，无论是出于对资源的需求还是出于其他方面的考虑，开始向四方扩张[2]，最为代表性的就是二里头文化曾北上晋南，并形成了晋南地区二里头文化东下冯类型。这种文化的扩张毫无疑问必然会导致中心地区人口的部分外迁，中心地区聚落数量减少也是必然的。

---

① 王青：《豫西北地区龙山文化聚落的控制网络与模式》，《考古》2011 年第 1 期。
② 张国硕：《从夏族北上晋南看夏族的起源》，《郑州大学学报》1998 年第 6 期；刘莉、陈星灿：《城：夏商时期对自然资源的控制的问题》，《东南文化》2000 年第 3 期。

第三，从中心聚落职能上看，龙山时代河洛地区的中心聚落更多体现的是军事防御功能，并且多注重单个聚落防御工事的建造；但二里头时期的中心聚落不仅重视单个聚落军事防御，同时也注重中心聚落外围军事防御的构建，构建以二里头遗址防御为中心，二里头遗址外围自然山河关隘为屏障，周边地区军事防御为重点，多重防御设施和手段相互结合的军事防御体系。①

（二）微观聚落形态的考察

微观聚落形态是聚落考古研究中的一个重要方面，同时也是考察社会复杂化进程的重要切入点。就单个聚落而言，它往往是由房屋建筑、手工业遗存、窖穴、墓葬等要素构成的，这些要素及各要素之间的关系反映了该聚落在社会组织、家庭形态、生产与消费模式、阶层分化等方面的信息，而这些本身是考察社会复杂化的重要指标。与此同时，聚落在选址、规模及布局上的差异对探讨社会复杂化也有一定指示意义。聚落可分为中心聚落与一般性聚落，而中心聚落是当时政治、经济、文化及宗教中心，故多数学者认同其是微观聚落形态研究的重点。②鉴于此，以史前时期（龙山时代）的王城岗遗址、属于夏代的新砦期新砦遗址、二里头文化二里头遗址等中心聚落为考察对象，并综合其他遗址相关情况，来对比分析河洛地区的社会复杂化进程。

1. 地理位置

王城岗遗址位于登封市告成镇西北部，地处嵩山南麓。遗址在颍水和五渡河交汇的台地上，东部为五渡河，南部为颍河，南望箕山和大、小熊山，西望中岳嵩山之少室山，北依嵩山之太室山的王岭尖。总体

---

① 张国硕：《夏国家军事防御体系研究》，《中原文物》2008 年第 4 期。

② 王巍：《聚落形态研究与文明探源》，《郑州大学学报》2003 年第 3 期；高江涛：《陶寺遗址与二里头遗址聚落形态之比较研究》，载中国社会科学院考古研究所：《三代考古》（四），科学出版社 2011 年版。

来看，其处于登封中部的低平谷地，海拔 270 米，遗址较周围高出 1—2 米。[①]

新砦遗址位于新密市东南约 22.5 公里的刘寨镇新砦村的台地上，南边断崖下是双洎河，东部是双洎河转弯的故道，西部和北部为开阔平地。遗址中部有三条自西向东的土沟，东段与双洎河故道相连，将遗址分为北、中、南三部分。[②]

二里头遗址位于洛阳市偃师区西南，包括二里头、圪垱头、四角楼等自然村。其北依邙山及黄河，南临古伊洛河，处于洛阳盆地的东部，为伊洛冲积平原的阶地。遗址北、东、南三面地势低洼，中部地势高并与西部高地相连，较东、北、南三面高出 2—3 米。[③]

三处遗址的选址基本符合"择高而居，近水而立"的原则，地理位置及生态环境都极为优越。在微观选择上略有差异，如二里头遗址处在冲积平原，王城岗位于谷地，新砦遗址位于河旁台地。

2. 聚落规模

王城岗遗址自 20 世纪 50 年代发现以来，经过多次调查、钻探与发掘工作，多有重大发现，对于遗址面积的数字也多有变更。据新近资料显示，王城岗遗址总面积达 50 万平方米。[④] 遗址包含了裴李岗文化遗存、仰韶文化遗存、龙山文化遗存、二里头文化遗存、商至元代文化遗存。龙山文化遗存主要分布于遗址的中部偏北，其面积约 35 万平方米—40 万平

① 河南省文物考古研究所等：《登封王城岗与阳城》，文物出版社 1992 年版，第 5 页；北京大学考古文博学院等.《河南登封市王城岗遗址 2002、2004 年发掘简报》，《考古》2006 年第 9 期。

② 中国社会科学院考古研究所河南二队：《河南密县新砦遗址的试掘》，《考古》1981 年第 5 期。

③ 中国社会科学院考古研究所编著：《偃师二里头（1959 年—1978 年考古发掘报告）》，中国大百科全书出版社 1999 年版，第 6 页。

④ 北京大学考古文博学院、河南省文物考古研究所：《登封王城岗考古发现与研究》，大象出版社 2007 年版，第 24 页。

方米。①

新砦城址是由龙山时期城址与新砦期城址两部分组成，二者基本重合，新砦期城垣直接叠压在废弃的龙山时期城垣之上。城垣圈围面积约70万平方米；若将外壕与北城垣之间的面积计算在内，新砦城址的面积达100万平方米。②

二里头遗址文化内涵相对单一。遗址面积至少有300万平方米。二里头文化一期，二里头聚落面积约100万平方米；从二期开始，聚落面积达到300万平方米，进入繁荣期。

聚落规模上的差异与聚落人口规模、聚落存在时间长短有密切关系。从理论上来分析，某一聚落人口越多，就越需要一个能够协调、管理众多人口的中心机构；而一个聚落存在时间越长，就表明其抵御外来风险的能力及聚落内在的生命力就可能越强盛。这种情况就意味着，规模越大的聚落的阶层分化可能更复杂。由上述三处典型遗址的聚落规模来看，从龙山时代到二里头文化时期，中心聚落的面积是剧烈增加的，因此，二里头遗址的社会复杂化程度要高于王城岗遗址和新砦遗址。

3. 房屋建筑

王城岗遗址的房屋建筑可分为大型夯土建筑基址和小型房基，后者考古发现数量较少。在王城岗遗址西城内中西部较高处和东北部地带，发掘多处属于王城岗龙山文化二期的夯土基址遗存，其中城内中西部较高处的夯土基址遗存分布较多较密，但大多破坏较为严重。通过对西城内夯土坑、奠基坑和夯土残片的发掘，依据它们分布范围及相互关系，大体勾画出10余座夯土建筑基址的轮廓和大小，比如有面积150平方米呈南北

---

① 方燕明：《登封王城岗遗址聚落形态再考察》，《中原文物》2007年第5期。
② 赵春青：《河南新密新砦遗址发现城垣和大型建筑》，《中国文物报》2004年3月3日；中国社会科学院考古研究所河南新砦队等：《河南新密市新砦遗址2002年发掘简报》，《考古》2009年第2期。

向的长方形基址、面积约 70 平方米的方形基址等。① 毫无疑问，这片夯土基址群应当是当时重要建筑基址遗存。通过钻探，大城内也发现有大面积夯土遗存，只是具体形制、年代、结构等情况有待进一步考古发掘。② 除此之外，发现小型圆形半地穴式房基一处，房基南北长 3.24 米，东西宽 2.7 米，周围墙壁保存最高者 0.36 米；居住面基本完好，面积约 5 平方米。③

新砦遗址发现的重要大型建筑基址为一处大型浅穴式建筑，其形制特殊，主体部分南北宽 14.5 米，东西现存长 50 多米，平面总体呈刀形，建筑程序复杂，十分考究。其年代处于新砦期晚段，性质与文献记载的墠与坎之类的活动场所有关。④ 此外，在大型浅穴式建筑之南，发现有大型夯筑建筑基址，只是被后期活动破坏严重，其形状结构不详。新砦聚落方面，考古发现的新砦期小型房基数量不多，而且大多形状不明。1999T2F1 尚能看出是长方形房基，但仅发掘一部分。从现存情况来看，此房基为地面建筑，建筑方法是先平整土地，然后挖基槽，在基槽中挖柱洞立柱，而后以草拌泥筑墙；地面有火烧痕迹，质地坚硬。⑤

二里头遗址中部偏东是宫殿区和宫城所在地，已经探明的夯土建筑基址有 34 座，面积大小不等，大者面积可达 1 万平方米。一号建筑基址是一座形状略呈正方形的夯土台基，包括主体殿堂、回廊、南面大门、侧门

---

① 河南省文物考古研究所等：《登封王城岗与阳城》，文物出版社 1992 年版，第 41 页。

② 北京大学考古文博学院等：《河南登封市王城岗遗址 2002、2004 年发掘简报》，《考古》2006 年第 9 期。

③ 河南省文物考古研究所等：《登封王城岗与阳城》，文物出版社 1992 年版，第 64—65 页。

④ 中国社会科学院考古研究所河南新砦队等：《河南新密市新砦遗址浅穴式大型建筑基址的发掘》，《考古》2009 年第 2 期；赵春青、张松林：《新砦聚落考古的回顾与展望——纪念新砦遗址发掘 30 年》，《中原文物》2010 年第 2 期。

⑤ 北京大学考古文博学院等：《河南新密市新砦遗址 1999 年试掘简报》，《华夏考古》2000 年第 4 期。

等，总面积近 1 万平方米，是我国迄今发现时间最早、规模最大、保存较好的一座大型宫殿建筑基址之一。[①] 一般房址在二里头遗址发现数量较多，平面形状多呈方形或长方形，包括地面建筑和半地穴式两类，居住面都经过夯打和特殊加工，平整坚实。

房屋建筑是人类生产生活的重要场所，房屋的建造技术、建筑形式及规模往往是房屋居住者财富地位的象征。从龙山时期到二里头时期，一般小型房基在建筑形式、建造技术、房屋面积方面并未发生太大的变化。但对于大型建筑而言，新砦期和二里头时期的大型建筑基址在建筑面积、建筑的考究程度、建筑的布局等方面要远远超过龙山时期。若将小型房基和大型建筑基址看做 A、B 两个变量，在 A 没有太大变化的前提下，B 发生剧烈变化，这就反映出了 A 与 B 两个变量所代表的社会主体在财富地位上差距的扩大、以 B 为代表的社会上层权力的增强，凸显其阶级对立进一步加强了。

4.手工业生产

手工业生产是我国古代最重要的生产活动之一，时代愈后，手工业门类就愈丰富，分工就愈细。其中为社会权贵生产奢侈品的手工业生产是反映当时社会生产力、生产关系、社会关系等方面的重要风向标，这类手工业生产主要以青铜器的制作与生产为代表。

龙山时期河洛地区发现与铜器及铸铜有关的遗物较少。登封王城岗城址内发现有一件铜容器残片，属于锡、铅青铜铸造。[②] 郑州牛砦遗址发现有若干坩埚残片，经检测是用来冶炼铅青铜的。[③] 新密古城寨发现有炼铜

---

① 中国社会科学院考古研究所编著：《偃师二里头（1959 年—1978 年考古发掘报告）》，中国大百科全书出版社 1999 年版，第 140—151 页。

② 北京科技大学冶金史研究室：《登封王城岗龙山文化四期出土的铜器 WT196H617：14 残片检验报告》，载河南省文物考古研究所等：《登封王城岗与阳城》，文物出版社 1992 年版。

③ 李京华：《关于中原地区早期冶铜技术及相关问题的几点看法》，《文物》1985 年第 12 期。

用的坩埚残片。① 从这些考古发现来看，河洛地区龙山时期先民已经开始进行铜器的制作，但是技术水平不高，生产比较零散，是铜器制造的探索阶段。

新砦期相关遗址中发现的铜器遗物较少。曾在新密新砦城址发现有1件铜容器残片、1件铜刀和1粒铜锈，其中铜容器残片和刀均为红铜铸造。②2013年、2014年的发掘，发现有青铜錾、青铜刀 ③ 等。

二里头文化时期的多个遗址中发现有铜器及与之有关的遗物。据早年学者统计，考古发现二里头文化铜器共172件、冶铸遗物105件，其中二里头遗址发现铜器131件。④2005年以来，二里头遗址又有铜器被发掘出土。如五号基址范围内共发现5座二里头文化二期的贵族墓葬，随葬品丰富，出土漆器、绿松石器、陶礼器和一般陶器，部分墓葬内还出土玉器、铜器。⑤ 其中墓葬2017VM11，发现陶器、漆器、玉器(蝉形)、绿松石等，是历年二里头发现随葬品最为丰富的墓葬。⑥因此，二里头遗址出土铜器数量当超过140件。铜器种类多样，涉及容器、乐器、武器、生产工具及其他，具体有爵、鼎、盉、斝、铜

---

① 河南省文物考古研究所、新密市炎黄历史文化研究会：《河南新密市古城寨龙山文化早期城市发掘简报》，《华夏考古》2002年第2期。

② 北京大学震旦古代文明研究中心等：《新密新砦（1999—2000年田野考古发掘报告）》，文物出版社2008年版，第223页；张晓梅、原思训：《新砦遗址出土的铜器残片检测报告》，载北京大学震旦古代文明研究中心等：《新密新砦（1999—2000年田野考古发掘报告）》，文物出版社2008年版。

③ 中国社会科学院考古研究所等：《河南新砦遗址发掘再获重要发现》，《中国文物报》2017年6月2日。

④ 陈国梁：《二里头文化铜器研究》，载中国社会科学院考古研究所编：《中国早期青铜文化——二里头文化专题研究》，科学出版社2008年版；廉海萍等：《二里头遗址铸铜技术研究》，《考古学报》2011年第4期。

⑤ 中国社会科学院考古研究所二里头工作队：《河南洛阳市偃师区二里头遗址宫殿区5号基址发掘简报》，《考古》2020年第1期。

⑥ 李曼：《二里头遗址最新发现高规格墓葬》，《大河报》2021年1月12日。

铃、铜牌饰、戈、钺、刀、鱼钩等。其中铜爵是二里头文化出现最早的容器。铜容器主要出自墓葬，其他多出自灰坑和地层。此外，在二里头遗址发现了大型铸铜作坊遗址，位置靠近宫殿区，应为王室贵族控制。

总体来看，与王城岗、新砦等遗址相比，二里头时期是青铜手工业发展的成熟时期。这一时期青铜冶铸技术水平得到大幅度提升，人们对金属合金的比例认识更加清晰。经相关学者研究，铜容器和铜铃是采用内外范相结合的复合范技术铸造而成，铜刀、铜锥等工具是采用双面范技术，绿松石铜牌饰采用了镶嵌技术，个别铜器上还存在补铸和鎏金的痕迹，表明二里头时期可能还存在有补铸和鎏金工艺。[①] 更为重要的是，二里头遗址发现有大规模的青铜器铸造作坊，表明这一时期的青铜产业的规模化程度已经相当高，产业内部的分工当是肯定存在的，并有一个专门负责管理青铜铸造的管理机构。

5. 墓葬

王城岗遗址龙山文化墓葬较为少见，而且河洛地区龙山时代其他遗址发现的墓葬也为数不多。总体来讲，这一地区龙山文化墓葬发现数量较少，分布比较零散，没有发现较大面积的墓地。依据现有考古材料，可将河洛地区龙山文化墓葬分为土坑竖穴墓、瓮棺葬、灰坑葬等三大类。汝州煤山遗址发现一定数量的龙山文化墓葬，如 1970 年清理墓葬 1 座[②]；1975 年发现瓮棺葬和成人葬 15 座[③]；1987—1988 年发现瓮棺葬与成人葬共计 5 座[④]；

① 陈国梁：《二里头文化铜器研究》，载中国社会科学院考古研究所编：《中国早期青铜文化——二里头文化专题研究》，科学出版社 2008 年版。

② 洛阳博物馆：《河南临汝煤山遗址调查与试掘》，《考古》1975 年第 5 期。

③ 中国社会科学院考古研究所河南二队：《河南临汝煤山遗址发掘报告》，《考古学报》1982 年第 4 期。

④ 河南省文物考古研究所：《临汝煤山遗址 1987—1988 年发掘报告》，《华夏考古》1991 年第 3 期。

1995 年又发现土坑竖穴墓 6 座①。袁广阔先生对煤山遗址龙山文化的墓葬进行了较为全面的研究，依据墓葬形制和随葬品的多寡将墓葬分为 A、B、C 三型。其中 A 型墓的墓口长 2.2 米、宽 1 米以上，墓内有木棺和一周二层台，随葬品在 10 件以上；B 型墓口长 2 米以上，墓内仅头上部有二层台，无木棺，随葬品在 10 件以下；C 型数量最多，几乎没有随葬品。推测 A、B 型墓葬代表当时的贵族，C 型是普通民众。②除了这类正常埋葬者之外，非正常埋葬是当时阶级关系激化的重要反映，往往散见于灰坑或地层之中，无随葬品，无墓圹。

新砦期墓葬发现的数量不多。新砦遗址梁家台村东北地发掘区曾发现零散的新砦期墓葬，共计 9 座，可以分为土坑竖穴墓和灰坑墓两类。土坑墓共 7 座，墓穴较小，无葬具，多无随葬品。灰坑墓 2 座，墓主一般埋于灰坑口或偏上部位，骨架皆不全且有的呈现挣扎状态，均无随葬品及葬具。③新近在新砦遗址梁家台村东北地发掘区发现一批墓葬，可分为长方竖穴土坑墓、瓮棺葬、灰坑葬。土坑墓规模较小，一般长 1.5—2 米，宽 0.4—0.5 米，深 0.3—0.5 米，无棺椁、无随葬品。其中墓葬 M28 折身屈肢，双腿卷曲，棺上涂抹朱砂，骨骼上遍布朱砂，推测为非正常死亡。④上述墓葬的墓主人应为当时社会的下层，而社会中上阶层人员的墓葬还有待以后发现确定。

二里头时期的墓葬以二里头遗址发现的数量最多。二里头文化的墓葬共有 500 余座，其中二里头遗址发现有 400 多座。依据形制可以将二里头

---

①　河南省文物考古研究所等：《河南汝州市煤山龙山文化墓葬发掘简报》，《考古》2011年第 6 期。

②　袁广阔：《河南汝州市煤山龙山文化墓葬的发现与认识》，《考古》2011 年第 6 期。

③　北京大学震旦古代文明研究中心等：《新密新砦（1999—2000 年田野考古发掘报告)》，文物出版社 2008 年版，第 188—193 页。

④　中国社会科学院考古研究所等：《河南新砦遗址发掘再获重要发现》，《中国文物报》2017 年 6 月 2 日。

文化的墓葬分为 3 大类，分别是竖穴土坑墓、窑洞墓、乱葬墓。依据墓穴规模、葬具及随葬品可将土坑竖穴墓分为大、中、小三型。大型墓的面积在 6 平方米以上。中型墓面积在 1—3 平方米左右，其中较大的中型墓面积在 2—3.2 平方米之间，个别小于 2 平方米；较小的中型墓面积在 1—2 平方米之间，个别小于 1 平方米。这些墓葬墓内多铺有较厚的朱砂，随葬有青铜礼器及玉礼器，往往还有漆器和比较精致的陶礼器。一般均发现有板灰，推测有葬具。小型墓墓穴面积在 1 平方米以下，随葬品较少或者没有。乱葬墓往往是将死者的尸骨放置在灰土坑中。这些土坑或是专门挖成，或是废弃的窖穴，或为一般的灰沟。有的尸骨完整，有的则凌乱不全。①

从龙山时期、新砦期、二里头时期这三个阶段所发现的墓葬来看，它们之间存在一定的共性，比如墓葬发现零散、没有集中的墓地、灰坑葬或乱葬坑的存在以及墓葬存在等级划分等。这一切共同指向的一个本质问题是阶级对立的出现。二里头时代的阶级对立的程度要远远高于龙山时期，在低等级墓葬规模、随葬品等方面与以前相比无重大变化的情况下，反映贵族阶层的中上等墓葬却在墓室面积、随葬品等方面发生了重要变化，这种变化正是阶层分化加深的表现。

6. 聚落布局

聚落布局是指聚落功能区的规划与布局。王城岗龙山文化聚落包括两座小城和一座大城。两座小城东西向相连接，面积较小。在西城内中西部较高处和东北部地带发现了多处夯土基址遗存，其中以城内中西部的夯土基址分布最为密集②，推测该区域应为高规格建筑区。大城发现有城垣及护城壕，城内中部有大型夯土建筑基址。早期的两座小城位于大城的东

---

① 中国社会科学院考古研究所编著：《中国考古学·夏商卷》，中国社会科学出版社 2003 年版，第 98—101 页。

② 河南省文物考古研究所：《登封王城岗与阳城》，文物出版社 1992 年版，第 35 页。

北部①。由于遗址被破坏严重及发掘面积的原因，目前对王城岗龙山聚落的功能分区还认识不清。不过从西城城内夯土基址集中分布来看，该聚落肯定经过精心的规划设计。

新砦期聚落是由城垣与壕沟围成的大型中心聚落。在梁家台村东北的高台地发现一处多次使用的大型浅穴式露天活动场所，其南侧分布有大型夯土建筑基址。考虑到这一地区的东面和北面都有沟状堆积，形成了一个相对独立的区域，并且出土过高规格的遗物，加上该区域的灰坑形制规整，容积颇大，推测该区域为聚落中心区的可能性比较大。②从该遗址外壕、城垣与护城壕、内壕的布局以及大型建筑集中分布于内壕圈围区域来看，新砦期遗址同样经过一定的规划设计。

较之王城岗遗址和新砦城址，二里头遗址在聚落布局上的完整性、规模性、复杂性要远高于前两者。二里头遗址是一处规划缜密、布局严整的大型都邑。遗址的中心区域位于遗址的中部略偏东一带，由宫殿区、手工业作坊区、祭祀活动区及贵族居住区构成。宫殿区范围大、宏伟壮观，晚期宫殿区外围建造有平面呈长方形的城垣，并构建了纵横交错的道路交通网。作坊区及其他功能区设置建造有围垣。宫城外围分布有一般贵族聚居区，遗址的北部及西部区域为普通居民生活区。如此规模宏大、完备之极的聚落布局远非龙山时代聚落所能比拟。

7.社会复杂化进程特点

王城岗遗址、新砦遗址、二里头遗址分别是龙山时期、新砦期、二里头时期中心聚落的典型代表，三处遗址所代表的考古学文化构成河洛地区

---

① 方燕明：《登封王城岗城址的年代及相关问题探讨》，《考古》2006 年第 9 期；北京大学考古文博学院等：《河南登封市王城岗遗址 2002、2004 年发掘简报》，《考古》2006 年第 9 期。

② 赵春青、张松林：《新砦聚落考古的回顾与展望——纪念新砦遗址发掘 30 周年》，《中原文物》2010 年第 2 期。

从史前到夏代早期、夏代中晚期完整的文化序列。通过对三处遗址主要聚落要素的对比分析，可以发现它们之间是一种递进式的发展关系，在继承中显示出相似性，在发展中凸显差异性。

首先，在龙山时代到二里头时代一般居民的居址形态未发生明显变化的前提下，二里头遗址发现的大型夯土建筑基址在面积、形制、建造技术、建筑组合、宫墙的建造等方面，要远远超越王城岗遗址的夯土建筑，也比新砦遗址有了质的飞跃。与此同时，在平民墓中的随葬品及其面积、形制等方面未发生明显变化的前提下，贵族墓中的随葬品越来越多，越来越精美，墓葬面积越来越大，贵族墓与平民墓的差距越来越大。固然，技术因素在上述变化中发挥着重要作用，但反映的实质问题是社会等级差别的加剧以及社会分层逐渐制度化。一个强有力的权贵阶层在二里头时代已经出现，这使得它能够调配足够的人力物力去建造、规划面积更大、功能更加完备的都邑。

其次，二里头遗址除了继承龙山时期传统的手工业生产部门之外，青铜冶铸业的出现是二里头时代在生产领域的最大变革。大量精美的青铜器及大面积的青铜冶铸作坊遗址的发现，标志了青铜工业的出现与确立。青铜器的生产是一个比较繁琐、耗费时力的活动，它包括原料开采、原料加工、原料运输、器物制作及后期加工等环节，从而形成了一个紧密的生产链，必须要有一群比较专业的工匠集体协作才能完成。因此，青铜手工业在二里头时代的成熟是社会生产领域专业化的集中体现。在此背景下，上层贵族与普通居民之间的界限越来越清晰，贵族们不仅打造高高的围墙、更加舒适的居室来彰显自己的权力与威严，并且使用青铜器这类高档的奢侈品来满足自己对生前和死后生活品质的追求。于是，在生产专业化的催化下，等级之间的差别就这样在二里头时代被这些物化的东西逐渐固定下来，并开始深深地烙印在当时人们的思想意识与观念之中。

三、传世文献视角下五帝时代至夏代的社会复杂化

从文献材料来看，从五帝时代到夏王朝，社会复杂化呈现出逐渐加强的态势。

（一）五帝时代

在我国传世文献记载中，夏代之前是炎帝、黄帝、蚩尤、颛顼、帝喾、尧、舜等族群生活的年代，学界或称之为"五帝时代"[1]。以司马迁《史记·五帝本纪》记述最为系统，将黄帝、颛顼、帝喾、尧、舜等"五帝"作为中国上古史的开端，代表了汉代史官和史学对我国古史初期的认识，这种认识一直延续到清代，基本未发生动摇。近代以来，在疑古思潮的推动下，"古史辨学派"提出了"东周以上无古史"的观点，否认五帝时代的存在。随后，著名古史学者徐旭生先生在《中国古史的传说时代》一书中尽管肯定五帝时代是存在的，但是将五帝时代划入"传说时代"范畴。当然，近代以来的这些认识都是在中国考古学实践与研究未充分开展起来的背景下产生的。20 世纪 70 年代后期以来，中国考古学的发展进入黄金时期，大量与五帝时代有关的考古学遗存被揭露出来，大多数学者不仅开始认识到我国历史上确实存在"五帝时代"这一历史阶段[2]，而且结合文献与考古材料，认为其与考古学上的仰韶文化中晚期至龙山时代相对应，并开始对五帝时代发生的一些重大事件予以解读，取得很大成绩。现存保存较多五帝时代事迹的文献材料主要包括《尚书》《诗经》《周易》《逸周书》《春秋》《左传》《史记》《竹书纪年》等。查阅分析这些传世文献，可以发

---

[1]　五帝具体指哪些人，传世文献有多种说法，刘起釪先生在《几次组合纷纭错杂的"三皇五帝"》（载《纪念中国社会科学院建院三十周年学术论文集》，方志出版社 2007 年版）一文中共归纳出七种"五帝说"。本书采用司马迁《史记·五帝本纪》之说，即黄帝、颛顼、帝喾、尧、舜。

[2]　许顺湛：《中国历史上有个五帝时代》，《中原文物》1999 年第 2 期；李先登、杨英：《论五帝时代》，《天津师范大学学报》1999 年第 6 期。

现五帝时代社会复杂化开始孕育，主要表现在三个方面。

第一，尽管社会组织的基本单位仍然是以血缘为纽带的氏族或族群，但地域相近、有着共同利益需求的氏族或族群联合起来形成诸多部落、部落联盟，乃至族群联盟等更高级别的社会组织，人们的活动范围大为扩展。《尚书·尧典》中记载了这一时期的社会组织情况："克明俊德，以亲九族。九族既睦，平章百姓。百姓昭明，协和万邦。黎民于变时雍。"有学者认为"九族"是指尧之氏族[①]；"万邦"即万国，是指尧控制下的众多族群；"黎民"指的是各族群成员[②]。对于这一时期人们的活动范围，《史记·五帝本纪》记载黄帝之时的活动范围已经较广，"东至于海，登丸山，及岱宗。西至于空桐，登鸡头。南至于江，登熊、湘。北逐荤粥，合符釜山，而邑于涿鹿之阿"；颛顼时的黄帝范围，"北至于幽陵，南至于交趾，西至于流沙，东至于蟠木"，异常广阔。《尚书·尧典》中记载帝尧分别任命羲、和二氏掌管天象之事，其活动范围东到旸谷，西到昧谷，北抵幽州，南达南交；舜之时，其时常四方巡守，曾"至于岱宗""至于南岳""至于西岳""至于北岳"等广大之地。在我国上古时代，人名、族名和地名常常合三为一，我们不能简单地把"五帝"理解为五个人个体，而更应该看到他们背后的众多族群。由此可知，五帝时代黄河中下游地区的众多族群之间联系非常密切，以五帝为代表的强大族群的活动范围大为拓展。

第二，族群之间的战争呈现常态化、规模化的趋势，在"禅让制"外衣的伪装下，王权正在初步地孕育与形成之中。在五帝时代早段，文献记载了炎帝、黄帝、蚩尤族群之间的战争，最为经典的战争当为"阪泉之战"和"涿鹿之战"。如《史记·五帝本纪》："炎帝欲侵凌诸侯，诸侯咸归轩辕。轩辕乃修德振兵……以与炎帝战于阪泉之野。三战，然后得其志。"《逸

---

① 姜亮夫：《〈尧典〉新议》，载杭州大学古籍研究所编：《文史新探》，上海社会科学出版社 1988 年版。

② 李民、王健：《尚书译注》，上海古籍出版社 2004 年版，第 3 页。

周书·尝麦》篇："昔天之初……蚩尤乃逐帝，争于涿鹿之阿，九隅无遗。赤帝大慑，乃说于黄帝。执蚩尤，杀之于中冀，以甲兵释怒，用大正顺天思序，纪于大帝。"《史记·五帝本纪》："蚩尤作乱，不用帝命。于是黄帝乃征师诸侯，与蚩尤战于涿鹿之野。"这两场战争的具体经过不得而知，但应该是五帝时代早期三大族群之间战争的一个缩影。历史步入颛顼、帝喾、尧、舜、禹时期，族际战争更加频繁。《淮南子·天文训》记载颛顼与共工族群之间的争斗："昔者共工与颛顼争为帝，怒而触不周山。天柱折，地维绝。天倾西北，故日月星辰移焉；地不满东南，故水潦尘埃归焉。"《史记·楚世家》记载帝喾又与共工氏发生战争："共工氏作乱，帝喾使重黎诛之而不尽。"尧、舜在位之时，先后与东方、南方均发生了战争。《淮南子·本经训》："尧乃使羿诛凿齿于畴华之野，杀九婴于凶水之上，缴大风于青丘之泽，上射十日而下杀猰㺄，断修蛇于洞庭，禽封豨于桑林，万民皆喜。"《吕氏春秋·召类》："尧战于丹水之浦，以服南蛮，舜却苗民更易其俗。"《孟子·万章上》："舜流共工于幽州，放驩兜于崇山，杀三苗于三危，殛鲧于羽山，四罪而天下咸服，诛不仁也。"《淮南子·齐俗训》："当舜之时，有苗不服，于是舜修政偃兵执干戚而舞之。"在族际战争成为家常便饭的情况下，必将大大提升某些军事首领的个人权威，逐渐削弱了军事民主制下长老议事会在部落联盟内起到的作用，从而为王权的孕育与形成提供了温床与土壤。但需要指出的是，整个五帝时代，王权并未真正意义上形成，这主要体现在推举制的推行。此外，最高部落首领的权力受到长老议事会的限制。例如，《尚书·尧典》记载了帝尧要求四岳推荐能治理洪水之人，鲧被四岳推荐出来。帝尧认为鲧"方命圮族"，不能担当治水重任，但是在四岳的坚持下，最终还是妥协了。实际上，整个五帝时代，私有制、阶级压迫虽然已经出现，但是原始的民主精神仍然在当时社会中发挥着重要作用。这一时期氏族、部落、部落联盟、酋邦或邦国的最高首领的确立是建立于他们的个人经历、个人能力以及个人魅力等方面之上，需要经过前任首领的重重考验以及全体社会成员的监督与认同。而这种情况的彻底改变，则是要到夏王朝建立之后了。

第三，筑城、治水等公共事业成为五帝时代一项重要内容。城之本义为"城垣"，是指聚落周围用作防御的高墙。筑城活动在五帝时代已经广泛开始，《史记·封禅书》记载："黄帝时为五城十二楼。"宋高承《事物纪原》引《轩辕本纪》说："黄帝筑邑造五城。"又引《黄帝内传》："帝既杀蚩尤，因之筑城。"《吕氏春秋·君守》云："夏鲧作城。"《淮南子·原道训》则云："昔者夏鲧作三仞之城，诸侯背之，海外有狡心。"这些文献记载与龙山时代发现大量城址相互印证，基本上是可靠的。除此之外，治理洪水也是五帝时代摆在人们面前的一项重要任务。《尚书·尧典》："汤汤洪水方割，荡荡怀山襄陵，浩浩滔天。"《孟子·滕文公上》："当尧之时，天下尤未平，洪水横流……尧独忧之，举舜而敷治焉。"《淮南子·齐俗训》："禹之时，天下大水。"另外《国语》《庄子》《山海经》等对尧舜禹时期发生洪水亦有记载。结合古气候学和考古学的研究，基本确定五帝时代的大洪水是真实发生过的，大禹治水的神话传说也是确有其事。筑城、治水这两项活动的主要目的是为了保护人们的生命财产不受损害。对于这样的大型公共事业，必然要求五帝时代存在一个拥有极高组织能力的协调机构。这个协调中心能够动员大量社会成员、提供足够的物资供应去进行这样的活动。而这类协调中心的出现则是社会发展到一定程度的体现。

除了上述三点之外，刑法、军队、赋税等在五帝时代大多处在萌芽阶段。以刑法为例，《尚书·尧典》记载："象以典刑，流宥五刑，鞭作官刑，朴作教刑，金作赎刑。眚灾肆赦，怙终贼刑。钦哉，钦哉，惟刑之恤哉。"这表明五帝时代的刑法在原有的氏族习惯法的基础上又有发展，为后世刑法的出现奠定了基础。

（二）夏王朝

继五帝时代之后的夏王朝是我国历史上第一个王朝国家，《尚书·虞夏书》《史记·夏本纪》《竹书纪年》等文献对夏王朝的史事都有记载。从这些文献记载来看，较之五帝时代，夏王朝时期社会已经发生了巨大改变。主要表现在三个方面。

第一，社会形态发生改变，从"公天下"变为"家天下"。夏代推举制完全退出历史舞台，世袭制形成，王权得以确立，早期国家出现。《礼记·礼运》篇中有这样一段记载：

> 大道之行也，天下为公。选贤与能，讲信修睦。故人不独亲其亲，不独子其子。使老有所终，壮有所用，幼有所长，矜寡孤独废疾者，皆有所养。男有分，女有归。货，恶其弃于地也，不必藏于己；力，恶其不出于身也，不必为己。是故谋闭而不兴，盗窃乱贼而不作。故外户而不闭。是谓大同。
>
> 今大道既隐，天下为家。各亲其亲，各子其子。货力为己。大人世及以为礼，城郭沟池以为固，礼义以为纪；以正君臣，以笃父子，以睦兄弟，以和夫妇，以设制度，以立田里，以贤勇知，以功为己。故谋用是作，而兵由此起，禹、汤、文、武、成王、周公，由此其选也。此六君子者，未有不谨于礼者也。以著其义，以考其信。著有过，刑仁讲让，示民有常。如有不由此者，在执者去，众以为殃。是谓小康。

上述这两段文字里的"大同"社会指的是上古时期，确切地讲，特指五帝时代；"小康"社会是指夏王朝建立之后的三代社会。在《礼记·礼运》篇作者的眼里，"大同"和"小康"是两种不同的社会形态，主要表现就是从"天下为公"到"天下为家"的转变，其中大禹是"大同社会"向"小康社会"过渡的关键人物。禹是五帝时代后期一位举足轻重的人物。《史记·夏本纪》中用极大的篇幅来记述禹的生平及事迹，《尚书·大禹谟》《尚书·禹贡》则是专门记载禹事迹的篇章，其主要事迹包括治理洪水、划定九州、传位于其子等。禹时期，首领的权威逐步形成。禹在担任首领位置后不久，就发生了"伐三苗"事件，随后其个人权力迅速膨胀。他在涂山召开了著名的会盟，与会者很多，《左传》记载"执玉帛者万国"。不久又在会稽大会诸侯，期间发生的一件插曲，即防风氏首领因迟到而被禹所杀，这件事情充分说明了禹的权威大大加强了。尽管禹假惺惺地要把联盟首领的位置让给皋陶、伯益，但最终其子启继承其位置，建立家天下的夏王朝。启建立夏王朝，标志了王权的正式形成，随后通过一系列战争，最终扫除了旧传统的势力，王权得以巩固。夏王朝的确立，标志了国家的出现和文明时代的到来。

第二，较之五帝时代，夏王朝时期战争的主题与性质已发生改变。夏启之时，先后与益、有扈氏发生战争。屈原《天问》篇中言："启代益作后，卒然离蠥。何启为忧，而能拘是达？"这句话的意思是启代替益做了君主，却遭遇灾难，但最终为什么启能够平安脱离灾祸呢？从这里推测，启与益之间一定发生过争斗，即古本《竹书纪年》所说的"益干启位，启杀之"。《尚书·甘誓》记载了启与有扈氏之间的战争。有扈氏对启所推行的"家天下"，表示强烈不满。《史记·夏本纪》这样记载："有扈氏不服，启伐之，大战于甘。"启死后，太康继位。从太康失国到少康中兴期间，夏王朝与东夷族之间的战争从未间断过。少康之子帝宁（杼）时期，政局趋于稳定，开始向东方扩张。古本《竹书纪年》说"柏杼子征于东海，及王寿（一说'三寿'）"，是说柏杼子征讨东夷，到达东海的王寿（三寿）国。随着夏王朝与东夷关系的稳定，到夏王泄时期，开始向西发展。泄子不降曾经率兵讨伐西方的九苑，以期扩展对西方的影响。夏王朝末年，更是与商族为首的商夷联盟发生决战，最终导致夏王朝的灭亡。纵观这些战事，可以发现夏王朝时期的战争有两个主题：一是紧紧围绕着巩固与夺取夏王朝最高统治权这一主题。对于夏王朝统治者而言，自然是扫除敌对势力，巩固自己统治；对于外族而言，就是如何攫取夏王朝已经建立起来的社会成果。二是对外界开疆扩土，向外界施加影响。这些战争发生在国家这一高级别的社会形态之下，与五帝时代的族群之间的战争已经有了本质的区别。

第三，监狱、刑法、官职、赋税制度等国家机构正式出现。文献记载表明，夏王朝时期已经出现了最早的监狱。今本《竹书纪年》："夏帝芬三十六年作圜土。"《释名·释宫室》："狱又谓之圜土，筑其表墙，其形圆也。"故"圜土"即为监狱。《史记·夏本纪》记载："帝桀之时……乃召汤而囚之夏台。""夏台"即"狱台"，在今天河南禹州市境内。与监狱相配套的刑法也已经出现，《左传·昭公六年》中有"夏有乱政，而作《禹刑》"的记载。《禹刑》一般被看做中国法制史上第一部成文法典。此外，夏代的职官系统初步完善，如《礼记·明堂位》称"夏后氏官百"；《尚书·甘誓》记载夏启手下"六卿""六事之人"；《吕氏春秋·先识》记载"夏太史令"等，以及其他文献所载"车正""牧正""庖正"等官职，充分表明设官分职的工作在夏代已经完成。至于赋税制度，在夏代也初见端倪。《尚书·禹贡》讲到"五百里甸服。百里赋纳总，二百里纳铚，三百里纳秸服，四百里粟，五百里米"，意思是五百里内的地区要向夏王朝缴纳贡赋。

综上可知，五帝时代与夏王朝相比，夏代的社会发展水平要远远高于五帝时代，社会复杂化的程度大大提升。凸显在社会表层的是王权的加强、各种国家机构的完善、战争性质与主题的转换，而这一切反映了夏代社会一个更深层次的社会现象，即阶级对立的制度化。统治阶级为了维系自己的统治，满足统治阶级自身的享受，开始利用各种手段压榨剥削被统治者；与此对应的是，被统治者反抗压迫的斗争不断发生。于是，刑法、监狱、军队等一系列暴力机构应运而生，它们是阶级、阶层对立到一定程度才会出现的。而所有这些变革和社会的复杂化，大多是在夏都范围内发生的。

第二节　由"万邦林立"到王朝国家的形成

在我国传世文献中，尧舜禹时代被认为是一个"万邦林立"的时代，而夏代则是我国历史上第一个王朝国家。由"万邦林立"到王朝国家的形成是夏代都城文明所体现的另一个重要的社会变革，而这一变革的过程已经被文献与考古资料双方面所印证。

一、尧舜禹时代的"万邦林立"

我国历史上的尧舜禹时代是一个"万邦林立"或"万国林立"的社会，这在传世文献中多有记载。"万邦"一词在《尚书》中出现的频率非常高，如《尧典》之"百姓昭明，协和万邦"。除《尚书》之外，还有以下文献记载或反映了上古"万邦林立"的社会状况：

《左传·哀公七年》："禹合诸侯于涂山，执玉帛者万国。"

《墨子·非攻》："古者天子之始封诸侯也，万有余。"

《庄子·天下》："（大禹）沐甚雨，栉疾风，置万国。"

《战国策·齐策四》："欣闻古大禹之时，诸侯万国……及汤之时，诸侯三千。当今之世，南面称寡者，乃二十四。"

《战国策·赵策三》："且古者，四海之内，分为万国。城虽大，无过三百丈者；人虽众，无过三千家者……今取古之为万国者，分以为战国七。"

《吕氏春秋·用民》："当禹之时，天下万国，至于汤而三千余国，今无存者矣，皆不能用其民也。"

《荀子·富国》："古有万国，今有十数焉。"

尽管上述文献大多成书于东周时期，代表了东周学者对上古社会的认识；但这种认识并非面壁虚构、空穴来风，而是古人通过口耳相传、扎根于人类记忆深处的有关上古社会真实情况的反映。故"万邦林立"应是尧舜时代包括禹时期社会结构的基本态势。

综合文献来看，尧舜禹时代的"万邦"或"万国"有以下几个特点：一是数量多。"万国""万邦""万诸侯"等都表明这一时期的邦国数量是极多的。二是规模一般不大，即《战国策·赵策三》中记载的"城虽大，无过三百丈者；人虽众，无过三千家者"。三是不断地整合。若将尧舜禹时代的"万邦"放在先秦这一大的时间段动态考察的话，数量是在不断减少的。

从考古材料来看，龙山时代所发现的数量众多的城址以及诸多一级、二级聚落与文献所载尧舜禹时期"万邦林立"是可以相互印证的。考古发现的龙山时期城址数量较多。截至 2022 年，中国境内发现的夏代城址只有 13 座（夏家店下层文化城址除外），主要分布于河洛地区和海岱地区，而龙山时代城址却超过百座①，呈现出龙山时代到夏代城址数量不断减少之势。以河南省为例，已发现的龙山文化城址至少有 15 座，包括安阳后岗与柴库、濮阳戚城、辉县孟庄、温县徐堡、博爱西金城、孟州禹寺、登封王城岗、新密古城寨与新砦、禹州瓦店、新郑人和寨、平顶山蒲城店、郾城郝家台、淮阳平粮台等。除了淮阳平粮台城址，其他 14 座城址皆位于河洛地区。同时代的山东、湖北、内蒙古、四川、陕西、山西等省区也发现大量的龙山文化时代城址。若将一个城址代表一个邦国的话，这一时期的邦国数量当较多。

二、夏代王朝国家的出现

公元前 21 世纪左右，启从其父大禹手里继承最高首领之位，建立我国历史上第一个王朝国家——夏。启之后，先后有太康、少康、帝宁、胤

---

① 张国硕、张婷、缪小荣：《中国早期城址城墙结构研究》，《考古学报》2021 年第 1 期。

甲、桀等 15 位夏王继位。至公元前 17 世纪，夏王朝最后一个王——桀，被以商汤为首的商王朝所取代。反映在考古学文化上，就是继王湾三期文化之后，形成了属于夏文化的新砦期遗存、二里头文化，最终被属于商文化的二里岗文化所取代。

夏王朝形成了相对固定的统治区域。文献记载夏王朝的统治区域涉及今河南全境、山西南部的广大地区。早期以嵩山南麓的颍河上游地区为中心，中晚期以伊洛盆地为中心。新砦期遗存主要分布于颍汝河流域，主要范围涉及今郑州、许昌、平顶山、漯河等地区。二里头文化的分布范围，东至豫东，南至河南南部的信阳、淅川一带，北达沁河及晋南，西抵关中盆地东部和商洛地区。其中一期分布范围小，主要局限在伊洛颍汝河流域；二期以后，范围扩大至郑州以东、晋南地区；三期分布范围最大，包括今河南大部、山西南部、陕西东部、安徽西部等地，反映出夏王朝统治区域不断扩大的历史面貌。此外，夏王朝控制的区域以及受夏王朝势力影响的区域当更大，反映在考古学文化上，即是夏文化与周边地区保持着非常广泛的文化交流与互动，在江淮地区、江汉地区、峡江地区、东南沿海地区、成都平原等广大地区的不同文化的遗址中，都发现有属于二里头文化因素的遗物。[1]

夏王朝形成了辐辏四方的政治、经济、文化中心——都城。从文献记载可知，从夏启到夏桀，16 位夏王曾都于阳翟、黄台之丘、斟寻、商丘、斟灌、原、老丘、西河等地。在这些都城中，夏代早期是以阳翟、黄台之丘为都，考古发现的禹州瓦店、新密新砦等大型遗址可能与其关系密切。至夏代中晚期，从太康开始，至纣王亡国，夏王朝主要以位于伊洛盆地的斟寻（二里头遗址）为都。[2]此外，帝宁时期，夏王朝曾以原、老丘，胤

---

[1] 中国社会科学院考古研究所编著：《中国考古学·夏商卷》，中国社会科学出版社 2003 年版，第 132—135 页。

[2] 张国硕：《夏商都城制度研究》，河南人民出版社 2001 年版，第 49 页。

甲时期又以西河等地为辅都。

在夏王朝统治区内，文化面貌一致性强，形成了光辉灿烂的夏文化。夏王朝早期是新砦期文化遗存，中晚期是二里头文化。新砦期遗存发现的遗迹主要有城垣、大型建筑、壕沟、房屋、灰坑、墓葬，出土遗物包括陶器、石器、骨器、铜器、玉器等。陶器分为夹砂和泥质两大类，以灰陶为主，部分泥质黑陶，器类主要有深腹罐、侧扁足鼎、小口高领瓮、折壁器盖、平底盆、折肩罐、折肩瓮、豆、刻槽盆、斜壁碗等。以二里头遗址为代表的二里头文化形成了比较统一的文化面貌。二里头文化发现有城市、宫殿基址、房基、手工业作坊、墓葬、祭祀等遗迹，以及诸多陶器、青铜器、骨器、玉器、石器等遗物。陶器以夹砂灰陶和泥质灰陶为主，纹饰有篮纹、绳纹、方格纹、附加堆纹等，盛行鸡冠耳和花边器口装饰。以夹砂中口罐为主要炊器，圆腹罐、平底盆、瓦足簋、豆、刻槽盆等常见，盉、爵、盉等酒器比较流行。铜器有鼎、爵、斝、盉等容器以及其他工具、武器、乐器和牌饰等。

夏代相对固定的统治区域，辐辏四方的都城之形成，广域范围内文化面貌的一致性，标志着河洛地区社会性质发生了质的变革，即由尧舜禹时代"万邦林立"的邦国或酋邦社会，嬗变为有较大统治范围的王国时代。

第三节　对抗与联盟——夏王朝与方国关系的真实写照

任何变革都至少包含着纵、横两个方面，夏代都城文明所体现的社会变革同样如此。由尧舜时代"万邦林立"的邦国或酋邦社会到夏代王朝国家的形成应为纵的变革，而夏王朝与同时期周边族群、政治实体的相互关系发生的变化则应为横向的变革，其中夏王朝与方国之间的关系是横向考察中最为核心的方面。据《尚书·禹贡》记载，大禹在划定九州之后，依据各州土壤之好坏，确定每州赋税之等级及进贡之物产。若以这种赋税制度与进贡体系来看，禹所划定的九州完全处在夏王朝控制或影响之下，夏王朝与九州之内的大大小小方国、部族之间是一种控制与被控制的关系。那么，夏王朝与方国之间的真实关系真是如此吗？答案是否定的，至少不是完全如此。实际上，夏王朝与方国之间的关系是复杂多变的，不同的方国与夏王朝的关系往往并非一致，同一方国与夏王朝之间的关系会随着时间的推移发生一些变化。总体看来，夏王朝与方国之间的关系可以分为对抗与联盟两大类。

一、对抗

夏代，一些方国或族群与夏王朝之间长时间保持着对立或时断时续的对抗状态，由于某些原因一些原本依附于夏王朝的方国或族群选择了与夏王朝对抗的道路。这类方国主要以苗蛮族群、先商族群、东夷族群等为代表。

早在禹时期，位于今河南南部及江汉地区的苗蛮集团之三苗族群与夏族群的关系恶化，文献"禹伐三苗"这一历史事件集中反映了二者之间的关系。《韩非子·五蠹》："当舜之时，有苗不服，禹将伐之。舜曰不可。上德不厚而行武，非道也。乃修政三年，执干戚舞，有苗乃服。"《墨子·非攻下》："昔者三苗大乱，天命殛之。……禹亲把天之瑞令，以征有苗……苗师大乱，后乃遂几。"实际上，虞、夏族群与三苗的斗争早在尧时期就已经开始了，比如《吕氏春秋·召类》篇中就讲到"尧战于丹水之浦，以服南蛮"。至舜之时，二者之间的斗争更加频繁，《战国策·秦策一》有"舜伐三苗"、《孟子·万章上》有"杀三苗于三危"的记载。在考古学研究中，学者们多认为王湾三期文化的南渐与禹伐三苗这一历史有着密切关系，王湾三期文化晚期向南方扩张，该文化的杨庄二期和乱石滩这两个地方类型就是其在取代豫南、豫西南和鄂西北地区的石家河文化之后形成的，是"禹征三苗"的考古学反映。①"禹征三苗"不仅使石家河文化退出豫南、豫西南及鄂西北等地，更重要的是开启了江汉地区一个新的时代——"后石家河时代"。在江汉地区后石家河时代的相关遗址中，比如湖北天门邓家湾、谭家岭、肖家屋脊②，随州西花园③、房县七里河④等遗址，出土有三角形高足鼎、粗圈足盘、小口高领篮纹瓮为特征的文化遗存，该类遗存与王湾三期文化煤山类型晚期较为接近，而且其年代晚于石家河文化，表明其已经是区别于石家河文化而与王湾三期文化比较接近的一种新的文化，即"后石家河文化"⑤。但总体来看，后石家河文化与王湾三期文化是两种不同族群的考古学文化，二者并未融为一体，说明二者之间仍然有一定的对峙。至夏代早期，新砦期文化遗存并未分布到江汉地区，也说明这个时期江汉地区的相对独立性。夏代晚期，位于江汉地区的荆伯族群，具有相当大的独立性，商汤曾拉拢荆伯参加商夷联盟共同灭夏。⑥

先商族群有着与夏族同样悠久的历史，其始祖契曾与夏人始祖皆为尧舜时代的重要人物。目前学界公认下七垣文化为先商文化，但其并未涵盖全部的先商时期文化。依据李伯谦先生的观点，下七垣文化的年代大体相当于二里头文化二、三、四期，绝对年代在公元前19世纪到公元前17世

---

① 白云：《关于"石家河文化"的几个问题》，《江汉考古》1993 年第 4 期；韩建业、杨新改：《禹征三苗探索》，《中原文物》1995 年第 2 期；靳松安：《王湾三期文化的南渐及其相关问题》，《中原文物》2010 年第 1 期。

② 石河考古队：《湖北省石河遗址群 1987 发掘简报》，《文物》1990 年第 8 期。

③ 武汉大学历史系考古教研室等：《西花园与庙台子》，武汉大学出版社 1993 年版。

④ 王劲等：《房县七里河遗址发掘的主要收获》，《江汉考古》1984 年第 3 期。

⑤ 孟华平：《长江中游史前文化结构》，长江文艺出版社 1997 年版。

⑥ 《越绝书》三记载："汤献牛荆之伯。之伯者，荆州之君也。汤行仁义，敬鬼神，天下皆一心归之。当是时，荆伯未从也，汤于是乃饰牺牛以事荆伯，乃愧然曰：失事圣人礼。乃委其诚心，此谓汤献牛荆之伯也。"

纪之间。① 下七垣文化主要分布在豫北冀南地区，与毗邻的夏文化之间存在着密切的关系。二者之间的关系有一个动态的发展过程，即前期主要是以平和的潜在的文化交流为主，后期主要是以一系列战争为表现形式。在早期，下七垣文化与夏文化以沁水为界东西分布②，夏文化在当时发展水平较高，其对先商文化的影响较为强烈，主要表现是夏文化的典型器物在下七垣文化中都可以发现；下七垣文化对夏文化的影响则略显被动，但也给予夏文化一定的影响。③ 到了夏王朝晚期，随着商人势力的逐渐增强，夏、商关系迅速激化，并发生了一系列战争。《史记·夏本纪》记载夏桀曾把商汤囚禁于夏台，后来又将其释放。夏代末年，商汤率领商夷联盟军队，与夏王朝对决，最终灭夏建立商王朝。

东夷族群主要分布于山东、苏北等地的海岱地区，一般认为分布于该地区的龙山文化及其后的岳石文化是东夷族群的文化遗存。在夏王朝存在期间，其与东方夷人的关系经历了一个比较复杂的过程。夏王朝早期，来自东方的伯益与夏启发生过争斗，古本《竹书纪年》记载"益干启位，启杀之"。太康时期发生了"后羿代夏"事件，夏王室与东夷后羿、寒浞集团的争斗持续 40 年之久，夏、夷关系恶化达到极点。少康复国以后，夏王朝对东夷部族严加防范。夏代末年，属于东夷的有缗、有仍、薛等，先后加入夏王朝的敌对行列。从考古发现来看，夏文化向东扩展范围十分有限，二里头文化与岳石文化在今豫东地区长期形成对峙之态势。随着先商族群南下豫东，豫东地区遂成为夷、夏、商三族文化的交汇地域。④ 夏代末期，商族与东夷族群结成联盟，共同伐夏，夷人在灭夏过程中发挥了重

---

① 李伯谦：《夏文化与先商文化关系探讨》，《中原文物》1991 年第 1 期。
② 刘绪：《论卫怀地区的夏商文化》，载北京大学考古系编：《纪念北京大学考古专业三十周年论文集》，文物出版社 1990 年版。
③ 李伯谦：《夏文化与先商文化关系探讨》，《中原文物》1991 年第 1 期。
④ 宋豫秦：《夷夏商三种考古学文化交汇地域浅谈》，《中原文物》1992 年第 1 期。

要作用。① 总体看来，有夏一代，夏、夷关系长期处于对峙的状态。

此外，夏代早期，夏启曾与属于夏族分支的有扈氏发生战争。古本《竹书纪年》还记载"启征西河"的事件。夏族分支之一的斟寻氏原居于伊洛地区，后来受到夏后氏的排挤，夏王太康迁都斟寻之后，斟寻氏被迫向外迁徙，先居于今豫东北一带，部分族众可能最终迁居于今山东潍坊一带。② 夏都军事防御体系的建立，尤其是周边地区军事重镇、方国的建立以及主辅都制的实施，也是夏王朝与其相邻方国、族群关系长期处于紧张对峙状态的具体反映。

二、联盟

夏王朝时期，除了部分方国、族群与夏王朝一段时期内处于对峙状态之外，相当多的方国、族群与夏王朝的关系较为融洽，二者之间长期处于联盟关系。这些方国、族群或依附于夏王朝，或受夏王朝直接或间接的控制。夏王朝依仗这些方国、族群保障四境的安全与稳定。这类方国、族群主要有属于夏族分支的有男氏、斟寻氏、彤城氏、褒氏、费氏、杞氏、缯氏、辛氏、冥氏、斟戈氏等同姓方国，以及与夏王朝关系密切的葛、韦、顾、昆吾、温等异姓方国。

《史记·夏本纪》记载："禹为姒姓，其后分封，以国为姓，故有夏后氏、有扈氏、有男氏、斟寻氏、彤城氏、褒氏、费氏、杞氏、缯氏、辛氏、冥氏、斟戈氏。"上述 12 个姒姓分支，多数分布在伊洛地区夏都的外围地带，都位于二里头文化分布区域之内。除了有扈氏外，都与夏王朝关系十分密切。正如郑杰祥先生所说："这些方国与夏王朝中央王室存在着宗族上的血缘关系、政治上的分封关系和经济上的纳贡关系，它们在一定

① 张国硕：《论夏末早商的商夷联盟》，《郑州大学学报》2002 年第 2 期。
② 李民：《释斟寻》，《中原文物》1986 年第 3 期。

程度上起着夏王朝地方政权机构的作用。"①

夏代初期，亲近夏后氏的方国族群是夏启的重要盟友，启在与益、有扈氏的斗争中，都曾依靠这些方国族群的力量。《史记·夏本纪》记载："及禹崩，虽授益，益之佐禹日浅，天下未洽。故诸侯皆去益而朝启，曰：'吾君帝禹之子也。'于是启遂即天子之位，是为夏后帝启。"《史记·燕召公世家》中"启与交党攻益，夺之"的"交党"应是支持夏启的诸侯国力量。《尚书·甘誓》中的"六卿""六事之人"当有部分是方国族群的首领及军士。夏启依靠这些方国族群之军队，最终攻灭有扈氏，"天下咸朝"。

夏代后期，葛、韦、顾、昆吾四方国是夏王朝忠心耿耿的附属方国，对维护夏王朝东方地区的安全至关重要。《通志略·氏族略》记载："葛氏，伯爵，嬴姓，夏时诸侯。"以此可见葛是夏王朝重要的异姓方国之一。据《孟子·滕文公下》记载，葛国不为商汤的笼络、收买行为所动，依然忠于夏王朝，最终成为商汤灭夏战争的首要攻伐对象。除了葛国，韦、顾、昆吾三方国是夏都外围东方区域的重要支柱。史载韦国为彭姓，顾国、昆吾为己姓，三国成为商汤伐夏战争重点攻伐的对象。《诗·商颂·长发》称："韦、顾既伐，昆吾、夏桀。"是说商汤灭夏桀之前先期讨伐了韦、顾、昆吾等方国。昆吾为夏方伯之国，是夏王朝东方稳定的支柱。《国语·郑语》《吕氏春秋·审分览·君守》高诱注都有昆吾的记载，《史记·殷本纪》称"夏桀为虐政淫荒，而诸侯昆吾氏为乱……汤自把钺以伐昆吾"，《史记·楚世家》又称昆吾氏"夏之时尝为侯伯，桀之时汤灭之"。正如崔述《考信录·商考信录》卷一《诗·商颂考》所云："按此文称'韦、顾既伐，昆吾、夏桀'，则是汤先伐韦、顾，次乃伐昆吾，最后乃伐夏也。盖汤之初国小，其力不能伐昆吾……逮至韦、顾既灭，地广兵强，已无敌于天下，然后乃伐昆吾。"从这些文献记载来看，夏王朝与葛、韦、顾、昆吾这四方国是

---

① 郑杰祥：《夏史初探》，中州古籍出版社 1988 年版，第 78 页。

一种稳固的联盟关系，它们与夏王朝的同姓方国一起共同构成了以夏后氏为主体的夏王朝国家政权。①

夏王朝与诸多方国之间一定程度上可说是"邦联"关系。夏王朝与结盟方国之间是政治上的分封关系、经济上的进贡关系、军事上的同盟关系、文化上的相似关系。夏王朝在很大程度上对结盟的方国拥有一定的控制权、支配权，是"国上之国"；但并不像后世封建政权中央对地方的那种绝对掌控。这些方国也拥有相对独立的自治权，文化面貌上也有一定的地方特色，是"国中之国"。位于今荥阳境内的顾国（大师姑城址）、新郑境内的昆吾（望京楼城址）等方国，与今伊洛地区的夏都二里头遗址之间，文化面貌一致性强，但方国文化上也具有独特性，方国首领还享有诸多特权。这些现象应是夏王朝与方国联盟关系的真实写照，也是夏代都城文明所体现的重要变革之一。对外来说，夏王朝与境内方国有着共同的利益诉求，共同防范着相毗邻方国的攻伐骚扰，在军事上是一种攻守同盟的关系。夏代末年，夏王朝与葛、韦、顾、昆吾等方国一起共同对付势力逐渐强大的"商夷联盟"，应该是"夏与方国联盟"在政治、军事上对外关系最有代表性的实践。

---

① 郑杰祥：《夏史初探》，中州古籍出版社 1988 年版，第 73 页。

第五章　夏代都城文明在中国古代
文明化进程中的地位

文明起源和文明形成是古代文明研究的两大主题。前者是指一个社会由于生产力不断进步，经济基础不断壮大，社会文化不断发展，诸文明因素不断产生，由氏族制度解体迈进早期国家阶段的过程；后者则指社会已进入国家阶段和文明社会。由文明起源到文明社会的形成是一个由量变到质变的发展过程。量变是指诸如城市、文字、青铜器、礼仪制度等文明因素的逐渐显现，质变则指这些文明因素聚集于某一阶段并通过相互影响改变整个社会的文明进程。如果说城市是文明社会的因素之一，那么都城的出现便是这个量变到质变的关键环节。都城遗址内一般会出现文字、青铜器、礼仪建筑等方面的遗存，而且有的文明因素是都城内统治阶层所独有的。夏代是中国历史上建立的第一个王权国家，河洛地区夏代都城的出现标志着中国古代第一个王国都邑的形成，代表着中国古代社会进入一个不同于史前的崭新阶段，在中国古代文明化进程中具有独一无二的重要地位。

第一节　中国古代城市发展进程中的关键环节

中国古代城市形成于仰韶文化中晚期，龙山文化时期城址在各地普遍出现。到了商代，郑州商城、偃师商城、安阳殷墟等大型都邑遗址的出现，表明商代已进入城市文明的高度发展阶段。作为中国古代第一个国家的夏代，新砦、二里头、大师姑、望京楼等河洛地区城址所呈现出的夏代都城文明，上承龙山时代城址诸特点，下启商周乃至后代都城文明的先河，在中国古代文明的进程中起着承上启下的关键作用，奠定了后代都城文明的基础。

一、史前城址的发现及特点

史前城址或称新石器时代城址，包括仰韶时期和龙山时期城址。我国境内已发现大量的史前城址，为研究史前社会历史奠定了坚实基础。综合观察新石器时代城址，可以发现其有以下四个特点。

一是数量多，分布范围广。据统计，我国境内可确认的新石器时代城址至少有108座以上[1]，包括仰韶时代7座，龙山时代101座。其中河南境内的史前城址有郑州西山、登封王城岗、淮阳平粮台等19座，这之中有17座位于河洛地区。这些史前城址分布范围广，涉及黄河中下游地区、长江流域和北方地区，包括河南、山西、陕西、山东、江苏、安徽、湖北、湖南、浙江、四川、内蒙古和河北等12个省份。

二是总体上规模较小，出现少量大型城址。迄今发现的史前城址除内蒙古河套地区和山东地区的部分城址规模不详外，有明确面积报告的大约有50多座。这些城址规模大小不一，相差悬殊，但大多为面积不足30万平方米的小型城址，其中面积不足10万平方米的大约近20座，面积在10万平方米到30万平方米的大约20余座。城址面积超过百万平方米的

---

① 张国硕、张婷、缪小荣：《中国早期城址城墙结构研究》，《考古学报》2021年第1期。

只有 6 座，如山西襄汾陶寺①、陕西神木石峁②、浙江余杭良渚③、湖北天门石家河④、四川新津宝墩⑤、内蒙古清水河后城咀⑥等城址。

三是城市规划简单，多为单道城垣加护城河的布局，少量出现双道城垣。城垣与壕沟或护城河是除内蒙古河套地区以外的史前城址最常见的防御模式，较之前的环壕聚落而言，最显著的突破就是城垣的出现。但由于这一时期筑城技术刚刚兴起，致使城垣建筑较为原始，且以单道城垣为主。此外，部分区域出现内、外双道城垣，如四川盆地的都江堰芒城、双河故城和紫竹古城等城址⑦，陕北地区的神木石峁城址有皇城台、内城、外城等城垣组合，陶寺城址有宫城和大城。

四是城市种类少，功能较为单一。史前时期是城的始建期，这一阶段的城址无论是在建筑技术、城市种类还是城市功能方面来说都比较原始和单一。城址大都为区域性的中心聚落，城垣多依地势而建，多位于台地或高岗上，地势明显高于周围地带，且临近河流，充分体现了史前城址的防御功能。城址内遗存主要以房址和灰坑等为主，生活气息浓厚，手工业等

① 何驽：《都城考古的理论与实践探索——从陶寺城址和二里头遗址都城考古分析看中国早期城市化进程》，载中国社会科学院考古研究所：《三代考古》（三），科学出版社 2009 年版。

② 王炜林等：《2012 年神木石峁遗址考古工作主要收获》，《中国文物报》2012 年 12 月 21 日。

③ 刘斌：《良渚遗址发现 5000 年古城》，《中国文物报》2007 年 12 月 5 日。

④ 石河联合考古队：《石河遗址群 1987 年考古发掘的主要收获》，《江汉考古》1989 年第 2 期；北京大学考古系等：《石家河遗址群调查报告》，载四川大学博物馆等编：《南方民族考古》第五辑，四川科学技术出版社 1992 年版。

⑤ 张擎：《宝墩文化》，载宋镇豪等编著：《殷商文明暨纪念三星堆遗址发现 70 周年国际学术研讨会论文集》，社会科学文献出版社 2003 年版。

⑥ 内蒙古自治区文物考古研究院：《内蒙古清水河后城咀龙山时代石城瓮城发掘述要》，《考古与文物》2022 年第 2 期；党郁、孙金松：《后城咀石城的发现与发掘》，《大众考古》2022 年第 12 期。

⑦ 张擎：《宝墩文化》，载宋镇豪等编著：《殷商文明暨纪念三星堆遗址发现 70 周年国际学术研讨会论文集》，社会科学文献出版社 2003 年版。

方面的遗迹却很少发现，这些均反映了当时人们尚处于追求生存的阶段，城市的文化、商业功能尚不明显。

二、商代城址的发现及特点

商王朝是继夏王朝之后的文明王国。迄今中国境内发现的商代城址大约有 19 处，主要有：河南郑州商城[①]、偃师商城[②]、洹北商城[③]、小屯殷墟[④]、焦作府城[⑤]、望京楼商城；山西垣曲商城[⑥]，湖北黄陂盘龙城[⑦]，江西樟树吴城[⑧]，四川广汉三星堆城址[⑨]，陕西清涧李家崖城址[⑩]等。此外，内蒙古等北方地区有诸多属于夏商时期的夏家店下层文化石城址。这些城址虽然分布于多个省份，但仍以河洛地区为主，数量虽少，却包含了商代早晚期都城、方国都城、军事重镇等多个类型，其中可确认的商王朝都城有郑州商城、偃师商城、洹北商城、小屯殷墟等。观察分析，可以发现商代城址有三大鲜明特点。

一是城址数量虽然减少，但城市规模增大。考古已发现的商代城址

[①] 河南省文物考古研究所编著：《郑州商城》，文物出版社 2001 年版。

[②] 中国社会科学院考古研究所洛阳汉魏故城工作队：《偃师商城的初步勘探和发掘》，《考古》1984 年第 6 期。

[③] 中国社会科学院考古研究所安阳工作队：《河南安阳市洹北商城的勘察与试掘》，《考古》2003 年第 5 期；中国社会科学院考古研究所安阳工作队：《河南安阳市洹北商城遗址 2005—2007 年勘察简报》，《考古》2010 年第 1 期。

[④] 中国社会科学院考古研究所编著：《殷墟的发现与研究》，科学出版社 1994 年版。

[⑤] 袁广阔、秦小丽：《河南焦作府城遗址发掘报告》，《考古学报》2000 年第 4 期。

[⑥] 中国历史博物馆考古部等编著：《垣曲商城（1985　1986 年度勘察报告)》，科学出版社 1996 年版。

[⑦] 湖北省文物考古研究所编著：《盘龙城（1963 年—1994 年考古发掘报告)》，文物出版社 2001 年版。

[⑧] 江西省文物考古研究所等编著：《吴城（1973—2002 年考古发掘报告)》，科学出版社 2005 年版。

[⑨] 陈德安、罗亚平：《广汉三星堆遗址发掘获重大成果》，《中国文物报》1989 年 9 月 15 日。

[⑩] 张映文、吕智荣：《陕西清涧县李家崖古城址发掘简报》，《考古与文物》1988 年第 1 期。

不到 20 处，远不及史前城址的数量，但在规模上与史前城址相比有大幅度提升，出现了特大型城市。郑州商城遗址面积达 25 平方公里，其中内城面积逾 3 平方公里，外城面积超过 10 平方公里。偃师商城由外大城、外小城、宫城和两座附属小城等五部分组成，城址总面积达 190 万平方米。洹北商城大城面积约 4.7 平方公里。小屯殷墟遗址总面积超过 30 平方公里。

二是城市等级高，商王朝大型都邑和方国都邑形成。除了城市规模大之外，诸多商城遗址发现大量高等级的遗迹和高规格的遗物，具备商王朝都城或方国都邑的特性。郑州商城范围广阔，遗存丰富，不仅有高大多重的城垣设施，而且还发现多处宏伟壮观的宫殿建筑和各种各样的手工业作坊，出土有大型方鼎、圆鼎、精美玉器和原始瓷器等珍贵遗物。这些无不说明这里绝不是一般的城邑遗址，而应为商代前期的都城遗址。偃师商城建筑有宏伟壮观的城垣设施，有庞大复杂的宫殿建筑群和府库群，城内中北部又有多处贵族和平民居住址以及铸铜作坊等重要遗迹，故这里绝非一般的商代聚落遗址，也非所谓的离宫，更不是单纯的军事重镇，而应是一处具有都邑性质的遗存。洹北商城位于安阳市西北郊约 3.5 公里处，由外城、宫城、小城组成。宫城平面呈长方形，总面积约 41 万平方米，城内已发现 20 余处建筑基址，大部分基址规模大、规格高。其中一号基址总面积近 1.6 万平方米，是迄今发现的规模最大的商代单体建筑，其性质非商王使用的宫殿或宗庙莫属。城址范围内发现一批属于洹北商城时期的文化遗存，如青铜器窖藏、墓葬、手工业作坊、居址等。如此大规模、高规格的城址，在已发现的商代城址中是少见的，其为商都性质应无疑问。小屯殷墟发现有规模庞大的宫殿宗庙基址和王陵遗址，出土有诸多精美的青铜器、玉礼器以及丰富的甲骨卜辞，学界公认其性质为商代殷都遗址。关于洹北商城与小屯殷墟的关系，笔者研究认为，二者同为商代后期的殷都，其中前者是盘庚所迁之殷都，即"盘庚之殷"；后者是武丁以后至纣

王时期的殷都，即"武丁之殷"。①此外，垣曲商城、黄陂盘龙城、樟树
吴城、广汉三星堆城址、清涧李家崖等城址，规模较大，规格高，文化面
貌具有独特性，其性质应为商代的方国都邑。②

三是城市功能分区较为完备。商代城址城市功能增多，出现了严谨的
功能分区。诸多城址出现内外城布局。内城一般为宫殿宗庙区，内城之外
的外城（郭城）一般为手工业作坊区、一般居住区和普通墓葬区等。例如
郑州商城的内城东北部分布有密集的大型夯土建筑基址，南部则相对空
旷，不见一般居民区和墓葬区；外城分布有铸铜作坊、制骨作坊、制陶作
坊以及一些简陋的半地穴式住室和一些小型房址。偃师商城内城（宫城）
是宫殿区，外小城和外大城分布有一般居住址、手工业作坊遗址和普通墓
葬。殷墟遗址小屯村北为宫殿区，宫殿区外围分布有一般居民区、作坊
区、墓葬区，殷墟西北冈一带为专门的王陵区，表明商代都城的功能分区
已较完备。

三、夏代城址承前启后的独特作用

与史前、商代城址相比，夏代城址尤其是都邑遗址明显具有过渡或承
前启后的作用，是连接史前城址向商代城址发展演变的纽带。

就城址规模和数量而言，考古已发现的史前城址达到108座以上，大
都是面积为二三十万平方米以下的小型城址；个别史前城址规模较大，如
陶寺与良渚城址为200多万平方米，神木石峁为400多万平方米。到了夏
代，城址数量急剧减少，除了夏家店下层文化城址，可以确认的夏代城址
只有13座，包括新砦、二里头等都城遗址。这一时期城址层级增多，既
存在一些小型城址，如平顶山蒲城店二里头文化城址，面积（含城壕）约

---

① 张国硕：《论殷都的变迁》，载王宇信等主编：《2004年安阳殷商文明国际学术研讨会论
文集》，社会科学文献出版社2004年版。

② 张国硕：《夏商时代都城制度研究》，河南人民出版社2001年版，第199—214页。

5.2 万平方米；又出现一些面积较大的城址，如属于方国都城性质的大师姑城址，面积为 51 万平方米；更出现面积超过 100 万平方米的大型都邑遗址，如新砦遗址总面积逾 100 万平方米，二里头遗址现存面积则为 300 多万平方米。延至商代，城址数量有所增加，规模进一步增大，城址面积是史前以及夏代城址的几倍甚至数十倍。例如郑州商城遗址面积 25 平方公里，洹北商城遗址面积 4.7 平方公里，殷墟遗址面积超过 30 平方公里。这个时期，在夏代城市发展的基础上，城市层级更加显明，形成商王朝都城（如郑州商城、小屯殷墟）、辅都（如偃师商城）、方国都城（如垣曲商城、黄陂盘龙城等）、一般城址（辉县孟庄商城）等不同类型。

就宫殿基址来说，夏商时期的都城平面一般为近长方形或方形，大都有集中的宫殿宗庙区，在其周围筑有夯土墙，形成宫城。宫城中的宫庙主体建筑平面形制一般为长方形，也有方形的。二里头遗址已发现宫城遗址，在宫城遗址之中分布有十多座大型宫殿基址。各个基址功能不一，有供最高统治者举行社祭、进行政治活动的宫殿基址，也有祭祀祖先的宗庙基址，如一号宫殿基址、二号宫殿基址；另有一些附属建筑基址。到了商代，宫殿建筑宏伟复杂。郑州商城和偃师商城都发现有大面积的夯土建筑基址群。洹北商城宫城内调查发现有 30 余处夯土基址，已发掘的一、二号宫殿建筑基址，二者均呈"回"字形，属四合院式建筑。殷墟发现有50 多座宫殿建筑基址，可分为甲、乙、丙三组。据发掘者推测，甲组是居住用的，乙、丙两组可能作宗庙及其他祭祀用的。[1] 值得注意的是，史前城址已发现一些夯土建筑基址和祭祀遗存，如古城寨城址内发现有大型夯土台基和廊庑式建筑两座，陶寺城址也发现有由夯土建筑群构成的宫殿区和宫城。虽然从这些基址和遗存的规模与平面形制来看，与二里头遗址

---

[1]　石璋如：《小屯第一本·遗址的发现与发掘·乙编·殷墟建筑遗存》，"中央"研究院历史语言研究所 1959 年版。

中的宫庙建筑遗址相去甚远，也没有二里头遗址那样的都城布局形制及其文化内涵，但我们不难发现，二里头一、二号基址与古城寨的两座建筑有很多相似之处，如二者规模相当，都是高台建筑，在门的两旁都设塾房。此外，陶寺城址、二里头遗址都建造有围绕宫殿区的宫城垣。可以说，二里头宫殿的形成是继承了史前城址内夯土建筑的某些特点，同时又有新的发展。若无夏代宫殿的出现与奠基，商代是不可能出现大规模形制相似、功能多样的宫殿建筑。

就功能分区来说，史前城址内发现的功能区较为单一。除了一些小规模的夯土基址和祭祀遗存外，大多数仍为一般居址建筑遗迹和生活遗迹，包括一些小型的房子、窖穴、陶窑、灰坑、墓葬等，主要以居住区为主。平粮台遗址仅发现居住区和制陶作坊区。较为完备的是陶寺城址的中期大城和小城，发现有宫殿区、仓储区、祭祀区和墓葬区。相比较而言，夏代城址在功能上要比史前城址完备得多，像史前城址内一般居民的生活遗迹在王国都城的宫城之中是基本不存在的。新砦城址有内壕、城垣和城壕、外壕三重防御圈。内壕之内是遗址中心区，分布有大型建筑基址和高规格遗物，可能为高级贵族的居住区和宫殿区所在。在中心区以外，发现有与加工骨器有关的场所，应是手工业作坊区。二里头遗址的宫城遗址之中布满宫殿建筑遗址，周围有高大的宫城城垣围绕，其中不见普通居民区，凸显"筑城以卫君"的性质。宫城之外主要为官营手工业作坊遗址，其附近是贵族宅邸与墓葬。其中北部为制陶作坊区，东部和北部可能为制骨作坊区，宫城以南发现有铸铜作坊区和绿松石制造作坊区。这些作坊的产品应主要供统治者消费。到了商代，除了宫城之外，还有十分鲜明的内外城或城郭之分。功能分区除宫殿区、手工业作坊区外，还有集中的墓葬区、祭祀区和普通民众居住区，尤其是殷墟王陵区的设置使得古代都城的功能分区更为完备。

就城址之间的关系来讲，史前时期城址数量多、规模小、遗存简单，功能单一。虽然出现几处面积较大的城址，如石家河、良渚、陶寺、石峁等城址，但也只能认为是某一区域的中心聚落。它们分属于不同的考古学文化和类型，城址之间的关系并不明朗，应该是一种相对平等的关系。从发现的史前城址来看，都有夯土城垣围绕，其外还有环壕，说明这一时期的城址主要是用于防御的，这可能就是文献所记载的"万邦林立"。到了夏代，同一文化面貌的二里头文化在广大区域内形成，出现了以二里头为代表的中心都邑，这在城市发展史上是一个质的变化。二里头遗址以其庞大的遗址规模、宏伟的宫殿建筑群、种类丰富的手工业作坊，以及各种高规格的遗物奠定了其在夏代独一无二的都城地位，表明夏代已有了统辖王畿千里的大都邑。而同属于夏文化的大师姑城址、望京楼城址等规模则相对小了很多，其夯土基址、房基、墓葬等遗存也无法与二里头遗址相比拟，其所处位置属于夏王朝统治区的外围。再结合其文化遗存性质分析，这些城址应该是夏王朝的方国都城兼军事重镇，其作用是拱卫王都，充分说明了二里头遗址在当时的重要性。商王朝时期，以黄河流域为中心、文化面貌近同的商文化（二里岗文化、殷墟文化）形成，受商文化影响的区域更加广大。虽然文献中有"前八后五"的屡次迁都记载，但根据考古发现来看，郑州商城、洹北商城与小屯殷墟应该分别是商王朝前期、后期的主要都城，偃师商城等是商代前期的辅都；属于商文化的焦作府城、垣曲商城、夏县东下冯商城等城址应该是商王朝的方国都城或军事重镇。所以，无论是从城址的规模、遗存的规格、遗物的丰富程度，还是城址的等级层次来看，商代都比夏代有了更进一步的发展，作为政治统治中心的王国都城的重要性也更为突出。

第二节　古代文明形成的重要体现

在研究古代文明的过程中，学界关于文明社会出现的标志看法不一。

有学者将城市、文字、金属冶炼作为文明社会形成的标志。① 有学者认为青铜冶金术、文字、城市、国家组织、宫殿、复杂礼仪中心才是文明社会出现的标志。② 应该说，早期国家的出现应作为文明社会形成最为重要的标志，而国家的出现与都城的形成是相辅相成的，城市只能算是文明社会的要素，都城出现才代表着文明社会的正式形成。文明形成的物化标志，或者反映在考古遗存上，主要体现在以下几点：一是具有较大区域性政治中心功能的城市（即都城）的建立。主要包括宫殿和宗庙、王陵、大型城垣的建造，以及城市文化是否对周边社群产生较强的依存关系和文化辐射性等具体物化表征。二是社会形成等级差别和礼制的物证。主要包括各种礼器的制作，不同规格墓葬的设置。三是青铜冶炼的出现及青铜器的较广泛制造与使用。③ 此外，文字的出现也应是考察文明是否形成的标准之一。多年的中国古代文明探源工程研究实践表明，符合中华文明特质的判断社会是否进入文明的标准有 4 个：出现社会分工、王权、都邑性城市、国家。④ 由于在夏代城址中，迄今尚未发现确凿无疑的王陵，高等级墓葬较少，大型城垣的设置还不普遍，文字材料语焉不详，因此，考古发现体现出的夏王朝时期的文明因素主要是中心城市、青铜器、等级社会和礼制建筑等方面。通过对诸文明要素的比较分析可知，从史前到夏代，城市的变化是由多到少、由简单到复杂、由低等级到高等级、由多中心到单中心的发展演变。各文明要素的变化经历了由初始到壮大、由简单到丰富的一脉相承的发展过程。夏王朝时期文明诸因素已具备并有所发展，文明社会完全形成。夏王朝的都城文明在中国古代文明化进程中起到了承前启后的

---

① 夏鼐：《中国文明的起源》，中华书局 2009 年版。
② 张光直：《中国青铜时代》，生活·读书·新知三联书店 2010 年版。
③ 张国硕：《论中国古代文明的起源与形成》，载张国硕：《文明起源与夏商周文明研究》，线装书局 2006 年版。
④ 王巍：《中华 5000 多年文明的考古实证》，《求是》2020 年第 2 期。

重要作用。

一、中心城市

关于"城市"的概念，学界有一定的争议。一些学者十分强调城市的商业功能，认为只有设置"市"的城才可称为"城市"，中国早期阶段的城不具备商业功能，没有"市"，故不能称作"城市"。以此标准推断，一些学者认为中国古代的城市最早起源于商代或西周甚至东周以后。但在考古学界，多数学者还是强调城市的历史概念，注重其联系性、发展性和可操作性，看重的是一个遗址是否具备规模大、规格高、遗存丰富等大型聚落的特点，不把是否具有"市"的遗存作为判断城市的唯一标准。由此概念出发，我们认为史前时期是城市的始建时期和初步发展时期，在原始环壕聚落的基础上，在四周围筑城垣便形成城市。城市的出现表明社会已出现一种有别于原始聚落的中心聚邑，高大城垣的设立不仅仅在于其对外的军事防御意义，同时也是社会结构变化的一个显著的标志物，是社会权力向少数领袖和贵族阶层集聚的具体表现。

然而，"城市"和"中心城市"又有所区别。中心城市是在诸多城市和广泛区域内扮演政治、军事中心的城市，一般是国家或雏形国家形成、社会发展步入文明社会以后才会出现。中心城市是早期国家的最高首长对全国进行统治及其生活的地方，这样的中心城市应即一般所说的都城。也就是说，城市可以较早出现，但中心城市即都城只有在文明社会和早期国家出现之后才会形成。都城属于城市的范畴，但城市不一定就是都城。

在夏王朝之前的尧舜禹时代，已出现早期城市以及某些社会公共权力，但当时社会仍处于酋邦阶段或邦国阶段，尧、舜、禹等先后成为当时各邦国组成的族群联盟的首长。他们的权力和地位以往认为是通过"禅让"或推举所得，现相当多的学者依据古籍相关记载，认为所谓的"禅让"

或推举并不存在，唐尧与其继任者之间的政权更替主要是通过暴力手段完成的。[①] 这个时期，早期城市已经较多出现，中国境内考古发现的史前城址已超过 108 处。部分区域还形成较大规模的城市，如陶寺、石峁、良渚、石家河、宝墩等大型城址。史前时期大小不一的城址规模表明这一时期城市已出现等级分化，大城应为区域内的中心聚邑。陶寺遗址内发现的大、中、小不同规格的墓葬，亦表明这一时期已有比较严格的等级制度。甚至有学者认为良渚文化已有某种形式的国家组织，已经进入早期文明社会。[②] 但整体上讲，这些史前城址多是区域性的中心城市，控制的区域较小，城市文化对周边社群产生的依存关系相对较弱，文化辐射性并不十分强烈。因此，史前时期的城址大多数不是"都城"，可以称之为"早期城市"；个别大型城址规模较大，社会复杂化有所加强，诸多文明因素正在孕育形成之中，逐渐形成区域性的中心城市和最初的都城。

夏启之后出现的夏王朝是中国历史上出现的第一个王朝国家。夏王朝直接统治的区域较大，中心区域包括今天的河南、山西南部等地，其控制、影响的区域当更为广泛。这个时期是都城的正式形成时期，在夏王朝版图内形成一些中心城市即都城。文献记载有阳翟、黄台之丘、斟寻、原、老丘、西河等都城，考古发现确认有新砦城址、瓦店遗址、二里头遗址等夏都遗址。

属于夏代早期的新砦城址，从其文化面貌上来看，已非普通聚落遗址，具备中心城市和早期夏都的特性。该城址不仅有大型城垣和护城壕，而且还有内壕和外壕。在内壕内发现有与夏代祭祀有关的大型浅穴式建筑

---

①　顾颉刚：《禅让传说起于墨家考》，载吕思勉、童书业编著：《古史辨》（第 7 册）（下），上海古籍出版社 1982 年版；周苏平：《尧、舜、禹"禅让"的历史背景》，《西北大学学报》1993 年第 2 期；王晓毅、丁金龙：《从陶寺遗址的考古新发现看尧舜禅让》，《山西师大学报》2004 年第 3 期。

②　严文明：《中国文明起源的探索》，《中原文物》1996 年第 1 期；张忠培：《关于中国文明起源与形成研究的几个问题》，《中原文物》2002 年第 5 期。

基址，位于全城中心区海拔最高处，在其附近建有附属建筑，这里应该是贵族所居住区。在城址中心区出土有子母口瓮、簋形豆、猪首形盖钮等精美陶器和玉凿、铜容器残片等珍贵遗物。新砦城址的内壕、城垣、外壕不仅是为加强防御，也是作为功能分区和身份等级区分的界标。内壕之内明显是贵族统治区域，其外主要是普通平民居住生活的地方。以新砦遗址为代表的新砦期文化遗存，分布于今天河南中部的广大区域，显示出新砦城市文化对周边族群产生较强的依存关系和文化辐射性。结合文献推测，这里可能是夏代早期夏启之都城。

属于夏代中晚期都城的二里头遗址规模大，规格高，文化遗存丰富，完全具备中心城市或都城性质。遗址中心区分布有大规模的宫殿建筑群，有高大的宫城城垣，设置有城市道路网。二里头遗址发现的十余座夯土建筑基址是迄今通过考古发掘确认的、时代最早的大型宫殿建筑群。这些建筑面积很大，已知的几处面积从几百平方米至上万平方米不等。一号宫殿基址规模宏大，面积达 1 万平方米；形制复杂，由主体殿堂、回廊、门、中间大庭院和四周廊庑等组成。二号基址面积约 4000 平方米，由堂、庑、庭、门四部分组成，结构规整。该基址形制方正，布局规整，多数学者认为应是宗庙建筑。此外，宫殿区以南有由围垣设施包围的高等级手工业作坊区，遗址范围内出土一批不同规格和等级的墓葬，还发现有青铜器、玉器、漆器、绿松石等王室所用的高规格遗物。二里头遗址拥有规模宏大的宫城城垣，方正规矩的高规格宫城和具有中轴线规划的排列有序的宫殿建筑基址群，表明这里是一处经缜密规划、布局严整的大型都邑。修筑如此多的宫殿建筑势必要耗费大量的人力物力，这需要统一地协调调配，充分体现了象征权力的机构在夏代已经趋于成熟。二里头全部建筑物均坐落在呈方形的夯土台基上。大型高台建筑不仅是军事防卫的需要，而且突出显示了宫室与一般建筑的区别，体现出一种居高为尊、君临天下的政治文化。气势恢宏的夯土高台建筑，正是王权国家确立的标志之一，是统治者统治地位的一种象征。以二里头遗址为代表的二里头文化，分布范围广，文化辐射性强。结合文献推测，这里应该是夏代中后期的中心城市——夏都斟寻。

夏代除了形成大范围的中心城市——都城之外，还出现了区域性的中心城市——方国都城，如郑州大师姑和新郑望京楼等城址。大师姑城址平面基本呈东西长、南北窄的扁长方形，面积约 51 万平方米。城址内多见灰坑、房址、墓葬等遗存，出土器物多为陶器。虽然没有发现如同新砦、二里头遗址那样的大型夯土建筑基址、手工业作坊、青铜器等高规格的遗存和遗物，但由于该遗址规模较大，结合地望与文献记载，学者们纷纷推测该城址为夏王朝设在东方的军事重镇和夏代在东方的方国之都城。望京楼城址有城垣和护城河，城内发现有夯土基址、房址、灰坑、墓葬、水井等遗存，出土有铜器、玉器、陶器等遗物。该城址始建于二里头文化二期，最晚于二里头文化第四期已废弃，同二里头遗址作为都城的年代接近。该城址位置与夏代中晚期的方国昆吾地望相符，文化遗存与昆吾文化面貌一致，二者年代接近，故其应为夏代中晚期的昆吾方国之都城。①

由上可知，夏代不仅出现了中心城市——都城，而且出现了区域性中心城市——方国都城，形成王国都城与方国都城并存的局面。中心城市或都城的出现，有力地说明夏王朝时期已完全进入了文明时代。

二、青铜器

中原地区从仰韶时期到二里头文化时期，铜器的制作与使用地点由比较零散到逐渐集中于二里头遗址，出现了大规模的铸铜作坊。铜器器类由仅有小件器物到小件器物与复杂的较大型容器并存；制作工艺由简单的锻造到双面范铸造，再到复合范、镶嵌、鎏金等复杂技术的发展；铜器的

---

① 张国硕：《望京楼夏代城址与昆吾之居》，《苏州大学学报》2012 年第 1 期。

用途也由工具类向礼乐用器和武器类转变；制作铜器所用材质由以红铜为主，逐渐向以青铜为主转变。

早在仰韶文化时期，我国境内就已出现了铜器，如在陕西临潼姜寨遗址半坡文化层中发现了圆形和管状残铜片各1件。经学者鉴定前者是铸造而成，后者为黄铜片卷成。① 近年有研究表明姜寨铜片可能是由热锻法制成。②

中原地区一些龙山时期遗址中发现有铜器或与铸铜有关的遗物。如山西襄汾陶寺遗址发现有铜铃、铜容器残片、铜齿轮器、铜环各1件③，经检测，铜环、铜容器残片和铜铃为红铜，齿轮器为砷铜④；河南登封王城岗城址内发现一件铜容器残片，为锡、铅青铜铸造⑤；郑州牛砦遗址发现有若干坩埚残片，经检测是用来冶炼铅青铜的⑥；新密古城寨发现有炼铜用的坩埚残片⑦；临汝煤山遗址发现有若干冶炼红铜的坩埚残片⑧。从这些考古发现可以看出，龙山时期中原各地先民都开始进行铜器制作，并尝试

---

① 韩汝玢、柯俊：《姜寨第一期文化出土黄铜制品的鉴定报告》，载半坡博物馆等：《姜寨——新石器时代遗址发掘报告》，文物出版社1988年版。

② 王建平等：《关于中国早期冶铜技术起源的探讨》，《中原文化研究》2014年第2期。

③ 中国社会科学院考古研究所山西工作队等：《山西襄汾陶寺遗址首次发现铜器》，《考古》1984年第12期；《山西襄汾县陶寺城址发现陶寺文化中期大型夯土建筑基址》，《考古》2008年第3期；王晓毅、严志斌：《陶寺中期墓地被盗墓葬抢救性发掘纪要》，《中原文物》2006年第5期。

④ 王建平、王志强等：《关于中国早期冶铜技术起源的探讨》，《中原文化研究》2014年第2期。

⑤ 河南省文物研究所等：《登封王城岗遗址的发掘》，《文物》1983年第3期；北京科技大学冶金史研究室：《登封王城岗龙山文化四期出土的铜器WT196H617：14残片检验报告》，载河南省文物研究所等：《登封王城岗与阳城》，文物出版社1992年版。

⑥ 李京华：《关于中原地区早期冶铜技术及相关问题的几点看法》，《文物》1985年第12期。

⑦ 河南省文物考古研究所等：《河南新密市古城寨龙山文化早期城市发掘简报》，《华夏考古》2002年第2期。

⑧ 中国社会科学院考古研究所河南二队：《河南临汝煤山遗址发掘报告》，《考古学报》1982年第4期。

在红铜中添加砷、锡、铅等其他元素来改善铜器的性能。

新砦期遗址中，仅在新密新砦城址发现有 1 件铜容器残片、1 件铜刀和 1 粒铜锈，其中容器残片和刀均为红铜铸造。① 近年考古发掘发现有青铜錾、青铜刀② 等。

二里头时期的多个遗址中发现有铜器及冶铸遗物。2005 年统计共发现二里头文化铜器 172 件、冶铸遗物 105 件。③ 其中二里头都邑遗址发现的最多，包括铜器 131 件，不包括未发表的铜器 5 件。④2005 年以来，二里头遗址又有铜器被发掘出土，出土铜器数量当超过 140 件。另外还在第 Ⅳ 发掘区发现了面积在 1 万平方米以上、存在于二里头文化第二期至第四期的铸铜作坊遗址。铜器种类包括容器、乐器、武器、工具、其他礼仪用器和不明用器等。容器类包括爵、鼎、斝、盉、角、鬲等，其中铜爵是二里头文化最早出现、数量最多的容器；乐器仅有铜铃一种；礼仪用器包括铜牌饰和圆形器等；武器包括戈、钺、镞等；工具类包括刀、锛、凿、锯、钻、纺轮、鱼钩等器。二里头遗址发现的冶铸遗物有陶范、石范、熔炉残片、铜矿石、铜渣等。⑤ 二里头时期铜器数量和类别的增多，也就意味着铜器铸造技术的提高。另外二里头遗址出土的个别铜器上还存在有补铸和鎏金的痕迹，由此说明二里头文化时期可能还存在有补铸和鎏金

① 北京大学震旦古代文明研究中心等：《新密新砦（1999—2000 年田野考古发掘报告）》，文物出版社 2008 年版，第 223 页；张晓梅、原思训：《新砦遗址出土的铜器残片检测报告》，载北京大学震旦古代文明研究中心等：《新密新砦（1999—2000 年田野考古发掘报告）》，文物出版社 2008 年版。

② 中国社会科学院考古研究所等：《河南新砦遗址发掘再获重要发现》，《中国文物报》2017 年 6 月 2 日。

③ 陈国梁：《二里头文化铜器研究》，载中国社会科学院考古研究所编：《中国早期青铜文化—二里头文化专题研究》，科学出版社 2008 年版。

④ 廉海萍等：《二里头遗址铸铜技术研究》，《考古学报》2011 年第 4 期。

⑤ 中国社会科学院考古研究所编著：《中国考古学·夏商卷》，中国社会科学出版社 2003 年版，第 111—112 页。

工艺。① 据学者对二里头文化 67 件铜器材质进行检测的结果显示，各个时期铜器使用的材质比例也有所不同，一至四期使用红铜的比例逐渐减少，青铜的比例逐渐增加，表明二里头文化时期人们对金属属性已经有了更加深入的认知。②

青铜器的出现是在社会生产力发展到一定高度、生产关系发展到一定程度、先民长时间制作和使用铜器的经验积累等条件下才产生的。青铜的冶炼和铸造，既需要大量人力，又带有一定的专门技术性，从开采矿石到铜器成型需要经历多个流程，每个流程都需要有组织、有分工的众多人的共同协作才能进行。也就是说，青铜器出现的前提是存在一个能够对人力、物力进行管理与调度的机构，而这个机构的存在，便意味着文明国家的产生。

青铜器在国家产生初期是作为王室重器而存在的。在青铜时代初期，社会生产力还比较落后，青铜制作技术还不够成熟和普遍，而且制作青铜器的原料需要大规模运输，这就需要一个统一的权力机构调配，所以青铜制作技术开始是掌握在统治阶层手中的，他们所制作的青铜器也是为统治阶层服务的。故可以说，青铜器是国家政权和等级制度的重要物化形式之一。

二里头遗址中出土的青铜生产工具主要有刀、锥、锛、凿和铜镞范等，数量虽少，却证明了青铜器已经作为生产工具运用于手工业和农业劳动中，这是社会生产力和经济发展的重要反映，也是文明诞生和发展的重要写照。

夏代都城遗址中出土的青铜器除部分是生产工具之外，更多的还是

---

① 陈国梁：《二里头文化铜器研究》，载中国社会科学院考古研究所编：《中国早期青铜文化——二里头文化专题研究》，科学出版社 2008 年版。

② 陈国梁：《二里头文化铜器研究》，载中国社会科学院考古研究所编：《中国早期青铜文化——二里头文化专题研究》，科学出版社 2008 年版。

青铜食器、酒器、水器、兵器和少量乐器。其中食器、酒器、水器、乐器和仪仗类兵器均属于青铜礼器的范畴，主要为贵族举行礼仪活动所用。二里头遗址中的青铜鼎、爵、斝等形成了一个礼器体系，相较于史前青铜器的零星出土，这种体系化的形成便是一个质的变化。青铜礼器的产生，是青铜工业不断提高和不断完善的重要体现。同时，作为礼制的载体，青铜礼器的出现也标志着礼制的正式形成和社会等级的日益繁复。青铜兵器的出现不仅是铸铜工艺进一步发展的体现，同时也有力地证明了国家和战争的存在。乐器主要是供统治阶级宴会享乐所用。乐器的出现，表明夏代的上层社会已不仅仅停留在对权利、地位的追求，而是开始追求精神世界的愉悦。

综上可知，夏代都城已经出现了大量的青铜器，而且种类多，虽然还略显稚嫩和粗糙，但却是社会生产力的一大进步。以兵器和礼器为主的青铜器在夏代都城文明的形成过程中发挥了重要作用，也是中国古代文明诞生的重要标志。

三、等级社会

夏代的都城文明，显示出当时社会进入文明社会的另一个标志——等级制度与等级社会的形成。主要表现在三个方面。

一是不同类别、不同规模的等级聚落，包括以新砦城址和二里头城址为代表的王国都城，以大师姑城址和望京楼城址为代表的方国都城，以孟庄、蒲城店二里头文化时期城址为代表的军事重镇，以及一些一般聚落，是夏王朝时期等级制度的一种重要体现。其中第一等级的王国都城占据中心，处于主导地位，可以通过军事力量和政治手段达到对周边人民和资源的控制。不同等级的城址内会发现不同的遗存，如王国都城中会有大型的宫殿建筑（群）和宗庙建筑、有高大的宫城城垣、有专为王室服务的手工业作坊，并出土有体现统治阶层地位的王室重器等。方国都城也会有宫殿建筑、手工业作坊等，但规模较王国都城小，规格也较低。军事重镇一类的城址多以军事防御为主，高规格遗物较少或没有。普通的聚落城址规模则小了很多，一般不会有大型夯土建筑，多为小型房址、灰坑、窖穴等常见遗迹，出土物也多以陶器为主，基本不见青铜器、玉器等高规格遗物。

二是各种礼器的出现，包括青铜礼器、玉礼器和陶礼器等，是等级社会的重要物化标志。所谓青铜礼器是指由青铜容器、乐器和仪仗兵器等组成，青铜容器主要包括食器、酒器、水器等。这些礼器主要为贵族所专用，广泛用于祭祀、宴乐、丧葬等礼仪活动，并以不同数量、器类组合标志出各级贵族的等级与地位。二里头遗址中以酒器和食器为核心的铜容器组合是迄今所发现的中国最早的成组青铜礼器。玉礼器是二里头文化礼制体系的重要组成部分，在二里头遗址的一些大中型墓葬中，随葬有圭、琮、璧、钺、戈、璋、柄形器等玉器，依用途可分为礼器、装饰品和仪仗性用器。这些玉器制作十分精美，而且一般有铜器同出，可见墓主非一般的身份。陶礼器在夏代之前就有出现，在二里头遗址中并不具代表性，但其与青铜礼器、玉礼器一起构成二里头文化的礼器体系，形成夏代王国礼仪制度的物化表象。

三是等级墓葬的形成与等级社会直接相关。二里头遗址中的墓葬存在多个等级，依墓葬形制大小可分为大、中、小型墓和乱葬墓等四种。其中大型墓数量较少，墓口面积一般为 6 平方米以上，墓深达 6 米左右，墓底一般有二层台，中部有墓室；中型墓数量较多，墓口面积一般为 1—2 平方米，墓底也有二层台和墓室；小型墓发现最多，墓口面积一般小于 1 平方米，墓底一般不见二层台。若以随葬器物的种类和数量为标准，可分为随葬青铜器与玉器等珍贵物品的有棺墓、只随葬陶器的无棺墓、无随葬品墓和灰坑墓等不同类型的墓葬。其中随葬青铜器墓当是贵族墓葬，随葬陶器的墓当是一般平民，无随葬品墓和乱葬墓的墓主应是社会的最下层。

从上可知，夏代不同类型聚落的建立，青铜礼器、玉礼器、陶礼器等各种礼器的发现，等级墓葬制度的存在，说明当时等级社会正式形成，彰显国家与文明社会的特性。

四、礼制建筑

礼制建筑是体现统治者身份和地位，用以明礼乐、宣教化为目的的设施，是礼制思想与统治观念在现实中的物质表达。礼制建筑在夏都遗址较多存在，主要包括宫庙、祭坛和祭祀坑等。一般城址或中小型聚落遗址尚不见礼制建筑遗存。

夏代新砦城址和二里头遗址发现的大型浅穴式露天建筑，二里头遗址还发现有平面近圆形、范围内有若干土墩的建筑，与文献记载的坎、墠类祭祀遗存特征相似，属祭祀类礼制建筑无疑。二里头遗址内发现有大型夯土建筑区，周围有墙垣围护，学界公认属于宫庙区。其中一号、二号宫殿可能是宗庙、社祭建筑。望京楼遗址二里头文化城址也发现有大型夯土建筑基址，其性质当与礼制有关。

新砦期礼制建筑仅发现于新砦城址内，二里头时期的礼制建筑仅发现于二里头、望京楼等大型城址中，说明夏代礼制建筑已经成为大型聚落遗址的专有设施。而这些大型城市聚落要么属于夏王朝都邑，要么属于方国都城，是社会复杂化程度最高的地方。不同城市聚落内礼制建筑的类别、规模也不一样。二里头遗址既发现有宫庙建筑，也发现有坎墠类祭祀遗存，特别是宫庙建筑的数量和规模都远远超过其他城址。由此可见，礼制建筑是社会发展进入文明社会的重要象征。

第三节　三代都城文明的坚实基础

夏代之后形成的商、周王朝，先后出现诸多大大小小的都城，形成了更加光辉灿烂的商周都城文明。① 夏、商、周三代同属我国古代的早期国家，文化面貌有许多相同或相似之处，文化传承性强，此即文献所载"殷因于夏礼""周因于殷礼"（《论语·为政》），或"三代之礼一也，民共由之。或素或青，夏造殷因"（《礼记·礼器》）。分析发现，商周都城文明是在夏代都城文明的基础上发展壮大的，夏代都城文明的许多元素，如设都制度、都城防御模式、都城规划布局制度等，对于后代尤其是商周时期的都城文明产生了广泛而深远的影响。可以说，夏代都城文明为商周都城文明的发展奠定了坚实基础。

一、都城制度

夏王朝的都城设置，最有代表性的是主辅都制度的施行。此外，王朝都城与方国都城的并存、离宫别馆的设置等也是夏代都城制度的组成部分。这些设都制度对之后的商代、周代都城设置都产生了重要影响。

（一）主辅都制

主辅都制是夏商时期特有的一种设都制度，是指夏商王朝在设立一个主要都城的同时，相继设立一些辅助性的政治、军事中心即辅都。其中主都相对稳定，不变迁或较少变迁；辅都则根据需要可屡次变迁。主辅都制萌芽于禹时期，形成于夏代。前文已述及，夏都斟寻（二里头遗址）是夏王朝的主都，始于太康，延续至夏桀，中间未经历中断或废弃；而文献记载的夏王帝宁时期的原、老丘，胤甲时期的西河等夏都，存在时间短，规模小，规格相对主都要低，都应是夏王朝的辅都。商王朝时期，在相当长

①　有关商代、周代都城遗址的材料，主要出自以下材料：中国社会科学院考古研究所编著：《中国考古学·夏商卷》，中国社会科学出版社 2003 年版；中国社会科学院考古研究所：《中国考古学·两周卷》，中国社会科学出版社 2004 年版；杨育彬、袁广阔主编：《20 世纪河南考古发现与研究》，中州古籍出版社 1997 年版；张国硕：《中原先秦城市防御文化研究》，社会科学文献出版社 2014 年版。此外，还有各遗址发掘简报、报告等。

时期推行主辅都制。西周时期施行的两都制应该是从夏商时期的主辅都制度演变而来。

商代前期，文献记载商汤都亳。而考古发现的郑州商城、偃师商城都具备都城性质，二者共存于商代前期的大部分时段。分析比较，郑州商城即为商代前期的都城亳都，应为商代前期的主都；而偃师商城应为商代前期的辅都。其证据在于郑州商城规模大，规格高，且延续时间长。郑州商代遗址总面积达25平方公里以上，有大型多重的城垣设施。郑州商城内城城垣周长达6960米，城内面积约300万平方米以上，外城面积当超过10平方公里；而偃师商城外大城城垣周长近5500米，城内面积只有190余万平方米，仅及郑州商城内城面积的三分之二。郑州商城还发现多处大型宫殿建筑夯土基址、各种各样的手工业作坊遗址以及随葬铜器的贵族墓葬，并出土有大型方鼎、圆鼎、精美玉器和原始瓷器等珍贵遗物。偃师商城虽然也发现有宫殿基址、手工业作坊、贵族墓葬等重要遗迹和青铜礼器、玉器等贵重遗物，但无论是规格，还是数量、种类各个方面，郑州商城皆优于偃师商城。从年代上看，郑州商城作为商代都城始建于二里岗下层一期前后，并延续到二里岗上层二期（白家庄期）之末；偃师商城始建于二里岗下层一期前后，延续到二里岗上层一期，上层二期（白家庄期）时已被废弃。由于郑州商城作为都城一直存在于商王朝前期商王盘庚迁殷之前的所有商王时期，包括商王仲丁、河亶甲时期甚至祖乙、南庚时期，故文献记载的仲丁隞都、河亶甲相都、祖乙邢都、南庚奄都等都城都应为商王朝的辅都。①

殷都是商王朝后期的都城，洹北商城是盘庚所迁之殷都，小屯殷墟是武丁之后至纣王时期的殷都。这里发现的殷墟文化一至四期是一连续发展的遗存，不见缺环、中断或废弃现象，年代范围从盘庚开始直至帝辛，说

---

① 张国硕：《夏商时代都城制度研究》，河南人民出版社2001年版，第66—88页。

明殷都一直是商代后期的都城所在。除未有城垣外，这里发现有50多座宫殿、宗庙建筑和13座王陵及其他大墓，设有大型铸铜作坊，出土大量珍贵的铜器、玉器等遗物。无论是从规模上看，或是从数量、品位上比较，都是考古发现的商代后期诸遗址中的佼佼者，充分说明殷墟的主都性质。商代后期没有专设辅都，曾设立一些离宫别馆，如朝歌等。但由于纣王长期在朝歌居住，并建立一些相应的基础设施，使得朝歌在商王朝末期名义为离宫别馆、事实上也具备辅都功能。①

西周时期的都城为镐京（今陕西西安市西），但几乎同时又以成周（今河南洛阳市东）为东都，总体上也可归属主辅都之制。早在灭商之前，周人即把其政治中心由周原迁到沣水西岸的丰，至武王时又在沣水东岸建立镐京。周王朝建立以后，周人以镐京为都城。但由于周人灭商之后版图骤然扩大数倍，而镐京又偏处西陲，导致周王在镐京无法有效统治范围广大的东土和及时镇压商遗民及其他部族、方国的叛乱。为了消除此项弊端，西周王朝在今河南洛阳市建立东都洛邑，以此作为统治广大中原地区的另一政治、经济和军事中心。

东周时期一些诸侯国曾推行主辅都制或多都制。楚之都城为郢（今湖北荆州市北纪南城），但《国语·楚语上》记载楚灵王在陈、蔡、不羹三县筑城，"赋皆千乘"，称为"三国"。韦昭注："三国，楚别都也。"此外，武城、鄾也是楚的辅都之一。《左传·昭公四年》楚灵王会诸侯于申，田于武城，是楚王驻跸之地和举行政治活动的场所。鄾作为楚都郢以北的重要门户和军事重镇，《左传·昭公十三年》记载楚灵王沿夏（汉水）"入鄾"。齐国在战国时代曾实行五都制度。据《战国策·燕策一》记载，除主都临淄之外，齐国在四境分设平陆、高唐、即墨、莒等辅都。燕之主都为蓟（今北京南），另设燕下都（今河北易县东南）为辅都。据《左

---

① 张国硕：《关于殷墟的几个问题》，《考古与文物》2000年第1期。

传·桓公十五年》记载，郑国以新郑为都，也曾设置别都栎（今河南禹州市境）。

（二）方国都城

夏王朝在其周边地区设置诸多方国，这些方国建造有一定规模、规格的方国都城。《史记·夏本纪》记载的夏方国有有扈氏、有男氏、斟寻氏、彤城氏、褒氏、费氏、杞氏、缯氏、辛氏、冥氏、斟戈氏等，《世本·氏姓篇》称夏方国莘、鄩。夏代后期著名的方国有葛、韦、顾、昆吾等。迄今考古发现的夏代城址除新砦和二里头城址外，郑州大师姑、新郑望京楼等应属于夏代的方国都城。

商代设置方国、建造方国都城的现象更加普遍。在商王朝直接统治区周围，存在着许许多多的方国。这些方国有的是商王朝的封国，有的是臣服于商王朝的附庸国，有的长期与商王朝作对，有的则对商王朝时叛时服。文献记载商代前期，河亶甲曾经征伐蓝夷、班方等东夷方国。商代后期的方国更多，见于文献的主要有应、周、崇、楚、巴、濮、邓、薛、商奄、薄姑、肃慎、燕亳、黎、邢等。甲骨文中出现的方国众多，有学者统计的方国数在 100 以上[1]，其中主要方国有土方、鬼方、羌方、虎方、人方等。迄今能够确定下来的方国都城主要有河南焦作府城遗址、湖北黄陂盘龙城遗址、江西樟树吴城遗址、四川广汉三星堆遗址、陕西清涧李家崖遗址、山西垣曲商城遗址等。另有一些遗址虽无城垣但可能也具备方国都邑性质，如山东滕州前掌大遗址、四川成都十二桥遗址、陕西西安老牛坡遗址等。[2] 盘龙城遗址位于湖北省武汉市黄陂区滠口乡叶店村，不仅出土了大量商代陶器、铜器、玉器等文化遗物，而且还发现一座属于商代二里岗期的城址，且城内东北部发现有宫殿区，城东李家咀发现有贵

---

[1]　徐中舒：《甲骨文字典》，四川辞书出版社 1989 年版；赵诚：《甲骨文简明词典·方国》，中华书局 1988 年版。

[2]　张国硕：《夏商时代都城制度研究》，河南人民出版社 2001 年版，第 200—214 页。

族墓葬。① 盘龙城遗址发现 3 座大型宫殿基址，其中 1 号宫殿基址夯土台基长 39.8 米，宽 12.3 米，高约 1 米。台基中央为并列 4 室的"四阿重屋"式高台建筑。这里还出土有大型青铜圆鼎、铜钺及其他大量青铜器、玉器，说明此处非一般村落遗址，规格较高，应为与商王朝关系密切的商代前朝某一方国都城遗址。② 吴城遗址位于江西省樟树市吴城村。城垣平面形状近方形，边长近 800 米，城内面积约 61 万平方米。遗址范围内分布着居址、大面积窑区、铸铜作坊、墓地和露天祭祀广场。③ 遗址以东 20 公里的新干县大洋洲发现一大墓，出土随葬品 1900 余件，其中青铜器 480 余件，玉器 1072 余件，陶器 356 余件④，器物精美无比，墓主非此方国君主莫属。有学者认为吴城遗址为商代虎方的都邑。⑤ 垣曲商城位于山西省垣曲县古城镇南关。这里发现有商代前期的城垣、城壕和住址，其中城内中部为宫殿区，外围有宫墙环绕。遗址范围内还出土大量陶器以及部分青铜礼器。⑥ 这些说明该遗址的性质绝非一般村落遗址，应为商代前期与商王朝关系密切的方国都城，可能与甲骨文记载之"亘方"关系密切。⑦

---

① 湖北省文物考古研究所编著：《盘龙城（1963 年—1994 年考古发掘报告）》，文物出版社 2001 年版。

② 北京大学历史系考古教研室商周组编著：《商周考古》，文物出版社 1979 年版，第 62、66 页；张国硕：《关于盘龙城商城的几个问题》，《华夏文明》2016 年第 5 期。

③ 江西省文物考古研究所等编著：《吴城（1973—2002 年考古发掘报告）》，科学出版社 2005 年版。

④ 江西省文物考古研究所等：《江西新干大洋洲商墓发掘简报》，《文物》1991 年第 10 期。

⑤ 张长寿：《论新干出土的商代青铜器》，《中国文物报》1991 年 1 月 27 日；彭明瀚：《商代虎方文化初探》，《中国史研究》1995 年第 3 期。

⑥ 中国历史博物馆考古部等编著：《垣曲商城（1985—1986 年度勘察报告）》，科学出版社 1996 年版。

⑦ 邹衡：《汤都垣亳说考辨》，载邹衡：《夏商周考古学论文集（续集）》，科学出版社 1998 年版。

(三) 离宫别馆

夏王朝时期应当是离宫别馆的滥觞阶段，洛汭、萯山可能是当时的离宫别馆。这种与都城有关的离宫别馆制度，对后来的商王朝、周王朝影响很大，商、周王朝皆建置有较多的离宫别馆。

商代前期文献记载商王朝有离宫——桐宫。据史载，商代前期曾发生著名的"伊尹放太甲"事件，有两种不同的说法：一种是以《孟子》《史记·殷本纪》为代表的传统说法，认为伊尹放太甲是值得后世称颂的事，目的是让太甲悔过自新，待太甲悔过自新，伊尹又还政于太甲。如《史记·殷本纪》："帝太甲既立三年，不明，暴虐，不遵汤法，乱德，于是伊尹放之于桐宫。三年，伊尹摄行政当国，以朝诸侯。帝太甲居桐宫三年，悔过自责，反善，于是伊尹乃迎帝太甲而授之政。"《孟子·万章上》："太甲颠覆汤之典刑，伊尹放之于桐，三年，太甲悔过，自怨自艾，于桐处仁迁义，三年，以听伊尹之训己也，复归于亳。"此外，《国语·晋语四》《左传·襄公二十一年》《孟子·尽心上》《书序》等也有类似的记载。另一种说法是古本《竹书纪年》的记载，称伊尹放太甲是为了"自立"，而不是摄政；太甲在流放七年之后借机摆脱伊尹所派看管人员的监视，带领自己的亲信突袭亳都，杀掉伊尹，太甲复辟王位。如《竹书纪年》："仲壬崩，伊尹放太甲于桐，乃自立也……太甲七年，太甲潜出自桐，杀伊尹，乃立其子伊陟、伊奋，命复其父之田宅而中分之。"这里暂且不论孰是孰非，但可以肯定的是，伊尹确曾流放太甲，太甲流放之地称作"桐"或"桐宫"，桐宫与亳不是一地。种种迹象表明，桐宫不可能是都城，也不会是别都，其性质应是离宫别馆。若桐宫是都城或别都性质，这就等于说太甲仍在都城内生活，这与被流放者的身份特征是不相符的。既然是被"放"，就应该去到都城之外某地。关于桐宫，《史记·殷本纪·集解》引孔安国："汤葬地。"又引郑玄："地名也，有王离宫焉。"《帝王世纪》："桐宫盖殷之墓地，有离宫可居。"《元和郡县图志》："孔注《尚书》曰桐，汤葬地也。"这就是说，桐宫是位于"汤葬地"附近的离宫别馆。关于桐宫之地望，自古至今众说纷纭，主要有邺西南说、扶风说、宝鼎说、梁国说、偃师说^①，以及安徽桐城说和山西闻喜说^② 等。邹衡先生认为偃师商城即为太甲桐宫。^③ 笔者认为，作为离宫别馆的桐宫，理应距都城地区不能太远；桐宫与偃师商城不应为一地，但相距不远；桐宫应位在偃师商城之东某地。^④

商代后期为离宫别馆的繁盛期，商王朝建置诸多离宫别馆。古本《竹书纪年》云："纣时稍大其邑，南距朝歌，北据邯郸及沙丘，皆为离宫别馆。"这就是说，在商纣王之时，南面到朝歌，北面到邯郸和沙丘，皆有离宫别馆。这里道出纣王时至少有朝歌（今河南淇县境）、邯郸（今河北省邯郸市）、沙丘（今河北广宗县西北）三个离宫别馆。而从"南距""北据""皆为"等词可以看出，在朝歌与邯郸、沙丘之间，还应该有其他一些离宫别馆。

西周王朝建有离宫别馆。如《诗·大雅·灵台》一般理解为是记述周文王游乐生活的诗，有"经始灵台，经之营之。庶民攻之，不日成之""王在灵囿""王在灵沼"等诗句。是说文王修建灵台离宫，由于百姓拥护，很快就建成了；文王在灵囿、灵沼游玩，演奏钟鼓之乐，观赏各种飞禽走兽，一片盛世景象。古本《竹书纪年》记载穆王元年"筑祇宫于南郑"，《左传·昭公十二年》孔颖达疏引马融："圻内游观之宫也。"

东周时期，诸侯国多建有离宫别馆最有名的当数赵国的沙丘宫。沙丘宫在商代末年曾是诸离宫别馆之一。据《史记·赵世家》记载，赵国武灵

---

① 邹衡：《西亳与桐宫考辨》，载北京大学考古学编：《纪念北京大学考古专业三十周年论文集》，文物出版社 1990 年版。

② 王立新、林沄：《"桐宫"再考》，《考古》1995 年第 12 期。

③ 邹衡：《师商城即太甲桐宫说》，《北京大学学报》1984 年第 4 期；邹衡：《桐宫再考辨》，《考古与文物》1998 年第 2 期。

④ 张国硕：《论夏商时代的离宫别馆》，载宋镇豪等主编：《纪念三星堆遗址发现 70 周年暨殷商文明国际学术研讨会论文集》，社会科学文献出版社 2003 年版。

王退位后曾居沙丘宫，后被公子成和李兑所围饿死于此。此外，楚国在郢都之外建有章华台离宫。《左传·昭公七年》："楚子成章华之台，愿与诸侯落之。"杜预注："台今在华容城内。"故址在今湖北潜江市西南。

二、都城规划布局

在都城的规划布局方面，夏代都城孕育形成的都城居中、宫室居中、中轴对称、高台化、前朝后寝等规制，都城宫室宗庙区、居住区、手工业作坊区、祭祀区和墓葬区等功能区的设置，池苑、道路、城门、城垣的修筑，在以后的商周时期得以延续，并得到进一步发展。

（一）都城居中

商王朝前期统治区的中心是在今河南郑州地区，而商都亳——郑州商城即位于这一地区。从考古发现来看，商王朝前期文化是以郑州二里岗遗址为代表的文化遗存。二里岗商文化的分布范围，早期（下层）文化主要分布于河洛地区；晚期（上层）文化分布范围骤然扩大，不仅包括今河南省的大部分，而且山东西部、河北南部、山西南部、陕西关中东部、湖北大部、湖南北部和江西北部，皆为商文化分布区。在这个大范围之内，郑州正好居于中心地带。商代后期统治区的中心北移至河南省北部，随之商王朝的都城也由今郑州迁到安阳小屯一带。商王盘庚在选择新都位置时，毅然选中了今安阳一带，原因之一是这里位居商代后期控制区的中心地带。从殷墟甲骨材料可知，商代人们就是认为殷都居天下之中。这个时期存在着"四土""四方"的观念，如卜辞："商受年，东土受年，南土受年，西土受年，北土受年。"（《粹》907）东、南、西、北四土的方位都是以处于中心的殷都而言。

（二）宫室居中

商周时期宫室建筑一般位于都城的中心位置，即《吕氏春秋·知度》所云"择国之中而立宫"和《周礼·考工记》所载"王宫居中"。偃师商城宫城位于外小城内中部略偏南，后来扩建的外大城也把宫城包裹在内。郑州商城宫殿区位于内城内中、北部，内城外四周分布有手工业作坊、墓葬和普通居住区。安阳殷墟宫殿区位于整个遗址的中部，周围洹河两岸近30平方公里范围内分布着各类手工业作坊、一般居住址和墓葬。洛阳东周王城、曲阜鲁国故城、江陵楚郢等皆为典型的宫殿区位居都城内中部实例。

（三）中轴对称

偃师商城的勘探、发掘表明，这里严格按照中轴线布局建立城垣和宫殿区。偃师商城外小城基本上为长方形，而宫城位于外小城内中部偏南，正处于外小城纵向中轴线位置。此外，外大城东垣的三座城门和西垣的三座城门互相对应，形成东西向三条轴线。宫城内宫殿群布局作东西向对称布置，由一号宫殿居中，东、西两侧分别对称分布四号、五号宫殿基址和二号、三号宫殿基址，而四号、五号基址和二号、三号基址又分别有一南北轴线。殷墟宫殿区甲组、乙组基址作南北向纵轴排列。[①] 曲阜鲁国故城宫城位于城内中部，而城内一条南北街道对准宫城中轴和南城垣东门，说明城内最重要的建筑物是按中轴线位置来规划的。河北易县燕下都东城主要建筑物安排在城的中轴线上，成为主次分明、左右对称的完整建筑群。

（四）高台化

郑州商城宫殿建筑也存在着高台化。其宫殿基址建造方法是：先挖一个东西横长的大型房基槽，在房基槽内填土分层夯实，逐渐高出地面，筑成一座夯土台基，然后在夯土台基上挖两排长方形的柱础槽，把石础放进柱础槽内，再把木柱立在石柱础上，把柱础槽填土夯实，使木柱固定。之后再上梁架，修茅草屋顶。[②] 偃师商城四号宫殿基址的正殿基址，发掘时

---

① 董作宾：《甲骨学六十年》，台湾艺文印书馆1965年版，转引自《考古与文物》1981年第2期。

② 河南省文物研究所编：《河南考古四十年》，河南人民出版社1994年版，第186页。

上部结构已早破坏，但其基址仍高出当时地面约 25—40 厘米。[1] 小屯殷墟宫殿区位于地势较高的今小屯村东北地，宫殿基址大多经过层层夯打，有的有多层台阶，当高出地面数十厘米。周原遗址凤雏大型宫殿建筑坐落在一个南北长 45.2、东西宽 32.5 米的夯土台基上，台基高约 1.3 米。齐都临淄主体建筑"桓公台"呈椭圆形，南北长 84 米，高 14 米。燕下都东城内有多处大型夯土台基，其中南端的"武阳台"和北端的"老姥台"体积最大，都是 100 平方米，高 11—12 米。赵都邯郸西城中南部"龙台"夯土台基，长、宽各达 260 米以上，高有 19 米。[2]

（五）前朝后寝

虽然考古材料还不见商代前期都城遗址前朝后寝的迹象，但这个时期应该存在这种宫室布局，证据就是属于商代前期的方国都城遗址——湖北黄陂盘龙城发现有前朝后寝实例。该城址宫殿区上层发现 3 座宫殿基址，坐北朝南，南北并列。其中一号基址中部为 4 间横列的居室，四壁都是木骨泥墙；而二号基址位于一号宫殿基址之南，二者构成一个前朝后寝的布局。[3] 商代后期前朝后寝的宫室布局继续存在，殷墟宫殿区乙组、甲组宫殿基址的发现正是前朝后寝宫室布局的具体反映。甲组基址在宫殿区的北部，临近洹河，其范围南北约 100 米，东西约 90 米，共有 15 座宫殿基址，其功用主要是住人。乙组基址在甲组基址之南，已知范围南北长约 200 米，东西宽约 100 米，共有基址 21 座，其中有宗庙建筑（乙七、乙八基址）、朝堂（乙十三、乙二十等基址）、附属建筑（乙四、乙六、乙十四、乙十七等小型基址）。这就是说，殷都宫殿区的布局是以"朝"或

---

[1] 中国社会科学院考古研究所河南二队：《1984 年春偃师尸乡沟商城宫殿遗址发掘简报》，《考古》1985 年第 4 期。

[2] 中国社会科学院考古研究所编：《新中国的考古发现和研究》，文物出版社 1984 年版，第 270—278 页。

[3] 杨鸿勋：《从盘龙城商代宫殿遗址谈中国宫廷建筑发展的几个问题》，《文物》1976 年第 2 期。

"堂"和宗庙（乙组）居前（南），"寝"或"室"（甲组）处后（北），二者构成了前朝后寝或前堂后室的布局。考古发现的西周周原遗址凤雏宫室基址，是以殿堂为中心，周围合理地安排了庭、影壁（屏）、门、塾、廊、阶等单体建筑。殿堂居中，开间大，进深也深，其应为统治者处理朝政或举行婚丧、祭祀等典礼的场所，即朝或堂；而后庭以北及其两旁的9间房，都在殿堂之北，相对比较隐蔽，应是贵族及其嫔妃们居住的地方，即室或寝。殿堂与后庭组成前朝后寝或前堂后室的布局。[①]

（六）功能区设置

与夏代都城一致，商周时期都城皆建有宗庙与宫室、居住区、手工业作坊、祭祀区和墓葬区等，有的在宫殿区附近还建有池苑。郑州商城、偃师商城、洹北商城、小屯殷墟、周原遗址等商周都邑遗址，都设置有专门的宫室区。安阳小屯殷墟宫殿区发现的乙七、乙八基址具有宗庙性质。[②]周人在其先祖死后必立庙对其进行祭祀。《礼记·祭法》："天下有王，分地建国，置都立邑，设庙、祧、坛、墠而祭之。"《逸周书·作洛》记载东都洛邑设有太庙、宗宫（文王庙）、考宫（武王庙）、路寝、明堂等。春秋秦都雍城设置有宗庙建筑，在城内中部偏北今马家庄附近发现几处重要建筑遗址，其中一号建筑遗址属大型宗庙性质。[③]郑州商城、安阳小屯殷墟都发现有铸铜、制骨、制陶等手工业作坊。郑州商城遗址铭功路西侧发现的一处制陶作坊遗址规模较大，在1400平方米的范围内，发现陶窑14座以及与制陶有关的房基10余座。[④]殷墟铸铜遗址在苗圃北地、孝民屯西地、薛家庄、小屯村东北地等处皆有发现。其

---

① 陕西周原考古队：《陕西岐山凤雏村西周建筑基址发掘简报》，《文物》1979年第10期。
② 石璋如：《小屯·殷墟建筑遗存》，历史语言研究所出版1959年版；北京大学历史系考古教研室商周组编著：《商周考古》，文物出版社1979年版，第68页。
③ 陕西省雍城考古队：《秦都雍城勘查试掘简报》，《考古与文物》1985年第2期。
④ 安金槐：《郑州地区的商代遗存介绍》，《文物参考资料》1957年第8期。

中以苗圃北地铸铜遗址为最大，面积在 1 万平方米以上，时代从殷墟一期延续到殷墟四期，出土有三四千块的陶范和铜锭、熔炉、炼渣、木炭等与铸铜有关的遗物。① 西周镐京至少有铸铜、制骨、制陶等手工业作坊，东都洛邑发现有大型铸铜作坊遗址。曲阜鲁国故城宫殿区环绕着铸铜、冶铁、制陶、制骨等手工业作坊遗址。郑州商城、偃师商城、小屯殷墟都发现有专门的祭祀区和墓葬区，周代王朝和诸侯都城大都设置有专门的墓葬区。部分商周都城城内设置有池苑。郑州商城宫殿区发现有属二里岗上层时期的"石板水池"和供水管道。该水池为长方形，略呈东南—西北走向，东西长约 100 米，南北宽约 20 米。池壁及底用料礓石铺垫，池壁用圆形石头加固，池底铺有较规整的青灰色石板。② 偃师商城宫城内北部也发现一座人工挖掘、用石块垒砌成的长方形水池，在水池的东、西两端各有一条渠道与水池联通，其中西渠为注水渠道，东渠为排水渠道。③ 小屯殷墟宫室区内发现有"大黄土坑"，位于甲组和乙组基址的西侧、丙组基址的西北侧。据钻探，坑壁斜陡，坑中部深达 12 米以上，坑内填土为黄沙土或淤土。黄土坑的平面形状似一倒靴形，向北与洹河相通，向南伸入宫殿区内，距丙组基址西北约 40 米向西延伸，面积不少于 4.5 万平方米。黄土坑既解决了宫殿区大规模建筑的取土问题，同时也解决了宫殿区的排水问题，是宗庙宫殿区的重要组成部分。发掘者认为是殷墟的池苑遗址。④

---

① 陈志达：《殷墟陶范及其相关的问题》，《考古》1986 年第 3 期。

② 河南省文物研究所：《1992 年度郑州商城宫殿区发掘收获》，载河南省文物研究所编：《郑州商城考古新发现与研究》，中州古籍出版社 1993 年版；曾晓敏：《郑州商代石板蓄水池及相关问题》，载河南省文物研究所编：《郑州商城考古新发现与研究》，中州古籍出版社 1993 年版。

③ 杜金鹏、张良仁：《偃师商城发现商早期帝王池苑》，《中国文物报》1999 年 6 月 9 日。

④ 中国社会科学院考古研究所安阳发掘队：《2004—2005 年殷墟小屯宫殿宗庙区勘探和发掘》，《考古学报》2009 年第 2 期。

三、都城防御模式

夏代的都城防御模式基本上可分为以新砦城址、望京楼城址为代表的"城郭之制"和以二里头遗址为代表的"守在四边之制"。这两种都城防御模式对其后的商周都城防御影响甚大。

（一）城郭之制

所谓城郭之制，是中国古代都城防御模式的一种，即以都城所在区域防御为中心和重点，周边防御为辅助，以大规模的城和郭等城垣以及大型护城壕等作为城市主要防御设施，体现的是"筑城以卫君，造郭以守民"的防御思想。这种防御模式孕育形成于新石器时代晚期的龙山文化时代（尧舜禹时期），夏代、商代为推广期，东周时期为繁盛期。[①] 这种防御模式一般推行于王朝初期和社会动乱时期。作为夏王朝诞生后建立的一座都城，新砦城址的内壕、城垣与护城壕构成了内城外郭的平面布局，与外壕一起构成了该都的多重防御体系。之后的新郑望京楼二里头文化方国都城遗址发现有平面近方形的城垣、护城河，在城垣东北角外侧 300 米处残存两段夯土墙，墙外侧有护城河和自然河流等屏障，发掘者推断可能有外城。[②] 若此判断无误，那么望京楼城址也已基本具备城郭之制的布局特点。

商代都城在都城防御方面，大多采用城郭之制。各个都城广泛采用夯土城垣进行都城防御，通过建设内城、外郭、城门、城壕、马面等防御设施来加强都城的安全。河洛地区已发现的郑州商城、偃师商城、洹北商城等都已具备城郭之制的特点，新郑望京楼二里岗文化城址也属于

[①] 张国硕：《中原先秦城市防御文化研究》，社会科学文献出版社 2014 年版，第 164—165 页。

[②] 张松林、吴倩：《新郑望京楼发现二里头文化和二里岗文化城址》，《中国文物报》2011 年 1 月 28 日。

城郭之制的防御模式。郑州商城建造有内城和外城城垣。[①] 其中内城之内主要为宫殿分布区，除发现个别与制骨有关的迹象之外，少见手工业作坊、一般居住遗址和各种类型的墓葬。外城不见大型夯土建筑基址，发现有铸铜、制骨、制陶等手工业作坊和一般居民点以及各种类型的墓葬。由此可见，内城是专为商王、贵族建造的，目的是保障商王、贵族的生命安全，具有"筑城以卫居"的性质；外城是普通民众生活、居住的区域，目的是为了保护普通民众的生命和财产不受损失，具备"造郭以守民"的性质。偃师商城城垣是由外大城、外小城和宫城组成。其中外小城、外大城具有郭城性质，而宫城则具有"卫君"之"城"性质。具体来讲，偃师商城施行城郭之制是从第一期晚段开始，直至第三期偃师商城废弃。其中第一期晚段至第二期早段，宫城与外小城组成城郭布局；第二期早段至第三期，宫城与外大城组成城郭布局。[②] 洹北商城也具备城郭制布局特点。该城址有完整的宫城，外城垣虽然未完全建成，但其规划为完整的方形，应为宫城外的防御设施。二者有共同的年代，即"中商三期"[③]，其性质当属于城郭制之列。该城城郭防御布局经历了一定的发展演变，其中"中商二期晚段"至"中商三期早段"期间先建造宫城城垣，之后又开挖围绕宫城的大型环壕，从而形成宫城与外围环壕相结合的城郭布局；"中商三期晚段"依靠环壕修筑大城城垣，意欲组成内、外双道城垣的城郭布局，由于遭受一场巨大的灾难，洹北商城的大城城垣并未建成即告终止，具有内、外两重城垣的城郭布局在这里始终未能

---

① 河南省文物考古研究所编著：《郑州商城》，文物出版社 2001 年版，第 178 页；河南省文物考古研究所：《郑州商城外郭城的调查与试掘》，《考古》2004 年第 3 期；刘彦锋等：《郑州商城布局及外廓城垣走向新探》，《郑州大学学报》2010 年第 3 期。

② 张国硕、王琼：《史前夏商城址城郭之制分析》，《中原文物》2014 年第 6 期。

③ 中国社会科学院考古研究所安阳工作队：《河南安阳市洹北商城遗址 2005—2007 年勘察简报》，《考古》2010 年第 1 期。

真正形成或出现。①

发现的西周时期城郭之制防御模式实例不多,当以西周晚期的三门峡李家窑城址(虢都上阳)为代表。李家窑城址有外城和内城。外城平面呈东西向长方形,城垣周长 3200 余米。内城位于外城内西南部,近长方形,周长约 1350 米。蓼(番)国故城由大、小两城组成。大城平面略呈长方形,周长 13.5 公里。小城位于大城东北角,平面呈长方形,南北长 1950米,东西宽 920 米。②

东周时代是城郭之制都城大发展时期。由于战争和动乱,列国纷纷广筑城垣用于军事防御。诸侯国都城大多由两部分组成。郑韩故城春秋郑城还没有分东、西城,整个城垣属于大城,而宫城应该在城内中部,因此这个时期的郑城当属于典型的城郭之制防御模式。战国韩城时期,郑韩故城中部建造隔墙③,把城址范围分成东、西两城。其中西城主要是宫殿区,属于宫城;东城范围主要分布手工业作坊、一般居民区,当属于郭城性质。辉县市共城遗址分大、小两城。小城位于大城西南隅,当属于城郭之制防御模式。其中大城平面略呈正方形,南北长 1300 米,东西宽 1200 米;小城也呈正方形,南北长约 700 米,东西宽 600 米。④

(二)守在四边之制

所谓守在四边之制,是指淡化都城地区的军事防御,除建立一些小型防御设施之外,城市区域内没有建筑大规模的城垣和护城壕等大型防御设

---

① 张国硕:《试析洹北商城之城郭布局——兼谈大城城垣的建造》,《考古与文物》2015年第 4 期。洹北商城原发掘报告认为大城有城墙基槽,近年新考古工作表明"墙槽"并不存在,但壕沟内壁附有夯土,说明当时有建造大城的行为。

② 李家窑遗址考古发掘队:《三门峡发现虢都上阳城》,《中国文物报》2001 年 1 月 10 日;《南虢都城上阳重见天日》,《中原文物》2001 年第 1 期;魏兴涛:《三门峡虢都上阳城发现大型宫殿性建筑基址》,《中国文物报》2002 年 1 月 25 日;河南省文物考古研究所等:《河南三门峡市李家窑遗址西周墓的清理》,《华夏考古》2008 年第 4 期。

③ 马俊才:《郑、韩两都平面布局初论》,《中国历史地理论丛》1999 年第 2 期。

④ 崔墨林:《共城考察》,《中原文物》1983 年特刊。

施，而是以周边地区的防御为重点，通过在周边地区设立一些军事重镇，并充分利用外围地带的自然屏障，从而达到保障都城地区安全的目的。这种防御模式一般推行于王朝后期或社会相对稳定时期。二里头夏都遗址是迄今所知最早施行守在四边之制的都邑。商代后期和西周时期守在四边之制较多出现。

安阳小屯殷都实行守在四边都城防御模式。从 1928 年考古工作者首次发掘殷墟至今已 80 余年，这里发现有大型宫殿基址、手工业作坊、墓葬等遗迹，出土有珍贵的青铜器、玉器、甲骨等，但以小屯宫殿区为中心的殷墟地区不见大型夯土城垣。

商代后期的守在四边都城防御又被周人所继承，西周的都城镐京、东都成周等也可能没有建造城垣。考古工作者在今陕西省西安市西南 12 公里的沣河两岸，发现了西周丰镐遗址，总面积逾 10 平方公里。在遗址范围内，发现有夯土台基、白灰墙皮建筑、墓葬、铜器窖藏、手工业作坊等遗迹，又出土了陶器、石器、铜器、原始瓷器、板瓦、陶水管等遗物，但不见城垣遗迹。① 西周时期的东都洛邑（成周）也可能实行守在四边的防御模式。在洛阳东郊的瀍河两岸，发现有大量西周贵族墓、平民墓以及"殷顽民"墓，另发现有大型铸铜遗址和车马坑，有居址、祭祀遗存和大道。西周遗存分布范围较大，总面积可达 6 平方公里，故推断洛阳东部瀍河两岸地带乃是西周东都洛邑之所在。② 迄今考古工作者并未在遗址范围内发现西周城垣。

---

① 胡谦盈：《丰镐地区诸水道的踏查——兼论周都丰镐遗址》，《考古》1963 年第 4 期。
② 叶万松等：《西周洛邑城址考》，《华夏考古》1991 年第 2 期。

结　语

　　综上分析研究可知，作为夏文化最为重要的组成部分，夏代都城文明是夏王朝时期物质文明、精神文明和制度文明的最核心体现，代表着当时最高的生产力发展水平。河洛地区以其独特的地理优势，在公元前 21 世纪前后首次步入王国文明阶段，长期作为夏王朝的主要活动地区而存在，在其地域范围内形成了辉煌灿烂的夏王朝都城文明，并对商周及其之后的中国古代都城文明产生了深远的影响。

一

　　河洛地区都城文明的起源与形成不是一蹴而就的，而是经历了长时间的孕育过程。仰韶文化时期，以郑州西山城址和大河村遗址、巩义双槐树遗址、灵宝西坡遗址等为代表，是都城文明的孕育时期。以王城岗城址为代表的一系列龙山时代城址的建立，以及新密新砦遗址为代表的龙山文化晚期至新砦期城址的形成，则预示着都城文明进入形成阶段。至二里头文化时期，偃师二里头大型都邑的横空出世，表明夏王朝都城文明逐渐进入发展繁荣阶段。

　　都城文明形成于河洛地区的原因是多方面的，既有社会生产力发展的原因，也是自然地理环境的因素使然。都城文明的产生是历史发展的必然，是社会生产力发展的直接结果。河洛地区有着独特的区位优势，优越的自然地理环境，天下之中的地理位置，不仅有利于农业、手工业的持续发展，而且便于吸收、借鉴其他文化的先进因素，形成独一无二的夏王朝都城文明。

二

河洛地区是夏王朝统治的中心地区，夏代都城大都位于这一区域。夏王朝早期都城位于颍河上游地区，夏代中后期的主要都城则位于伊洛河流域，另在周围地区设立一些辅助性的都城。其中，文献记载的河洛地区夏代都城主要有阳翟（今禹州境内）、黄台之丘（今新密境内）、斟寻（今洛阳市偃师区）、商丘(今濮阳一带)、斟灌(今豫东北豫鲁相邻地区)、原(今济源市)、老丘（今开封市祥符区境内）、西河（今三门峡地区某地）等，夏禹时期的主要都邑是阳城（今登封境内）；考古发现的新砦遗址（黄台之丘）、瓦店遗址（阳翟）、二里头遗址（斟寻）具备夏王朝都邑性质，而大师姑、望京楼等遗址当具备夏代方国都邑性质。

夏代都城的设置和变迁与自然环境的变化，以及夏代的政治军事形势有很大的关系。夏代都城并非皆为单一都城、废旧立新前提下的都城"屡迁"，各都城的设置背景复杂多样，不同的夏都其性质和功能也不一样，可区分为夏启时期两个政治中心的设立、太康时期统治中心区域的变化所形成的单一都城的变迁、帝相时期因政治动乱与军事失利导致的临时都城的设立与变迁、帝宁以后主辅都制都城的设立、桀都斟寻被商汤攻陷之后的逃难之地等五种类型。夏启时期可能存在阳翟、黄台之丘两个并存的都城。太康时期夏都从颍河上游地区迁到伊洛盆地的斟寻。商丘、斟灌应是"后羿代夏"期间夏王朝的临时性政治中心。二里头遗址为夏都斟寻，其始建于太康时期，止于夏桀之末，中间未经中断、衰落或废弃。文献记载夏王朝中后期的原、老丘、西河等都城，并非为一都制前提下的前废后兴关系，而应是夏王朝因政治、军事需要而在主都斟寻之外设立的辅助性政治中心（辅都）。斟寻与这三个都城在一段时期内是并存关系。

夏代建立有较多的方国，这些方国多建造有都邑。河洛地区已知的夏代主要方国有韦、顾、昆吾等，还有葛、缯、杞、温等。其中，韦的地望当在今郑州市区，顾分布于郑州之西北地带，荥阳大师姑城址为顾国之居的可能性很大，望京楼遗址二里头文化城址当为昆吾之都。

三

河洛地区夏代都城文明的内涵主要体现在政治、经济、文化、都城建设、都城防御体系、都城礼制等方面。

夏代都城的政治生活是夏王朝政治生活的集中反映。现存材料显示的夏代都城的政治生活主要涉及夏王朝的政治事件、政治制度、职官机构等内容。

发生在夏都的政治事件大体可分为三类：第一类是关乎夏王朝兴衰存亡的重大历史事件，例如夏启建国、太康失国、后羿代夏、少康中兴与夏桀亡国等；第二类是夏王对敌对族群和方国叛乱的讨伐，如启征伐有扈氏、西河，不降伐九苑等；第三类是周边族群朝拜夏王朝，如少康时期的"方夷来宾"，后芬时期的"九夷来御"等。

夏王朝作为我国第一个王朝国家形态，其颁布实施的政治制度具有一定的初创性和原始性，在王位世袭制、贡赋制度、刑罚制度等方面特色鲜明。夏代王位的世袭，大多属于父死子继的世袭制，偶有兄终弟及的继承现象。夏禹在治水过程中制定了有关疆域划分，以及贡赋缴纳的九州贡赋制与五服制。夏代不仅制定了刑法，还设置了监狱。

夏王朝在都城内设置诸多职官机构。这些职官既有掌管军事、农业、畜牧业、水利、治狱的政务官，也有内廷官员、占卜祭祀官员。其长官有的称为"正"，如牧正、庖正等；有的直接以所掌管的事务相称，如稷。

夏代都城经济有了较大发展。除维持生计的农业、畜牧业、渔猎外，还具有较为成熟的手工业专业化生产。各地方产品集中出现都城之内，王畿之地的器物也在各地出现，表明当时可能产生了初步的物品交换。都城内设置有专门生产奢侈品的围垣作坊区，其内进行青铜器、玉器、绿松石器的制造；都城墓葬内出土的青铜器、玉器数量也最多，这些都表明都城在王国领域内处于经济中心的地位。另外，都城并未完全脱离农牧业生产以及渔猎采集的经济模式，都城区域仍然存在着一定的农业耕地、畜牧围场，城内居民也进行一定形式的渔猎、采集活动。

夏代都城的文化生活较为丰富多彩，主要体现在与人们审美、思想、习俗相关的精神文化方面。夏人的审美意识在美术、雕塑、乐舞等方面表现得最为突出。二里头、新砦等都城遗址出土不少表现动物形象的雕塑、镶嵌饰，有陶塑、骨雕、玉石雕、绿松石牌饰等。都城遗址内发现一定数量的乐器，如铜铃、陶埙、漆鼓、石磬等。都城发现的刻划符号是文字的原始形态，部分可能就是文字，是夏代文化的重要载体。夏人在长期的农业生产过程中已经总结出一定的天文历法知识，文献有关于夏月令历书的记载。自然崇拜、鬼神崇拜、祖先崇拜等思想观念也是夏王朝都城文化生活的重要组成部分。占卜是统治者尊奉鬼神的一种反映。夏都建造有宗庙，还设置有社坛和墠坎，用于供奉祖先、祭祀和举办其他礼仪活动。

河洛地区夏代十分重视都城的建设，主要体现在缜密规划、布局严谨和先进的筑造方式等方面。

在都城选址上，夏代都城选址在继承新石器时代城邑选址的基础上形成了一套较完善的规制。在区位上，都城选址遵循择中观念，早期夏都基本位于夏王朝控制的中心区域——颍河上游地区，中晚期夏都主要位于夏王朝统治区的中心区域——洛阳盆地。部分辅都位于夏王朝控制区的外围地带，存在时间短，规模相对较小，与主要都城并存。在具体位置上，夏都皆具备优越的地理环境和良好的生态环境。此外，夏代方国都城也均具备优越的地理环境和生存条件。

在都城规划上，大型城垣、护城壕是夏代都城的基本配置。但由于一些特殊原因，一些都城并未规划设置大型城垣，有的仅建造宫城城垣，或以大型壕沟、自然河流代替城垣的防御功能。除二里头遗址无大型城垣（郭城）外，城垣平面形态以长方形或近长方形为主。依据都城功能和城市生活需要，都城规划设计有宫室宗庙区、居住区、手工业作坊区、祭祀区和墓葬区等功能区。

在都城布局上，夏代都城布局较为严谨，各个功能区的布局较为合理，宫殿区、手工业作坊区、水利设施及道路和城门有序共存。二里头夏都形成了"九宫格"式布局结构。宫殿建筑数量多，规模大，结构复杂，在台基、组合、朝向、对称、左右前后分布等布局上形成一定的规制。宫殿建筑皆位于高台之上，多见组合的建筑群。主体宫殿建筑坐北朝南，建筑群出现中轴对称布局。前朝后寝布局可能已经出现。二里头遗址发现有与"左祖右社"有关的一些遗存，但尚不能明确断定夏都存在面向南方的"左祖右社"布局形式，不排除其存在面向西方的"左祖右社"的独特格局。

夏代都城具备一套完备的给排水系统，布局合理、有效，居民的生产与生活用水能够得到保障。都城给水主要包括利用河水、穿渠引水、凿井取水等途径。都城排水主要包括设置散水、建造沟渠、管道和暗渠、开挖池苑、排水进入护城壕和河流等环节。

夏代都城有复杂的道路系统，设置有不同类型的道路。二里头夏都中心区构建有"井"字形城市主干道路网络。夏都道路大体可分为三类：一是贯穿城内外的大道，一般是通过城门穿城而过；二是沿城垣或墙垣修建的道路，包括城垣或墙垣外侧的顺城大道或环城道路，以及沿城垣或墙垣内侧的顺城路；三是城内道路，是通向各功能区或建筑群的必经之地。

在都城建造方法与技术方面，夏代都城建造一般是先建造宫室区和一般居民区，然后建造大型城垣、手工业作坊以及其他设施。其中城垣、宫殿区、普通房屋、手工业作坊的建造是都城建造的重点。城垣的建造方法以夯筑为主，兼有堆筑、版筑。部分城市城垣的不同地段，因地形条件所限，对墙体的建造兼有这三种或两种建造方法。城垣上下结构主要分为基槽型和地面起建型两大类，有的城垣兼有这两类，部分城垣属于"壕沟型"。宫殿建造包括夯筑台基、置础立柱、筑造墙体、构建屋顶等环节，其中二里头遗址宫殿群的夯筑技术是夏代夯筑技术的代表。普通居民居住的房屋建造相对简单，可以分为半地穴式和地面建筑等类。手工业作坊建造一般包括作业区、工匠栖息地和围护设施等。高规格的手工业作坊，如铸铜、制造绿松石器等，在作坊区周围建造有围垣。与都城建设相配套，夏代开始建造有一定的离宫别馆设施，洛汭与萯山可能为夏都之外的离宫别馆。

在长期的政治斗争、军事战争过程中，夏代都城逐渐构建起一定的军事防御体系。早夏都城（新砦遗址）和夏代中晚期都城（二里头遗址）的防御形态不尽相同。前者以都城区域防御为主，属于"城郭之制"防御模式；后者淡化都城区域防御，除了建造一些小型防御设施以外，主要是以周边方国、军事重镇防御为主，属于"守在四边"的防御模式。方国都城大多建造有大规模的城垣与护城壕等防御设施，成为夏都防御体系的重要组成部分。

文献记载夏王朝有"夏礼""夏道"。考古发现的夏都礼制主要体现在礼制建筑和墓葬制度上。礼制建筑遗存种类多，按性质可划分为神社建筑、宗庙建筑、坛祭建筑和坎祭建筑等四类。其中神社、宗庙类建筑一般位于宫城或宫殿区，坛祭和坎祭建筑大多设置在宫城外或宫殿区外围。墓葬制度主要体现在等级墓葬、器用制度等方面。依据墓葬规模、葬具、随葬品等情况不同，可将夏都墓葬分为大型墓、中型墓、小型墓、乱葬墓等四个等级，其中中型墓可以细分为较大、较小两个等次。不同等级的墓葬，随葬器物有着明显的差别。

四

夏代都城文明所体现的社会变革具有深刻性、复杂性以及独特性。夏王朝的建立，是前国家阶段或早期国家社会复杂化质变的结果。它结束了龙山时代"万邦林立"的局面，开创了中国历史上第一个拥有广袤地域的王朝，标志着中国早期王权国家的最终形成。所有这些具有深刻意义的社会变革都是建立在灿烂辉煌的夏都文明的基础之上。

王城岗遗址、新砦遗址、二里头遗址分别是龙山文化时期、新砦期、二里头文化时期中心聚落的典型代表，三处遗址所代表的考古学文化构成河洛地区从龙山时代到二里头文化时代完整的文化序列。通过对三处遗址主要聚落要素的对比分析，可以发现它们之间是一种递进式的发展关系，在继承中显示出相似性，在发展中凸显差异性。

从文献材料来看，从五帝时代到夏王朝，社会复杂化呈现出逐渐加强的态势。五帝时代社会复杂化开始孕育，主要表现在三个方面：一是地域相近、有着共同利益需求的氏族或族群联合起来形成诸多部落、部落联盟，乃至酋邦或邦国等高级别的社会组织，人们的活动范围大为扩展；二是族群之间的战争呈现常态化、规模化的趋势，王权正在初步地孕育形成之中；三是筑城、治水等公共事业成为一项重要内容。夏王朝时期社会已经发生了巨大的改变，主要表现在社会形态发生改变，从"公天下"变为"家天下"；战争的主题与性质发生改变，紧紧围绕着巩固与夺取夏王朝最高统治权这一主题，对外界开疆扩土，向外界施加影响；监狱、刑法、官职、赋税制度等国家机构正式出现。

由尧舜禹时代的酋邦或邦国到夏代王朝国家的形成，是夏代都城文明所体现的另一个重要的社会变革。相对固定的统治区域，辐辏四方的都城之形成，广域范围内文化面貌的一致性，标志着河洛地区社会性质发生了质的变革，即由"万邦林立"的酋邦或邦国时代，嬗变为统一的王权社会。

夏王朝与同时期周边族群、政治实体的相互关系发生的变化也体现出当时社会的重要变革。夏王朝与方国之间的关系复杂多变，总体上可分为对抗与联盟两大类。一些方国、族群与夏王朝之间长期保持着对抗状态，或为时断时续的敌对关系，一些原本从属夏王朝的方国、族群因某种原因选择了与夏王朝对抗的道路，这类方国主要以苗蛮族群、先商族群、东夷族群等为代表。但大多数方国、族群与夏王朝的关系相对融洽，与夏王朝形成一种较为固定的联盟关系。这些方国、族群或依附于夏王朝，或受夏王朝直接或间接的控制。夏王朝倚重这些方国、族群的力量来保障其四境的安全与稳定。

五

夏代都城的出现标志着中国古代第一个王国都城的形成，代表着中国古代社会进入一个不同于史前的崭新阶段，象征着文明社会的完全形成，在中国古代文明化进程中具有独一无二的重要地位。

夏代都城是中国古代城市发展进程中的关键环节。中国古代城市形成于仰韶文化中晚期，龙山文化时期城址在各地普遍出现。到了商代，郑州商城、偃师商城、安阳殷墟等大型都邑遗址的出现，表明商代已进入城市文明的高度发展阶段。作为中国古代第一个王朝国家的夏代，新砦、二里头、大师姑、望京楼等河洛地区城址所呈现出的夏代都城文明，上承龙山时代城址诸特点，下启商周都城文明之先河，在中国古代城市发展进程中起着承上启下的关键作用，奠定了后代城市发展的坚实基础。

夏代都城文明又是中国古代文明形成的重要体现。通过对诸文明要素的比较分析可知，从史前到夏代，城市的变化是由多到少、由简单到复杂、由低等级到高等级、由多中心到一个中心的变革。各文明要素的变化经历了由初始到壮大、由简单到丰富的一脉相承的发展过程。夏王朝时期文明诸因素已具备并有所发展，文明社会正式形成。夏代都城文明在中国古代文明化进程中起到了承前启后的重要作用。夏代不仅出现了中心城市——都城，而且还有王国都城与方国都城之别。都城遗址中发现的大型夯土宫殿基址、多种类型的手工业作坊、不同规格的等级墓葬以及铜器、玉器、绿松石器等高规格遗物，是夏代都城文明的重要表象，也是古代文明社会的重要体现。二里头文化时期不同类型城址的建立，各种礼器的发现，等级墓葬的形成，说明在该文化阶段阶级社会正式形成。不同城市聚落内礼制建筑的类别、规模也不一样，礼制建筑已经有了等级差别，成为确认统治者地位的重要象征。

夏代都城文明奠定了三代都城文明的坚实基础。商周都城文明是在夏代都城文明的基础上发展壮大的，夏代都城文明的许多元素，如设都制度、都城防御模式、都城规划布局制度等，对于后代，尤其是商周时期的都城文明产生了广泛而深远的影响。

主要参考文献

（西汉）司马迁：《史记》，中华书局1982年版。

（东汉）班固：《汉书》，中华书局1962年版。

（清）阮元校刻：《十三经注疏》，中华书局影印本1980年版。

（清）崔述：《夏考信录　商考信录》，商务印书局1937年版。

王国维：《水经注校》，上海人民出版社1984年版。

杨伯峻：《春秋左传注》，中华书局1981年版。

李民、王健：《尚书译注》，上海古籍出版社2000年版。

李民等：《古本竹书纪年译注》，中州古籍出版社1989年版。

史念海：《中国古都和文化》，中华书局1998年版。

朱士光：《中国八大古都》，人民出版社2007年版。

曲英杰：《先秦都城复原研究》，黑龙江人民出版社1991年版。

曲英杰：《古代城市》，文物出版社2003年版。

张驭寰：《中国城池史》，百花文艺出版社2003年版。

叶骁军：《中国都城发展史》，陕西人民出版社1988年版。

杨宽：《中国古代都城制度史研究》，上海古籍出版社1993年版。

严文明：《中国环壕聚落的演变》，载《国学研究》第2辑，北京大学出版社1994年版。

刘庆柱主编：《中国古代都城考古发现与研究》，社会科学文献出版社2016年版。

杨鸿勋：《宫殿考古通论》，紫禁城出版社2001年版。

马世之：《中国史前古城》，湖北教育出版社 2003 年版。

杜金鹏：《二里头遗址宫殿建筑基址初步研究》，载《考古学集刊》(16)，科学出版社 2006 年版。

许宏：《先秦城邑考古》，金城出版社、西苑出版社 2017 年版。

张国硕：《夏商时代都城制度研究》，河南人民出版社 2001 年版。

张国硕：《中原先秦城市防御文化研究》，社会科学文献出版社 2014 年版。

张国硕：《中原地区早期城市综合研究》，科学出版社 2018 年版。

邹衡：《夏商周考古学论文集》，文物出版社 1980 年版。

邹衡：《夏商周考古学论文集》（续集），科学出版社 1998 年版。

安金槐：《安金槐考古文集》，中州古籍出版社 1999 年版。

张光直：《考古学专题六讲》，生活·读书·新知三联书店 2013 年版。

李伯谦：《中国青铜文化结构体系研究》，科学出版社 1998 年版。

李伯谦：《文明探源与三代考古论集》，文物出版社 2011 年版。

李民：《夏商史探索》，河南人民出版社 1985 年版。

李民、张国硕：《夏商周三族源流探索》，河南人民出版社 1998 年版。

郑杰祥：《夏史初探》，中州古籍出版社 1988 年版。

陈旭：《夏商文化论集》，科学出版社 2000 年版。

宋镇豪：《夏商社会生活史》，中国社会科学出版社 2001 年版。

王震中：《中国古代国家的起源与王权的形成》，中国社会科学出版社 2013 年版。

杜金鹏：《夏商周考古学研究》，科学出版社 2007 年版。

张国硕：《文明起源与夏商周文明研究》，线装书局 2006 年版。

张国硕：《先秦历史与考古研究》，科学出版社 2016 年版。

孙庆伟：《鼏宅禹迹——夏代信史的考古学重建》，生活·读书·新知三联书店 2018 年版。

段天璟：《二里头文化时期的中国》，社会科学文献出版社 2014 年版。

中国社会科学院考古研究所编：《新中国的考古发现和研究》，文物出版社 1984 年版。

中国社会科学院考古研究所编著:《中国考古学·新石器时代卷》,中国社会科学出版社 2010 年版。

中国社会科学院考古研究所编著:《中国考古学·夏商卷》,中国社会科学出版社 2003 年版。

国家文物局主编:《中国文物地图集·河南分册》,中国地图出版社 1991 年版。

杨育彬、袁广阔主编:《20 世纪河南考古发现与研究》,中州古籍出版社 1997 年版。

河南省文物局编:《河南文物志》,文物出版社 2009 年版。

井中伟、王立新:《夏商周考古学》,科学出版社 2013 年版。

夏商周断代工程专家组:《夏商周断代工程报告》,科学出版社 2022 年版。

赵春青、顾万发主编:《新砦遗址与新砦文化研究》,科学出版社 2016 年版。

杜金鹏、许宏主编:《偃师二里头遗址研究》,科学出版社 2005 年版。

杜金鹏、许宏主编:《二里头遗址与二里头文化研究》,科学出版社 2006 年版。

河南省文物考古研究所等:《登封王城岗与阳城(2002—2005)》,文物出版社 1992 年版。

北京大学考古文博学院等:《登封王城岗考古发现与研究(2002—2005)》,大象出版社 2007 年版。

河南省文物考古研究所编著:《禹州瓦店》,世界图书出版公司 2004 年版。

北京大学震旦古代文明研究中心等:《新密新砦(1999—2000 年田野考古发掘报告)》,文物出版社 2008 年版。

中国社会科学院考古研究所编著:《偃师二里头(1959 年—1978 年考古发掘报告)》,中国大百科全书出版社 1999 年版。

中国社会科学院考古研究所编著:《二里头(1999—2006)》,文物出版社 2014 年版。

中国社会科学院考古研究所编著:《二里头考古六十年》,中国社会科学出版社 2019 年版。

郑州市文物考古研究所编著：《郑州大师姑（2002—2003）》，科学出版社 2004 年版。

郑州市文物考古研究院编著：《新郑望京楼（2010—2012 年田野考古发掘报告）》，科学出版社 2016 年版。

洛阳市文物工作队编：《洛阳皂角树》，科学出版社 2002 年版。

郑州大学文博学院、开封市文物工作队编：《豫东杞县发掘报告》，科学出版社 2000 年版。

河南省文物考古研究所编著：《郑州商城》，文物出版社 2001 年版。

中国社会科学院考古研究所编著：《偃师商城》，科学出版社 2013 年版。

中国社会科学院考古研究所编著：《殷墟的发现与研究》，科学出版社 1994 年版。

后 记

三代都城文明研究是先秦史研究的重要组成部分，而夏代都城文明之探索则是破解中国早期城市和早期都邑之谜的关键所在。2013年，以李玉洁教授为首席专家，申报国家社科基金重大项目"大遗址与河洛三代都城文明研究"，获得有关部门批准立项（批准号：13&ZD100）。作为科研团队主要成员和子课题负责人，本人承担了第一个子课题"河洛地区夏代都城文明研究"的研究任务。经过6年多的努力，该重大项目终于在2020年春季获准结项。之后，本人对结项成果又进行了两次大的修订，并增加一些新材料，最终汇集成这部30余万字的学术专著。

本书由张国硕负责制订全书的体例、格式、风格、总体框架和拟定研究内容详细大纲，确定专人分工负责各部分的撰稿工作，并对文稿初稿内容进行全面、认真、细致的增删、充实、调整和多次较大幅度的修订，最终审定成稿。其他具体分工如下：

绪论、第二章、结语由缪小荣（河南师范大学历史文化学院）负责撰写；

第一章由张超华（河南科技大学人文学院）负责撰写；

第三章第一至三节由郑龙龙（郑州大学历史学院）负责撰写；第三章第四至六节由周剑（河南科技大学人文学院）负责撰写；

第四章由贺俊（河南大学黄河文明研究中心）负责撰写；

第五章由李晓燕（河南省文物考古研究院）负责撰写。

缪小荣参加了初稿的合成工作。

书中各遗址平面图、相关遗迹遗物图等插图，除注明出处外，皆采自于相关的考古发掘简报、报告和考古专刊，恕不一一注明。

由于一些材料的缺乏或考古发掘资料尚未公布、考古新发现的不断涌现或考古材料的修正或更新，以及研究者水平所限，书中难免会有一些缺憾、不足甚至错误之处，希望各位同仁批评指正。

张国硕

2023 年 5 月于郑州大学盛和苑

附表　二里头遗址主要墓葬统计表

墓葬	期别	等级	棺椁	面积	随葬品						资料出处
					陶器	铜器	玉器	绿松石器	漆器	其他	
五号基址四座贵族墓	二	大小		?	部分墓葬	部分墓葬	部分墓葬	√	√		《考古》2020.1
2017VM11	二	大小			√		√	√	√	√	《大河报》2021.1.12
ⅢKM2	三	大小		6.0	盉1，圆陶片5		柄形器1	器26		蚌饰1	①
ⅣM26	一	中大		2.24	鼎2，盉1，短颈壶1，四足盘1			珠2			①
2001ⅤM1	二	中大		2.61	平底盆3、圆陶片2、鼎3、盆1、盂1、爵2、豆1、尊1、壶1		柄形器1		器1		②
1981ⅤM4	二	中大	木棺	2.9	圆陶片2、盂1	牌饰1、铃1	柄形器1、管1	管2	觚1、鼓1、钵2	朱砂	《考古》1984.1
1987ⅥM49	二	中大		2.42	罐1、白陶斝1、角1、盉2、豆1、三足盘1、盆1				器1	骨针1	《考古》1992.4

续表

墓葬	期别	等级	棺椁	面积	随葬品						资料出处
					陶器	铜器	玉器	绿松石器	漆器	其他	
2002ⅤM3	二	中大		2.42	斗笠形器3、豆3、平底盆3、盉3、高领尊3、器盖1、圆陶片3、爵1、盆1、罐1	铃1	鸟形器1	珠5、石片3、龙1	匣1、勺状器1、觚1	螺壳2、圆底器1、铃1、舌1、贝1、串饰1	②
2002ⅤM4	二	中大	木棺	2.0	罐3、豆2、盆2、圆陶片1、盉1、爵1、尊2、鼎1、三足皿1				器7		②
2002ⅤM5	二	中大		1.56	盉2、器盖1、盆2、鼎1、罐2、爵1、斝1		柄形器1		器6、觚2、豆1、圈足器1、弦纹器1	蚌器1	②
2010VM2	二	中大		大于2.18	圆腹罐、平底盆、三足皿、豆、捏口罐、盉、爵、壶			珠	√		《考古》2020.1
ⅢKM1	三	中大			圆陶片5		刀1、戈1、圭1、镯1、柄形器1	石片1	√	蚌珠1	①

续表

墓葬	期别	等级	棺椁	面积	随葬品						资料出处
					陶器	铜器	玉器	绿松石器	漆器	其他	
Ⅵ KM3	三	中大	木棺	2.9	盉 1, 圆陶片 6	爵 1, 戚 1, 戈 1, 圆泡 1, 镶嵌绿松石圆形器 2	柄形器 1, 戈 1, 铲形器 1, 璧戚 1, 圆形器 2	石片若干, 三角形饰 2		石磬 1, 骨串珠 1, 海贝 1	①
1980 Ⅲ M2	三	中大	木棺	3.06	盉 1, 爵 1, 圆陶片 4, 平底盆 1	爵 2, 刀 2	圭 1, 钺 1	石片若干	盒 1, 豆 1, 觚 1	云母片 1, 朱砂	《考古》1983.3
Ⅲ KM6	三	中大		3.17	盉, 圆陶片 6	爵 1	璋 1		器 1		①
1980 Ⅲ M4	三	中大	木棺	2.8	盉 1, 爵 1, 小口罐 1, 圆陶片 1			镶嵌尖状器 1, 管片 200			《考古》1983.3
1980 Ⅴ M3	三	中大	木棺	2.8			钺 1, 璋 2, 尖饰物 1	管状饰 1			《考古》1983.3
Ⅴ KM10	三	中大		3.16				扁圆形饰, 细管	涂朱圆陶片 3	朱砂, 发现漆皮, 席纹, 棺木痕迹	①

续表

墓葬	期别	等级	棺椁	面积	随葬品							资料出处
					陶器	铜器	玉器	绿松石器	漆器	其他		
1984 Ⅵ M9	四	中大		2.04	盉2、圆腹罐1、篮1、大口尊2、器盖1、圆陶片3	爵1、斝1	柄形器1	珠2	觚1	海贝1、鹿角1、朱砂		《考古》1986.4
1987 Ⅵ M57	四	中大		2.1	盉1、圆腹罐1、篮1、盆1、圆陶片5	爵1、铃1、刀1、牌饰1	戈1、柄形器2、刀1、半月形器1、铃舌1、小玉饰1		觚1	海贝5、石铲1		《考古》1992.4
Ⅶ KM7	四	中大				牌饰1、铃1	钺1、七孔玉刀1、柄形器1、璋1					①
1984 Ⅵ M6	四	中大		1.24	盉、圆陶片	爵1	柄形器1	串珠1串		石块若干、朱砂		《考古》1986.4
Ⅱ M101	四	中大				盉1						①
Ⅳ M16	四	中大				爵1						①
1987 Ⅴ M1	四	中大				鼎1、觚1、斝1	壁钺1、柄形器3、刀1、管1					《考古》1991.12
1984 Ⅵ M11	四	中大		1.51	盉1、爵1、圆陶片6	爵1、铃1、牌饰1	圭1、柄形器1、刀1、管1	管饰2	盒1	海贝58		《考古》1986.4

续表

墓葬	期别	等级	棺椁	面积	随葬品					其他	资料出处
					陶器	铜器	玉器	绿松石器	漆器		
Ⅲ KM1	二	中大			涂朱圆陶片 12		铲、镯、刀、戈若干	绿松石片若干		朱砂	①
Ⅳ M6	二	中小	木棺	1.4	豆 2、矮领瓮 1、高领小罐 1、盂 1、角 1、三足盘 1、盆 1、平底盆 2						①
Ⅳ M11	二	中小		1.23	鼎 1、爵 1、盂 1、角 1、平底盆 1						①
Ⅳ M18	二	中小		1.11	圆腹罐 1、豆 1、盉 1、觚 1、平底盆 2、三足盘 1						①
Ⅴ M15	二	中小		1.14	高领瓮 1、罐 2、豆 5、小罐 1、小鼎 1、爵 1、角 1、觚 1、三足盘 1、平底盆 1						①
Ⅴ M23	二	中小			鼎 1、豆 2、大口尊 1、爵 1、盂 1、三足盘 1、平底盆 1					朱砂	①
Ⅵ M8	二	中小		1.39	鼎 1、豆 1、大口尊 1、盂 1、盆 1					朱砂	①
Ⅳ M17	三	中小		1.08	圆腹罐 1、大口尊 1、盂 1、卷沿盆 1、爵 1						①

续表

墓葬	期别	等级	棺椁	面积	随葬品						资料出处
					陶器	铜器	玉器	绿松石器	漆器	其他	
1980 Ⅵ M5	二	中小			圆腹罐 1、豆 2、矮领瓮 1、盆 1				器 1	朱砂	《考古》1983.3
1981 Ⅲ M5	二	中小			豆 1、圆腹罐 1、觚 2						《考古》1984.7
1982 Ⅸ M2	二	中小		1.14	鼎 1、圆腹罐 1、盆 1、爵 1、盉 1、尊 1			饰物 1		蚌器 1、朱砂	《考古》1985.12
1982 Ⅸ M15	二	中小	木棺	1.26	鼎 1、盉 1、爵 1、尊 1			饰物 1		朱砂	《考古》1985.12
1987 Ⅵ M49	二	中小		1.21	圆腹罐 1、盆 1、白陶鬶 1、白陶角 1、白陶盉 2				器 1	骨针 1	《考古》1992.4
2001ⅤM2	二	中小		2.37	鼎 1、三足盘 1、豆 1						②
Ⅴ M22	三	中小		1.23	鼎 1、高领瓮 2、高领小罐 1、爵 1、觚 2	铃 1		珠 1		朱砂	①
Ⅴ KM8	三	中小			圆陶片 1	爵 1					①
Ⅲ KM10	三	中小			圆陶片 1			扁圆形饰 2、管 2	器 1	朱砂	①
Ⅴ M11	三	中小		1.79		残器 1				石片 172、珠 484、朱砂	①

续表

墓葬	期别	等级	棺椁	面积	随葬品						资料出处
					陶器	铜器	玉器	绿松石器	漆器	其他	
Ⅵ M7	三	中小		1.62	鼎1、矮领瓮1、盆1、爵1、盂1					朱砂	①
1981 Ⅴ M5	三	中小			豆2、三足盘1、高领小罐1、盂1					朱砂	《考古》1984.1
1981 Ⅴ M3	三	中小	木棺		圆陶片2、高领瓮2、小罐1、带鋬器1、盂1、爵1				觚1	骨簪1、朱砂	《考古》1984.1
1981 Ⅴ M1	三	中小			盂1、爵1			珠数十枚		海贝4	《考古》1984.1
1982 Ⅸ M5	三	中小			盂1		刀1				《考古》1985.12
1982 Ⅸ M8	三	中小		1.9	圆陶片1、豆2、三足盘、杯2、盂1、爵1					石杯形器1	《考古》1985.12
1982 Ⅸ M11	三	中小		0.88	圆陶片1		斧1	饰物1			《考古》1985.12
1987 Ⅵ M28	三	中小		1.84	圆陶片1、大口尊1、圆腹罐1、盂1、爵1				器1	海贝2、龟甲2	《考古》1992.4
1987 Ⅵ M44	三	中小		0.9	圆陶片1、圆腹罐1、三足盘1、盆1、敛口罐1、高领小罐1、盂1、爵1				器1	朱砂	《考古》1992.4
Ⅴ KM4	三	中小				镶嵌绿松石圆形铜器	玉柄形饰			朱砂	①

续表

墓葬	期别	等级	棺椁	面积	随葬品						资料出处
					陶器	铜器	玉器	绿松石器	漆器	其他	
Ⅷ KM5	三	中小			豆1、圆陶片1、盉1、爵1		璧戚	眼形饰2		朱砂	①
Ⅳ M12	四	中小		1.14	敛口罐1、甑1、圆陶片2、盉1						①
1980 Ⅵ M6	四	中小			大口尊1、瓮1、大口缸1			管1			《考古》1983.3
Ⅴ M6	四	中小					钺1				①
1973 Ⅲ M214	四	中小		2.13	圆腹罐1、盆1						《考古》1975.5
Ⅱ Ⅴ M54	一	小		0.9	高领小罐1、钵1、器盖1、爵1、盆1、平底盆1					石器1	①
Ⅱ Ⅴ M57	一	小		0.6	鼎2、圆腹罐1、豆2、鬶1、矮领尊1、长颈壶1、三足盘1、平底盆1						①
Ⅱ Ⅴ M53	一	小			折沿盆、平底盆、高领罐、罐形鼎						①
Ⅱ Ⅴ M56	一	小			圆腹罐、深盘豆、平底盆、浅盘豆、三足盆、单耳鼎形罐、长颈罐、长颈鼎壶、三足器、矮领尊						①
Ⅱ Ⅴ M57	一	小									①

续表

墓葬	期别	等级	棺椁	面积	随葬品 陶器	铜器	玉器	绿松石器	漆器	其他	资料出处
2004VM19	二	小		西：1.02 东：1.73	圆腹罐2、盆、三足皿2、豆、高领尊、大口尊						②
IV M8	二	小			豆2、筥1、圆腹罐1、盃1、平底盆						①
II M105	二	小			鼎1、豆1、敛口罐1、敛口瓮2						①
IV M9	二	小		0.9	圆腹罐1、瓠1、爵1						①
IV M19	二	小		1.23	瓠1、平底盆1						①
1982 IX M3	二	小		0.32	鼎1、圆腹罐1、瓠2、爵1、盆1、碗1						《考古》1985.12
1982 IX M10	二	小		0.63	圆腹罐2、圆陶片1、鬶1、爵1、盆1、三足盘1、尊1					石圭1、骨镞1	《考古》1985.12
1982 IX M20	二	小		0.39	圆腹罐2、豆2、爵1、盆2、三足盘1、尊1			饰物1		朱砂	《考古》1985.12
2003 V M7	二	小			高领尊1、盆1						《考古》2004.11
IV M14	二	小		1.14	浅盘豆、敛口尊、深盘豆、卷沿盆、盃、爵						①

续表

墓葬	期别	等级	棺椁	面积	随葬品						资料出处
					陶器	铜器	玉器	绿松石器	漆器	其他	
M43	二	小			圆腹罐1、平底盆1、三足皿1、豆1、爵1、觚2						《考古》1992.4
M5	二	小			盒1、豆2、三足盘1、敞口平底罐1				觚2		《考古》1984.1
IV M16	三	小		0.68	三足盘1						①
VIII M3	三	小			豆1、盆1、高领小罐1						①
III M3	三	小			圆腹罐1、豆1、盆1、高领瓮1						《考古》1984.7
1982 IX M7	三	小		0.6	鼎1				器1	朱砂	《考古》1985.12
1982 IX M13	三	小		0.68	圆腹罐1、三足盘1、盉1						《考古》1985.12
1982 IX M14	三	小		0.68	爵1、盉1、圆腹罐1、盆1					石刀1	《考古》1985.12
1987 VI M20	三	小		0.56	圆腹罐1、圈足罐1、豆1、小口尊1					朱砂	《考古》1992.4
1987 VI M23	三	小		0.47	圆腹罐1、豆1、平底盆1、高领小罐1					朱砂	《考古》1992.4
1987 VI M25	三	小		0.56	鼎1、豆2、盆2、高领小罐1						《考古》1992.4
IV M1	三	小		0.17							①
IV M2	三	小		0.17							①

续表

墓葬	期别	等级	棺椁	面积	随葬品						资料出处
					陶器	铜器	玉器	绿松石器	漆器	其他	
IV M7	三	小		1.08						木棺痕迹	①
VI M4	三	小		0.72						骨骼浸染朱红	①
VI M10	三	小			盂 1						①
V M52	三	小									①
II M101	四	小		0.37	瓮 1						①
IV M20	四	小			方杯 1、盂 1						①
V M6	四	小		1.86	圆腹罐 1、簋 1、瓮 1						①
V M51	四	小		0.6	盘 1、仿轮 1						①
V M144	四	小		0.6	圆腹罐 1、盆 1、豆 1、圆陶片 1						①
1984 VI M3	四	小									《考古》1986.4
VI M11	四	小		1.54	盆 1、壶 1、大口尊 1						①
VM21	四	小		1.85	深盘豆 1、浅盘豆 1、觚 1、簋 1、瓮 1						①
VM51	四	小		0.6	圆腹罐 1、簋 1、瓮 1						①
VI M1	四	小			小簋 1、卷沿盆 1、大口尊 1						①
2003 V M8	四	小		0.96	盆 1、罐 1、圆纺轮 1						②

续表

墓葬	期别	等级	棺椁	面积	随葬品						资料出处
					陶器	铜器	玉器	绿松石器	漆器	其他	
2003 V M11	四	小		1.25	盆1、尊2、豆1、大口尊1、瓿1						②
2004 V M17	四	小		0.64	盆1、豆1、罐1、高领尊1						②
V M59	四	小		2.09	盆1						①
VI M11	四	小		0.6	卷沿盆、大口尊、小簋					板灰	①
V M207	四	小		0.78						朱砂	①
V M56	四	小		1							①
V M26	四	小									①
VI M1	四	小									①
VI M2	四	小									《考古》1983.3
VI M4	四	小						管			《考古》1983.3
VI M6	四	小			盂1、圆陶片2、圆腹罐、甑						《考古》1983.3
1984 VI M1	四	小									《考古》1986.4
1984 VI M2	四	小									《考古》1986.4
1984 VI M4	四	小									《考古》1986.4
1984 VI M5	四	小									《考古》1986.4
1984 VI M7	四	小									《考古》1986.4

续表

墓葬	期别	等级	棺椁	面积	随葬品						资料出处
					陶器	铜器	玉器	绿松石器	漆器	其他	
1984 Ⅵ M8	四	小									《考古》1986.4
2004VM16	四	小		1.13							②
2003VM10	四	小									②
2003VM13	四	小		0.79							②
2004VM12	四	小		残存 0.84							②

说明：表中墓葬等级，"大小" 指较小的大型墓，"小" 指小型墓，"中大" 指较大的中型墓，"中小" 指较小的中型墓；面积单位为平方米。√ 表示墓葬随葬有该类器物，具体器形、数量不详。资料出处①代表中国社会科学院考古研究所编著：《偃师二里头 1959 年—1978 年考古发掘报告》，中国大百科全书出版社 1999 年版；②代表中国社会科学院考古研究所编著：《二里头（1999—2006）》，文物出版社 2014 年版。

责任编辑：杨美艳　翟金明
封面设计：石笑梦

图书在版编目（CIP）数据

夏王朝都城文明研究／张国硕 等 著 . — 北京：人民出版社，2024.5
（先秦河洛地区都城文明研究系列丛书／李玉洁主编）
ISBN 978 - 7 - 01 - 024474 - 7

I.①夏… II.①张… III.①都城（遗址）-文化研究-中国-夏代
　　IV.① K928.622

中国版本图书馆 CIP 数据核字（2022）第 013443 号

夏王朝都城文明研究

XIAWANGCHAO DUCHENG WENMING YANJIU

张国硕 等　著

人民出版社 出版发行

（100706　北京市东城区隆福寺街 99 号）

中煤（北京）印务有限公司印刷　新华书店经销

2024 年 5 月第 1 版　2024 年 5 月北京第 1 次印刷
开本：710 毫米 ×1000 毫米 1/16　印张：23.75
字数：311 千字

ISBN 978 - 7 - 01 - 024474 - 7　定价：99.00 元

邮购地址 100706　北京市东城区隆福寺街 99 号
人民东方图书销售中心　电话（010）65250042　65289539